Association des anciens élèves du Lycée LOUIS-LE-GRAND

LES
GRANDS ÉCRIVAINS
DE LA FRANCE

NOUVELLES ÉDITIONS

PUBLIÉES SOUS LA DIRECTION

DE M. AD. REGNIER

Membre de l'Institut

ptops
ŒUVRES

DE

P. CORNEILLE

TOME II

PARIS. — IMPRIMERIE DE CH. LAHURE ET Cie
Rue de Fleurus, 9

ŒUVRES

DE

P. CORNEILLE

NOUVELLE ÉDITION

REVUE SUR LES PLUS ANCIENNES IMPRESSIONS
ET LES AUTOGRAPHES

ET AUGMENTÉE

de morceaux inédits, des variantes, de notices, de notes, d'un lexique des mots
et locutions remarquables, d'un portrait, d'un fac-simile, etc.

PAR M. CH. MARTY-LAVEAUX

TOME DEUXIÈME

PARIS

LIBRAIRIE DE L. HACHETTE ET Cie

BOULEVARD SAINT-GERMAIN

1862

LA
GALERIE DU PALAIS

COMÉDIE

1634

NOTICE.

Cette comédie, qui a eu plus de succès que toutes celles que Corneille a fait représenter avant *le Cid*[1], est curieuse à divers titres, et principalement pour l'histoire du théâtre.

D'abord c'est dans cette pièce qu'il a substitué pour la première fois, comme il en fait lui-même la remarque[2], une suivante à la nourrice traditionnelle de la vieille comédie qu'il avait fait figurer dans *Mélite* et dans *la Veuve*. A partir de ce moment, l'acteur Alison, dont on ignore le nom véritable, et qui remplissait sous le masque cet emploi de nourrice, ne joua plus jusqu'à sa retraite que certains rôles de vieilles femmes ridicules. En jetant les yeux sur la planche qui se trouve en tête de *la Veuve*, dans les éditions de 1660 et 1664, on est frappé de l'air masculin de la nourrice, et l'on se demande si le dessinateur n'a pas voulu représenter le visage ou le masque d'Alison.

Ensuite notre poëte, qui a dit spirituellement dans la préface de *Clitandre*, en parlant de la scène, dont il abandonne le choix au lecteur : « Où vous l'aurez une fois placée, elle s'y tiendra, » nous présente ici, au premier acte et au quatrième, un lieu non-seulement très-bien déterminé, mais réel, la Galerie du Palais, parfaitement connue de tous ses auditeurs, qui durent sans aucun doute prendre grand plaisir à ce spectacle, car aujourd'hui encore ce moyen de succès, bien qu'on en ait fort abusé, manque rarement son effet.

La lingère nous fournit quelques détails sur l'histoire du costume, sur les variations de la mode : elle nous apprend, par exemple, combien les toiles de soie, dédaignées d'abord,

---

1. Voyez plus bas, p. 10. — 2. Voyez plus bas, p. 14.

furent ensuite recherchées, et nous dit pourquoi elles le furent. Les conversations du libraire et de ses acheteurs présentent plus d'intérêt. Il est vrai que bon nombre de leurs allusions littéraires sont pour nous autant d'énigmes dont il nous est impossible de découvrir le mot, et qui n'en avaient probablement pas et n'étaient destinées qu'à faire naître les conjectures des spectateurs désireux de paraître initiés ou de faire les entendus ; mais nous trouvons parmi ces énigmes quelques renseignements clairs et précis : nous apprenons, par exemple, que la vogue avait passé des romans aux pièces de théâtre, et que la Normandie avait acquis un grand renom par ses productions poétiques. Cette dernière assertion, venant d'un Rouennais, pourrait paraître un peu suspecte ; mais par bonheur, pour confirmer son témoignage, nous pouvons invoquer celui d'un Angevin. Dans l'avis *Au lecteur* d'*Hippolyte*, tragédie publiée en 1635, le sieur de la Pinelière prétend que beaucoup de gens expérimentés lui auraient conseillé peut-être de taire son pays « plutôt que de le mettre en gros caractères au frontispice de son ouvrage ; » et il ajoute : « Pour être estimé autrefois poli dans la Grèce il ne falloit que se dire d'Athènes, pour avoir la réputation de vaillant il falloit être de Lacédémone, et maintenant, pour se faire croire excellent poëte, il faut être né dans la Normandie. » Sur quoi Fontenelle fait observer qu'il est assez remarquable qu'il y ait eu un temps où l'on se soit cru obligé de faire ses excuses au public de ne pas être Normand. Au reste cet engouement du poëte angevin s'explique peut-être par l'honneur que lui avait fait Corneille de composer une pièce de vers pour son *Hippolyte :* on la trouvera dans les *Poésies diverses*, où elle figure pour la première fois.

On peut rapprocher des détails que donne Corneille sur les libraires et leurs boutiques certains passages des auteurs de son temps. Par exemple, dans l'avis du libraire au lecteur qui est en tête de *Philine ou l'Amour contraire*, pastorale du sieur de la Morelle, publiée en 1630, nous lisons ce qui suit : « S'il y falloit faire un argument, il faudroit une main de papier entière ; joint que la principale raison pourquoi on n'en fait point, c'est le peu de curiosité que beaucoup de personnes ont d'en acheter (*des pièces de théâtre*), après que tout un matin ou une après-dînée ils en ont lu l'argument sur la boutique d'un libraire, qui leur apprend pour rien ce qu'ils ne sauroient que pour de l'argent. Chacun aime son profit, ne t'en étonne pas. Adieu. »

Une vue de la Galerie du Palais, par Abraham Bosse, nous montre les boutiques d'un libraire, d'un mercier, et d'une lingère. Le dessinateur s'est complu à multiplier au devant de ces boutiques des inscriptions par lesquelles il appelle sur lui-même l'attention du lecteur et qui prouvent que les procédés actuels de la réclame ne sont pas nouveaux. Le mercier, par exemple, tient un carton sur lequel on lit : *éventails de Bosse*, et le libraire est principalement fourni des livres pour lesquels ce graveur a fait des frontispices. *La Mariane* de Tristan qui figure parmi ces ouvrages nous montre que cette planche est, au plus tôt, de 1637. On lit au bas les vers suivants qui expliquent et complètent certains passages de la comédie de Corneille :

>   Tout ce que l'art humain a jamais inventé
>   Pour mieux charmer les sens par la galanterie,
>   Et tout ce qu'ont d'appas la grâce et la beauté
>   Se découvre à nos yeux dans cette galerie.
>
>   Ici les cavaliers les plus aventureux
>   En lisant les romans s'animent à combattre,
>   Et de leur passion les amants langoureux
>   Flattent les mouvements par des vers de théâtre.
>
>   Ici faisant semblant d'acheter devant tous
>   Des gants, des éventails, du ruban, des dentelles,
>   Les adroits courtisans se donnent rendez-vous,
>   Et pour se faire aimer galantisent les belles.
>
>   Ici quelque lingère, à faute de succès
>   A vendre abondamment, de colère se pique
>   Contre les chicaneurs, qui, parlant de procès,
>   Empêchent les chalands d'aborder sa boutique.

Dans ses *Épîtres*, publiées en 1637, Boisrobert nous montre les libraires du Palais annonçant à haute voix leurs nouveautés :

>   Ce qui surtout blesse ma modestie,
>   Et qui ne peut souffrir de repartie,
>   C'est que mon nom retentira partout
>   Dans le Palais de l'un à l'autre bout.

Si je vais là parfois pour mes affaires,
Que deviendrai-je oyant trente libraires
Me clabauder et crier de concert :
« Deçà, messieurs, achetez Boisrobert[1]? »

Dans une *Réponse* à une autre épître, Conrart complète ainsi ce tableau[2] :

Fais venir dans ton cabinet
Courbé, Sommaville et Quinet[3],
Et sans barguigner leur délivre
Tes lettres pour en faire un livre,
Qu'ils clabauderont au Palais
Tous les jours au sortir des plaids.

En 1652, Berthod, dans sa *Ville de Paris en vers burlesques*, publiée chez J. B. Loyson, donne une description de la Galerie du Palais trop étendue pour que nous la reproduisions ici en entier, mais dont nous croyons devoir extraire les passages suivants :

.... Les courretieres d'amours
Font mille tours de passe-passe.
Le mal s'y fait de bonne grâce :
Les plus sages y sont trompés.
J'en sais qui furent attrapés
Allant un jour, par raillerie,
Faire un tour de la Galerie
Du Palais, où l'on fait ces coups.
« Çà, Monseu, qu'achèterez-vous ?
Dit une belle librairesse.
. . . .
. . . .
« Voulez-vous voir *la Galatée*[4],
La Niobé[5], *la Pasithée*[6],

1. *Épître en forme de préface*, p. 4. — 2. Page 197.
3. Ce sont les noms de trois libraires du Palais.
4. Nous ne connaissons sous ce titre que *la Galatée divinement délivrée*, pastourelle en cinq actes, de Jacques de Fonteny, qui se trouve dans un volume intitulé *les Ressentiments de Jacques de Fonteny pour sa Céleste*, 1587; mais il est peu probable que Berthod ait en vue un ouvrage aussi ancien.
5. Tragédie, par Frénicle, 1632.
6. Tragi-comédie, par Pierre de Troterel, s^r d'Aves, 1624.

La Mort de César[1], *Jodelet*[2],
Le *Cinna*, le *Maître valet*[3],
Tout le recueil des comédies?
Voici de belles tragédies
Qu'on a faites depuis deux jours.
. . . .
. . . .
J'ai tout Rablais[4] et l'Agrippa,
Il n'y manque pas un iota....
C'est pour porter à la pochette,
Mais je vous le vends en cachette. »
. . . .
. . . .
« Approchez-vous ici, Madame!
Là, voyez donc, venez, venez,
Voici ce qu'il vous faut, tenez! »
Dit un autre marchand, qui crie
Du milieu de la galerie :
« J'ai de beaux masques, de beaux glands,
De beaux mouchoirs, de beaux galands[5] :
Venez ici, Mademoiselle,
J'ai de bellissime dentelle,
Des points coupés[6] qui sont fort beaux,
De beaux étuis, de beaux ciseaux,
De la neige[7] des plus nouvelles;

---

1. Tragédie par Scudéry, 1636.
2. *Jodelet, astrologue*, comédie, par Antoine le Métel, sieur d'Ouville, 1646.
3. *Jodelet ou le maître valet*, comédie, par Scarron, 1645.
4. Les inscriptions qui, dans la planche de Bosse, surmontent la boutique du libraire, portent entre autres titres ceux de quelques ouvrages fort libres, qui pouvaient bien se vendre au Palais, mais à coup sûr ne s'y affichaient pas.
5. Nœuds de rubans.
6. On lit dans le *Dictionnaire universel* de Furetière de 1690 : « Point coupé étoit autrefois une dentelle à jour qu'on faisoit en collant du filet sur du quintin, et puis en perçant et emportant la toile qui étoit entre deux. » Il n'est peut-être pas inutile d'ajouter que le même lexicographe définit ainsi le *quintin* : « Toile fort fine et fort claire, dont on fait des collets et des manchettes. »
7. « Sorte de dentelle dont on portoit il y a neuf ou dix ans. » (*Dictionnaire de Richelet*, 1680.)

J'ai des cravates des plus belles,
Un manchon, un bel éventail,
Des pendants d'oreilles d'émail,
Une coëffe de crapaudaille[1],
J'ai de beaux ouvrages de paille. »
. . . .
. . . .
Mais écoutons cette marchande :
« Monseu, j'ai de belle Hollande[2],
Des manchettes, de beaux rabats,
De beaux collets, de fort beaux bas.
Achetez-vous quelque chemise?
Voici de belle marchandise !
Venez, Monseu, venez à moi,
Vous aurez bon marché, ma foi ! »

En 1663, Montfleury choisit la Galerie du Palais pour y placer son *Impromptu de l'Hôtel de Condé*[3]. Au commencement de la pièce, de Villiers et Beauchâteau rencontrent un de leurs amis, qui les arrête en leur disant :

Qui vous mène au Palais?
BEAUCHATEAU.
Le seul dessein d'y faire
Emplette de ruban qui nous est nécessaire.
LÉANDRE.
Et vous en faut-il tant?
DE VILLIERS.
Comment s'il nous en faut?
Vous pouvez en juger : demain Monsieur Boursaut
Fait jouer sa réponse[4], et j'ai l'honneur d'y faire
Un marquis malaisé qui ne sauroit se taire.
Jugez après cela s'il nous faut des rubans.

Plus loin dans la même pièce se trouve une revue des auteurs du temps fort analogue à celle de *la Galerie du Pa-*

1. Crépon, laine légère.
2. Toile de Hollande.
3. *L'Impromptu de l'Hôtel de Condé* est une réponse d'Antoine-Jacob Montfleury à *l'Impromptu de Versailles*, où son père et les principaux comédiens de l'Hôtel de Bourgogne avaient été parodiés par Molière.
4. *Le Portrait du peintre ou la critique de l'École des Femmes.*

lais. Elle se passe entre Alis, marchande de livres, et un marquis, que nous n'aurions nulle envie de quereller sur ses goûts, si au ridicule qu'on lui prête de préférer Molière à Quinault, à Boursault, à Poisson et même à Boyer, il ne joignait le tort, plus grave à nos yeux, de ranger aussi Corneille au nombre de ceux qu'il dédaigne.

En 1682 les comédiens italiens donnèrent *Arlequin, lingère du Palais*, où l'on trouve une scène qui a quelque ressemblance avec celle de la dispute de la Lingère et du Mercier[1]. Ici c'est avec un limonadier que la lingère a maille à partir. Arlequin joue à lui seul les deux rôles, et vêtu tout à la fois en homme et en femme, il se retourne avec une grande agilité pour représenter alternativement chacun des deux personnages. Ce n'est pas le seul souvenir de Corneille que renferme cette pièce; on y trouve une parodie de la scène du *Cid* où Rodrigue se présente chez Chimène[2]. Une note nous apprend que dans ce morceau Arlequin s'appliquait à imiter le ton et la démarche de la Champmeslé.

La Galerie du Palais, représentée en 1634, ne fut imprimée qu'en 1637, en vertu d'un privilége accordé, « le vingtvniesme iour de Ianuier l'an de grace mil six cens trente sept, » à Augustin Courbé, qui y associa François Targa. « Nostre bien amé Augustin Courbé, Libraire à Paris, nous a fait remonstrer, dit ce privilége, qu'il a recouuré un manuscrit contenant trois Comedies, sçavoir : *la Galerie du Palais, ou l'Amie Riualle, la Place Royalle, ou l'Amoureux Extrauagant,* et *la Suiuante;* et une Tragi-Comedie, intitulée *le Cid,* composées par Monsieur Corneille. » La première de ces pièces forme un volume in-4°, de 4 feuillets et 143 pages, dont le titre exact est : LA GALERIE DV PALAIS OV L'AMIE RIVALLE, COMEDIE. *A Paris, chez Augustin Courbé, Imprimeur et Libraire de Monseigneur frere du Roy dans la petite Salle du Palais, à la Palme,* M.DC.XXXVII. *Auec priuilege du Roy.*

L'achevé d'imprimer est du 20 février. En 1644 Corneille a supprimé le sous-titre de cet ouvrage.

1. Voyez la scène XII du IVe acte de *la Galerie du Palais.*
2. Acte III, scène IV.

A MADAME DE LIANCOUR[1].

Madame,

Je vous demande pardon si je vous fais un mauvais présent; non pas que j'aye si mauvaise opinion de cette pièce, que je veuille condamner les applaudissements qu'elle a reçus, mais parce que je ne croirai jamais qu'un ouvrage de cette nature soit digne de vous être présenté. Aussi vous supplierai-je très-humblement de ne prendre pas tant garde à la qualité de la chose, qu'au pouvoir de celui dont elle part : c'est tout ce que vous peut offrir un homme de ma sorte; et Dieu ne m'ayant pas fait naître assez considérable pour être utile à votre service, je me tiendrai trop récompensé d'ailleurs si je puis contribuer en quelque façon à vos divertissements. De six comédies qui me sont échappées[2], si celle-ci n'est la meilleure, c'est la plus heureuse, et toutefois la plus malheureuse en ce point, que n'ayant pas eu l'honneur d'être vue de vous, il lui manque votre approbation, sans laquelle sa gloire est encore douteuse, et n'ose s'assurer sur les acclamations publiques. Elle vous la vient demander, Madame, avec cette protection qu'autrefois *Mélite* a trouvée si favorable. J'espère que votre bonté ne lui refusera pas l'une et l'autre, ou que si vous désapprouvez

---

1. Voyez, dans le tome I, la note de la p. 134. Cette épître dédicatoire se trouve dans les éditions de 1637-1657.
2. *Mélite*, la *Veuve*, la *Galerie du Palais*, la *Suivante*, la *Place Royale* et l'*Illusion comique*. En 1637, au moment où Corneille écrivait cette dédicace, il avait en outre fait *Clitandre* et *le Cid*, mais c'étaient des *tragi-comédies*.

ÉPÎTRE.

sa conduite, du moins vous agréerez mon zèle, et me permettrez de me dire toute ma vie,

MADAME,

Votre très-humble, très-obéissant,
et très-obligé serviteur,

CORNEILLE.

EXAMEN.

Ce titre[1] seroit tout à fait irrégulier, puisqu'il n'est fondé que sur le spectacle du premier acte, où commence l'amour de Dorimant pour Hippolyte, s'il n'étoit autorisé par l'exemple des anciens, qui étoient sans doute encore bien plus licencieux, quand ils ne donnoient à leurs tragédies que le nom des chœurs, qui n'étoient que témoins de l'action, comme *les Trachiniennes*[2] et *les Phéniciennes*[3]. L'*Ajax*[4] même de Sophocle ne porte pas pour titre *la Mort d'Ajax*, qui est sa principale action, mais *Ajax porte-fouet*, qui n'est que l'action du premier acte[5]. Je ne parle point des *Nues*, des *Guêpes* et des

---

1. Il faut se rappeler qu'on lit en tête des examens du premier volume de l'édition de 1682 : *Examen des poëmes contenus en cette première partie*, et en tête de chacun le titre de la pièce seulement; ici par exemple : *La Galerie du Palais*. Voyez tome I, p. 137, note 1.
2. Ce titre, choisi par Sophocle, fait seulement connaître que la scène est à Trachine, au pied du mont Œta, mais il n'indique en aucune manière que la pièce a pour sujet la mort d'Hercule.
3. Ces Phéniciennes sont des jeunes filles venues de Tyr à Thèbes. Au moment où elles vont pour se rendre de cette dernière ville à Delphes afin d'y être consacrées au culte d'Apollon, elles sont retenues par l'arrivée de l'armée que Polynice fait avancer contre Étéocle, et assistent ainsi malgré elles à la lutte des deux frères.
4. Var. (édit. de 1660) : Ajax (*au lieu de* l'Ajax).
5. Nous savons par l'argument grec de cette tragédie que d'abord

Grenouilles d'Aristophane; ceci doit suffire pour montrer que les Grecs, nos premiers maîtres, ne s'attachoient point à la principale action pour en faire porter le nom à leurs ouvrages, et qu'ils ne gardoient aucune règle sur cet article. J'ai donc pris ce titre de *la Galerie du Palais*, parce que la promesse de ce spectacle extraordinaire, et agréable pour sa naïveté, devoit exciter vraisemblablement la curiosité des auditeurs; et ç'a été pour leur plaire plus d'une fois, que j'ai fait paroître ce même spectacle à la fin du quatrième acte, où il est entièrement inutile, et n'est renoué avec celui du premier que par des valets[1] qui viennent prendre dans les boutiques ce que leurs maîtres y avoient acheté, ou voir si les marchands ont reçu les nippes qu'ils attendoient. Cette espèce de renouement lui étoit nécessaire, afin qu'il eût quelque liaison qui lui fît trouver sa place, et qu'il ne fût pas tout à fait hors d'œuvre. La rencontre que j'y fais faire d'Aronte[2] et de Florice est ce qui le fixe particulièrement en ce lieu-là; et sans cet incident, il eût été aussi propre à la fin du second et du troisième[3], qu'en la place qu'il occupe. Sans cet agrément, la pièce auroit été très-régulière pour l'unité du lieu[4] et la liaison des scènes, qui n'est interrompue que par là. Célidée et Hippolyte sont deux voisines dont les demeures ne sont séparées que

---

elle était simplement intitulée *Ajax* et que Dicéarque l'appelait *la Mort d'Ajax*. L'époque où l'on a jugé à propos d'ajouter au nom d'Ajax l'épithète de *porte-fouet*, sans doute pour distinguer cette pièce d'un autre *Ajax*, dit *le Locrien*, du même poëte, est tout à fait incertaine; cette désignation est tirée de la scène où Ajax, transporté de fureur, frappe de vils animaux en croyant se venger d'Ulysse.

1. Var. (édit. de 1660) : et n'est que renoué avec celui du premier par des valets.
2. Var. (édit. de 1660) : La rencontre que j'y fais d'Aronte.
3. Var. (édit. de 1660-1668) : ou du troisième.
4. Var. (édit. de 1660-1668) : de lieu.

par le travers d'une rue, et ne sont pas d'une condition trop élevée pour souffrir que leurs amants les entretiennent à leur porte. Il est vrai que ce qu'elles y disent seroit mieux dit dans une chambre ou dans une salle, et même ce n'est[1] que pour se faire voir aux spectateurs qu'elles quittent cette porte où elles devroient être retranchées, et viennent parler au milieu de la scène ; mais c'est un accommodement de théâtre qu'il faut souffrir pour trouver cette rigoureuse unité de lieu qu'exigent les grands réguliers. Il sort un peu de l'exacte vraisemblance et de la bienséance même ; mais il est presque impossible d'en user autrement ; et les[2] spectateurs y sont si accoutumés, qu'ils n'y trouvent rien qui les blesse. Les anciens, sur les exemples desquels on a formé les règles, se donnoient cette liberté. Ils choisissoient pour le lieu de leurs comédies, et même de leurs tragédies, une place publique ; mais je m'assure qu'à les bien examiner, il y a plus de la moitié de ce qu'ils font dire qui seroit mieux dit dans la maison qu'en cette place. Je n'en produirai qu'un exemple, sur qui le lecteur en pourra trouver d'autres.

L'*Andrienne* de Térence commence par le vieillard Simon, qui revient du marché avec des valets chargés de ce qu'il vient d'acheter pour les noces de son fils ; il leur commande d'entrer dans sa maison avec leur charge, et retient avec lui Sosie, pour lui apprendre que ces noces ne sont que des noces feintes, à dessein de voir ce qu'en dira son fils, qu'il croit engagé dans une autre affection, dont il lui conte l'histoire. Je ne pense pas qu'aucun me dénie qu'il seroit mieux dans sa salle à lui faire confidence de ce secret que dans une rue. Dans la seconde scène, il menace Davus de le maltraiter, s'il fait aucune

1. Var. (édit. de 1660 et 1663) : ou dans une salle. Ce n'est....
2. Var. (édit. de 1660) : *ces*, qui est très-vraisemblablement une faute d'impression.

fourbe pour troubler ces noces : il le menaceroit plus à propos dans sa maison qu'en public; et la seule raison qui le fait parler devant son logis, c'est afin que ce Davus, demeuré seul, puisse voir Mysis sortir de chez Glycère, et qu'il se fasse une liaison d'œil entre ces deux scènes; ce qui ne regarde pas l'action présente de cette première, qui se passeroit mieux dans la maison, mais une action future qu'ils ne prévoient point, et qui est plutôt du dessein du poëte, qui force un peu la vraisemblance pour observer les règles de son art, que du choix des acteurs qui ont à parler, qui ne seroient pas où les met le poëte, s'il n'étoit question que de dire ce qu'il leur fait dire. Je laisse aux curieux à examiner le reste de cette comédie de Térence ; et je veux croire qu'à moins que d'avoir l'esprit fort préoccupé d'un sentiment contraire, ils demeureront d'accord de ce que je dis.

Quant à la durée de cette pièce, elle est dans le même ordre que la précédente, c'est-à-dire dans cinq jours consécutifs. Le style en est plus fort et plus dégagé des pointes dont j'ai parlé[1], qui s'y trouveront assez rares. Le personnage de nourrice, qui est de la vieille comédie, et que le manque d'actrices sur nos théâtres y avoit conservé jusqu'alors, afin qu'un homme le pût représenter sous le masque, se trouve ici métamorphosé en celui de suivante, qu'une femme représente sur son visage. Le caractère des deux amantes a quelque chose de choquant, en ce qu'elles sont toutes deux amoureuses d'hommes qui ne le sont point d'elles, et Célidée particulièrement s'emporte jusqu'à s'offrir elle-même. On la pourroit excuser sur le violent dépit qu'elle a de s'être vue méprisée par son amant, qui en sa présence même

---

1. Dans les Examens de *Clitandre* et de *la Veuve*, tome I, p. 270 et 397.

a conté des fleurettes à une autre; et j'aurois de plus à dire que nous ne mettons pas sur la scène des personnages si parfaits, qu'ils ne soient sujets à des défauts et aux foiblesses qu'impriment les passions; mais je veux bien avouer que cela va trop avant, et passe trop la bienséance et la modestie du sexe, bien qu'absolument il ne soit pas condamnable. En récompense, le cinquième acte est moins traînant que celui des précédentes, et conclut deux mariages sans laisser aucun mécontent; ce qui n'arrive pas dans celles-là.

ACTEURS.

PLEIRANTE, père de Célidée.
LYSANDRE, amant de Célidée.
DORIMANT, amoureux d'Hippolyte.
CHRYSANTE, mère d'Hippolyte.
CÉLIDÉE, fille de Pleirante[1].
HIPPOLYTE, fille de Chrysante[2].
ARONTE, écuyer de Lysandre.
CLÉANTE, écuyer de Dorimant.
FLORICE, suivante d'Hippolyte.
Le Libraire du Palais.
Le Mercier du Palais.
La Lingère du Palais.

La scène est à Paris.

1. Var. (édit. de 1648) : fille de Pleirante et maîtresse de Lysandre.
2. Var. (édit. de 1648) : fille de Chrysante, aimée de Dorimant et amoureuse de Lysandre.

LA
GALERIE DU PALAIS.

COMÉDIE.

ACTE I.

SCÈNE PREMIÈRE.

ARONTE, FLORICE.

ARONTE.

Enfin je ne le puis : que veux-tu que j'y fasse[1] ?
Pour tout autre sujet mon maître n'est que glace ;
Elle est trop dans son cœur ; on ne l'en peut chasser,
Et c'est folie à nous que de plus y penser.
J'ai beau devant les yeux lui remettre Hippolyte, 5
Parler de ses attraits, élever son mérite,
Sa grâce, son esprit, sa naissance, son bien ;
Je n'avance non plus qu'à ne lui dire rien[2] :
L'amour, dont malgré moi son âme est possédée,
Fait qu'il en voit autant, ou plus, en Célidée. 10

FLORICE.

Ne quittons pas pourtant : à la longue on fait tout.

---

1. *Var.* Mais puisque je ne peux, que veux-tu que j'y fasse? (1637)
2. *Var.* Je n'avance non plus qu'en ne lui disant rien. (1637-57)

La gloire suit la peine : espérons jusqu'au bout.
Je veux que Célidée ait charmé son courage,
L'amour le plus parfait n'est pas un mariage ;
Fort souvent moins que rien cause un grand changement,
Et les occasions naissent en un moment.

ARONTE.

Je les prendrai toujours quand je les verrai naître.

FLORICE.

Hippolyte, en ce cas, saura le reconnoître[1].

ARONTE.

Tout ce que j'en prétends, c'est un entier secret[2].
Adieu : je vais trouver Célidée à regret.   20

FLORICE.

De la part de ton maître ?

ARONTE.

Oui.

FLORICE.

Si j'ai bonne vue,
La voilà que son père amène vers la rue.
Tirons-nous à quartier ; nous jouerons mieux nos jeux[3],
S'ils n'aperçoivent point que nous parlions nous deux.

SCÈNE II.

PLEIRANTE, CÉLIDÉE.

PLEIRANTE.

Ne pense plus, ma fille, à me cacher ta flamme ;   25
N'en conçois point de honte, et n'en crains point de blâme :
Le sujet qui l'allume a des perfections

---

1. *Var.* Hippolyte, en ce cas, le saura reconnoître. (1637-57)
2. *Var.* Tout ce que j'en prétends n'est qu'un entier secret. (1637-64)
3. *Var.* Aronte, éloigne-toi, nous jouerons mieux nos jeux,
S'ils ne se doutent point que nous parlions nous deux. (1637-57)

Dignes de posséder tes inclinations ;
Et pour mieux te montrer le fond de mon courage,
J'aime autant son esprit que tu fais son visage.   30
Confesse donc, ma fille, et crois qu'un si beau feu
Veut être mieux traité que par un désaveu.
CÉLIDÉE.
Monsieur, il est tout vrai, son ardeur légitime
A tant gagné sur moi que j'en fais de l'estime :
J'honore son mérite, et n'ai pu m'empêcher   35
De prendre du plaisir à m'en voir rechercher ;
J'aime son entretien, je chéris sa présence ;
Mais cela n'est enfin qu'un peu de complaisance[1],
Qu'un mouvement léger qui passe en moins d'un jour.
Vos seuls commandements produiront mon amour,   40
Et votre volonté, de la mienne suivie....
PLEIRANTE.
Favorisant ses vœux, seconde ton envie.
Aime, aime ton Lysandre ; et puisque je consens
Et que je t'autorise à ces feux innocents,
Donne-lui hardiment une entière assurance   45
Qu'un mariage heureux suivra son espérance :
Engage-lui ta foi. Mais j'aperçois venir
Quelqu'un qui de sa part te vient entretenir.
Ma fille, adieu : les yeux d'un homme de mon âge
Peut-être empêcheroient la moitié du message.   50
CÉLIDÉE.
Il ne vient rien de lui qu'il faille vous celer.
PLEIRANTE.
Mais tu seras sans moi plus libre à lui parler ;
Et ta civilité, sans doute un peu forcée,
Me fait un compliment qui trahit ta pensée.

---

1. *Var.* Mais cela n'est aussi qu'un peu de complaisance. (1637-57)

SCÈNE III.

CÉLIDÉE, ARONTE.

CÉLIDÉE.

Que fait ton maître, Aronte?

ARONTE.

Il m'envoie aujourd'hui 55
Voir ce que sa maîtresse a résolu de lui,
Et comment vous voulez qu'il passe la journée.

CÉLIDÉE.

Je serai chez Daphnis toute l'après-dînée,
Et s'il m'aime, je crois que nous l'y pourrons voir.
Autrement....

ARONTE.

Ne pensez qu'à l'y bien recevoir. 60

CÉLIDÉE.

S'il y manque, il verra sa paresse punie.
Nous y devons dîner fort bonne compagnie :
J'y mène, du quartier, Hippolyte et Cloris.

ARONTE.

Après elles et vous il n'est rien dans Paris[1],
Et je n'en sache point, pour belles qu'on les nomme, 65
Qui puissent attirer les yeux d'un honnête homme.

CÉLIDÉE.

Je ne suis pas d'humeur bien propre à t'écouter,
Et ne prends pas plaisir à m'entendre flatter[2].
Sans que ton bel esprit tâche plus d'y paroître,
Mêle-toi de porter ma réponse à ton maître[3]. 70

ARONTE, seul.

Quelle superbe humeur! quel arrogant maintien!

---

1. *Var.* Elles et vous dehors, il n'est rien dans Paris. (1637-57)
2. *Var.* Je veux des gens mieux faits que toi pour me flatter. (1637-57)
3. *Var.* Mêle-toi de porter mon message à ton maître. (1637-60)

Si mon maître me croit, vous ne tenez plus rien;
Il changera d'objet, ou j'y perdrai ma peine :
Aussi bien son amour ne vous rend que trop vaine[1].

SCÈNE IV.

La Lingère, le Libraire[2].

(On tire un rideau, et l'on voit le Libraire, la Lingère et le Mercier, chacun dans sa boutique[3].)

LA LINGÈRE.

Vous avez fort la presse à ce livre nouveau; 75
C'est pour vous faire riche.

LE LIBRAIRE.

On le trouve si beau[4],
Que c'est pour mon profit le meilleur qui se voie.
Mais vous, que vous vendez de ces toiles de soie[5]!

LA LINGÈRE.

De vrai, bien que d'abord on en vendît fort peu,
A présent Dieu nous aime, on y court comme au feu; 80
Je n'en saurois fournir autant qu'on m'en demande :
Elle sied mieux aussi que celle de Hollande,
Découvre moins le fard dont un visage est peint,
Et donne, ce me semble, un plus grand lustre au teint[6].
Je perds bien à gagner, de ce que ma boutique, 85

---

1. *Var.* Son amour aussi bien ne vous rend que trop vaine. (1637-57)
2. *Var.* LE LIBRAIRE DU PALAIS. (1637)
3. Ces deux lignes manquent dans les éditions de 1637-57; dans l'édition de 1663 il y a *leur boutique*, pour *sa boutique;* celle de 1664 a la variante que voici : *la Lingère tire un rideau, et l'on voit le Libraire, la Lingère et le Mercier, chacun dans leur boutique.*
4. *Var.* On le trouve assez beau,
Et c'est pour mon profit le meilleur qui se voie. (1637-57)
5. « *Toile de soie* est une toile très-claire, faite de soie, dont elles (*les dames*) se font des mouchoirs de cou qui n'empêchent point qu'on ne voie leur gorge à travers. » (*Dictionnaire de Furetière*, 1690.)
6. *Var.* Et moins blanche, elle donne un plus grand lustre au teint. (1637-57)

Pour être trop étroite, empêche ma pratique ;
A peine y puis-je avoir deux chalands à la fois :
Je veux changer de place avant qu'il soit un mois ;
J'aime mieux en payer le double et davantage,
Et voir ma marchandise en un bel étalage[1]. 90

LE LIBRAIRE.
Vous avez bien raison ; mais à ce que j'entends....
Monsieur, vous plaît-il voir quelques livres du temps ?

SCÈNE V.

DORIMANT, CLÉANTE, LE LIBRAIRE.

DORIMANT.
Montrez-m'en quelques-uns.

LE LIBRAIRE.
            Voici ceux de la mode.

DORIMANT.
Otez-moi cet auteur, son nom seul m'incommode ;
C'est un impertinent, ou je n'y connois rien. 95

LE LIBRAIRE.
Ses œuvres toutefois se vendent assez bien.

DORIMANT.
Quantité d'ignorants ne songent qu'à la rime.

LE LIBRAIRE.
Monsieur, en voici deux dont on fait grande estime :
Considérez ce trait, on le trouve divin.

DORIMANT.
Il n'est que mal traduit du cavalier Marin[2] ; 100
Sa veine, au demeurant, me semble assez hardie.

---

1. *Var.* Et voir ma marchandise en plus bel étalage. (1637-63)
2. Jean-Baptiste Marino, né à Naples le 18 octobre 1569 et mort dans la même ville le 21 mai 1625, est aussi célèbre par l'ingénieuse élégance que par la mollesse et la fadeur de son style, désigné par ses compatriotes mêmes sous le

LE LIBRAIRE.
Ce fut son coup d'essai que cette comédie.
DORIMANT.
Cela n'est pas tant mal pour un commencement ;
La plupart de ses vers coulent fort doucement :
Qu'il a de mignardise à décrire un visage ! 105

SCÈNE VI.

HIPPOLYTE, FLORICE, DORIMANT, CLÉANTE,
LE LIBRAIRE, LA LINGÈRE.

HIPPOLYTE[1].
Madame, montrez-nous quelques collets d'ouvrage[2].
LA LINGÈRE.
Je vous en vais montrer de toutes les façons.
DORIMANT, au Libraire[3].
Ce visage vaut mieux que toutes vos chansons[4].
LA LINGÈRE, à Hippolyte[5].
Voilà du point d'esprit[6], de Gênes, et d'Espagne.
HIPPOLYTE.
Ceci n'est guère bon qu'à des gens de campagne. 110

---

nom de *marinesco*. Appelé en France par Marie de Médicis, il dédia, en 1623, à Louis XIII, alors âgé de vingt-deux ans, son poëme d'*Adonis*. — Il est fort difficile de savoir lequel de ses contemporains Corneille a en vue ici. On serait tenté de croire qu'il s'agit de Scudéry, car on lit dans la *Lettre du désintéressé au sieur Mairet* (p. 4) : « Je ne blâme pas Monsieur de Scudéry de savoir si bien son cavalier Marin ; » mais à l'époque où Corneille écrivait *la Galerie du Palais*, il était en très-bonne intelligence avec Scudéry.

1. *Var.* HIPPOLYTE, *à la Lingère.* (1648)
2. *D'ouvrage*, c'est-à-dire *ouvrés, travaillés*.
3. *Var.* DORIMANT, *au Libraire, regardant Hippolyte.* (1648)
4. *Var.* Ceci vaut mieux le voir que toutes vos chansons. (1637-57)
5. *Var.* LA LINGÈRE, *ouvrant une boîte.* (1637-60)
6. *L'Encyclopédie* définit le *point d'esprit* en termes techniques de la manière suivante : « Le *point d'esprit* se monte sur cinq fils de long et cinq de travers, en laissant à chaque fois deux fils qui font une croix. Les cinq fils en tout sens sont embrassés d'un point noué. »

LA LINGÈRE.
Voyez bien : s'il en est deux pareils dans Paris[1]....
HIPPOLYTE.
Ne les vantez point tant, et dites-nous le prix.
LA LINGÈRE.
Quand vous aurez choisi.
HIPPOLYTE.
Que t'en semble, Florice?
FLORICE.
Ceux-là sont assez beaux, mais de mauvais service;
En moins de trois savons on ne les connoît plus.   115
HIPPOLYTE[2].
Celui-ci, qu'en dis-tu[3]?
FLORICE.
L'ouvrage en est confus,
Bien que l'invention de près soit assez belle.
Voici bien votre fait, n'étoit que la dentelle[4]
Est fort mal assortie avec le passement;
Cet autre n'a de beau que le couronnement.   120
LA LINGÈRE.
Si vous pouviez avoir deux jours de patience[5],
Il m'en vient, mais qui sont dans la même excellence.
(Dorimant parle au Libraire à l'oreille[6].)
FLORICE.
Il vaudroit mieux attendre.

1. *Var.* [Voyez bien : s'il en est deux pareils dans Paris,]
Je veux perdre la boîte. FLOR. On est fort souvent pris
A ces sortes de points, si l'on n'a quelque fille
Qui sache à tous moments y repasser l'aiguille;
En moins de trois savons, rien n'y tient presque plus.
HIPP. Cestui-ci, qu'en dis-tu? (1637-57)
2. *Var.* HIPPOLYTE, *à Florice*. (1648)
3. *Var.* Celui-là, qu'en dis-tu? (1660-64)
4. *Var.* Voilà bien votre fait, n'étoit que la dentelle. (1637-57)
5. *Var.* Si vous pouvez avoir trois jours de patience. (1637 et 52-57)
Var. Si vous pouviez avoir trois jours de patience. (1644 et 48)
6. Ce jeu de scène n'est pas indiqué ici dans les éditions de 1637-60. Voyez la variante qui suit.

ACTE I, SCÈNE VI.

HIPPOLYTE.
                    Eh bien! nous attendrons;
Dites-nous au plus tard quel jour nous reviendrons.
LA LINGÈRE.
Mercredi j'en attends de certaines nouvelles.   125
Cependant vous faut-il quelques autres dentelles?
HIPPOLYTE.
J'en ai ce qu'il m'en faut pour ma provision.
LE LIBRAIRE, à Dorimant[1].
J'en vais subtilement prendre l'occasion.
La connois-tu, voisine?
LA LINGÈRE.
                    Oui, quelque peu de vue:
Quant au reste, elle m'est tout à fait inconnue.   130
(Dorimant tire Cléante au milieu du théâtre, et lui parle à l'oreille[2].)
Ce cavalier sans doute y trouve plus d'appas
Que dans tous vos auteurs?
CLÉANTE[3].
                    Je n'y manquerai pas.
DORIMANT[4].
Si tu ne me vois là, je serai dans la salle[5].
(Il prend un livre sur la boutique du Libraire[6].)

---

1. *Var.* LE LIBRAIRE, *à qui Dorimant avoit parlé à l'oreille, tandis qu'Hippolyte voyoit des ouvrages.* (1637-60)

2. *Var. Ici Dorimant tire Cléante au milieu du théâtre,* etc. (1637, en marge.) — Dans les éditions de 1644-60, ce jeu de scène n'est pas indiqué à cette place. Voyez la variante qui suit.

3. *Var.* CLÉANTE, *à qui Dorimant a parlé à l'oreille au milieu du théâtre.* (1644-60)

4. *Var.* DORIMANT, *à Cléante.* (1644-60)

5. La salle des Pas perdus, qu'on appelait alors d'ordinaire *la Grand'Salle*:

   Entre ces vieux appuis dont l'affreuse Grand'Salle
   Soutient l'énorme poids de sa voûte infernale,
   Est un pilier fameux, des plaideurs respecté,
   Et toujours de Normands à midi fréquenté.
                    (Boileau, *le Lutrin*, chant V, v. 33.)

6. *Var. Il s'en retourne sur la boutique du Libraire et prend un livre.* (1637, en marge.) — Les éditions de 1644-60 portent: *Au Libraire, prenant un livre sur sa boutique.*

Je connois celui-ci; sa veine est fort égale;
Il ne fait point de vers qu'on ne trouve charmants. 135
Mais on ne parle plus qu'on fasse de romans;
J'ai vu que notre peuple en étoit idolâtre.

LE LIBRAIRE.

La mode est à présent des pièces de théâtre.

DORIMANT.

De vrai, chacun s'en pique; et tel y met la main,
Qui n'eut jamais l'esprit d'ajuster un quatrain. 140

SCÈNE VII.

LYSANDRE, DORIMANT, LE LIBRAIRE,
LE MERCIER.

LYSANDRE.

Je te prends sur le livre.

DORIMANT.

Eh bien! qu'en veux-tu dire?
Tant d'excellents esprits, qui se mêlent d'écrire,
Valent bien qu'on leur donne une heure de loisir.

LYSANDRE.

Y trouves-tu toujours une heure de plaisir?
Beaucoup font bien des vers, et peu la comédie[1]. 145

DORIMANT.

Ton goût, je m'en assure, est pour la Normandie[2]?

LYSANDRE.

Sans rien spécifier, peu méritent de voir[3];

1. *Var.* Beaucoup font bien des vers, mais peu la comédie. (1637-68)
2. Voyez ci-dessus, p. 4.
3. C'est-à-dire peu méritent qu'on les voie, qu'on les regarde. Il faut remarquer que toutes les éditions antérieures à 1682 portent : « peu méritent le voir. »

ACTE I, SCÈNE VII.

Souvent leur entreprise excède leur pouvoir[1],
Et tel parle d'amour sans aucune pratique.

DORIMANT.

On n'y sait guère alors que la vieille rubrique :
Faute de le connoître, on l'habille en fureur;
Et loin d'en faire envie, on nous en fait horreur.
Lui seul de ses effets a droit de nous instruire ;
Notre plume à lui seul doit se laisser conduire :
Pour en bien discourir, il faut l'avoir bien fait;
Un bon poëte ne vient que d'un amant parfait.

LYSANDRE.

Il n'en faut point douter, l'amour a des tendresses
Que nous n'apprenons point qu'auprès de nos maîtresses.
Tant de sorte[2] d'appas, de doux saisissements,
D'agréables langueurs et de ravissements,
Jusques où d'un bel œil peut s'étendre l'empire,
Et mille autres secrets que l'on ne sauroit dire
(Quoi que tous nos rimeurs en mettent par écrit),
Ne se surent jamais par un effort d'esprit;
Et je n'ai jamais vu de cervelles bien faites
Qui traitassent l'amour à la façon des poëtes.
C'est tout un autre jeu. Le style d'un sonnet
Est fort extravagant dedans un cabinet;
Il y faut bien louer la beauté qu'on adore,
Sans mépriser Vénus, sans médire de Flore,
Sans que l'éclat des lis, des roses, d'un beau jour,
Ait rien à démêler avecque notre amour.
O pauvre comédie, objet de tant de veines,
Si tu n'es qu'un portrait des actions humaines,

---

1. *Var.* Beaucoup, dont l'entreprise excède le pouvoir,
Veulent parler d'amour sans aucune pratique. (1637-57)
2. Ce mot est ainsi au singulier dans toutes les éditions données par Corneille (1637-82). L'édition de 1692 le met au pluriel.

On te tire souvent sur un original 175
A qui, pour dire vrai, tu ressembles fort mal!
DORIMANT.
Laissons la muse en paix, de grâce, à la pareille¹.
Chacun fait ce qu'il peut, et ce n'est pas merveille
Si, comme avec bon droit on perd bien un procès,
Souvent un bon ouvrage a de foibles succès. 180
Le jugement de l'homme ou plutôt son caprice
Pour quantité d'esprits n'a que de l'injustice.
J'en admire beaucoup dont on fait peu d'état;
Leurs fautes, tout au pis, ne sont pas coups d'État :
La plus grande est toujours de peu de conséquence. 185
LE LIBRAIRE.
Vous plairoit-il de voir des pièces d'éloquence²?
LYSANDRE, *ayant regardé le titre d'un livre que le Libraire lui présente*³.

J'en lus hier la moitié; mais son vol est si haut,
Que presque à tous moments je me trouve en défaut.
DORIMANT.
Voici quelques auteurs dont j'aime l'industrie.
Mettez ces trois à part, mon maître, je vous prie; 190
Tantôt un de mes gens vous les⁴ viendra payer.
LYSANDRE, *se retirant d'auprès les boutiques*⁵.
Le reste du matin, où veux-tu l'employer?
LE MERCIER.
Voyez deçà, messieurs; vous plaît-il rien du nôtre?
Voyez, je vous ferai meilleur marché qu'un autre,
Des gants, des baudriers, des rubans, des castors. 195

---

1. C'est-à-dire « à condition qu'elle nous rendra la pareille, à charge de revanche. » Voyez le *Lexique*.
2. *Var.* Vous plaît-il point de voir des pièces d'éloquence? (1637-57)
3. *Var. Il regarde le titre du livre que*, etc. (1663, en marge.)
4. L'édition de 1682 donne *le*, par erreur; il y a *les* dans toutes les autres.
5. *Var.* LYSANDRE, *se retirant avec Dorimant d'auprès les boutiques*. (1637) — *Ils se retirent d'auprès les boutiques.* (1663, en marge.)

SCÈNE VIII.

DORIMANT, LYSANDRE.

DORIMANT.

Je ne saurois encor te suivre, si tu sors :
Faisons un tour de salle, attendant mon Cléante.

LYSANDRE.

Qui te retient ici ?

DORIMANT.

L'histoire en est plaisante :
Tantôt, comme j'étois sur le livre occupé[1],
Tout proche on est venu choisir du point coupé[2].   200

LYSANDRE.

Qui ?

DORIMANT.

C'est la question; mais il faut s'en remettre[3]
A ce qu'à mes regards sa coiffe a pu permettre[4].
Je n'ai rien vu d'égal : mon Cléante la suit,
Et ne reviendra point qu'il n'en soit bien instruit[5],
Qu'il n'en sache le nom, le rang et la demeure.   205

LYSANDRE.

Ami, le cœur t'en dit.

DORIMANT.

Nullement, ou je meure;
Voyant je ne sais quoi de rare en sa beauté,
J'ai voulu contenter ma curiosité.

---

1. *Var.* Tantôt, comme j'étois dans le livre occupé. (1637-57)
2. Voyez ci-dessus, p. 7, note 6.
3. *Var.*   C'est la question; mais s'il faut s'en remettre. (1637-63)
4. *Var.* A ce qu'à mes regards son masque a pu permettre. (1637-57)
5. *Var.* Et ne reviendra point qu'il ne soit bien instruit
    Quelle est sa qualité, son nom et sa demeure. (1637-57)

LA GALERIE DU PALAIS.

LYSANDRE.

Ta curiosité deviendra bientôt flamme :
C'est par là que l'amour se glisse dans une âme.   210
    A la première vue, un objet qui nous plaît[1]
N'inspire qu'un desir de savoir quel il est[2] ;
On en veut aussitôt apprendre davantage[3],
Voir si son entretien répond à son visage,
S'il est civil ou rude, importun ou charmeur,   215
Éprouver son esprit, connoître son humeur :
De là cet examen se tourne en complaisance ;
On cherche si souvent le bien de sa présence,
Qu'on en fait habitude, et qu'au point d'en sortir
Quelque regret commence à se faire sentir :   220
On revient tout rêveur ; et notre âme blessée,
Sans prendre garde à rien, cajole sa pensée.
Ayant rêvé le jour, la nuit à tous propos
On sent je ne sais quoi qui trouble le repos[4] ;
Un sommeil inquiet, sur de confus nuages   225
Élève incessamment de flatteuses images,
Et sur leur vain rapport fait naître des souhaits
Que le réveil admire et ne dédit jamais :
Tout le cœur court en hâte après de si doux guides ;
Et le moindre larcin que font ses vœux timides   230
Arrête le larron et le met dans les fers.

DORIMANT.

Ainsi tu fus épris de celle que tu sers ?

---

1. *Var.* A la première vue un sujet qui nous plaît. (1637 et 44)
2. *Var.* Ne forme qu'un desir de savoir quel il est. (1637-68)
3. *Var.* Le sachant, on en veut apprendre davantage. (1637-57)
4. *Var.* [On sent je ne sais quoi qui trouble le repos ;]
   On souffre doucement l'illusion des songes ;
   Notre esprit, qui s'en flatte, adore leurs mensonges,
   Sans y trouver encor que des biens imparfaits
   Qui le font aspirer aux solides effets :
   Là consiste à son gré le bonheur de la vie ;

LYSANDRE.

C'est un autre discours ; à présent je ne touche
Qu'aux ruses de l'amour contre un esprit farouche,
Qu'il faut apprivoiser presque insensiblement[1],   235
Et contre ses froideurs combattre finement.
Des naturels plus doux....

SCÈNE IX.

DORIMANT, LYSANDRE, CLÉANTE.

DORIMANT.

Eh bien ! elle s'appelle ?

CLÉANTE.

Ne m'informez de rien[2] qui touche cette belle.
Trois filous rencontrés vers le milieu du pont[3]
Chacun l'épée au poing, m'ont voulu faire affront,   240
Et sans quelques amis qui m'ont tiré de peine,
Contre eux ma résistance eût peut-être été vaine.
Ils ont tourné le dos, me voyant secouru ;
Mais ce que je suivois tandis est disparu.

DORIMANT.

Les traîtres ! trois contre un ! t'attaquer ! te surprendre !
Quels insolents vers moi s'osent ainsi méprendre[4] ?

CLÉANTE.

Je ne connois qu'un d'eux, et c'est là le retour
De quelques tours de main qu'il reçut l'autre jour[5],

Et le moindre larcin permis à son envie
[Arrête le larron et le met dans les fers.] (1637-57)
1. *Var.* Qu'il faut apprivoiser comme insensiblement. (1637-57)
2. *Ne m'informez de rien*, c'est-à-dire ne me demandez rien. Voyez tome I, p. 472, note 2.
3. *Var.* Trois poltrons rencontrés vers le milieu du pont. (1637)
4. *Var.* Quels impudents vers moi s'osent ainsi méprendre? (1637-60)
5. *Var.* De cent coups de bâton qu'il reçut l'autre jour. (1637-57)

Lorsque, m'ayant tenu quelques propos d'ivrogne,
Nous eûmes prise ensemble à l'hôtel de Bourgogne[1].   250
DORIMANT.
Qu'on le trouve où qu'il soit; qu'une grêle de bois
Assemble sur lui seul le châtiment des trois;
Et que sous l'étrivière il puisse tôt connoître[2],
Quand on se prend aux miens, qu'on s'attaque à leur
LYSANDRE.   [maître!
J'aime à te voir ainsi décharger ton courroux;   255
Mais voudrois-tu parler franchement entre nous?
DORIMANT.
Quoi! tu doutes encor de ma juste colère?
LYSANDRE.
En ce qui le regarde, elle n'est que légère :
En vain pour son sujet tu fais l'intéressé,
Il a paré des coups dont ton cœur est blessé.   260
Cet accident fâcheux te vole une maîtresse :
Confesse ingénument, c'est là ce qui te presse.
DORIMANT.
Pourquoi te confesser ce que tu vois assez?
Au point de se former, mes desseins renversés,
Et mon desir trompé, poussent dans ces contraintes,   265
Sous de faux mouvements, de véritables plaintes.
LYSANDRE.
Ce desir, à vrai dire, est un amour naissant
Qui ne sait où se prendre, et demeure impuissant;
Il s'égare et se perd dans cette incertitude;
Et renaissant toujours de ton inquiétude,   270

---

1. L'hôtel d'Artois ou de Bourgogne s'étendait de la rue Pavée à la rue Mauconseil; en 1523 il fut vendu en treize lots. Jean Rouvet, marchand, les acheta presque tous, et le 30 août 1548 il en revendit un, contenant dix-sept toises de long sur seize de large, aux confrères de la Passion, pour y établir un théâtre qui fut longtemps le plus fréquenté de Paris. « Ce bâtiment subsiste encore rue Françoise, dit de Leris, en 1754 (*Dictionnaire portatif des théâtres*, XIII), et l'on y voit toujours sur la porte les instruments de la Passion. »

2. *Var.* Et que sous l'étrivière il puisse enfin connoître. (1637-57)

ACTE I, SCÈNE IX.

Il te montre un objet d'autant plus souhaité,
Que plus sa connoissance a de difficulté.
C'est par là que ton feu davantage s'allume :
Moins on l'a pu connoître, et plus on en présume[1];
Notre ardeur curieuse en augmente le prix.   275

DORIMANT.

Que tu sais, cher ami, lire dans les esprits !
Et que pour bien juger d'une secrète flamme,
Tu pénètres avant dans les ressorts d'une âme !

LYSANDRE.

Ce n'est pas encor tout, je veux te secourir[2].

DORIMANT.

Oh! que je ne suis pas en état de guérir !   280
L'amour use sur moi de trop de tyrannie.

LYSANDRE.

Souffre que je te mène en une compagnie
Où l'objet de mes vœux m'a donné rendez-vous ;
Les divertissements t'y sembleront si doux,
Ton âme en un moment en sera si charmée,   285
Que, tous ses déplaisirs dissipés en fumée,
On gagnera sur toi fort aisément ce point
D'oublier un objet que tu ne connois point[3].
Mais garde-toi surtout d'une jeune voisine
Que ma maîtresse y mène; elle est et belle et fine,   290
Et sait si dextrement ménager ses attraits,
Qu'il n'est pas bien aisé d'en éviter les traits.

DORIMANT.

Au hasard, fais de moi tout ce que bon te semble.

LYSANDRE.

Donc, en attendant l'heure, allons dîner ensemble.

1. *Var.* Car moins on le connoît, et plus on en présume. (1637-57)
2. *Var.* Ce n'est pas encor tout, je te veux secourir. (1637-57)
3. *Var.* D'oublier un sujet que tu ne connois point. (1637-57)

SCÈNE X.

HIPPOLYTE, FLORICE.

HIPPOLYTE.

Tu me railles toujours.

FLORICE.

                    S'il ne vous veut du bien,   295
Dites assurément que je n'y connois rien.
Je le considérois tantôt chez ce libraire;
Ses regards de sur vous ne pouvoient se distraire,
Et son maintien étoit dans une émotion
Qui m'instruisoit assez de son affection.   300
Il vouloit vous parler, et n'osoit l'entreprendre.

HIPPOLYTE.

Toi, ne me parle point, ou parle de Lysandre.
C'est le seul dont la vue excita mon ardeur.

FLORICE.

Et le seul qui pour vous n'a que de la froideur.
Célidée est son âme, et tout autre visage   305
N'a point d'assez beaux traits pour toucher son courage;
Son brasier est trop grand, rien ne peut l'amortir.
En vain son écuyer tâche à l'en divertir,
En vain, jusques aux cieux portant votre louange,
Il tâche à lui jeter quelque amorce du change[1],   310
Et lui dit jusque-là que dans votre entretien
Vous témoignez souvent de lui vouloir du bien :
Tout cela n'est qu'autant de paroles perdues.

HIPPOLYTE.

Faute d'être sans doute assez bien entendues[2]!

FLORICE.

Ne le présumez pas, il faut avoir recours   315

---

1. *Var.* Il cherche à lui jeter quelque amorce du change. (1663 et 64)
2. *Var.* Faute d'être possible assez bien entendues! (1637-60)

A de plus hauts secrets qu'à ces foibles discours.
Je fus fine autrefois, et depuis mon veuvage
Ma ruse chaque jour s'est accrue avec l'âge;
Je me connois en monde, et sais mille ressorts
Pour débaucher une âme et brouiller des accords.   320

HIPPOLYTE.

Dis promptement, de grâce¹.

FLORICE.

A présent l'heure presse,
Et je ne vous saurois donner qu'un mot d'adresse :
Cette voisine et vous.... Mais déjà la voici.

SCÈNE XI.

CÉLIDÉE, HIPPOLYTE, FLORICE.

CÉLIDÉE.

A force de tarder, tu m'as mise en souci :
Il est temps, et Daphnis par un page me mande   325
Que pour faire servir on n'attend que ma bande;
Le carrosse est tout prêt : allons, veux-tu venir?

HIPPOLYTE.

Lysandre après dîner t'y vient entretenir?

CÉLIDÉE.

S'il osoit y manquer, je te donne promesse
Qu'il pourroit bien ailleurs chercher une maîtresse.   330

---

1. *Var.* Eh ! de grâce, dis vite. (1637)

FIN DU PREMIER ACTE.

ACTE II.

SCÈNE PREMIÈRE.
HIPPOLYTE, DORIMANT.

HIPPOLYTE.

Ne me contez point tant que mon visage est beau :
Ces discours n'ont pour moi rien du tout de nouveau ;
Je le sais bien sans vous, et j'ai cet avantage,
Quelques perfections qui soient sur mon visage,
Que je suis la première à m'en apercevoir : 335
Pour me les bien apprendre, il ne faut qu'un miroir[1] ;
J'y vois en un moment tout ce que vous me dites.

DORIMANT.

Mais vous n'y voyez pas tous vos rares mérites[2] :
Cet esprit tout divin et ce doux entretien
Ont des charmes puissants dont il ne montre rien. 340

HIPPOLYTE.

Vous les montrez assez par cette après-dînée
Qu'à causer avec moi vous vous êtes donnée ;
Si mon discours n'avoit quelque charme caché,
Il ne vous tiendroit pas si longtemps attaché.
Je vous juge plus sage, et plus aimer votre aise, 345
Que d'y tarder ainsi sans que rien vous y plaise ;
Et si je présumois qu'il vous plût sans raison[3],

---

1. *Var.* Pour me galantiser, il ne faut qu'un miroir. (1637-57)
2. *Var.* Mais bien la moindre part de vos rares mérites. (1637-57)
3. *Var.* Et présumer d'ailleurs qu'il vous plût sans raison ! (1637-57)

ACTE II, SCÈNE I.

Je me ferois moi-même un peu de trahison;
Et par ce trait badin qui sentiroit l'enfance,
Votre beau jugement recevroit trop d'offense. 350
Je suis un peu timide, et dût-on me jouer[1],
Je n'ose démentir ceux qui m'osent louer.

DORIMANT.

Aussi vous n'avez pas le moindre lieu de craindre
Qu'on puisse en vous louant ni vous flatter ni feindre :
On voit un tel éclat en vos brillants appas[2], 355
Qu'on ne peut l'exprimer, ni ne l'adorer pas.

HIPPOLYTE.

Ni ne l'adorer pas! Par là vous voulez dire....

DORIMANT.

Que mon cœur désormais vit dessous votre empire,
Et que tous mes desseins de vivre en liberté
N'ont rien eu d'assez fort contre votre beauté. 360

HIPPOLYTE.

Quoi! mes perfections vous donnent dans la vue?

DORIMANT.

Les rares qualités dont vous êtes pourvue
Vous ôtent tout sujet de vous en étonner.

HIPPOLYTE.

Cessez aussi, Monsieur, de vous l'imaginer.
Si vous brûlez pour moi, ce ne sont pas merveilles[3] : 365
J'ai de pareils discours chaque jour aux oreilles,
Et tous les gens d'esprit en font autant que vous.

DORIMANT.

En amour toutefois je les surpasse tous.
Je n'ai point consulté pour vous donner mon âme;

---

1. *Var.* Je suis un peu timide, et qui me veut louer,
Je ne l'ose jamais en rien désavouer.
DOR. Aussi certes, aussi n'avez-vous pas à craindre. (1637-57)
2. *Var.* On voit un tel éclat en vos divins appas. (1637-60)
3. Vu que, si vous m'aimez, ce ne sont pas merveilles. (1637-57)

Votre premier aspect sut allumer ma flamme, 370
Et je sentis mon cœur, par un secret pouvoir,
Aussi prompt à brûler que mes yeux à vous voir.

HIPPOLYTE.

Avoir connu d'abord combien je suis aimable[1],
Encor qu'à votre avis il soit inexprimable,
Ce grand et prompt effet m'assure puissamment 375
De la vivacité de votre jugement.
Pour moi, que la nature a faite un peu grossière,
Mon esprit, qui n'a pas cette vive lumière,
Conduit trop pesamment toutes ses fonctions
Pour m'avertir sitôt de vos perfections. 380
Je vois bien que vos feux méritent récompense ;
Mais de les seconder ce défaut me dispense.

DORIMANT.

Railleuse !

HIPPOLYTE.

Excusez-moi, je parle tout de bon.

DORIMANT.

Le temps de cet orgueil me fera la raison ;
Et nous verrons un jour, à force de services, 385
Adoucir vos rigueurs et finir mes supplices.

SCÈNE II.

DORIMANT, LYSANDRE, HIPPOLYTE, FLORICE.

Lysandre sort de chez Célidée, et passe sans s'arrêter, leur donnant seulement un coup de chapeau[2].

HIPPOLYTE.

Peut-être l'avenir.... Tout beau, coureur, tout beau !

---

1. *Var.* Connoître ainsi d'abord combien je suis aimable. (1637-57)
2. *Var. Lysandre entre sur le théâtre, sortant de chez Célidée, et passe sans*

ACTE II, SCÈNE II.

On n'est pas quitte ainsi pour un coup de chapeau :
Vous aimez l'entretien de votre fantaisie ;
Mais pour un cavalier c'est peu de courtoisie, 390
Et cela messied fort à des hommes de cour,
De n'accompagner pas leur salut d'un bonjour.

LYSANDRE.

Puisque auprès d'un sujet capable de nous plaire
La présence d'un tiers n'est jamais nécessaire,
De peur qu'il en reçût quelque importunité[1], 395
J'ai mieux aimé manquer à la civilité.

HIPPOLYTE.

Voilà parer mon coup d'un galant artifice[2],
Comme si je pouvois.... Que me veux-tu, Florice ?
(Florice sort, et parle à Hippolyte à l'oreille[3].)
Dis-lui que je m'en vais. Messieurs, pardonnez-moi :
On me vient d'apporter une fâcheuse loi ; 400
Incivile à mon tour, il faut que je vous quitte.
Une mère m'appelle.

DORIMANT.

Adieu, belle Hippolyte,
Adieu, souvenez-vous....

HIPPOLYTE.

Mais vous, n'y songez plus.

---

s'arrêter, en donnant seulement un coup de chapeau à Dorimant et Hippolyte. (1637, en marge.)
1. *Var.* De peur qu'il n'en reçût quelque importunité. (1637-57)
2. *Var.* Voilà parer mon coup d'un gentil artifice. (1637-57)
3. *Var. Florice sort, et parle à l'oreille d'Hippolyte.* (1637, en marge.)

SCÈNE III.

LYSANDRE, DORIMANT.

LYSANDRE.
Quoi, Dorimant, ce mot t'a rendu tout confus!
DORIMANT.
Ce mot à mes desirs laisse peu d'espérance. 405
LYSANDRE.
Tu ne la vois encor qu'avec indifférence?
DORIMANT.
Comme toi Célidée.
LYSANDRE.
Elle eut donc chez Daphnis
Hier dans son entretien des charmes infinis?
Je te l'avois bien dit que ton âme à sa vue
Demeureroit ou prise ou puissamment émue¹; 410
Mais tu n'as pas sitôt oublié la beauté
Qui fit naître au Palais ta curiosité?
Du moins ces deux objets balancent ton courage²?
DORIMANT.
Sais-tu bien que c'est là justement mon visage,
Celui que j'avois vu le matin au Palais? 415
LYSANDRE.
A ce compte....
DORIMANT.
J'en tiens, ou l'on n'en tint jamais.
LYSANDRE.
C'est consentir bientôt à perdre ta franchise³.

---

1. *Var.* Demeureroit éprise ou puissamment émue. (1654 et 60-64)
2. *Var.* Du moins ces deux sujets balancent ton courage? (1637-57)
3. *Var* C'est parler franchement pour être sans franchise. (1637

ACTE II, SCÈNE III.

DORIMANT.
C'est rendre un prompt hommage aux yeux qui me l'ont
LYSANDRE. [prise.
Puisque tu les connois, je ne plains plus ton mal¹.
DORIMANT.
Leur coup, pour les connoître, en est-il moins fatal ? 420
LYSANDRE.
Non, mais du moins ton cœur n'est plus à la torture²
De voir tes vœux forcés d'aller à l'aventure ;
Et cette belle humeur de l'objet qui t'a pris....
DORIMANT.
Sous un accueil riant cache un subtil mépris.
Ah ! que tu ne sais pas de quel air on me traite ! 425
LYSANDRE.
Je t'en avois jugé l'âme fort satisfaite ;
Et cette gaie humeur, qui brilloit dans ses yeux³,
M'en promettoit pour toi quelque chose de mieux.
DORIMANT.
Cette belle, de vrai, quoique toute de glace,
Mêle dans ses froideurs je ne sais quelle grâce, 430
Par où tout de nouveau je me laisse gagner⁴,
Et consens, peu s'en faut, à m'en voir dédaigner⁵.
Loin de s'en affoiblir, mon amour s'en augmente ;
Je demeure charmé de ce qui me tourmente.
Je pourrois de toute autre être le possesseur⁶, 435
Que sa possession auroit moins de douceur.
Je ne suis plus à moi quand je vois Hippolyte

---

1. *Var.* Puisque tu les connois, ce n'est que demi-mal. (1637)
2. *Var.* Non pas, mais tu n'as plus l'esprit à la torture. (1637-57)
3. *Var.* Et vous voyant tous deux si gais à mon abord,
   Je vous croyois du moins prêts à tomber d'accord. (1637-57)
4. La forme de ce mot est *gaigner* dans l'édition de 1637.
5. *Var.* Et consens, peu s'en faut, à me voir dédaigner. (1637-57)
6. *Var.* Je pourrois de tout (*a*) autre être le possesseur. (1637)

(*a*) Voyez tome I, p. 228, note 3.

42   LA GALERIE DU PALAIS.

Rejeter ma louange et vanter son mérite[1],
Négliger mon amour ensemble et l'approuver,
Me remplir tout d'un temps d'espoir et m'en priver,   440
Me refuser son cœur en acceptant mon âme,
Faire état de mon choix en méprisant ma flamme.
Hélas! en voilà trop : le moindre de ces traits
A pour me retenir de trop puissants attraits :
Trop heureux d'avoir vu sa froideur enjouée[2]   445
Ne se point offenser d'une ardeur avouée[3]!

LYSANDRE.
Son adieu toutefois te défend d'y songer,
Et ce commandement t'en devroit dégager.

DORIMANT.
Qu'un plus capricieux d'un tel adieu s'offense;
Il me donne un conseil plutôt qu'une défense,   450
Et par ce mot d'avis, son cœur sans amitié
Du temps que j'y perdrai montre quelque pitié.

LYSANDRE.
Soit défense ou conseil, de rien ne désespère;
Je te réponds déjà de l'esprit de sa mère[4].
Pleirante son voisin lui parlera pour toi[5];   455
Il peut beaucoup sur elle, et fera tout pour moi.
Tu sais qu'il m'a donné sa fille pour maîtresse.
Tâche à vaincre Hippolyte avec un peu d'adresse,
Et n'appréhende pas qu'il en faille beaucoup[6] :

1. *Var.* Rejetant ma louange, avouer son mérite,
Négliger mon ardeur ensemble et l'approuver. (1637-57)
2. *Var.* Encore trop heureux que sa froideur extrême. (1637-57)
3. *Var.* Veut bien que je la serve, et souffre que je l'aime. (1637)
Var. Consent que je la serve, et souffre que je l'aime. (1644-57)
4. *Var.* Je te réponds déjà de l'esprit de la mère. (1644-60)
5. *Var.* Un qui peut tout sur elle et fera tout pour moi,
L'aura bientôt gagnée en faveur de ta foi :
C'est son proche voisin, père de ma maîtresse.
Tu n'as plus que la fille à vaincre par adresse;
Encor ne crois-je pas qu'il en faille beaucoup. (1637)
6. *Var.* Je ne présume pas qu'il en faille beaucoup. (1644-57)

Tu verras sa froideur se perdre tout d'un coup. 460
Elle ne se contraint à cette indifférence[1]
Que pour rendre une entière et pleine déférence[2],
Et cherche, en déguisant son propre sentiment,
La gloire de n'aimer que par commandement.

DORIMANT.

Tu me flattes, ami, d'une attente frivole. 465

LYSANDRE.

L'effet suivra de près.

DORIMANT.

Mon cœur, sur ta parole[3],
Ne se résout qu'à peine à vivre plus content.

LYSANDRE.

Il se peut assurer du bonheur qu'il prétend :
J'y donnerai bon ordre. Adieu, le temps me presse,
Et je viens de sortir d'auprès de ma maîtresse[4]; 470
Quelques commissions dont elle m'a chargé
M'obligent maintenant à prendre ce congé.

SCÈNE IV[5].

DORIMANT, FLORICE.

DORIMANT, seul.

Dieux! qu'il est malaisé qu'une âme bien atteinte

---

1. *Var.* Son humeur se maintient dedans l'indifférence. (1637)
   Var. Son humeur se maintient dans cette indifférence. (1644-57)
2. *Var.* Tant qu'une mère donne une entière assurance;
   Et cachant par respect son propre mouvement,
   Elle ne veut aimer que par commandement. (1637-57)
3. *Var.*   Doncques sur ta parole
   Mon esprit se résout à vivre plus content.
   LYS. Qu'il s'assure, autant vaut, du bonheur qu'il prétend. 1637
4. *Var.* Et je viens de sortir d'avecque ma maîtresse. (1637-57)
5. Dans l'édition de 1637 il n'y a pas ici de distinction de scène.

Conçoive de l'espoir qu'avec un peu de crainte[1] !
Je dois toute croyance à la foi d'un ami, 475
Et n'ose cependant m'y fier qu'à demi.
Hippolyte, d'un mot, chasseroit ce caprice.
Est-elle encore en haut?
FLORICE.
Encore.
DORIMANT.
Adieu, Florice.
Nous la verrons demain.

SCÈNE V.

HIPPOLYTE, FLORICE.

FLORICE.
Il vient de s'en aller.
Sortez.
HIPPOLYTE.
Mais falloit-il ainsi me rappeler, 480
Me supposer ainsi des ordres d'une mère[2]?
Sans mentir, contre toi j'en suis toute en colère :
A peine ai-je attiré Lysandre en nos discours[3],
Que tu viens par plaisir en arrêter le cours.
FLORICE.
Eh bien! prenez-vous-en à mon impatience 485
De vous communiquer un trait de ma science :
Cet avis important, tombé dans mon esprit,
Méritoit qu'aussitôt Hippolyte l'apprît;
Je vais sans perdre temps y disposer Aronte[4].

1. *Var.* Conçoive de l'espoir qu'avecque de la crainte! (1637)
2. *Var.* Par des commandements supposés d'une mère? (1637-57)
3. *Var.* A peine ai-je attiré mon Lysandre au discours. (1637-57)
4. *Var.* Je m'en vais de ce pas y disposer Aronte.

HIPPOLYTE.
J'ai la mine après tout d'y trouver mal mon conte[1]. 490
FLORICE.
Je sais ce que je fais, et ne perds point mes pas;
Mais de votre côté ne vous épargnez pas;
Mettez tout votre esprit à bien mener la ruse.
HIPPOLYTE.
Il ne faut point par là te préparer d'excuse.
Va, suivant le succès, je veux à l'avenir 495
Du mal que tu m'as fait perdre le souvenir[2].

SCÈNE VI.
HIPPOLYTE, CÉLIDÉE.
HIPPOLYTE, frappant à la porte de Célidée[3].
Célidée, es-tu là?
CÉLIDÉE.
Que me veut Hippolyte?
HIPPOLYTE.
Délasser mon esprit une heure en ta visite.
Que j'ai depuis un jour un importun amant,
Et que, pour mon malheur, je plais à Dorimant! 500
CÉLIDÉE.
Ma sœur, que me dis-tu? Dorimant t'importune!
Quoi! j'enviois déjà ton heureuse fortune,

HIPP. Et que m'en promets-tu? FLOR. Qu'enfin au bout du conte
Cette heure d'entretien dérobée à vos feux
Vous mettra pour jamais au comble de vos vœux;
Mais de votre côté conduisez bien la ruse. (1637-57)

1. Voyez tome I, p. 150, note 1.
2. *Var.* [Du mal que tu m'as fait perdre le souvenir.]
Célidée, il est vrai, je te suis déloyale;
Tu me crois ton amie, et je suis ta rivale :
Si je te puis résoudre à suivre mon conseil,
Je t'enlève et me donne un bonheur sans pareil (*a*). (1637-57)
3. Ce jeu de scène ne se trouve pas dans l'édition de 1637.

(*a*) Ce vers termine la scène dans les éditions indiquées.

46   LA GALERIE DU PALAIS.

Et déjà dans l'esprit je sentois quelque ennui[1]
D'avoir connu Lysandre auparavant que lui.
HIPPOLYTE.
Ah! ne me raille point : Lysandre, qui t'engage,   505
Est le plus accompli des hommes de son âge.
CÉLIDÉE.
Je te jure, à mes yeux l'autre l'est bien autant.
Mon cœur a de la peine à demeurer constant;
Et pour te découvrir jusqu'au fond de mon âme,
Ce n'est plus que ma foi qui conserve ma flamme :   510
Lysandre me déplaît de me vouloir du bien.
Plût aux Dieux que son change autorisât le mien[2],
Ou qu'il usât vers moi de tant de négligence,
Que ma légèreté se pût nommer vengeance!
Si j'avois un prétexte à me mécontenter,   515
Tu me verrois bientôt résoudre à le quitter.
HIPPOLYTE.
Simple, présumes-tu qu'il devienne volage
Tant qu'il verra l'amour régner sur ton visage[3]?
Ta flamme trop visible entretient ses ferveurs,
Et ses feux dureront autant que tes faveurs.   520
CÉLIDÉE.
Il semble, à t'écouter, que rien ne le retienne[4]
Que parce que sa flamme a l'aveu de la mienne.
HIPPOLYTE.
Que sais-je? Il n'a jamais éprouvé tes rigueurs;
L'amour en même temps sut embraser vos cœurs;
Et même j'ose dire, après beaucoup de monde,   525
Que sa flamme vers toi ne fut que la seconde.

---

1. *Var.* Et déjà dans l'esprit je sentois de l'ennui. (1637-57)
2. *Var.* Plût à Dieu que son change autorisât le mien! (1637-57)
3. *Var.* Tant qu'il verra d'amour sur un si beau visage? (1637)
   Var. Lui qui voit tant d'amour sur un si beau visage? (1644-60)
4. *Var.* A ce compte, tu crois que cette ardeur extrême
Ne le brûle pour moi qu'à cause que je l'aime? (1637-57)

ACTE II, SCÈNE VI. 47

Il se vit accepter avant que de s'offrir ;
Il ne vit rien à craindre, il n'eut rien à souffrir[1] ;
Il vit sa récompense acquise avant la peine,
Et devant le combat sa victoire certaine. 530
Un homme est bien cruel quand il ne donne pas
Un cœur qu'on lui demande avecque tant d'appas.
Qu'à ce prix la constance est une chose aisée,
Et qu'autrefois par là je me vis abusée !
Alcidor, que mes yeux avoient si fort épris, 535
Courut au changement dès le premier mépris[2].
La force de l'amour paroît dans la souffrance.
Je le tiens fort douteux, s'il a tant d'assurance.
Qu'on en voit s'affoiblir pour un peu de longueur[3],
Et qu'on en voit céder à la moindre rigueur ! 540
CÉLIDÉE.
Je connois mon Lysandre, et sa flamme est trop forte
Pour tomber en soupçon qu'il m'aime de la sorte.
Toutefois un dédain éprouvera ses feux :
Ainsi, quoi qu'il en soit, j'aurai ce que je veux[4] ;
Il me rendra constante, ou me fera volage : 545
S'il m'aime, il me retient ; s'il change, il me dégage.
Suivant ce qu'il aura d'amour ou de froideur,
Je suivrai ma nouvelle ou ma première ardeur.
HIPPOLYTE.
En vain tu t'y résous : ton âme un peu contrainte
Au travers de tes yeux lui trahira ta feinte. 550
L'un d'eux dédira l'autre, et toujours un souris
Lui fera voir assez combien tu le chéris.
CÉLIDÉE.
Ce n'est qu'un faux soupçon qui te le persuade ;

1. *Var.* Il ne vit rien à craindre, et n'eut rien à souffrir. (1637-64)
2. *Var.* Me quitta cependant dès le moindre mépris. (1637-57)
3. *Var.* Qu'on en voit se lâcher pour un peu de longueur,
   Et qu'on en voit mourir pour un peu de rigueur ! (1637-57)
4. *Var.* Ainsi de tous côtés j'aurai ce que je veux. (1637)

48   LA GALERIE DU PALAIS.

J'armerai de rigueurs jusqu'à la moindre œillade,
Et réglerai si bien toutes mes actions, 555
Qu'il ne pourra juger de mes intentions.
HIPPOLYTE.
Pour le moins, aussitôt que par cette conduite
Tu seras de son cœur suffisamment instruite,
S'il demeure constant, l'amour et la pitié,
Avant que dire adieu, renoueront l'amitié. 560
CÉLIDÉE.
Il va bientôt venir : va-t'en, et sois certaine
De ne voir d'aujourd'hui Lysandre hors de peine.
HIPPOLYTE.
Et demain?
CÉLIDÉE.
Je t'irai conter ses mouvements,
Et touchant l'avenir prendre tes sentiments.
O Dieux! si je pouvois changer sans infamie! 565
HIPPOLYTE.
Adieu. N'épargne en rien ta plus fidèle amie.

SCÈNE VII.
CÉLIDÉE[1].

Quel étrange combat! Je meurs de le quitter,
Et mon reste d'amour ne le peut maltraiter[2].
Mon âme veut et n'ose, et bien que refroidie,
N'aura trait de mépris si je ne l'étudie. 570

1. *Var.* CÉLIDÉE, *seule.* Pas de distinction de scène. (1637)
2. *Var.* [Et mon reste d'amour ne le peut maltraiter.]
   De quelque doux espoir que le change me flatte,
   Je redoute les noms de perfide et d'ingrate;
   En adorant l'effet j'en hais les qualités,
   Tant mon esprit confus a d'inégalités.
   [Mon âme veut et n'ose, et bien que refroidie.] (1637-57)

Tout ce que mon Lysandre a de perfections
Se vient offrir en foule à mes affections¹.
Je vois mieux ce qu'il vaut lorsque je l'abandonne,
Et déjà la grandeur de ma perte m'étonne.
Pour régler sur ce point mon esprit balancé,   575
J'attends ses mouvements sur mon dédain forcé ;
Ma feinte éprouvera si son amour est vraie.
Hélas ! ses yeux me font une nouvelle plaie.
Prépare-toi, mon cœur, et laisse à mes discours
Assez de liberté pour trahir mes amours.   580

SCÈNE VIII.

LYSANDRE, CÉLIDÉE.

CÉLIDÉE.

Quoi ? j'aurai donc de vous encore une visite ?
Vraiment, pour aujourd'hui je m'en estimois quitte.

LYSANDRE.

Une par jour suffit, si tu veux endurer
Qu'autant comme le jour je la fasse durer.

CÉLIDÉE.

Pour douce que nous soit l'ardeur qui nous consume², 585
Tant d'importunité n'est point sans amertume.

LYSANDRE.

Au lieu de me donner ces appréhensions,
Apprends ce que j'ai fait sur tes commissions.

CÉLIDÉE.

Je ne vous en chargeai qu'afin de me défaire
D'un entretien chargeant et qui m'alloit déplaire³. 590

1. *Var.* Vient s'offrir à la foule à mes affections. (1637-60)
2. *Var.* Quelque forte que soit l'ardeur qui nous consomme,
On s'ennuie aisément de voir toujours un homme. (1637-57)
3. *Var.* D'un entretien fâcheux qui ne me pouvoit plaire. (1637-57

LYSANDRE.
Depuis quand donnez-vous ces qualités aux miens?
CÉLIDÉE.
Depuis que mon esprit n'est plus dans vos liens[1].
LYSANDRE,
Est-ce donc par gageure ou par galanterie?
CÉLIDÉE.
Ne vous flattez point tant que ce soit raillerie.
Ce que j'ai dans l'esprit, je ne le puis celer, 595
Et ne suis pas d'humeur à rien dissimuler.
LYSANDRE.
Quoi? que vous ai-je fait? d'où provient ma disgrâce?
Quel sujet avez-vous d'être pour moi de glace[2]?
Ai-je manqué de soins? ai-je manqué de feux?
Vous ai-je dérobé le moindre de mes vœux? 600
Ai-je trop peu cherché l'heur de votre présence[3]?
Ai-je eu pour d'autres yeux la moindre complaisance?
CÉLIDÉE.
Tout cela n'est qu'autant de propos superflus.
Je voulus vous aimer, et je ne le veux plus;
Mon feu fut sans raison, ma glace l'est de même; 605
Si l'un eut quelque excès, je rendrai l'autre extrême[4].
LYSANDRE.
Par cette extrémité vous avancez ma mort.
CÉLIDÉE.
Il m'importe fort peu quel sera votre sort.
LYSANDRE.
Quelle nouvelle amour ou plutôt quel caprice[5]

1. *Var.* C'est depuis que mon cœur n'est plus dans vos liens. (1637-57)
2. *Var.* Quel sujet avez-vous de m'être ainsi de glace? (1637-57)
3. *Var.* Ai-je trop peu cherché votre chère présence? (1637-57)
4. *Var.* Si l'un fut excessif, je rendrai l'autre extrême.
LYS. Par ces extrémités vous avancez ma mort. (1637-57)
5. *Var.* Ma chère âme, mon tout, avec quelle injustice
Pouvez-vous rejeter mon fidèle service?
Votre serment jadis me reçut pour époux, (1637-57)

ACTE II, SCÈNE VIII.

Vous porte à me traiter avec cette injustice, 610
Vous de qui le serment m'a reçu pour époux?
CÉLIDÉE.
J'en perds le souvenir aussi bien que de vous,
LYSANDRE.
Évitez-en la honte et fuyez-en le blâme.
CÉLIDÉE.
Je les veux accepter pour peines de ma flamme.
LYSANDRE.
Un reproche éternel suit ce tour inconstant[1]. 615
CÉLIDÉE.
Si vous me voulez plaire, il en faut faire autant.
LYSANDRE.
Est-ce là donc le prix de vous avoir servie[2]?
Ah! cessez vos mépris, ou me privez de vie.
CÉLIDÉE.
Eh bien! soit, un adieu les va faire cesser;
Aussi bien ce discours ne fait que me lasser. 620
LYSANDRE.
Ah! redouble plutôt ce dédain qui me tue,
Et laisse-moi le bien d'expirer à ta vue;
Que j'adore tes yeux, tout cruels qu'ils me sont;
Qu'ils reçoivent mes vœux pour le mal qu'ils me font.
Invente à me gêner quelque rigueur nouvelle : 625
Traite, si tu le veux, mon âme en criminelle,
Dis que je suis ingrat, appelle-moi léger,
Impute à mes amours la honte de changer,
Dedans mon désespoir fais éclater ta joie :
Et tout me sera doux, pourvu que je te voie. 630

---

1. *Var.* Un reproche éternel suit ce trait inconstant. (1637-57)
2. *Var.* Mon souci, d'un seul point obligez mon envie :
Finissez vos mépris, ou m'arrachez la vie.
cél. Eh bien! soit : d'un adieu je m'en vais les finir;
Je suis lasse aussi bien de vous entretenir. (1637-57)

Tu verras tes mépris n'ébranler point ma foi,
Et mes derniers soupirs ne voler qu'après toi[1].
Ne crains point de ma part de reproche ou d'injure :
Je ne t'appellerai ni lâche, ni parjure ;
Mon feu supprimera ces titres odieux ; 635
Mes douleurs céderont au pouvoir de tes yeux ;
Et mon fidèle amour, malgré leur vive atteinte,
Pour t'adorer encore étouffera ma plainte[2].

CÉLIDÉE.

Adieu : quelques encens que tu veuilles m'offrir,
Je ne me saurois plus résoudre à les souffrir. 640

SCÈNE IX.

LYSANDRE.

Célidée, ah tu fuis ! tu fuis donc, et tu n'oses
Faire tes yeux témoins d'un trépas que tu causes !
Ton esprit, insensible à mes feux innocents,
Craint de ne l'être pas aux douleurs que je sens :
Tu crains que la pitié qui se glisse en ton âme 645
N'y rejette un rayon de ta première flamme[3],
Et qu'elle ne t'arrache un soudain repentir,

---

1. *Var.* Et mes derniers soupirs ne parler que de toi. (1637-57)
2. *Var.* Pour dire ta loüange étouffera ma plainte. (1637)
3. *Var.* [N'y rejette un rayon de ta première flamme.]
   Le courage te manque, et ton aversion
   Redoute les assauts de la compassion.
   Rien ne t'en défend plus qu'une soudaine absence ;
   Mon aspect te dit trop quelle est mon innocence,
   Et contre ton dessein te donne un souvenir
   Contre qui ta froideur ne sauroit plus tenir.
   Dans la confusion qui déjà te surmonte,
   Augmentant mon amour, je redouble ta honte ;
   Un mouvement forcé t'arrache un repentir
   Où ton cruel orgueil ne sauroit consentir. (1637-57)

ACTE II, SCÈNE IX.

Malgré tout cet orgueil qui n'y peut consentir.
Tu vois qu'un désespoir dessus mon front exprime
En mille traits de feu mon ardeur et ton crime ; 650
Mon visage t'accuse, et tu vois dans mes yeux
Un portrait que mon cœur conserve beaucoup mieux.
Tous mes soins, tu le sais, furent pour Célidée ;
La nuit ne m'a jamais retracé d'autre idée,
Et tout ce que Paris a d'objets ravissants 655
N'a jamais ébranlé le moindre de mes sens.
Ton exemple à changer en vain me sollicite :
Dans ta volage humeur j'adore ton mérite,
Et mon amour, plus fort que mes ressentiments,
Conserve sa vigueur au milieu des tourments. 660
Reviens, mon cher souci, puisqu'après tes défenses[1]
Mes plus vives ardeurs sont pour toi des offenses.
Vois comme je persiste à te désobéir,
Et par là, si tu peux, prends droit de me haïr.
Fol, je présume ainsi rappeler l'inhumaine, 665
Qui ne veut pas avoir de raisons à sa haine.
Puisqu'elle a sur mon cœur un pouvoir absolu,
Il lui suffit de dire : « Ainsi je l'ai voulu. »
Cruelle, tu le veux ! C'est donc ainsi qu'on traite
Les sincères ardeurs d'une amour si parfaite ? 670
Tu me veux donc trahir ? tu le veux, et ta foi
N'est qu'un gage frivole à qui vit sous ta loi ?
Mais je veux l'endurer, sans bruit, sans résistance ;
Tu verras ma langueur, et non mon inconstance ;
Et de peur de t'ôter un captif par ma mort, 675
J'attendrai ce bonheur de mon funeste sort.
Jusque-là mes douleurs, publiant ta victoire,
Sur mon front pâlissant élèveront ta gloire,

---

1. *Var.* Reviens, mon cher souci, puisqu'après ta défense
Mes feux sont criminels et tiennent lieu d'offense. (1637-57)

Et sauront en tous lieux hautement témoigner[1]
Que sans me refroidir tu m'as pu dédaigner.   680

> 1. *Var.* Et je mettrai la mienne à dire sans cesser
> Que sans me refroidir tu m'auras pu chasser. (1637-57)

FIN DU SECOND ACTE.

ACTE III.

SCÈNE PREMIÈRE.
LYSANDRE, ARONTE.

LYSANDRE.
Tu me donnes, Aronte, un étrange remède.
ARONTE.
Souverain toutefois au mal qui vous possède.
Croyez-moi, j'en ai vu des succès merveilleux
A remettre au devoir ces esprits orgueilleux :
Quand on leur sait donner un peu de jalousie[1],   685
Ils ont bientôt quitté ces traits de fantaisie;
Car enfin tout l'éclat de ces emportements[2]
Ne peut avoir pour but de perdre leurs amants.
LYSANDRE.
Que voudroit donc par là mon ingrate maîtresse?
ARONTE.
Elle vous joue un tour de la plus haute adresse.   690
Avez-vous bien pris garde au temps de ses mépris?
Tant qu'elle vous a cru légèrement épris,
Que votre chaîne encor n'étoit pas assez forte,
Vous a-t-elle jamais gouverné de la sorte?
Vous ignoriez alors l'usage des soupirs;   695
Ce n'étoient que douceurs, ce n'étoient que plaisirs[3] :
Son esprit avisé vouloit par cette ruse

---

1. *Var.* Depuis qu'on leur fait prendre un peu de jalousie. (1637-57)
2. *Var.* Car encore, après tout, ces rudes traitements
   Ne sont pas à dessein de perdre leurs amants. (1637-57)
3. *Var.* Ce n'étoit rien qu'appas, que douceurs, que plaisirs. (1637-57)

Établir un pouvoir dont maintenant elle use.
Remarquez-en l'adresse : elle fait vanité[1]
De voir dans ses dédains votre fidélité.   700
Votre humeur endurante à ces rigueurs l'invite[2].
On voit par là vos feux, par vos feux son mérite;
Et cette fermeté de vos affections
Montre un effet puissant de ses perfections.
Osez-vous espérer qu'elle soit plus humaine,   705
Puisque sa gloire augmente, augmentant votre peine?
Rabattez cet orgueil, faites-lui soupçonner
Que vous vous en piquez jusqu'à l'abandonner[3].
La crainte d'en voir naître une si juste suite
A vivre comme il faut l'aura bientôt réduite;   710
Elle en fuira la honte, et ne souffrira pas
Que ce change s'impute à son manque d'appas.
Il est de son honneur d'empêcher qu'on présume
Qu'on éteigne aisément les flammes qu'elle allume.
Feignez d'aimer quelque autre, et vous verrez alors   715
Combien à vous reprendre elle fera d'efforts[4].

LYSANDRE.
Mais peux-tu me juger capable d'une feinte[5]?

ARONTE.
Pouvez-vous trouver rude un moment de contrainte?

LYSANDRE.
Je trouve ses mépris plus doux à supporter.

---

1. *Var.* Connoissez son humeur : elle fait vanité. (1637-57)
2. *Var.* Votre extrême souffrance à ces rigueurs l'invite. (1637-57)
3. *Var.* Que vous seriez enfin homme à l'abandonner.
   La crainte de vous perdre et de se voir changée
   A vivre comme il faut l'aura bientôt rangée :
   Elle en craindra la honte, et ne souffrira pas. (1637-57)
4. *Var.* Combien à vous ravoir elle fera d'efforts.
   LYS. Mais me jugerois-tu capable d'une feinte?
   AR. Mais reculeriez-vous pour un peu de contrainte? (1637-57)
5. *Var.* Pourrois-tu me juger capable d'une feinte?
   AR. Pourriez-vous trouver rude un moment de contrainte? (1660 et 63)

ACTE III, SCÈNE I.

ARONTE.
Pour les faire finir, il faut les imiter. 720
LYSANDRE.
Faut-il être inconstant pour la rendre fidèle?
ARONTE.
Il faut souffrir toujours, ou déguiser comme elle[1].
LYSANDRE.
Que de raisons, Aronte, à combattre mon cœur,
Qui ne peut adorer que son premier vainqueur!
Du moins auparavant que l'effet en éclate[2], 725
Fais un effort pour moi, va trouver mon ingrate :
Mets-lui devant les yeux mes services passés,
Mes feux si bien reçus, si mal récompensés,
L'excès de mes tourments et de ses injustices;
Emploie à la gagner tes meilleurs artifices : 730
Que n'obtiendras-tu point par ta dextérité,
Puisque tu viens à bout de ma fidélité?
ARONTE.
Mais, mon possible fait, si cela ne succède?
LYSANDRE.
Je feindrai dès demain qu'Aminte me possède.
ARONTE.
Aminte? Ah! commencez la feinte dès demain; 735
Mais n'allez point courir au faubourg Saint-Germain.
Et quand penseriez-vous que cette âme cruelle
Dans le fond du Marais en reçût la nouvelle?
Vous seriez tout un siècle à lui vouloir du bien,
Sans que votre arrogante en apprît jamais rien[3]. 740
Puisque vous voulez feindre, il faut feindre à sa vue;
Qu'aussitôt votre feinte en puisse être aperçue[4],

1. *Var.* Il le faut, ou souffrir une peine éternelle. (1637-57)
2. *Var.* Je m'y rends, mais avant que l'effet en éclate. (1637-57)
3. *Var.* Sans que votre maîtresse en apprît jamais rien. (1637-57)
4. *Var.* Afin que votre feinte, aussitôt aperçue,

Qu'elle blesse les yeux de son esprit jaloux,
Et porte jusqu'au cœur d'inévitables coups.
Ce sera faire au vôtre un peu de violence ; 745
Mais tout le fruit consiste à feindre en sa présence.
LYSANDRE.
Hippolyte en ce cas seroit fort à propos ;
Mais je crains qu'un ami n'en perdît le repos.
Dorimant, dont ses yeux ont charmé le courage,
Autant que Célidée en auroit de l'ombrage. 750
ARONTE.
Vous verrez si soudain rallumer son amour,
Que la feinte n'est pas pour durer plus d'un jour ;
Et vous aurez après un sujet de risée
Des soupçons mal fondés de son âme abusée.
LYSANDRE.
Va trouver Célidée, et puis nous résoudrons¹ 755
En ces extrémités quel avis nous prendrons.

SCÈNE II².

ARONTE, FLORICE.

ARONTE, seul.

Sans que pour l'apaiser je me rompe la tête,
Mon message est tout fait, et sa réponse prête.
Bien loin que mon discours pût la persuader,
Elle n'aura jamais voulu me regarder. 760

Produise un prompt effet dans son esprit jaloux ;
Et pour en adresser plus sûrement les coups,
Quand vous verrez quelque autre en discours avec elle,
Feignez en sa présence une flamme nouvelle. (1637-57)
1. *Var.* Va trouver ma maîtresse, et puis nous résoudrons. (1637-57)
2. Dans l'édition de 1637, la division de scène, au lieu d'être ici, se trouve l'entrée de Florice, au vers 766.

Une prompte retraite au seul nom de Lysandre,
C'est par où ses dédains se seront fait entendre.
Mes amours du passé ne m'ont que trop appris
Avec quelles couleurs il faut peindre un mépris.
A peine faisoit-on semblant de me connoître,   765
De sorte....

FLORICE.
Aronte, eh bien! qu'as-tu fait vers ton maître?
Le verrons-nous bientôt?

ARONTE.
N'en sois plus en souci[1];
Dans une heure au plus tard je te le rends ici.

FLORICE.
Prêt à lui témoigner[2]....

ARONTE.
Tout prêt. Adieu : je tremble
Que de chez Célidée on ne nous voie ensemble.   770

SCÈNE III.

HIPPOLYTE, FLORICE.

HIPPOLYTE.
D'où vient que mon abord l'oblige à te quitter?

FLORICE.
Tant s'en faut qu'il vous fuie, il vient de me conter....
Toutefois je ne sais si je vous le dois dire.

HIPPOLYTE.
Que tu te plais, Florice, à me mettre en martyre!

FLORICE.
Il faut vous préparer à des ravissements[3]....   775

1. *Var.* S'y résout-il enfin? [AR. N'en sois plus en souci.] (1637-57)
2. *Var.* Prêt à la caresser? (1637-57)
3. *Var.* Il faut vous préparer à des contentements. (1637-57)

HIPPOLYTE.

Ta longueur m'y prépare avec bien des tourments.
Dépêche, ces discours font mourir Hippolyte.

FLORICE.

Mourez donc promptement, que je vous ressuscite.

HIPPOLYTE.

L'insupportable femme! Enfin diras-tu rien?

FLORICE.

L'impatiente fille! Enfin tout ira bien. 780

HIPPOLYTE.

Enfin tout ira bien? Ne saurai-je autre chose?

FLORICE.

Il faut que votre esprit là-dessus se repose.
Vous ne pouviez tantôt souffrir de longs propos,
Et pour vous obliger, j'ai tout dit en trois mots;
Mais ce que maintenant vous n'en pouvez apprendre,
Vous l'apprendrez bientôt plus au long de Lysandre.

HIPPOLYTE.

Tu ne flattes mon cœur que d'un espoir confus.

FLORICE.

Parlez à votre amie, et ne vous fâchez plus[1].

SCÈNE IV.

CÉLIDÉE, HIPPOLYTE, FLORICE.

CÉLIDÉE.

Mon abord importun rompt votre conférence :
Tu m'en voudras du mal.

HIPPOLYTE.

Du mal? et l'apparence? 790

---

1. *Var.* Parlez à Célidée, et ne m'informez plus. (1637-57)

ACTE III, SCÈNE IV.

Je ne sais pas aimer de si mauvaise foi[1] ;
Et tout à l'heure encor je lui parlois de toi[2].
CÉLIDÉE.
Je me retire donc, afin que sans contrainte....
HIPPOLYTE.
Quitte cette grimace, et mets à part la feinte.
Tu fais la réservée en ces occasions,
Mais tu meurs de savoir ce que nous en disions.
CÉLIDÉE.
Tu meurs de le conter plus que moi de l'apprendre[3],
Et tu prendrois pour crime un refus de l'entendre.
Puis donc que tu le veux, ma curiosité....
HIPPOLYTE.
Vraiment, tu me confonds de ta civilité.
CÉLIDÉE.
Voilà de tes détours, et comme tu diffères
A me dire en quel point vous teniez mes affaires.
HIPPOLYTE.
Nous parlions du dessein d'éprouver ton amant[4] :
Tu l'as vu réussir à ton contentement?
CÉLIDÉE.
Je viens te voir exprès pour t'en dire l'issue :
Que je m'en suis trouvée heureusement déçue !
Je présumois beaucoup de ses affections,

---

1. *Var.* Tu peux bien avec nous (*a*), je t'en jure ma foi. (1637)
   Var. Tu peux bien avec nous, je t'en donne ma foi. (1644-57)
2. *Var.* Nos entretiens étoient de Lysandre et de toi.
   CÉL. Et pour cette raison, adieu, je me retire,
   Afin qu'en liberté vous en puissiez tout dire.
   HIPP. Tu fais bien la discrète en ces occasions. (1637-57)
3. *Var.* Toi-même bien plutôt tu meurs de me l'apprendre.
   Suivant donc tes desirs, résolue à l'entendre,
   J'éveille en ta faveur ma curiosité. (1637-57)
4. *Var.* Nous parlions du conseil que je t'avois donné ;
   Lysandre, je m'assure, en fut bien étonné?
   CÉL. Et je venois aussi pour t'en conter l'issue. (1637-57)

(*a*) Pour : « Tu peux bien rester avec nous. » Voyez le *Lexique*.

Mais je n'attendois pas tant de submissions.
Jamais le désespoir qui saisit son courage
N'en put tirer un mot à mon désavantage ; 810
Il tenoit mes dédains encor trop précieux,
Et ses reproches même étoient officieux.
Aussi ce grand amour a rallumé ma flamme :
Le change n'a plus rien qui chatouille mon âme ;
Il n'a plus de douceurs pour mon esprit flottant, 815
Aussi ferme à présent qu'il le croit inconstant.

FLORICE.

Quoi que vous ayez vu de sa persévérance,
N'en prenez pas encore une entière assurance.
L'espoir de vous fléchir a pu le premier jour
Jeter sur son dépit ces beaux dehors d'amour[1] ; 820
Mais vous verrez bientôt que pour qui le méprise
Toute légèreté lui semblera permise.
J'ai vu des amoureux de toutes les façons.

HIPPOLYTE.

Cette bizarre humeur n'est jamais sans soupçons[2] :
L'avantage qu'elle a d'un peu d'expérience 825
Tient éternellement son âme en défiance ;
Mais ce qu'elle te dit ne vaut pas l'écouter[3].

CÉLIDÉE.

Et je ne suis pas fille à m'en épouvanter.
Je veux que ma rigueur à tes yeux continue,
Et lors sa fermeté te sera mieux connue ; 830
Tu ne verras des traits que d'un amour si fort,
Que Florice elle-même avouera qu'elle a tort[4].

HIPPOLYTE.

Ce sera trop longtemps lui paroître cruelle.

1. *Var.* Masquer ses mouvements de cet excès d'amour,
   Qu'après, pour mépriser celle qui le méprise. (1637-57)
2. *Var.* Cette bigearre humeur n'est jamais sans soupçons. (1637-57)
   Var. Mais ce qu'elle t'en dit ne vaut pas l'écouter. (1637-57)
   Var. Que ta Florice même avouera qu'elle a tort. (1637-57)

CÉLIDÉE.

Tu connoîtras par là combien il m'est fidèle,
Le ciel à ce dessein nous l'envoie à propos. 835
HIPPOLYTE.
Et quand te résous-tu de le mettre en repos ?
CÉLIDÉE.
Trouve bon, je te prie, après un peu de feinte,
Que mes feux violents s'expliquent sans contrainte ;
Et pour le rappeler des portes du trépas,
Si j'en dis un peu trop, ne t'en offense pas[1], 840

SCÈNE V.

LYSANDRE, CÉLIDÉE, HIPPOLYTE, FLORICE.

LYSANDRE.
Merveille des beautés, seul objet qui m'engage....
CÉLIDÉE.
N'oublierez-vous jamais cet importun langage ?
Vous obstiner encore à me persécuter,
C'est prendre du plaisir à vous voir maltraiter.
Perdez mon souvenir avec votre espérance, 845
Et ne m'accablez plus de cette déférence[2].
Il faut, pour m'arrêter, des entretiens meilleurs[3].
LYSANDRE.
Quoi ? vous prenez pour vous ce que j'adresse ailleurs ?
Adore qui voudra votre rare mérite,
Un change heureux me donne à la belle Hippolyte : 850
Mon sort en cela seul a voulu me trahir,
Qu'en ce change mon cœur semble vous obéir,
Et que mon feu passé vous va rendre si vaine

---

1. *Var.* S'il m'échappe un baiser, ne t'en offense pas. (1637-57)
2. *Var.* Et ne m'accablez plus de votre impertinence. (1637-64)
3. *Var.* Pour me plaire, il faut bien des entretiens meilleurs. (1637-57)

64 LA GALERIE DU PALAIS.

Que vous imputerez ma flamme à votre haine,
A votre orgueil nouveau mes nouveaux sentiments[1], 855
L'effet de ma raison à vos commandements.

CÉLIDÉE.

Tant s'en faut que je prenne une si triste gloire,
Je chasse mes dédains même de ma mémoire,
Et dans leur souvenir rien ne me semble doux,
Puisqu'en le conservant je penserois à vous[2]. 860

LYSANDRE, à Hippolyte.

Beauté de qui les yeux, nouveaux rois de mon âme,
Me font être léger sans en craindre le blâme....

HIPPOLYTE.

Ne vous emportez point à ces propos perdus,
Et cessez de m'offrir des vœux qui lui sont dus;
Je pense mieux valoir que le refus d'une autre[3]. 865
Si vous voulez venger son mépris par le vôtre,
Ne venez point du moins m'enrichir de son bien.
Elle vous traite mal, mais elle n'aime rien.
Vous, faites-en autant, sans chercher de retraite
Aux importunités dont elle s'est défaite. 870

LYSANDRE.

Que son exemple encore réglât mes actions!
Cela fut bon du temps de mes affections :
A présent que mon cœur adore une autre reine,
A présent qu'Hippolyte en est la souveraine....

HIPPOLYTE.

C'est elle seulement que vous voulez flatter. 875

LYSANDRE.

C'est elle seulement que je dois imiter.

---

1. *Var.* A votre orgueil nouveau mes nouveaux mouvements. (1637-57)
2. *Var.* Puisque, le conservant, je songerois à vous. (1637-57)
   Var. Puisque, le conservant, je penserois à vous. (1660)
   Var. Parce qu'en le gardant je penserois à vous. (1663-68)
3. *Var.* Je pense mieux valoir que le refus d'un autre (*a*). (1637-57)

(*a*) Voyez tome I, p. 228, note 3.

HIPPOLYTE.
Savez-vous donc à quoi la raison vous oblige?
C'est à me négliger, comme je vous néglige.
LYSANDRE.
Je ne puis imiter ce mépris de mes feux,
A moins qu'à votre tour vous m'offriez des vœux[1] ; 880
Donnez-m'en les moyens, vous en verrez l'issue.
HIPPOLYTE.
J'appréhenderois fort d'être trop bien reçue[2],
Et qu'au lieu du plaisir de me voir imiter,
Je n'eusse que l'honneur de me faire écouter[3],
Pour n'avoir que la honte après de me dédire. 885
LYSANDRE.
Souffrez donc que mon cœur sans exemple soupire,
Qu'il aime sans exemple, et que mes passions
S'égalent seulement à vos perfections.
Je vaincrai vos rigueurs par mon humble service,
Et ma fidélité....
CÉLIDÉE.
Viens avec moi, Florice : 890
J'ai des nippes en haut que je veux te montrer[4].

SCÈNE VI.

HIPPOLYTE, LYSANDRE[5].

HIPPOLYTE.
Quoi? sans la retenir, vous la laissez rentrer?
Allez, Lysandre, allez : c'est assez de contraintes;

1. *Var.* Si, comme je vous fais, vous ne m'offrez des vœux. (1637-57)
2. *Var.* Je craindrois, en ce cas, d'être trop bien reçue. (1637-57)
3. *Var.* Vous rencontrant d'humeur facile à m'écouter,
    Je n'eusse que la honte après de me dédire.
    LYS. Vous devez donc souffrir que dessous votre empire
    Mon feu soit sans exemple, et que mes passions. (1637-57)
4. *Var.* J'ai des nippes en haut que je te veux montrer. (1637-57)
5. *Var.* HIPPOLYTE, LYSANDRE, ARONTE. (1637-60)

J'ai pitié du tourment que vous donnent ces feintes.
Suivez ce bel objet dont les charmes puissants   895
Sont et seront toujours absolus sur vos sens.
Quoi qu'après ses dédains un peu d'orgueil publie¹,
Son mérite est trop grand pour souffrir qu'on l'oublie :
Elle a des qualités et de corps et d'esprit
Dont pas un cœur donné jamais ne se reprit.   900

LYSANDRE.

Mon change fera voir l'avantage des vôtres,
Qu'en la comparaison des unes et des autres
Les siennes désormais n'ont qu'un éclat terni,
Que son mérite est grand, et le vôtre infini.

HIPPOLYTE.

Que j'emporte sur elle aucune préférence !   905
Vous tenez des discours qui sont hors d'apparence ;
Elle me passe en tout, et dans ce changement
Chacun vous blâmeroit de peu de jugement.

LYSANDRE.

M'en blâmer en ce cas, c'est en manquer soi-même,
Et choquer la raison, qui veut que je vous aime².   910
Nous sommes hors du temps de cette vieille erreur
Qui faisoit de l'amour une aveugle fureur,
Et l'ayant aveuglé, lui donnoit pour conduite
Le mouvement d'une âme et surprise et séduite.
Ceux qui l'ont peint sans yeux ne le connoissoient pas³ ;
C'est par les yeux qu'il entre⁴ et nous dit vos appas :

1. *Var.* Quoi qu'un peu de dépit devant elle publie. (1637-57)
2. *Var.* C'est choquer la raison, qui veut que je vous aime. (1637)
3. *Var.* Ceux qui l'ont peint sans yeux ne le connoissent pas. (1648-57)
4. Regnier l'a dit avant Corneille :

> L'amour est une affection
> Qui par les yeux dans le cœur entre.
> (*Épigrammes.*)

Et la Fontaine l'a répété après tous les deux (*Contes*, IV, IX, *le Diable en enfer*) :

> Une vertu sort de vous, ne sais quelle,
> Qui dans le cœur s'introduit par les yeux.

Lors notre esprit en juge; et suivant le mérite,
Il fait croître une ardeur que cette vue excite[1].
Si la mienne pour vous se relâche un moment,
C'est lors que je croirai manquer de jugement；   920
Et la même raison qui vous rend admirable[2]
Doit rendre comme vous ma flamme incomparable.

HIPPOLYTE.

Épargnez avec moi ces propos affétés.
Encore hier Célidée avoit ces qualités;
Encore hier en mérite elle étoit sans pareille.   925
Si je suis aujourd'hui cette unique merveille,
Demain quelque autre objet, dont vous suivrez la loi,
Gagnera votre cœur et ce titre sur moi.
Un esprit inconstant a toujours cette adresse[3].

SCÈNE VII.

CHRYSANTE, PLEIRANTE, HIPPOLYTE, LYSANDRE.

CHRYSANTE[4].

Monsieur, j'aime ma fille avec trop de tendresse   930
Pour la vouloir contraindre en ses affections.

PLEIRANTE[5].

Madame, vous saurez ses inclinations;
Elle voudra vous plaire, et je l'en vois sourire[6].
Allons, mon cavalier, j'ai deux mots à vous dire[7].

---

1. *Var.* Il fait naître une ardeur ou puissante ou petite.
   Moi, si mon feu vers vous se relâche un moment. (1637-57)
2. *Var.* Car, puisqu'auprès de vous il n'est rien d'admirable,
   Ma flamme comme vous doit être incomparable. (1637-57)
3. *Var.* Un esprit inconstant, quelque part qu'il s'adresse.... (1637-57)
4. *Var.* CHRYSANTE, *à Pleirante*. (1648)
5. *Var.* PLEIRANTE, *à Chrysante*. (1648)
   Var. La voilà qui s'en doute et s'en met à sourire (*a*). (1637-57)
7. En marge, dans l'édition de 1637 : *Il emmène Lysandre avec lui.*

a Entre les vers 933 et 934 : *à Lysandre.* (1648)

CHRYSANTE.

Vous en aurez réponse avant qu'il soit trois jours. 935

SCÈNE VIII.
CHRYSANTE, HIPPOLYTE.

CHRYSANTE.

Devinerois-tu bien quels étoient nos discours?

HIPPOLYTE.

Il vous parloit d'amour peut-être?

CHRYSANTE.

Oui : que t'en semble?

HIPPOLYTE.

D'âge presque pareils, vous seriez bien ensemble.

CHRYSANTE.

Tu me donnes vraiment un gracieux détour;
C'étoit pour ton sujet qu'il me parloit d'amour. 940

HIPPOLYTE.

Pour moi? Ces jours passés, un poëte qui m'adore
(Du moins à ce qu'il dit) m'égaloit à l'Aurore[1];
Je me raillois alors de sa comparaison[2] :
Mais si cela se fait, il avoit bien raison.

CHRYSANTE.

Avec tout ce babil, tu n'es qu'une étourdie. 945
Le bonhomme est bien loin de cette maladie;
Il veut te marier, mais c'est à Dorimant :
Vois si tu te résous d'accepter cet amant.

HIPPOLYTE.

Dessus toüs mes desirs vous êtes absolue,
Et si vous le voulez, m'y voilà résolue. 950

1. *Var.* (Au moins à ce qu'il dit) m'égaloit à l'Aurore. (1637-60)
2. *Var.* Mais si cela se fait, dans sa comparaison,
   Prévoyant cet hymen, il avoit bien raison. (1637-57)

Dorimant vaut beaucoup, je vous le dis sans fard ;
Mais remarquez un peu le trait de ce vieillard :
Lysandre si longtemps a brûlé pour sa fille,
Qu'il en faisoit déjà l'appui de sa famille ;
A présent que ses feux ne sont plus que pour moi, 955
Il voudroit bien qu'un autre eût engagé ma foi,
Afin que sans espoir dans cette amour nouvelle,
Un nouveau changement le ramenât vers elle[1].
N'avez-vous point pris garde, en vous disant adieu,
Qu'il a presque arraché Lysandre de ce lieu ? 960
        CHRYSANTE.
Simple, ce qu'il en fait, ce n'est qu'à sa prière[2] ;
Et Lysandre tient même à faveur singulière....
        HIPPOLYTE.
Je sais que Dorimant est un de ses amis ;
Mais vous voyez d'ailleurs que le ciel a permis
Que pour mieux vous montrer que tout n'est qu'artifice,
Lysandre me faisoit ses offres de service.
        CHRYSANTE.
Aucun des deux n'est homme à se jouer de nous :
Quelque secret mystère est caché là-dessous.
Allons, pour en tirer la vérité plus claire,
Seules dedans ma chambre examiner l'affaire ; 970
Ici quelque importun pourroit nous aborder[3].

1. *Var.* Il fût comme forcé de retourner vers elle. (1637-57)
2. *Var.* Simple, ce qu'il en fait n'est rien qu'à sa prière ;
   [Et Lysandre tient même à faveur singulière]
   Cette peine qu'il prend pour un de ses amis.
   HIPP. Mais voyez cependant que le ciel a permis. (1637-57)
3. *Var.* Ici quelque importun nous pourroit aborder. (1637-57)

SCÈNE IX.

HIPPOLYTE, FLORICE.

HIPPOLYTE[1].

J'aurai bien de la peine à la persuader[2] :
Ah! Florice, en quel point laisses-tu Célidée?

FLORICE.

De honte et de dépit tout à fait possédée.

HIPPOLYTE.

Que t'a-t-elle montré?

FLORICE.

     Cent choses à la fois,   975
Selon que le hasard les mettoit sous ses doigts :
Ce n'étoit qu'un prétexte à faire sa retraite.

HIPPOLYTE.

Elle t'a témoigné d'être fort satisfaite?

FLORICE.

Sans que je vous amuse en discours superflus,
Son visage suffit pour juger du surplus[3].   980

HIPPOLYTE *regarde Célidée*[4].

Ses pleurs ne se sauroient empêcher de descendre;
Et j'en aurois pitié si je n'aimois Lysandre.

SCÈNE X.

CÉLIDÉE.

Infidèles témoins d'un feu mal allumé,

---

1. *Var.* HIPPOLYTE, *seule.* (1648)
2. Entre les vers 972 et 973 : *à Florice, qui sort de chez Célidée.* (1648)
3. *Var.* Voyez sa contenance, et jugez du surplus. (1637-57)
4. *Var.* HIPPOLYTE, *regardant Célidée.* (1660) — Cette indication manque dans les éditions de 1637-57.

ACTE III, SCÈNE X.

Soyez-les de ma honte, et vous fondant en larmes[1],
Punissez-vous, mes yeux, d'avoir trop présumé   985
    Du pouvoir de vos charmes.

De quoi vous a servi d'avoir su me flatter[2],
D'avoir pris le parti d'un ingrat qui me trompe,
S'il ne fit le constant qu'afin de me quitter
    Avecque plus de pompe ?   990

Quand je m'en veux défaire, il est parfait amant[3];
Quand je veux le garder, il n'en fait plus de conte;
Et n'ayant pu le perdre avec contentement,
    Je le perds avec honte.

Ce que j'eus lors de joie augmente mon regret;   995
Par là mon désespoir davantage se pique.
Quand je le crus constant, mon plaisir fut secret,
    Et ma honte est publique.

Le traître avoit senti qu'alors me négliger[4],
C'étoit à Dorimant livrer toute mon âme;   1000
Et la constance plût à cet esprit léger
    Pour amortir ma flamme.

Autant que j'eus de peine à l'éteindre en naissant,
Autant m'en faudra-t-il à la faire renaître :
De peur qu'à cet amour d'être encore impuissant,   1005
    Il n'ose plus paroître;

---

1. *Var.* Soyez-le de ma honte, et vous fondant en larmes. (1637)
2. *Var.* Sur votre faux rapport osant trop me flatter,
    Je vantois sa constance, et l'ingrat qui me trompe
    Ne se feignit constant qu'afin de m'affronter. (1637-57)
3. *Var.* Quand je le veux chasser, il est parfait amant;
    Quand j'en veux être aimée, il n'en fait plus de conte. (1637-57)
4. *Var.* Ce traître voyoit bien qu'alors me négliger,
    C'étoit à Dorimant abandonner mon âme,
    Et voulut par sa feinte, avant que me changer,
        Amortir cette flamme. (1637-57)

Outre que de mon cœur pleinement exilé,
Et n'y conservant plus aucune intelligence,
Il est trop glorieux pour n'être rappelé
    Qu'à servir ma vengeance. 1010

Mais j'aperçois celui qui le porte en ses yeux.
Courage donc, mon cœur; espérons un peu mieux.
Je sens bien que déjà devers lui tu t'envoles;
Mais pour t'accompagner je n'ai point de paroles :
Ma honte et ma douleur, surmontant mes desirs, 1015
N'en laissent le passage ouvert qu'à mes soupirs.

SCÈNE XI.
DORIMANT, CÉLIDÉE, CLÉANTE.

DORIMANT.

Dans ce profond penser, pâle, triste, abattue,
Ou quelque grand malheur de Lysandre vous tue,
Ou bientôt vos douleurs l'accableront d'ennuis[1].

CÉLIDÉE.

Il est cause en effet de l'état où je suis, 1020
Non pas en la façon qu'un ami s'imagine,
Mais....

DORIMANT.

    Vous n'achevez point, faut-il que je devine?

CÉLIDÉE.

Permettez que je cède à la confusion[2]
Qui m'étouffe la voix en cette occasion.
J'ai d'incroyables traits de Lysandre à vous dire; 1025

---

1. *Var.* Ou bientôt vos douleurs le mettront au cercueil.
   CÉL. Lysandre est en effet la cause de mon deuil. (1637-57)
2. *Var.* Excusez-moi, Monsieur, si ma confusion
   M'étouffe la parole en cette occasion. (1637-57)

Mais ce reste du jour souffrez que je respire,
Et m'obligez demain que je vous puisse voir.
DORIMANT.
De sorte qu'à présent on n'en peut rien savoir?
Dieux! elle se dérobe, et me laisse en un doute....
Poursuivons toutefois notre première route; 1030
Peut-être ces beaux yeux, dont l'éclat me surprit,
De ce fâcheux soupçon purgeront mon esprit.
Frappe[1].

SCÈNE XII.

DORIMANT, FLORICE, CLÉANTE.

FLORICE.
Que vous plaît-il?
DORIMANT.
Peut-on voir Hippolyte?
FLORICE.
Elle vient de sortir pour faire une visite.
DORIMANT.
Ainsi tout aujourd'hui mes pas ont été vains. 1035
Florice, à ce défaut, fais-lui mes baisemains.
FLORICE, seule.
Ce sont des compliments qu'il fait mauvais lui faire[2].
Depuis que ce Lysandre a tâché de lui plaire,
Elle ne veut plus être au logis que pour lui,
Et tous autres devoirs lui donnent de l'ennui. 1040

---

1. En marge, dans l'édition de 1637 : *Cléante frappe à la porte d'Hippolyte.*
— *Cléante frappe chez Hippolyte.* (1648)
2. *Var.* Ce sont des compliments dont elle a bien affaire! (1637)

FIN DU TROISIÈME ACTE.

ACTE IV.

SCÈNE PREMIÈRE.
HIPPOLYTE, ARONTE.

HIPPOLYTE,

A cet excès d'amour qu'il me faisoit paroître[1],
Je me croyois déjà maîtresse de ton maître ;
Tu m'as fait grand dépit de me désabuser.
Qu'il a l'esprit adroit quand il veut déguiser[2] !
Et que pour mettre en jour ces compliments frivoles,
Il sait bien ajuster ses yeux à ses paroles !
Mais je me promets tant de ta dextérité,
Qu'il tournera bientôt la feinte en vérité.

ARONTE.

Je n'ose l'espérer : sa passion trop forte
Déjà vers son objet malgré moi le remporte ;　　　　1050
Et comme s'il avoit reconnu son erreur,
Vos yeux lui sont à charge et sa feinte en horreur :
Même il m'a commandé d'aller vers sa cruelle
Lui jurer que son cœur n'a brûlé que pour elle,
Attaquer son orgueil par des submissions....　　　　1055

HIPPOLYTE.

J'entends assez le but de tes commissions.
Tu vas tâcher pour lui d'amollir son courage[3] ?

ARONTE.

J'emploie auprès de vous le temps de ce message,

---

1. *Var.* Vu l'excessif amour qu'il me faisoit paroître. (1637-57)
2. *Var.* O Dieux ! qu'il est adroit quand il veut déguiser ! (1637-57)
3. *Var.* Enfin tu vas tâcher d'amollir son courage ? (1637-57)

ACTE IV, SCÈNE I.

Et la ferai parler tantôt à mon retour
D'une façon mal propre à donner de l'amour ; 1060
Mais après mon rapport, si son ardeur extrême
Le résout à porter son message lui-même,
Je ne réponds de rien. L'amour qu'ils ont tous deux
Vaincra notre artifice et parlera pour eux.

HIPPOLYTE.

Sa maîtresse éblouie ignore encor ma flamme, 1065
Et laisse à mes conseils tout pouvoir sur son âme[1].
Ainsi tout est à nous, s'il ne faut qu'empêcher
Qu'un si fidèle amant n'en puisse rapprocher.

ARONTE.

Qui pourroit toutefois en détourner Lysandre,
Ce seroit le plus sûr.

HIPPOLYTE.

N'oses-tu l'entreprendre ? 1070

ARONTE.

Donnez-moi les moyens de le rendre jaloux,
Et vous verrez après frapper d'étranges coups.

HIPPOLYTE.

L'autre jour Dorimant toucha fort ma rivale,
Jusque-là qu'entre eux deux son âme étoit égale[2] ;
Mais Lysandre depuis, endurant sa rigueur, 1075
Lui montra tant d'amour qu'il regagna son cœur.

ARONTE.

Donc à voir Célidée et Dorimant ensemble,
Quelque Dieu qui vous aime aujourd'hui les assemble.

HIPPOLYTE.

Fais-les voir à ton maître, et ne perds point ce temps,
Puisque de là dépend le bonheur que j'attends. 1080

---

1. *Var.* Et ne permet qu'à moi de gouverner son âme.
Si donc il ne les faut qu'empêcher de se voir,
Je te laisse à juger si j'y saurai pourvoir. (1637-57)
2. *Var.* Jusque-là qu'entre eux deux leur âme étoit égale. (1637-57)

SCÈNE II.

DORIMANT, CÉLIDÉE, ARONTE.

DORIMANT.

Aronte, un mot. Tu fuis? Crains-tu que je te voie?

ARONTE.

Non; mais pressé d'aller où mon maître m'envoie,
J'avois doublé le pas sans vous apercevoir.

DORIMANT.

D'où viens-tu?

ARONTE.

D'un logis vers la Croix-du-Tiroir[1].

DORIMANT.

C'est donc en ce Marais que finit ton voyage? 1085

ARONTE.

Non, je cours au Palais faire encore un message.

DORIMANT.

Et c'en est le chemin de passer par ici[2]?

ARONTE.

Souffrez que j'aille ôter mon maître de souci :
Il meurt d'impatience à force de m'attendre.

DORIMANT.

Et touchant mes amours ne peux-tu rien m'apprendre?
As-tu vu depuis peu l'objet que je chéris?

ARONTE.

Oui, tantôt en passant j'ai rencontré Cloris.

---

1. « La *Croix-du-Tiroir*, dit Piganiol de la Force (*Description de Paris*, 1742, tome II, p. 174), est le nom d'une *croix (placée sur une fontaine)* et d'un *carrefour* de la rue de l'Arbre-Sec, à l'endroit où elle aboutit à la rue Saint-Honoré. Elle est nommée dans les anciens titres la *Croix de.... Traihoir.... du Triouer*, etc. » On peut voir dans l'ouvrage cité les diverses étymologies qu'on a données de ce nom.

2. *Var.* C'en est fort le chemin de passer par ici! (1637)

ACTE IV, SCÈNE II.

DORIMANT.
Tu cherches des détours : je parle d'Hippolyte.
CÉLIDÉE.
Et c'est là seulement le discours qu'il évite.
Tu t'enferres, Aronte, et pris au dépourvu, 1095
En vain tu veux cacher ce que nous avons vu.
Va, ne sois point honteux des crimes de ton maître :
Pourquoi désavouer ce qu'il fait trop paroître?
Il la sert à mes yeux, cet infidèle amant,
Et te vient d'envoyer lui faire un compliment. 1100
(Aronte rentre.)

SCÈNE III.
DORIMANT, CÉLIDÉE.

CÉLIDÉE.
Après cette retraite et ce morne silence,
Pouvez-vous bien encor demeurer en balance?
DORIMANT.
Je n'en ai que trop vu, mes yeux m'en ont trop dit :
Aronte en me parlant étoit tout interdit,
Et sa confusion portoit sur son visage 1105
Assez et trop de jour pour lire son message.
Traître, traître Lysandre, est-ce là donc le fruit
Qu'en faveur de mes feux ton amitié produit?
CÉLIDÉE.
Connoissez tout à fait l'humeur de l'infidèle :
Votre amour seulement la lui fait trouver belle. 1110
Cet objet, tout aimable et tout parfait qu'il est[1],
N'a des charmes pour lui que depuis qu'il vous plaît;
Et votre affection, de la sienne suivie,

1. *Var.* Son objet, tout aimable et tout parfait qu'il est. (1637-64)

Montre que c'est par là qu'il en a pris envie,
Qu'il veut moins l'acquérir que vous le dérober[1]. 1115
DORIMANT.
Voici, dans ce larcin, qui le fait succomber.
En ce dessein commun de servir Hippolyte,
Il faut voir seul à seul qui des deux la mérite :
Son sang me répondra de son manque de foi,
Et me fera raison et pour vous et pour moi. 1120
Notre vieille union ne fait qu'aigrir mon âme,
Et mon amitié meurt voyant naître sa flamme.
CÉLIDÉE.
Vouloir quelque mesure entre un perfide et vous[2],
Est-ce faire justice à ce juste courroux?
Pouvez-vous présumer, après sa tromperie, 1125
Qu'il ait dans les combats moins de supercherie?
Certes pour le punir c'est trop vous négliger,
Et chercher à vous perdre au lieu de vous venger.
DORIMANT.
Pourriez-vous approuver que je prisse avantage[3]
Pour immoler ce traître à mon peu de courage ? 1130
J'achèterois trop cher la mort du suborneur,
Si pour avoir sa vie il m'en coûtoit l'honneur[4],
Et montrerois une âme et trop basse et trop noire
De ménager mon sang aux dépens de ma gloire.

---

1. *Var.* Qu'il veut moins l'acquérir que vous la dérober. (1637-64)
2. *Var.* Voulez-vous, offensé, pour en avoir raison,
   Qu'un perfide avec vous entre en comparaison? (1637-57)
3. *Var.* Me conseilleriez-vous que, pris à l'avantage,
   J'immolasse le traître à mon peu de courage ? (1637-57)
4. *Var.* [Si pour avoir sa vie il m'en coûtoit l'honneur.]
   CÉL. Je ne veux pas de vous une action si lâche;
   Non; mais à quelque point que la sienne vous fâche,
   Écoutez un peu moins votre juste courroux :
   Vous pouvez vous venger par des moyens plus doux.
   Hélas! si vous étiez de mon intelligence,
   Que vous auriez bientôt achevé la vengeance!
   Que vous pourriez sans bruit ôter à l'inconstant.... (1637-57)

ACTE IV, SCÈNE III.

CÉLIDÉE.

Sans les voir l'un ni l'autre en péril exposés,
Il est pour vous venger des moyens plus aisés.
Pour peu que vous fussiez de mon intelligence,
Vous auriez bientôt pris une juste vengeance[1];
Et vous pourriez sans bruit ôter à l'inconstant....

DORIMANT.

Quoi? Ce qu'il m'a volé?

CÉLIDÉE.

Non, mais du moins autant.

DORIMANT.

La foiblesse du sexe en ce point vous conseille :
Il se croit trop vengé, quand il rend la pareille;
Mais suivre le chemin que vous voulez tenir[2],
C'est imiter son crime au lieu de le punir;
Au lieu de lui ravir une belle maîtresse,
C'est prendre à son refus une beauté qu'il laisse.

(Lysandre vient avec Aronte, qui lui fait voir Dorimant avec Célidée[3].)

C'est lui faire plaisir, au lieu de l'affliger;
C'est souffrir un affront, et non pas se venger.
J'en perds ici le temps. Adieu : je me retire;
Mais avant qu'il soit peu, si vous entendez dire
Qu'un coup fatal et juste ait puni l'imposteur,
Vous pourrez aisément en deviner l'auteur.

CÉLIDÉE.

De grâce, encore un mot. Hélas! il m'abandonne
Aux cuisants déplaisirs que ma douleur me donne.

---

1. *Var.* Vous auriez bientôt pris une digne vengeance. (1660-68)
2. *Var.* Mais vous suivre au chemin que vous voulez tenir. (1637-57)
3. *Lysandre et Aronte sortent, et les voient ensemble.* (1637, en marge.) — *Lysandre et Aronte sortent, et Aronte fait voir à son maître Dorimant et Célidée ensemble.* (1644-57) — *Lysandre sort avec Aronte, qui lui fait voir Dorimant et Célidée ensemble.* (1660)

Rentre, pauvre abusée, et dedans tes malheurs, 1155
Si tu ne les retiens, cache du moins tes pleurs!

SCÈNE IV.
LYSANDRE, ARONTE.

ARONTE.

Eh bien! qu'en dites-vous? et que vous semble d'elle?

LYSANDRE.

Hélas! pour mon malheur, tu n'es que trop fidèle.
N'exerce plus tes soins à me faire endurer;
Ma plus douce fortune est de tout ignorer[1] : 1160
Je serois trop heureux sans le rapport d'Aronte.

ARONTE.

Encor pour Dorimant, il en a quelque honte :
Vous voyant, il a fui.

LYSANDRE.

Mais mon ingrate alors
Pour empêcher sa fuite a fait tous ses efforts,
Aronte, et tu prenois ses dédains pour des feintes! 1165
Tu croyois que son cœur n'eût point d'autres atteintes,
Que son esprit entier se conservoit à moi,
Et parmi ses rigueurs n'oublioit point sa foi[2]!

ARONTE.

A vous dire le vrai, j'en suis trompé moi-même.
Après deux ans passés dans un amour extrême, 1170
Que sans occasion elle vînt à changer,
Je me fusse tenu coupable d'y songer;
Mais puisque sans raison la volage vous change,
Faites qu'avec raison un changement vous venge.

1. *Var.* Mon meilleur en ce cas est de tout ignorer. (1637-57)
2. *Var.* Et parmi ses douleurs n'oublioit point sa foi. (1637-48)
   Var. Et parmi les douleurs n'oublioit point sa foi. (1652-57)

Pour punir comme il faut son infidélité, 1175
Vous n'avez qu'à tourner la feinte en vérité.

LYSANDRE.

Misérable! est-ce ainsi qu'il faut qu'on me soulage?
Ai-je trop peu souffert sous cette humeur volage?
Et veux-tu désormais que par un second choix
Je m'engage à souffrir encore une autre fois? 1180
Qui t'a dit qu'Hippolyte à cette amour nouvelle[1]
Se rendroit plus sensible ou seroit plus fidèle?

ARONTE.

Vous en devez, Monsieur, présumer beaucoup mieux.

LYSANDRE.

Conseiller importun, ôte-toi de mes yeux.

ARONTE.

Son âme....

LYSANDRE.

Ote-toi, dis-je, et dérobe ta tête 1185
Aux violents effets que ma colère apprête :
Ma bouillante fureur ne cherche qu'un objet;
Va, tu l'attirerois sur un sang trop abjet[2].

SCÈNE V[3].

LYSANDRE.

Il faut à mon courroux de plus nobles victimes :
Il faut qu'un même coup me venge de deux crimes[4]; 1190
Qu'après les trahisons de ce couple indiscret,
L'un meure de ma main, et l'autre de regret.

---

1. *Var.* Qui t'a dit qu'Hippolyte en cette amour nouvelle,
Quand bien je lui plairois, me seroit plus fidèle? (1637-57)
2. Voyez tome I, p. 169, note 1.
3. Il n'y a pas ici de distinction de scène dans l'édition de 1637; on y lit seulement en marge en regard du vers précédent : *Aronte rentre.*
4. *Var.* Je veux qu'un même coup me venge de deux crimes. (1637-57)

Oui, la mort de l'amant punira la maîtresse;
Et mes plaisirs alors naîtront de sa tristesse.
Mon cœur, à qui mes yeux apprendront ses tourments,
Permettra le retour à mes contentements;
Ce visage si beau, si bien pourvu de charmes,
N'en aura plus pour moi, s'il n'est couvert de larmes.
Ses douleurs seulement ont droit de me guérir;
Pour me résoudre à vivre il faut la voir mourir¹.   1200
Frénétiques transports, avec quelle insolence
Portez-vous mon esprit à tant de violence?
Allez, vous avez pris trop d'empire sur moi;
Dois-je être sans raison, parce qu'ils sont sans foi?
Dorimant, Célidée, ami, chère maîtresse,   1205
Suivrois-je contre vous la fureur qui me presse?
Quoi? vous ayant aimés, pourrois-je vous haïr?
Mais vous pourrois-je aimer, quand vous m'osez trahir²
Qu'un rigoureux combat déchire mon courage!

1. *Var.* [Pour me résoudre à vivre il faut la voir mourir.]
Mais la mort d'un amant seroit-elle bastante (*a*)
De toucher tant soit peu l'esprit de l'inconstante (*b*)?
Peut-être que, déjà résolue à changer,
La défaire de lui ce seroit l'obliger;
Et dans l'aise qu'alors elle en feroit paroître,
Serois-je assez vengé par la perte d'un traître?
Qu'ici le jugement me manquoit au besoin!
Il faut que ma fureur s'épande bien plus loin;
Il faut que, sans égard, ma rage impitoyable
Confonde l'innocent avecque le coupable;
Que, dans mon désespoir, je traite également
Célidée, Hippolyte, Aronte, Dorimant,
Le sujet de ma flamme et tous ceux qui l'ont sue :
L'affront qu'elle a reçu de sa honteuse issue
Fait un éclat trop grand pour s'effacer à moins;
Je ne puis l'étouffer qu'en perdant les témoins.
[Frénétiques transports, avec quelle insolence.] (1637-57)
2. *Var.* Mais vous pourrois-je aimer, vous voyant me trahir? (1637-57)

(*a*) *Bastante de*, suffisante pour.
(*b*) Mais la mort d'un amant seroit-elle capable
De toucher à ce point une âme si coupable? (1644-57)

ACTE IV, SCÈNE V.

Ma jalousie augmente et redouble ma rage[1] ; 1210
Mais quelques[2] fiers projets qu'elle jette en mon cœur,
L'amour.... ah! ce mot seul me range à la douceur.
Celle que nous aimons jamais ne nous offense ;
Un mouvement secret prend toujours sa défense :
L'amant souffre tout d'elle, et dans son changement,
Quelque irrité qu'il soit, il est toujours amant[3].
Toutefois, si l'amour contre elle m'intimide,
Revenez, mes fureurs, pour punir le perfide ;
Arrachez-lui mon bien : une telle beauté
N'est pas le juste prix d'une déloyauté. 1220
Souffrirois-je, à mes yeux, que par ses artifices
Il recueillît les fruits dus à mes longs services ?
S'il vous faut épargner le sujet de mes feux,
Que ce traître du moins réponde pour tous deux.
Vous me devez son sang pour expier son crime : 1225
Contre sa lâcheté tout vous est légitime ;
Et quelques châtiments.... Mais, Dieux! que vois-je ici?

SCÈNE VI.

HIPPOLYTE, LYSANDRE.

HIPPOLYTE.

Vous avez dans l'esprit quelque pesant souci ;
Ce visage enflammé, ces yeux pleins de colère,

---

1. *Var.* Ma jalousie augmente, et renforçant ma rage,
   Quelques sanglants desseins qu'elle jette en mon cœur. (1637-57)
2. Voyez tome I, p. 205, note 3.
3. *Var.* [Quelque irrité qu'il soit, il est toujours amant.]
   Au simple souvenir du bel œil qui me blesse,
   Tous mes ressentiments n'ont que de la foiblesse,
   Et je sens malgré moi mon courroux languissant
   Céder aux moindres traits d'un objet si puissant.
   [Toutefois, si l'amour contre elle m'intimide.] (1637-57)

En font voir au dehors une marque trop claire[1].   1230
Je prends assez de part en tous vos intérêts
Pour vouloir en aveugle y mêler mes regrets ;
Mais si vous me disiez ce qui cause vos peines....

LYSANDRE.

Ah! ne m'imposez point de si cruelles gênes ;
C'est irriter mes maux que de me secourir ;   1235
La mort, la seule mort a droit de me guérir.

HIPPOLYTE.

Si vous vous obstinez à m'en taire la cause,
Tout mon pouvoir sur vous n'est que fort peu de chose.

LYSANDRE.

Vous l'avez souverain, hormis en ce seul point.

HIPPOLYTE.

Laissez-le-moi partout, ou ne m'en laissez point.   1240
C'est n'aimer qu'à demi qu'aimer avec réserve,
Et ce n'est pas ainsi que je veux qu'on me serve :
Il faut m'apprendre tout, et lorsque je vous voi,
Être de belle humeur, ou n'être plus à moi[2].

LYSANDRE.

Ne perdez point d'efforts à vaincre mon silence[3] ;   1245
Vous useriez sur moi de trop de violence.

---

1. *Var.* Me sont de votre peine une marque assez claire.
   Encor qui la sauroit, on pourroit aviser
   A prendre des moyens propres à l'apaiser.
   LYS. Ne vous informez point de mon cruel martyre,
   Vous le redoubleriez, m'obligeant à le dire.
   HIPP. Vous faites le secret, mais je le veux savoir,
   Et par là sur votre âme essayer mon pouvoir.
   Hier vous m'en donniez tant que j'estime impossible
   Que pour me contenter rien vous soit trop sensible.
   [LYS. Vous l'avez souverain, hormis en ce seul point.]
   HIPP. Je veux l'avoir partout, ou bien n'en avoir point. (1637-57)
   Var. En font voir au dehors une marque assez claire. (1660)
2. *Var.* Être de belle humeur, ou bien rompre avec moi. (1637)
   Var. Être de belle humeur, ou rompre avecque moi. (1644-57)
3. *Var.* Ne vous obstinez point à vaincre mon silence. (1637-57)

Adieu : je vous ennuie, et les grands déplaisirs[1]
Veulent en liberté s'exhaler en soupirs.

SCÈNE VII.

HIPPOLYTE[2].

C'est donc là tout l'état que tu fais d'Hippolyte[3]?
Après des vœux offerts, c'est ainsi qu'on me quitte!
Qu'Aronte jugeoit bien que ses feintes amours,
Avant qu'il fût longtemps, interromproient leurs cours!
Dans ce peu de succès des ruses de Florice,
J'ai manqué de bonheur, mais non pas de malice;
Et si j'en puis jamais trouver l'occasion, 1255
J'y mettrai bien encor de la division.
Si notre pauvre amant est plein de jalousie,
Ma rivale, qui sort, n'en est pas moins saisie.

SCÈNE VIII.

HIPPOLYTE, CÉLIDÉE.

CÉLIDÉE.

N'ai-je pas tantôt vu mon perfide avec vous[4]?
Il a bientôt quitté des entretiens si doux. 1260

HIPPOLYTE.

Qu'y feroit-il, ma sœur? Ta fidèle Hippolyte[5]
Traite cet inconstant ainsi qu'il le mérite[6].

---

1. *Var.* Souffrez que je vous laisse, et que seul aujourd'hui
Je puisse en liberté soupirer mon ennui. (1637-57)
2. *Var.* HIPPOLYTE, *seule*. Pas de distinction de scène. (1637)
3. *Var.* Est-ce là donc l'état que tu fais d'Hippolyte?
Après des vœux offerts, est-ce ainsi qu'on me quitte? (1637-57)
4. *Var.* N'ai-je pas tantôt vu Lysandre avecque vous? (1637-57)
5. *Var.* Hélas! qu'y feroit-il? Ma sœur, ton Hippolyte. (1637)
6. *Var.* Traite cet inconstant de même qu'il mérite. (1637-57)

Il a beau m'en conter de toutes les façons,
Je le renvoie ailleurs pratiquer ses leçons.

CÉLIDÉE.

Le parjure à présent est fort sur ta louange[1] ?   1265

HIPPOLYTE.

Il ne tient pas à lui que je ne sois un ange ;
Et quand il vient ensuite à parler de ses feux[2],
Aucune passion jamais n'approcha d'eux.
Par tous ces vains discours il croit fort qu'il m'oblige,
Mais non la moitié tant qu'alors qu'il te néglige :   1270
C'est par là qu'il me pense acquérir puissamment ;
Et moi, qui t'ai toujours chérie uniquement,
Je te laisse à juger alors si je l'endure.

CÉLIDÉE.

C'est trop prendre, ma sœur, de part en mon injure :
Laisse-le mépriser celle dont les mépris   1275
Sont cause maintenant que d'autres yeux l'ont pris.
Si Lysandre te plaît, possède le volage,
Mais ne me traite point avec désavantage ;
Et si tu te résous d'accepter mon amant,
Relâche-moi du moins le cœur de Dorimant.   1280

HIPPOLYTE.

Pourvu que leur vouloir se range sous le nôtre,
Je te donne le choix et de l'un et de l'autre ;
Ou si l'un ne suffit à ton jeune desir,
Défais-moi de tous deux, tu me feras plaisir.
J'estimai fort Lysandre avant que le connoître ;   1285
Mais depuis cet amour que mes yeux ont fait naître,
Je te répute heureuse après l'avoir perdu.
Que son humeur est vaine, et qu'il fait l'entendu !

---

1. *Var.* L'infidèle à présent est fort sur ta louange? (1637)
   Var. Le perfide à présent est fort sur ta louange? (1644-57)
2. *Var.* Et quand il vient après à parler de ses feux. (1637-57)

ACTE IV, SCÈNE VIII.

Que son discours est fade avec ses flatteries[1] !
Qu'on est importuné de ses afféteries ! 1290
Vraiment, si tout le monde étoit fait comme lui,
Je crois qu'avant deux jours je sécherois d'ennui[2].

CÉLIDÉE.

Qu'en cela du destin l'ordonnance fatale
A pris pour nos malheurs une route inégale !
L'un et l'autre me fuit, et je brûle pour eux; 1295
L'un et l'autre t'adore, et tu les fuis tous deux.

HIPPOLYTE.

Si nous changions de sort, que nous serions contentes !

CÉLIDÉE.

Outre, hélas! que le ciel s'oppose à nos attentes,
Lysandre n'a plus rien à rengager ma foi.

HIPPOLYTE.

Mais l'autre, tu voudrois....

SCÈNE IX.

PLEIRANTE, HIPPOLYTE, CÉLIDÉE.

PLEIRANTE.

Ne rompez pas pour moi;
Craignez-vous qu'un ami sache de vos nouvelles[3] ?

HIPPOLYTE.

Nous causions de mouchoirs, de rabats[4], de dentelles,
De ménages de fille.

PLEIRANTE.

Et parmi ces discours,

---

1. *Var.* Mon Dieu! qu'il est chargeant (a) avec ses flatteries! (1637 et 44)
2. *Var.* Je pense avant deux jours que je mourrois d'ennui. (1637-60)
3. L'édition de 1660 porte : *Craigniez-vous qu'un ami sache....* ce qui ne peut être qu'une faute d'impression.
4. Cols, collerettes. Voyez le *Lexique*.

(a) Dans les éditions de 1648-57, il y a *changeant*, au lieu de *chargeant*.

≠ Vous conferiez ensemble un peu de vos amours :
Eh bien, ce serviteur, l'aura-t-on agréable? 1305
HIPPOLYTE.
Vous m'attaquez toujours par quelque trait semblable[1].
Des hommes comme vous ne sont que des conteurs.
Vraiment c'est bien à moi d'avoir des serviteurs !
PLEIRANTE.
Parlons, parlons françois. Enfin, pour cette affaire,
Nous en remettrons-nous à l'avis d'une mère? 1310
HIPPOLYTE.
J'obéirai toujours à son commandement ;
Mais de grâce, Monsieur, parlez plus clairement :
Je ne puis deviner ce que vous voulez dire.
PLEIRANTE.
Un certain cavalier pour vos beaux yeux soupire.
HIPPOLYTE.
Vous en voulez par là[2]....
PLEIRANTE.
                Ce n'est point fiction 1315
Que ce que je vous dis de son affection.
Votre mère sut hier à quel point il vous aime[3],
Et veut que ce soit vous qui vous donniez vous-même.
HIPPOLYTE.
Et c'est ce que ma mère, afin de m'expliquer,
Ne m'a point fait l'honneur de me communiquer; 1320
Mais pour l'amour de vous, je vais le savoir d'elle.

1. *Var.* Vous venez m'attaquer toujours par quelque fable. (1637)
2. *Var.* Vous revoilà déjà ! (1637)
3. *Var.* J'en fis hier ouverture à votre bonne femme,
    Qui se rapporte à vous de recevoir sa flamme. (1637)
  Var. Votre mère de moi sut hier comme il vous aime. (1644-57)

SCÈNE X.

PLEIRANTE, CÉLIDÉE.

PLEIRANTE.
Ta compagne est du moins aussi fine que belle[1].
CÉLIDÉE.
Elle a bien su, de vrai, se défaire de vous.
PLEIRANTE.
Et fort habilement se parer de mes coups.
CÉLIDÉE.
Peut-être innocemment, faute d'y rien comprendre[2].
PLEIRANTE.
Mais faute, bien plutôt, d'y vouloir rien entendre.
Je suis des plus trompés si Dorimant lui plaît.
CÉLIDÉE.
Y prenez-vous, Monsieur, pour lui quelque intérêt?
PLEIRANTE.
Lysandre m'a prié d'en porter la parole.
CÉLIDÉE.
Lysandre!
PLEIRANTE.
Oui, ton Lysandre.
CÉLIDÉE.
Et lui-même cajole....
PLEIRANTE.
Quoi? que cajole-t-il?
CÉLIDÉE.
Hippolyte, à mes yeux.
PLEIRANTE.
Folle, il n'aima jamais que toi dessous les cieux;
Et nous sommes tous prêts de choisir la journée

---

1. Voyez plus haut le vers 290.
2. *Var.* Peut-être innocemment, faute de rien comprendre. (1637-57)

Qui bientôt de vous deux termine l'hyménée.
Il se plaint toutefois un peu de ta froideur ; 1335
Mais pour l'amour de moi, montre-lui plus d'ardeur.
Parle : ma volonté sera-t-elle obéie?

CÉLIDÉE.

Hélas! qu'on vous abuse après m'avoir trahie!
Il vous fait, cet ingrat, parler pour Dorimant,
Tandis qu'au même objet il s'offre pour amant, 1340
Et traverse par là tout ce qu'à sa prière
Votre vaine entremise avance vers la mère.
Cela qu'est-ce, Monsieur, que se jouer de vous?

PLEIRANTE.

Qu'il est peu de raison dans ces esprits jaloux!
Et quoi? pour un ami s'il rend une visite, 1345
Faut-il s'imaginer qu'il cajole Hippolyte?

CÉLIDÉE.

Je sais ce que j'ai vu.

PLEIRANTE.

Je sais ce qu'il m'a dit,
Et ne veux plus du tout souffrir de contredit.
Mon choix de votre hymen en sa faveur dispose[1].

CÉLIDÉE.

Commandez-moi plutôt, Monsieur, toute autre chose.

PLEIRANTE.

Quelle bizarre humeur! quelle inégalité[2]
De rejeter un bien qu'on a tant souhaité!
La belle, voyez-vous? qu'on perde ces caprices :
Il faut pour m'éblouir de meilleurs artifices.
Quelque nouveau venu vous donne dans les yeux, 1355
Quelque jeune étourdi qui vous flatte un peu mieux;
Et parce qu'il vous fait quelque feinte caresse,

---

1. *Var.* Il le faut épouser, vite, qu'on s'y dispose. (1637)
2. *Var.* Quelle bigearre humeur! quelle inégalité. (1637-57)

Il faut que nous manquions, vous et moi, de promesse?
Quittez, pour votre bien, ces fantasques refus.
CÉLIDÉE.
Monsieur....
PLEIRANTE.
Quittez-les, dis-je, et ne contestez plus.

SCÈNE XI.
CÉLIDÉE.

Fâcheux commandement d'un incrédule père!
Qu'il me fut doux jadis, et qu'il me désespère!
J'avois, auparavant qu'on m'eût manqué de foi,
Le devoir et l'amour tout d'un parti chez moi,
Et ma flamme, d'accord avecque sa puissance, 1365
Unissoit mes desirs à mon obéissance;
Mais, hélas! que depuis cette infidélité
Je trouve d'injustice en son autorité!
Mon esprit s'en révolte, et ma flamme bannie
Fait qu'un pouvoir si saint m'est une tyrannie. 1370
Dures extrémités où mon sort est réduit!
On donne mes faveurs à celui qui les fuit;
Nous avons l'un pour l'autre une pareille haine,
Et l'on m'attache à lui d'une éternelle chaîne.
Mais s'il ne m'aimoit plus, parleroit-il d'amour 1375
A celui dont je tiens la lumière du jour?
Mais s'il m'aimoit encor, verroit-il Hippolyte?
Mon cœur en même temps se retient et s'excite.
Je ne sais quoi me flatte, et je sens déjà bien
Que mon feu ne dépend que de croire le sien. 1380
Tout beau, ma passion, c'est déjà trop paroître:
Attends, attends du moins la sienne pour renaître.
A quelle folle erreur me laissé-je emporter!
Il fait tout à dessein de me persécuter.

92 LA GALERIE DU PALAIS.

L'ingrat cherche ma peine, et veut par sa malice   1385
Que l'ordre qu'on me donne augmente mon supplice[1].
Rentrons, que son objet présenté par hasard
De mon cœur ébranlé ne reprenne une part :
C'est bien assez qu'un père à souffrir me destine,
Sans que mes yeux encore aident à ma ruine.   1390

SCÈNE XII.

La Lingère, le Mercier.

LA LINGÈRE, *après qu'ils se sont entre-poussé une boîte qui est entre leurs boutiques*[2].

J'envoirai tout à bas, puis après on verra.
Ardez[3], vraiment c'est-mon[4], on vous l'endurera !
Vous êtes un bel homme, et je dois fort vous craindre !

LE MERCIER.

Tout est sur mon tapis : qu'avez-vous à vous plaindre ?

LA LINGÈRE.

Aussi votre tapis est tout sur mon battant[5] ;   1395
Je ne m'étonne plus de quoi je gagne tant.

LE MERCIER.

Là, là, criez bien haut, faites bien l'étourdie,
Et puis on vous jouera dedans la comédie.

LA LINGÈRE.

Je voudrois l'avoir vu que quelqu'un s'y fût mis ;
Pour en avoir raison nous manquerions d'amis !   1400
On joue ainsi le monde.

---

1. *Var.* Que la rigueur d'un père augmente mon supplice. (1637-57)
2. *Var. Ils s'entre-poussent quelque temps une boîte qui est entre leurs deux boutiques.* (1637 et 63, en marge ; dans l'édition de 1663, les mots : *quelque temps* et *deux* sont omis.)
3. Regardez. Voyez le *Lexique*.
4. Sorte d'exclamation dont l'origine est difficile à découvrir et sur laquelle nous n'avons que des conjectures. Voyez le *Lexique*.
5. « *Battant* est le volet d'un comptoir de marchand ou de banquier, qui se lève et se baisse. » (*Dictionnaire de Furetière*.)

ACTE IV, SCÈNE XII.

LE MERCIER.
Après tout ce langage,
Ne me repoussez pas mes boîtes davantage.
Votre caquet m'enlève à tous coups mes chalands;
Vous vendez dix rabats contre moi deux galands[1].
Pour conserver la paix, depuis six mois j'endure[2], 1405
Sans vous en dire mot, sans le moindre murmure;
Et vous me harcelez et sans cause et sans fin.
Qu'une femme hargneuse est un mauvais voisin!
Nous n'apaiserons point cette humeur qui vous pique
Que par un entre-deux mis à votre boutique; 1410
Alors, n'ayant plus rien ensemble à démêler,
Vous n'aurez plus aussi sur quoi me quereller.

LA LINGÈRE.
Justement.

SCÈNE XIII.

LA LINGÈRE, FLORICE, LE MERCIER,
LE LIBRAIRE, CLÉANTE.

LA LINGÈRE[3].
De tout loin je vous ai reconnue.

FLORICE.
Vous vous doutez donc bien pourquoi je suis venue?
Les avez-vous reçus, ces points coupés nouveaux? 1415

LA LINGÈRE.
Ils viennent d'arriver.

FLORICE.
Voyons donc les plus beaux.

---

1. Voyez ci-dessus la note 5 de la p. 7, et le *Lexique*.
2. *Var.* Pour conserver la paix, quoique cela me touche,
J'ai toujours tout souffert sans en ouvrir la bouche;
Et vous, vous m'attaquez et sans cause et sans fin. (1637-57)
3. *Var.* LA LINGÈRE, *à Florice.* (1648)

LE MERCIER, à Cléante qui passe.

Ne vous vendrai-je rien, Monsieur? des bas de soie,
Des gants en broderie, ou quelque petite oie¹?

CLÉANTE, au Libraire.

Ces livres que mon maître avoit fait mettre à part,
Les avez-vous encore?

LE LIBRAIRE, empaquetant ses livres².

Ah! que vous venez tard!   1420
Encore un peu, ma foi, je m'en allois les vendre.
Trois jours sans revenir! je m'ennuyois d'attendre.

CLÉANTE.

Je l'avois oublié. Le prix?

LE LIBRAIRE³.

Chacun le sait :
Autant de quarts d'écus, c'est un marché tout fait.

LA LINGÈRE, à Florice.

Eh bien, qu'en dites-vous?

FLORICE.

J'en suis toute ravie,   1425
Et n'ai rien encor vu de pareil en ma vie.
Vous aurez notre argent, si l'on croit mon rapport⁴.
Que celui-ci me semble et délicat et fort!
Que cet autre me plaît! que j'en aime l'ouvrage!
Montrez-m'en cependant quelqu'un à mon usage.   1430

LA LINGÈRE.

Voici de quoi vous faire un assez beau collet.

FLORICE.

Je pense, en vérité, qu'il ne seroit pas laid;
Que me coûtera-t-il?

---

1. Ce mot se disait des rubans, plumes et garnitures qui ornaient l'habit, le chapeau et l'épée. Voyez le *Lexique*.
2. *Var. Il fait un paquet de ses livres.* (1637 et 63, en marge.)
3. On lit ici en plus, mais par erreur, dans l'édition de 1637 : *à Florice.*
4. *Var. Que ce point est ensemble et délicat et fort!*

LA LINGÈRE.

Allez, faites-moi vendre,
Et pour l'amour de vous, je n'en voudrai rien prendre.
Mais avisez alors à me récompenser. 1435
FLORICE.
L'offre n'est pas mauvaise, et vaut bien y penser :
Vous me verrez demain avecque ma maîtresse.

SCÈNE XIV.

FLORICE, ARONTE, LE MERCIER, LA LINGÈRE[1].

FLORICE.
Aronte, eh bien, quels fruits produira notre adresse ?
ARONTE.
De fort mauvais pour moi. Mon maître, au désespoir,
Fuit les yeux d'Hippolyte, et ne veut plus me voir[2]. 1440
FLORICE.
Nous sommes donc ainsi bien loin de notre conte ?
ARONTE.
Oui, mais tout le malheur en tombe sur Aronte.
FLORICE.
Ne te débauche point, je veux faire ta paix.
ARONTE.
Son courroux est trop grand pour s'apaiser jamais.
FLORICE.
S'il vient encor chez nous ou chez sa Célidée, 1445
Je te rends aussitôt l'affaire accommodée.

Si ma maîtresse veut s'en croire à mon rapport,
Vous aurez son argent : mon Dieu ! le bel ouvrage ! (1637-57)
1. Cette scène en forme deux dans l'édition de 1637. La première a pour personnages FLORICE, ARONTE ; la seconde, qui commence après le vers 1448, LE MERCIER, ARONTE, FLORICE, LA LINGÈRE.
2. *Var.* Fuit les yeux d'Hippolyte, et ne me veut plus voir. (1637-57)

ARONTE.
Si tu fais ce coup-là, que ton pouvoir est grand!
Viens, je te veux donner tout à l'heure un galand.
LE MERCIER.
Voyez, Monsieur; j'en ai des plus beaux de la terre :
En voilà de Paris, d'Avignon, d'Angleterre. 1450
ARONTE, après avoir regardé une boîte de galands[1].
Tous vos rubans n'ont point d'assez vives couleurs.
Allons, Florice, allons, il en faut voir ailleurs.
LA LINGÈRE[2].
Ainsi, faute d'avoir de bonne marchandise[3],
Des hommes comme vous perdent leur chalandise.
LE MERCIER.
Vous ne la perdez pas, vous, mais Dieu sait comment.
Du moins, si je vends peu, je vends loyalement,
Et je n'attire point avec une promesse
De suivante qui m'aide à tromper sa maîtresse.
LA LINGÈRE.
Quand il faut dire tout, on s'entre-connoît bien;
Chacun sait son métier, et.... Mais je ne dis rien. 1460
LE MERCIER.
Vous ferez un grand coup si vous pouvez vous taire.
LA LINGÈRE.
Je ne réplique point à des gens en colère[4].

1. *Var. Il regarde une boîte de rubans.* (1637 et 63, en marge.)
2. *Var.* LA LINGÈRE, *au Mercier.* (1648)
3. *Var. Ainsi, faute d'avoir de belle marchandise.* (1637-63)
4. Les quatre derniers vers de cet acte ne se trouvent pas dans les éditions de 1637-57.

FIN DU QUATRIÈME ACTE.

ACTE V.

SCÈNE PREMIÈRE.

LYSANDRE.

Indiscrète vengeance, imprudentes chaleurs,
Dont l'impuissance ajoute un comble à mes malheurs,
Ne me conseillez plus la mort de ce faussaire.   1465
J'aime encor Célidée, et n'ose lui déplaire :
Priver de la clarté ce qu'elle aime le mieux,
Ce n'est pas le moyen d'agréer à ses yeux.
L'amour, en la perdant, me retient en balance;
Il produit ma fureur et rompt sa violence,   1470
Et me laissant trahi, confus et méprisé,
Ne veut que triompher de mon cœur divisé.
    Amour, cruel auteur de ma longue misère,
Ou permets à la fin d'agir à ma colère,
Ou sans m'embarrasser d'inutiles transports,   1475
Auprès de ce bel œil fais tes derniers efforts.
Viens, accompagne-moi chez ma belle inhumaine,
Et comme de mon cœur triomphe de sa haine.
Contre toi ma vengeance a mis les armes bas,
Contre ses cruautés rends les mêmes combats;   1480
Exerce ta puissance à fléchir la farouche;
Montre-toi dans mes yeux, et parle par ma bouche :
Si tu te sens trop foible, appelle à ton secours
Le souvenir de mille et de mille heureux jours,
Où ses desirs, d'accord avec mon espérance[1],   1485

---

1. *Var.* Que ses desirs, d'accord (*a*) avec mon espérance. (1637-60)

(*a*) Les éditions de 1652 et de 1657 donnent, très-probablement par erreur, *d'abord*, pour *d'accord*.

Ne laissoient à nos vœux aucune différence.
Je pense avoir encor ce qui la sut charmer,
Les mêmes qualités qu'elle voulut aimer.
Peut-être mes douleurs ont changé mon visage;
Mais en revanche aussi je l'aime davantage; 1490
Mon respect s'est accru pour un objet si cher[1];
Je ne me venge point, de peur de la fâcher.
Un infidèle ami tient son âme captive,
Je le sais, je le vois, et je souffre qu'il vive.

Je tarde trop : allons, ou vaincre ses refus, 1495
Ou me venger sur moi de ne lui plaire plus,
Et tirons de son cœur, malgré sa flamme éteinte,
La pitié par ma mort, ou l'amour par ma plainte :
Ses rigueurs par ce fer me perceront le sein.

SCÈNE II.

DORIMANT, LYSANDRE.

DORIMANT.

Eh quoi? pour m'avoir vu, vous changez de dessein[2]!
Ne craignez point pour moi d'entrer chez Hippolyte;
Vous ne m'apprendrez rien en lui faisant visite :
Mes yeux, mes propres yeux n'ont que trop découvert
Comme un ami si rare auprès d'elle me sert.

LYSANDRE.

Parlez plus franchement : ma rencontre importune 1505
Auprès d'un autre objet trouble votre fortune;

1. *Var.* Mon respect s'est accru vers un objet si cher. (1637, 44 et 52-57)
   Var. Mon respect s'est accru vers mon objet si cher. (1648)
2. *Var.* [Eh quoi? pour m'avoir vu, vous changez de dessein!]
   Pensez-vous m'éblouir avec cette visite?
   Ne feignez point pour moi d'entrer chez Hippolyte (*a*) :
   Vous ne m'apprendrez rien, je sais trop comme quoi
   Un tel ami que vous traite l'amour pour moi. (1637)

(*a*) Ne laissez point pour moi d'entrer chez Hippolyte. (1644-57)

ACTE V, SCÈNE II.

Et vous montrez assez, par ces foibles détours,
Qu'un témoin comme moi déplaît à vos amours.
Vous voulez seul à seul cajoler Célidée;
La querelle entre nous sera bientôt vidée[1] : 1510
Ma mort vous donnera chez elle un libre accès,
Ou ma juste vengeance un funeste succès.

DORIMANT.

Qu'est-ce-ci, déloyal? quelle fourbe est la vôtre?
Vous m'en disputez une, afin d'acquérir l'autre!
Après ce que chacun a vu de votre feu, 1515
C'est une lâcheté d'en faire un désaveu.

LYSANDRE.

Je ne me connois point à combattre d'injures.

DORIMANT.

Aussi veux-je punir autrement tes parjures :
Le ciel, le juste ciel, ennemi des ingrats,
Qui pour ton châtiment a destiné mon bras, 1520
T'apprendra qu'à moi seul Hippolyte est gardée.

LYSANDRE.

Garde ton Hippolyte.

DORIMANT.

Et toi, ta Célidée.

LYSANDRE.

Voilà faire le fin, de crainte d'un combat.

DORIMANT.

Tu m'imputes la crainte, et ton cœur s'en abat.

LYSANDRE.

Laissons à part les noms; disputons la maîtresse, 1525
Et pour qui que ce soit montre ici ton adresse.

DORIMANT.

C'est comme je l'entends.

1. *Var.* Nous en aurons bientôt la querelle vidée. (1637-64)

SCÈNE III.

CÉLIDÉE, LYSANDRE, DORIMANT.

CÉLIDÉE.

O Dieux ! ils sont aux coups !
Ah ! perfide, sur moi détourne ton courroux[1] :
La mort de Dorimant me seroit trop funeste.

DORIMANT.

Lysandre, une autre fois nous viderons le reste.   1530
CÉLIDÉE, à Dorimant.
Arrête, cher ingrat[2] !
LYSANDRE.
Tu recules, voleur !
DORIMANT.
Je fuis cette importune, et non pas ta valeur.

SCÈNE IV.

LYSANDRE, CÉLIDÉE.

LYSANDRE.

Ne suivez pas du moins ce perfide à ma vue :
Avez-vous résolu que sa fuite me tue,
Et qu'ayant su braver son plus vaillant effort[3],   1535
Par sa retraite infâme il me donne la mort ?
Pour en frapper le coup, vous n'avez qu'à le suivre.

CÉLIDÉE.

Je tiens des gens sans foi si peu dignes de vivre,
Qu'on ne verra jamais que je recule un pas
De crainte de causer un si juste trépas.   1540

---

1. *Var.* Ah ! perfide, sur moi décharge ton courroux. (1637)
2. *Var.* Arrête, mon souci ! (1637-57)
3. *Var.* Et que m'étant moqué de son plus rude effort. (1637-57)

ACTE V, SCÈNE IV.

LYSANDRE.

Eh bien, voyez-le donc : ma lame toute prête
N'attendoit que vos yeux pour immoler ma tête.
Vous lirez dans mon sang, à vos pieds répandu,
Ce que valoit l'amant que vous aurez perdu[1] ;
Et sans vous reprocher un si cruel outrage,
Ma main de vos rigueurs achèvera l'ouvrage :
Trop heureux mille fois si je plais en mourant
A celle à qui j'ai pu déplaire en l'adorant,
Et si ma prompte mort, secondant son envie,
L'assure du pouvoir qu'elle avoit sur ma vie!

CÉLIDÉE.

Moi, du pouvoir sur vous! vos yeux se sont mépris ;
Et quelque illusion qui trouble vos esprits
Vous fait imaginer d'être auprès d'Hippolyte.
Allez, volage, allez où l'amour vous invite :
Dans ces doux entretiens recherchez vos plaisirs[2],
Et ne m'empêchez plus de suivre mes desirs.

LYSANDRE.

Ce n'est pas sans raison que ma feinte passée[3]
A jeté cette erreur dedans votre pensée.
Il est vrai, devant vous forçant mes sentiments,
J'ai présenté des vœux, j'ai fait des compliments ;
Mais c'étoient compliments qui partoient d'une souche :
Mon cœur, que vous teniez, désavouoit ma bouche.
Pleirante, qui rompit ces ennuyeux discours,
Sait bien que mon amour n'en changea point de cours :
Contre votre froideur une modeste plainte
Fut tout notre entretien au sortir de la feinte ;
Et je le priai lors....

---

1. *Var.* La valeur d'un amant que vous aurez perdu. (1637-57)
2. *Var.* Dedans son entretien recherchez vos plaisirs. (1637-63)
3. *Var.* C'est avecque raison que ma feinte passée. (1637-57)

CÉLIDÉE.

D'user de son pouvoir?
Ce n'étoit pas par là qu'il me falloit avoir.
Les mauvais traitements ne font qu'aigrir les âmes.

LYSANDRE.

Confus, désespéré du mépris de mes flammes, 1570
Sans conseil, sans raison, pareil aux matelots
Qu'un naufrage abandonne à la merci des flots,
Je me suis pris à tout, ne sachant où me prendre.
Ma douleur par mes cris d'abord s'est fait entendre;
J'ai cru que vous seriez d'un naturel plus doux, 1575
Pourvu que votre esprit devînt un peu jaloux;
J'ai fait agir pour moi l'autorité d'un père;
J'ai fait venir aux mains celui qu'on me préfère;
Et puisque ces efforts n'ont réussi qu'en vain,
J'aurai de vous ma grâce, ou la mort de ma main. 1580
Choisissez, l'une ou l'autre achèvera mes peines¹;
Mon sang brûle déjà de sortir de mes veines :
Il faut pour l'arrêter me rendre votre amour;
Je n'ai plus rien sans lui qui me retienne au jour².

CÉLIDÉE.

Volage, falloit-il, pour un peu de rudesse, 1585
Vous porter si soudain à changer de maîtresse?
Que je vous croyois bien d'un jugement plus meur³!
Ne pouviez-vous souffrir de ma mauvaise humeur?
Ne pouviez-vous juger que c'étoit une feinte
A dessein d'éprouver quelle étoit votre atteinte? 1590
Les Dieux m'en soient témoins, et ce nouveau sujet
Que vos feux inconstants ont choisi pour objet,

---

1. *Var.* Choisissez, l'un ou l'autre achèvera mes peines. (1637)
2. *Var.* Sans lui, je n'ai plus rien qui me retienne au jour. (1637)
3. Ce n'est pas seulement à la rime que Corneille écrit ce mot ainsi, il est dans ses ouvrages orthographié partout de la sorte, et c'est ainsi du reste qu'on le prononçait de son temps. Voyez tome I, p. 190, note 5, et le *Lexique*.

Si jamais j'eus pour vous de dédain véritable,
Avant que votre amour parût si peu durable!
Qu'Hippolyte vous die avec quels sentiments   1595
Je lui fus raconter vos premiers mouvements,
Avec quelles douceurs je m'étois préparée
A redonner la joie à votre âme éplorée!
Dieux! que je fus surprise, et mes sens éperdus,
Quand je vis vos devoirs à sa beauté rendus!   1600
Votre légèreté fut soudain imitée :
Non pas que Dorimant m'en eût sollicitée;
Au contraire, il me fuit, et l'ingrat ne veut pas
Que sa franchise cède au peu que j'ai d'appas;
Mais, hélas! plus il fuit, plus son portrait s'efface;   1605
Je vous sens, malgré moi, reprendre votre place;
L'aveu de votre erreur désarme mon courroux :
Ne redoutez plus rien, l'amour combat pour vous.
Si nous avons failli de feindre l'un et l'autre,
Pardonnez à ma feinte, et j'oublierai la vôtre¹.   1610
Moi-même je l'avoue à ma confusion,
Mon imprudence a fait notre division.
Tu ne méritois pas de si rudes alarmes :
Accepte un repentir accompagné de larmes² ;
Et souffre que le tien nous fasse tour à tour   1615
Par ce petit divorce augmenter notre amour.

LYSANDRE.

Que vous me surprenez! O ciel! est-il possible
Que je vous trouve encor à mes desirs sensible?
Que j'aime ces dédains qui finissent ainsi!

CÉLIDÉE.

Et pour l'amour de toi, que je les aime aussi!   1620

1. *Var.* Pardonnez à ma faute, et j'oublierai la vôtre. (1637-60)
2. *Var.* [Accepte un repentir accompagné de larmes.]
   Ce baiser cependant punira ma rigueur,
   Et me fermant la bouche, il t'ouvrira mon cœur.
   LYS. Ma chère âme, mon heur, mon tout, est-il possible. (1637-57)

LYSANDRE.

Que ce soit toutefois sans qu'il vous prenne envie
De les plus essayer au péril de ma vie[1].

CÉLIDÉE.

J'aime trop désormais ton repos et le mien :
Tous mes soins n'iront plus qu'à notre commun bien.
Voudrois-je, après ma faute, une plus douce amende
Que l'effet d'un hymen qu'un père me commande[2] ?
Je t'accusois en vain d'une infidélité :
Il agissoit pour toi de pleine autorité,
Me traitoit de parjure et de fille rebelle.
Mais allons lui porter cette heureuse nouvelle ;   1630
Ce que pour mes froideurs il témoigne d'horreur
Mérite bien qu'en hâte on le tire d'erreur.

LYSANDRE.

Vous craignez qu'à vos yeux cette belle Hippolyte
N'ait encor de ma bouche un hommage hypocrite ?

CÉLIDÉE.

Non : je fuis Dorimant qu'ensemble j'aperçoi ;   1635
Je ne veux plus le voir, puisque je suis à toi.

SCÈNE V.

DORIMANT, HIPPOLYTE.

DORIMANT.

Autant que mon esprit adore vos mérites,
Autant veux-je de mal à vos longues visites.

---

1. *Var.* De les plus exercer au péril de ma vie. (1637-60)
2. *Var.* [Que l'effet d'un hymen qu'un père me commande?]
Bons Dieux ! qu'il fut fâché, voyant ces jours passés
Mon âme refroidie, et tous mes sens glacés
A son autorité se rendre si rebelles !
Mais allons lui porter ces heureuses nouvelles,
Et le tirer d'ennui, puisque ce bon vieillard

ACTE V, SCÈNE V.

HIPPOLYTE.
Que vous ont-elles fait pour vous mettre en courroux?
DORIMANT.
Elles m'ôtent le bien de vous trouver chez vous. 1640
J'y fais à tous moments une course inutile ;
J'apprends cent fois le jour que vous êtes en ville.
En voici presque trois que je n'ai pu vous voir,
Pour rendre à vos beautés ce que je sais devoir[1] ;
Et n'étoit qu'aujourd'hui cette heureuse rencontre, 1645
Sur le point de rentrer, par hasard me les montre,
Je crois que ce jour même auroit encor passé[2]
Sans moyen de m'en plaindre aux yeux qui m'ont blessé.
HIPPOLYTE.
Ma libre et gaie humeur hait le ton de la plainte ;
Je n'en puis écouter qu'avec de la contrainte : 1650
Si vous prenez plaisir dedans mon entretien,
Pour le faire durer ne vous plaignez de rien.
DORIMANT.
Vous me pouvez ôter tout sujet de me plaindre.
HIPPOLYTE.
Et vous pouvez aussi vous empêcher d'en feindre.
DORIMANT.
Est-ce en feindre un sujet qu'accuser vos rigueurs? 1655
HIPPOLYTE.
Pour vous en plaindre à faux, vous feignez des langueurs.
DORIMANT.
Verrois-je sans languir ma flamme qu'on néglige?
HIPPOLYTE.
Éteignez cette flamme où rien ne vous oblige.

Dans tes contentements prend une telle part.
[LYS. Vous craignez qu'à vos yeux cette belle Hippolyte]
N'ait de moi derechef un hommage hypocrite? (1637-57)
1. *Var.* Pour rendre à vos beautés mon très-humble devoir. (1637-57)
2. *Var.* Je pense que ce jour eût encore passé. (1637-57)

DORIMANT.
Vos charmes trop puissants me forcent à ces feux.
HIPPOLYTE.
Oui, mais rien ne vous force à vous approcher d'eux. 1660
DORIMANT.
Ma présence vous fâche et vous est odieuse.
HIPPOLYTE.
Non, mais tout ce discours là peut rendre ennuyeuse[1].
DORIMANT.
Je vois bien ce que c'est; je lis dans votre cœur :
Il a reçu les traits d'un plus heureux vainqueur;
Un autre, regardé d'un œil plus favorable, 1665
A mes submissions vous fait inexorable :
C'est pour lui seulement que vous voulez brûler.
HIPPOLYTE.
Il est vrai : je ne puis vous le dissimuler;
Il faut que je vous traite avec toute franchise.
Alors que je vous pris, un autre[2] m'avoit prise, 1670
Un autre captivoit mes inclinations[3].
Vous devez présumer de vos perfections
Que si vous attaquiez un cœur qui fût à prendre,
Il seroit malaisé qu'il s'en pût bien défendre.
Vous auriez eu le mien, s'il n'eût été donné; 1675
Mais puisque les destins ainsi l'ont ordonné,
Tant que ma passion aura quelque espérance,
N'attendez rien de moi que de l'indifférence.
DORIMANT.
Vous ne m'apprenez point le nom de cet amant :
Sans doute que Lysandre est cet objet charmant 1680
Dont les discours flatteurs vous ont préoccupée.

1. *Var.* Non pas, mais votre amour me devient ennuyeuse. (1637-57)
2. Les éditions de 1648 et de 1664 portent, par erreur, *une autre*, pour *un autre*.
3. *Var.* Et captivoit déjà mes inclinations. (1637-57)

ACTE V, SCÈNE V.

HIPPOLYTE.

Cela ne se dit point à des hommes d'épée :
Vous exposer aux coups d'un duel hasardeux,
Ce seroit le moyen de vous perdre tous deux.
Je vous veux, si je puis, conserver l'un et l'autre ; 1685
Je chéris sa personne, et hais si peu la vôtre,
Qu'ayant perdu l'espoir de le voir mon époux,
Si ma mère y consent, Hippolyte est à vous ;
Mais aussi jusque-là plaignez votre infortune.

DORIMANT.

Permettez pour ce nom que je vous importune[1] ; 1690
Ne me refusez plus de me le déclarer :
Que je sache en quel temps j'aurai droit d'espérer.
Un mot me suffira pour me tirer de peine ;
Et lors j'étoufferai si bien toute ma haine,
Que vous me trouverez vous-même trop remis. 1695

SCÈNE VI.

PLEIRANTE, LYSANDRE, CÉLIDÉE,
DORIMANT, HIPPOLYTE.

PLEIRANTE.

Souffrez, mon cavalier, que je vous rende amis[2].
Vous ne lui voulez pas quereller[3] Célidée ?

DORIMANT.

L'affaire à cela près peut être décidée[4].
Voici le seul objet de nos affections,
Et l'unique motif de nos dissensions[5]. 1700

---

1. *Var.* Si faut-il pour ce nom que je vous importune ;
Ne me refusez point de me le déclarer. (1637-57)
2. *Var.* Souffrez, mon cavalier, que je vous fasse amis (a). (1637-64)
3. *Quereller*, disputer.
4. Entre les vers 1698 et 1699 : *Montrant Hippolyte.* (1648)
5. *Var.* Et l'unique sujet de nos dissensions. (1637-57)

(a) Entre les vers 1696 et 1697 : *A Dorimant.* (1648)

LYSANDRE.

Dissipe, cher ami, cette jalouse atteinte :
C'est l'objet de tes feux, et celui de ma feinte.
Mon cœur fut toujours ferme, et moi je me dédis
Des vœux que de ma bouche elle reçut jadis.
Piqué d'un faux dédain, j'avois pris fantaisie[1]   1705
De mettre Célidée en quelque jalousie;
Mais au lieu d'un esprit, j'en ai fait deux jaloux.

PLEIRANTE.

Vous pouvez désormais achever entre vous :
Je vais dans ce logis dire un mot à Madame.

SCÈNE VII.

DORIMANT, LYSANDRE, CÉLIDÉE, HIPPOLYTE.

DORIMANT.

Ainsi, loin de m'aider, tu traversois ma flamme!   1710

LYSANDRE.

Les efforts que Pleirante à ma prière a faits
T'auroient acquis déjà le but de tes souhaits;
Mais tu dois accuser les glaces d'Hippolyte,
Si ton bonheur n'est pas égal à ton mérite.

HIPPOLYTE.

Qu'aurai-je cependant pour satisfaction   1715
D'avoir servi d'objet à votre fiction?
Dans votre différend je suis la plus blessée,
Et me trouve, à l'accord, entièrement laissée.

---

1. *Var.* Piqué de ses dédains, j'avois pris fantaisie (*a*)
De jeter en son âme un peu de jalousie. (1637-57)

(*a*) *Il regarde Célidée.* (1637, en marge.) — Entre les vers 1704 et 1705 :
Montrant Célidée. (1648)

ACTE V, SCÈNE VII.

CÉLIDÉE.
N'y songe plus, de grâce, et pour l'amour de moi[1],
Trouve bon qu'il ait feint de vivre sous ta loi.
Veux-tu le quereller lorsque je lui pardonne?
Le droit de l'amitié tout autrement ordonne.
Tous prêts d'être assemblés d'un lien conjugal,
Tu ne peux le haïr sans me vouloir du mal[2].
J'ai feint par ton conseil; lui, par celui d'un autre;
Et bien qu'amour jamais ne fut égal au nôtre,
Je m'étonne comment cette confusion
Laisse finir sitôt notre division.

HIPPOLYTE.
De sorte qu'à présent le ciel y remédie?

CÉLIDÉE.
Tu vois; mais après tout, s'il faut que je le die[3],
Ton conseil est fort bon, mais un peu dangereux.

HIPPOLYTE.
Excuse, chère amie, un esprit amoureux[4] :
Lysandre me plaisoit, et tout mon artifice
N'alloit qu'à détourner son cœur de ton service.
J'ai fait ce que j'ai pu pour brouiller vos esprits;
J'ai, pour me l'attirer, pratiqué tes mépris;
Mais puisqu'ainsi le ciel rejoint votre hyménée....

DORIMANT.
Votre rigueur vers moi doit être terminée.
Sans chercher de raisons pour vous persuader[5],
Votre amour hors d'espoir fait qu'il me faut céder;
Vous savez trop à quoi la parole vous lie.

HIPPOLYTE.
A vous dire le vrai, j'ai fait une folie :

---

1. *Var.* N'y songe plus, ma sœur, et pour l'amour de moi. (1637-57)
2. *Var.* Tu ne le peux haïr sans me vouloir du mal. (1637-64)
3. *Var.* Tu vois; mais après tout, veux-tu que je te die? (1637-57)
4. *Var.* Excuse, chère sœur, un esprit amoureux. (1637-57)
5. *Var.* Sans chercher des raisons pour vous persuader. (1637)

Je les croyois encor loin de se réunir,
Et moi, par conséquent, loin de vous la tenir[1].
       DORIMANT.
Auriez-vous pour la rompre une âme assez légère? 1745
       HIPPOLYTE.
Puisque je l'ai promis, vous pouvez voir ma mère.
       LYSANDRE.
Si tu juges Pleirante à cela suffisant,
Je crois qu'eux deux ensemble en parlent à présent.
       DORIMANT.
Après cette faveur qu'on me vient de promettre,
Je crois que mes devoirs ne se peuvent remettre : 1750
J'espère tout de lui; mais pour un bien si doux
Je ne saurois....
       LYSANDRE.
         Arrête : ils s'avancent vers nous.

SCÈNE VIII.

PLEIRANTE, CHRYSANTE, LYSANDRE, DORIMANT, CÉLIDÉE, HIPPOLYTE[2], FLORICE.

       DORIMANT, à Chrysante.
Madame, un pauvre amant, captif de cette belle,
Implore le pouvoir que vous avez sur elle :
Tenant ses volontés, vous gouvernez mon sort; 1755
J'attends de votre bouche ou la vie ou la mort.
       CHRYSANTE, à Dorimant.
Un homme tel que vous, et de votre naissance,
Ne peut avoir besoin d'implorer ma puissance[3].

---

1. *Var.* Et moi, par conséquent, bien loin de la tenir.
   DOR. Après m'avoir promis, seriez-vous mensongère? (1637-57)
2. Le nom d'HIPPOLYTE précède celui de CÉLIDÉE dans les éditions de 1637-52 et de 1657.
3. *Var.* N'a que faire, en ce cas, d'implorer ma puissance. (1637-57)

ACTE V, SCÈNE VIII.

Si vous avez gagné ses inclinations,
Soyez sûr du succès de vos affections ; 1760
Mais je ne suis pas femme à forcer son courage ;
Je sais ce que la force est en un mariage.
Il me souvient encor de tous mes déplaisirs
Lorsqu'un premier hymen contraignit mes desirs ;
Et sage à mes dépens, je veux bien qu'Hippolyte 1765
Prenne ou laisse, à son choix, un homme de mérite.
Ainsi présumez tout de mon consentement,
Mais ne prétendez rien de mon commandement.

DORIMANT, à Hippolyte.

Après un tel aveu serez-vous inhumaine[1] ?

HIPPOLYTE, à Chrysante.

Madame, un mot de vous me mettroit hors de peine.
Ce que vous remettez à mon choix d'accorder,
Vous feriez beaucoup mieux de me le commander.

PLEIRANTE, à Chrysante.

Elle vous montre assez où son desir se porte.

CHRYSANTE.

Puisqu'elle s'y résout, le reste ne m'importe[2].

DORIMANT.

Ce favorable mot me rend le plus heureux 1775
De tout ce que jamais on a vu d'amoureux.

LYSANDRE.

J'en sens croître la joie au milieu de mon âme[3],
Comme si de nouveau l'on acceptoit ma flamme[4].

HIPPOLYTE, à Lysandre.

Ferez-vous donc enfin quelque chose pour moi[5] ?

---

1. *Var.* Ma belle, après cela, serez-vous inhumaine? (1637)
   Var. Eh bien! après cela, serez-vous inhumaine? (1644-57)
2. *Var.* Puisqu'elle s'y résout, du reste ne m'importe. (1637-57)
3. *Var.* Mon aise s'en redouble, et mon cœur qui se pâme. (1637-57)
   Var. J'en sens croître ma joie, et mon cœur qui se pâme. (1660-64)
4. *Var.* Croit qu'encore une fois on accepte sa flamme. (1637-64)
5. *Var.* Eh bien! ferez-vous donc quelque chose pour moi? (1637)

LYSANDRE.

Tout, hormis ce seul point, de lui manquer de foi. 1780

HIPPOLYTE.

Pardonnez donc à ceux qui, gagnés par Florice,
Lorsque je vous aimois, m'ont fait quelque service[1].

LYSANDRE.

Je vous entends assez : soit, Aronte impuni
Pour ses mauvais conseils ne sera point banni;
Tu le souffriras bien, puisqu'elle m'en supplie[2]. 1785

CÉLIDÉE.

Il n'est rien que pour elle et pour toi je n'oublie.

PLEIRANTE.

Attendant que demain ces deux couples d'amants
Soient mis au plus haut point de leurs contentements,
Allons chez moi, Madame, achever la journée.

CHRYSANTE.

Mon cœur est tout ravi de ce double hyménée. 1790

FLORICE.

Mais afin que la joie en soit égale à tous,
Faites encor celui de Monsieur et de vous.

CHRYSANTE.

Outre l'âge en tous deux un peu trop refroidie,
Cela sentiroit trop sa fin de comédie.

1. *Var.* Lorsque je vous aimois, me firent du service. (1637-57)
2. *Var.* Souffre-le, mon souci, puisqu'elle m'en supplie. (1637-57)

FIN DU CINQUIÈME ET DERNIER ACTE.

LA SUIVANTE

COMÉDIE

1634

NOTICE.

Cette comédie, représentée suivant toute apparence en 1634, ne fut publiée qu'en vertu du privilége commun à *la Galerie du Palais*, à *la Place Royale* et au *Cid*, dont nous avons rappelé les termes dans notre notice sur le premier de ces ouvrages. L'achevé d'imprimer est du 9 septembre 1637. L'édition originale in-4°, qui se compose de 1 feuillet blanc, de 5 feuillets liminaires et de 128 pages, a pour titre :

LA SVIVANTE, COMEDIE. *A Paris, chez Augustin Courbé*.... M.DC.XXXVII. *Auec priuilege du Roy*.

L'*Épître* n'est adressée à personne en particulier, et semble une forme choisie par l'auteur pour présenter au public quelques réflexions hardies sur la nécessité d'interpréter les règles de la poétique dans leur sens le plus large.

Les éditeurs et les critiques, dont elle ne pouvait manquer d'attirer l'attention, se sont étonnés de la trouver en tête d'une pièce aussi peu importante que *la Suivante* : ils auraient dû remarquer que cette épître, écrite seulement au moment de l'impression, c'est-à-dire vers le mois d'août 1637, lorsque *le Cid* était soumis à l'examen de l'Académie, fournissait à Corneille une précieuse occasion de manifester ses sentiments avec autant de modération que de fermeté.

A MONSIEUR *** [1].

Monsieur,

Je vous présente une comédie qui n'a pas été également aimée de toutes sortes d'esprits : beaucoup, et de fort bons, n'en ont pas fait grand état, et beaucoup d'autres l'ont mise au-dessus du reste des miennes. Pour moi, je laisse dire tout le monde, et fais mon profit des bons avis, de quelque part que je les reçoive. Je traite toujours mon sujet le moins mal qu'il m'est possible, et après y avoir corrigé ce qu'on m'y fait connoître d'inexcusable, je l'abandonne au public. Si je ne fais bien, qu'un autre fasse mieux ; je ferai des vers à sa louange, au lieu de le censurer. Chacun a sa méthode; je ne blâme point celle des autres, et me tiens à la mienne : jusques à présent je m'en suis trouvé fort bien; j'en chercherai une meilleure quand je commencerai à m'en trouver mal. Ceux qui se font presser à la représentation de mes ouvrages m'obligent infiniment; ceux qui ne les approuvent pas peuvent se dispenser d'y venir gagner la migraine; ils épargneront de l'argent, et me feront plaisir. Les jugements sont libres en ces matières, et les goûts divers. J'ai vu des personnes de fort bon sens admirer des endroits sur qui j'aurois passé l'éponge, et j'en connois dont les poëmes réussissent au théâtre avec éclat, et qui pour principaux ornements y emploient des choses que j'évite dans les miens. Ils pensent avoir raison, et moi aussi : qui d'eux ou de moi se trompe,

1. Voyez la *Notice*, p. 115. L'*Épître dédicatoire* n'est que dans les éditions de 1637-1657.

ÉPÎTRE.

c'est ce qui n'est pas aisé à juger. Chez les philosophes, tout ce qui n'est point de la foi ni des principes est disputable; et souvent ils soutiendront, à votre choix, le pour et le contre d'une même proposition : marques certaines de l'excellence de l'esprit humain, qui trouve des raisons à défendre tout; ou plutôt de sa foiblesse, qui n'en peut trouver de convaincantes, ni qui ne puissent être combattues et détruites par de contraires. Ainsi ce n'est pas merveille si les critiques donnent de mauvaises interprétations à nos vers, et de mauvaises faces à nos personnages. « Qu'on me donne (dit M. de Montagne[1], au chapitre 36 du premier livre) l'action la plus excellente et pure, ie m'en vois y fournir vray-semblablement cinquante vicieuses intentions. » C'est au lecteur désintéressé à prendre la médaille par le beau revers. Comme il nous a quelque obligation d'avoir travaillé a le divertir, j'ose dire que pour reconnoissance il nous doit un peu de faveur, et qu'il commet une espèce d'ingratitude, s'il ne se montre plus ingénieux à nous défendre qu'à nous condamner, et s'il applique la subtilité de son esprit plutôt à colorer et justifier en quelque sorte nos véritables défauts, qu'à en trouver où il n'y en a point. Nous pardonnons beaucoup de choses aux anciens; nous admirons quelquefois dans leurs écrits ce que nous ne souffririons pas dans les nôtres; nous faisons des mystères de leurs imperfections, et couvrons leurs fautes du nom de licences poétiques. Le docte Scaliger[2] a remarqué des taches dans tous les Latins, et de

1. C'est ainsi que le mot est écrit dans toutes les éditions qui ont paru du vivant de Corneille.
2. Jules-César Scaliger, né en 1484, mort en 1558, auteur d'une Poétique (*Poetices libri VII*, Lyon, 1561), où il passe en revue les ouvrages des poëtes les plus célèbres et les juge avec une grande sévérité.

moins savants que lui en remarqueroient bien dans les Grecs, et dans son Virgile même, à qui il dresse des autels sur le mépris des autres. Je vous laisse donc à penser si notre présomption ne seroit pas ridicule, de prétendre qu'une exacte censure ne pût mordre sur nos ouvrages, puisque ceux de ces grands génies de l'antiquité ne se peuvent pas soutenir contre un rigoureux examen. Je ne me suis jamais imaginé avoir mis rien au jour de parfait, je n'espère pas même y pouvoir jamais arriver; je fais néanmoins mon possible pour en approcher, et les plus beaux succès des autres ne produisent en moi qu'une vertueuse émulation, qui me fait redoubler mes efforts afin d'en avoir de pareils :

> Je vois d'un œil égal croître le nom d'autrui,
> Et tâche à m'élever aussi haut comme lui,
> Sans hasarder ma peine à le faire descendre.
> La gloire a des trésors qu'on ne peut épuiser,
> Et plus elle en prodigue à nous favoriser,
> Plus elle en garde encore où chacun peut prétendre.

Pour venir à cette *Suivante* que je vous dédie, elle est d'un genre qui demande plutôt un style naïf que pompeux. Les fourbes et les intrigues sont principalement du jeu de la comédie; les passions n'y entrent que par accident. Les règles des anciens sont assez religieusement observées en celle-ci. Il n'y a qu'une action principale à qui toutes les autres aboutissent; son lieu n'a point plus d'étendue que celle du théâtre, et le temps n'en est point plus long que celui de la représentation, si vous en exceptez l'heure du dîner, qui se passe entre le premier et le second acte. La liaison même des scènes, qui n'est qu'un embellissement, et non pas un précepte[1], y est gardée; et si vous prenez la peine de compter les vers,

1. Voyez tome I, p. 3 et 4, l'avis *Au lecteur* de l'édition de 1648.

vous n'en trouverez en pas un acte plus qu'en l'autre[1]. Ce n'est pas que je me sois assujetti depuis aux mêmes rigueurs. J'aime à suivre les règles; mais loin de me rendre leur esclave, je les élargis et resserre selon le besoin qu'en a mon sujet, et je romps même sans scrupule celle qui regarde la durée de l'action, quand sa sévérité me semble absolument incompatible avec les beautés des événements que je décris. Savoir les règles, et entendre le secret de les apprivoiser adroitement avec notre théâtre, ce sont deux sciences bien différentes; et peut-être que pour faire maintenant réussir une pièce, ce n'est pas assez d'avoir étudié dans les livres d'Aristote et d'Horace. J'espère un jour traiter ces matières plus à fond, et montrer[2] de quelle espèce est la vraisemblance qu'ont suivie ces grands maîtres des autres siècles, en faisant parler des bêtes et des choses qui n'ont point de corps. Cependant mon avis est celui de Térence : puisque nous faisons des poëmes pour être représentés, notre premier but doit être de plaire à la cour et au peuple, et d'attirer un grand monde à leurs représentations[3]. Il faut, s'il se peut, y ajouter les règles, afin de ne déplaire pas aux savants, et recevoir un applaudissement universel; mais surtout gagnons la voix publique; autrement,

1. Chaque acte est de trois cent quarante vers.
2. L'édition de 1657 porte par erreur : « de montrer. »
3. *Poeta, quum primum animum ad scribendum appulit,*
Id sibi negoti credidit solum dari,
Populo ut placerent, quas fecisset fabulas.
(Térence, *Andria*, prologue, vers 1-3.)

Corneille revient ailleurs sur cette pensée : voyez les Dédicaces de *Médée* et de *la Suite du Menteur*. C'est aussi la maxime de Molière et de la Fontaine. « Je voudrois bien savoir si la grande règle de toutes les règles n'est pas de plaire, » dit le premier dans *la Critique de l'École des Femmes*, scène VII. « Mon principal but est toujours de plaire, » dit le second dans la Préface de *Psyché*.

notre pièce aura beau être régulière, si elle est sifflée au théâtre, les savants n'oseront se déclarer en notre faveur, et aimeront mieux dire que nous aurons mal entendu les règles, que de nous donner des louanges quand nous serons décriés par le consentement général de ceux qui ne voient la comédie que pour se divertir.

Je suis,

MONSIEUR,

Votre très-humble serviteur,

CORNEILLE.

EXAMEN.

Je ne dirai pas grand mal de celle-ci[1], que je tiens assez régulière, bien qu'elle ne soit pas sans taches. Le style en est plus foible que celui des autres. L'amour de Géraste pour Florise n'est point marqué dans le premier acte, et ainsi la protase comprend la première scène du second, où il se présente avec sa confidente Célie, sans qu'on les connoisse ni l'un ni l'autre. Cela ne seroit pas vicieux s'il ne s'y présentoit que comme père de Daphnis, et qu'il ne s'expliquât que sur les intérêts de sa fille; mais il en a de si notables pour lui, qu'ils font le nœud et le dénouement. Ainsi c'est un défaut, selon moi, qu'on ne le connoisse pas dès ce premier acte. Il pourroit être encore souffert, comme Célidan dans *la Veuve*, si Florame l'alloit voir pour le faire consentir à son mariage avec sa fille, et que par occasion il lui proposât celui de sa sœur pour lui-même; car alors ce

---

1. Pour se rendre bien compte de ce pronom (*celle-ci*), il faut relire la dernière phrase de l'Examen de *la Galerie du Palais* (p. 15), et se reporter à la note 1 de la p. 137 du tome I.

seroit Florame qui l'introduiroit dans la pièce, et il y seroit appelé par un acteur agissant dès le commencement. Clarimond, qui ne paroît qu'au troisième, est insinué dès le premier, où Daphnis parle de l'amour qu'il a pour elle, et avoue qu'elle ne le dédaigneroit pas s'il ressembloit à Florame. Ce même Clarimond fait venir son oncle Polémon au cinquième; et ces deux acteurs ainsi sont exempts du défaut que je remarque en Géraste. L'entretien de Daphnis, au troisième, avec cet amant dédaigné, a une affectation assez dangereuse, de ne dire que chacun un vers à la fois : cela sort tout à fait du vraisemblable, puisque naturellement on ne peut être si mesuré en ce qu'on s'entre-dit. Les exemples d'Euripide et de Sénèque pourroient autoriser cette affectation, qu'ils pratiquent si souvent, et même par discours généraux, qu'il semble que leurs acteurs ne viennent quelquefois sur la scène que pour s'y battre à coups de sentences; mais c'est une beauté qu'il ne leur faut pas envier. Elle est trop fardée pour donner un amour raisonnable à ceux qui ont de bons yeux, et ne prend pas assez de soin de cacher l'artifice de ses parures, comme l'ordonne Aristote[1].

Géraste n'agit pas mal en vieillard amoureux, puisqu'il ne traite l'amour que par tierce personne, qu'il ne prétend être considérable que par son bien, et qu'il ne se produit point aux yeux de sa maîtresse, de peur de lui donner du dégoût par sa présence. On peut douter s'il ne sort point du caractère des vieillards, en ce qu'étant naturellement avares, ils considèrent le bien plus que toute autre chose dans les mariages de leurs enfants, et que celui-ci donne assez libéralement sa fille

1. Nous trouvons dans la *Poétique* d'Aristote (chap. VI) un passage relatif à l'abus des sentences, mais rien qui ressemble à ce précepte dont parle ici Corneille, « de cacher l'artifice de ses parures. »

à Florame, malgré son peu de fortune, pourvu qu'il en obtienne sa sœur. En cela, j'ai suivi la peinture que fait Quintilian d'un vieux mari qui a épousé une jeune femme, et n'ai point fait de scrupule de l'appliquer à un vieillard qui se veut marier. Les termes en sont si beaux, que je n'ose les gâter par ma traduction : *Genus infirmissimæ servitutis est senex maritus, et flagrantius uxoriæ charitatis ardorem frigidis concipimus affectibus*[1]. C'est sur ces deux lignes que je me suis cru bien fondé à faire dire de ce bonhomme :

> Que s'il pouvoit donner trois Daphnis pour Florise,
> Il la tiendroit encore heureusement acquise[2].

Il peut naître encore une autre difficulté sur ce que Théante et Amarante forment chacun un dessein pour traverser les amours de Florame et Daphnis, et qu'ainsi ce sont deux intriques qui rompent l'unité d'action. A quoi je réponds, premièrement, que ces deux desseins formés en même temps, et continués tous deux jusqu'au bout, font une concurrence qui n'empêche pas cette unité : ce qui ne seroit pas si, après celui de Théante avorté, Amarante en formoit un nouveau de sa part; en second lieu, que ces deux desseins ont une espèce d'unité entre eux, en ce que tous deux sont fondés sur l'amour que Clarimond a pour Daphnis, qui

---

1. IIe Déclamation (*Cæcus pro limine*), chap. xiv. Corneille cite sans doute de mémoire, car dans le texte le mot *flagrantius* précède immédiatement *frigidis*. Voici comment ce passage a été rendu par un contemporain de Corneille, le sieur du Teil, avocat en parlement, dont la traduction, dédiée à Foucquet, a paru en 1659 : « Le mariage est une espèce de servitude aux vieilles gens; leur foiblesse augmente leur passion, et il semble que leur désir s'échauffe par la froideur même de leur tempérament. »

2. Dans la pièce, ce passage (vers 1353 et 1354) commence ainsi :

> Et s'il pouvoit donner....

EXAMEN.

sert de prétexte à l'un et à l'autre ; et enfin, que de ces deux desseins il n'y en a qu'un qui fasse effet, l'autre se détruisant de soi-même, et qu'ainsi la fourbe d'Amarante est le seul véritable nœud de cette comédie, où le dessein de Théante ne sert qu'à un agréable épisode de deux honnêtes gens qui jouent tour à tour un poltron et le tournent en ridicule.

Il y avoit ici un aussi beau jeu pour les *a parte* qu'en la *Veuve*; mais j'y en fais voir la même aversion, avec cet avantage, qu'une seule scène qui ouvre le théâtre donne ici l'intelligence du sens caché de ce que disent mes acteurs, et qu'en l'autre j'en emploie quatre ou cinq pour l'éclaircir.

L'unité de lieu est assez exactement gardée en cette comédie, avec ce passe-droit toutefois dont j'ai déjà parlé[1], que tout ce que dit Daphnis à sa porte ou en la rue seroit mieux dit dans sa chambre, où les scènes qui se font sans elle et sans Amarante ne peuvent se placer. C'est ce qui m'oblige à la faire sortir au dehors, afin qu'il y puisse avoir et unité de lieu entière, et liaison de scène perpétuelle dans la pièce ; ce qui ne pourroit être, si elle parloit dans sa chambre, et les autres dans la rue.

J'ai déjà dit que je tiens impossible de choisir une place publique pour le lieu de la scène que cet inconvénient n'arrive ; j'en parlerai encore plus au long, quand je m'expliquerai sur l'unité de lieu[2]. J'ai dit que la liaison de scènes est ici perpétuelle, et j'y en ai mis de deux sortes, de présence et de vue. Quelques-uns ne veulent pas que quand un acteur sort du théâtre pour n'être point vu de celui qui y vient, cela fasse une liaison : mais je ne puis être de leur avis sur ce point, et tiens que c'en

1. Voyez l'Examen de *la Galerie du Palais*, p. 13.
2. Tome I, p. 117, dans le *Discours des trois unités*, qui se trouve en tête du troisième volume de l'édition de 1682.

est une suffisante quand l'acteur qui entre sur le théâtre voit celui qui en sort, ou que celui qui sort[1] voit celui qui entre; soit qu'il le cherche, soit qu'il le fuie, soit qu'il le voie simplement sans avoir intérêt à le chercher ni à le fuir. Aussi j'appelle en général une liaison de vue ce qu'ils nomment une liaison de recherche. J'avoue que cette liaison est beaucoup plus imparfaite que celle de présence et de discours, qui se fait lorsqu'un acteur ne sort point du théâtre sans y laisser un autre à qui il aye parlé; et dans mes derniers ouvrages je me suis arrêté à celle-ci sans me servir de l'autre; mais enfin je crois qu'on s'en peut contenter, et je la préférerois de beaucoup à celle qu'on appelle liaison de bruit, qui ne me semble pas supportable, s'il n'y a de très-justes et de très-importantes occasions qui obligent un acteur à sortir du théâtre quand il en entend; car d'y venir simplement par curiosité, pour savoir ce que veut dire ce bruit, c'est une si foible liaison, que je ne conseillerois jamais personne de s'en servir[2].

La durée de l'action ne passeroit point en cette comédie celle de la représentation, si l'heure du dîner n'y séparoit point les deux premiers actes. Le reste n'emporte que ce temps-là; et je n'aurois pu lui en donner davantage, que mes acteurs n'eussent le[3] loisir de s'éclaircir; ce qui les brouille n'étant qu'un malentendu qui ne peut subsister qu'autant que Géraste, Florame et Daphnis ne se trouvent point tous trois ensemble. Je n'ose dire que je m'y suis asservi à faire les actes si égaux,

1. Var. (édit. de 1660) : celui qui en sort.
2. Var. (édit. de 1660-1664) : que je ne conseillerois jamais de s'en servir. — Corneille a complété dans son *Discours des trois unités* ce qu'il dit ici des diverses sortes de liaisons. Voyez tome I, p. 103.
3. Les éditions de 1668 et de 1682 portent *de*, pour *le*; mais c'est sans doute une erreur.

qu'aucun n'a pas un vers plus que l'autre[1] : c'est une affectation qui ne fait aucune beauté. Il faut à la vérité les rendre les plus égaux qu'il se peut; mais il n'est pas besoin de cette exactitude : il suffit qu'il n'y aye point d'inégalité notable qui fatigue l'attention de l'auditeur en quelques-uns, et ne la remplisse pas dans les autres.

1. Voyez ci-dessus, p. 119, note 1.

ACTEURS.

GÉRASTE, père de Daphnis.
POLÉMON, oncle de Clarimond.
CLARIMOND, amoureux de Daphnis.
FLORAME, amant de Daphnis.
THÉANTE, aussi amoureux de Daphnis.
DAMON, ami de Florame et de Théante.
DAPHNIS, maîtresse de Florame, aimée[1] de Clarimond et de Théante.
AMARANTE, suivante de Daphnis.
CÉLIE, voisine de Géraste et sa confidente.
CLÉON, domestique de Damon[2].

La scène est à Paris[3]

---

1. Dans les éditions de 1637-1664 : *et aimée*.
2. Dans l'édition de 1637, ce personnage se nomme CLÉONTE et ne figure pas au tableau des acteurs. Du reste il ne prend la parole que dans la scène v de l'acte IV, et dans aucune édition son nom ne paraît, en tête de cette scène, parmi ceux des personnages.
3. L'indication du lieu de la scène manque dans l'édition de 1637.

LA SUIVANTE.

COMÉDIE.

ACTE I.

SCÈNE PREMIÈRE.
DAMON, THÉANTE.

DAMON.
Ami, j'ai beau rêver, toute ma rêverie
Ne me fait rien comprendre en ta galanterie.
Auprès de ta maîtresse engager un ami,
C'est, à mon jugement, ne l'aimer qu'à demi.
Ton humeur qui s'en lasse au changement l'invite ; 5
Et n'osant la quitter, tu veux qu'elle te quitte.
THÉANTE.
Ami, n'y rêve plus ; c'est en juger trop bien
Pour t'oser plaindre encor de n'y comprendre rien.
Quelques puissants appas que possède Amarante,
Je trouve qu'après tout ce n'est qu'une suivante[1] ; 10
Et je ne puis songer à sa condition
Que mon amour ne cède à mon ambition.
Ainsi, malgré l'ardeur qui pour elle me presse,
A la fin j'ai levé les yeux sur sa maîtresse[2],

---

1. *Var.* Je treuve qu'après tout ce n'est qu'une suivante. (1637)
2. *Var.* A la fin j'ai levé mes yeux sur sa maîtresse. (1637-57)

Où mon dessein, plus haut et plus laborieux, 15
Se promet des succès beaucoup plus glorieux.
Mais lors, soit qu'Amarante eût pour moi quelque flamme,
Soit qu'elle pénétrât jusqu'au fond de mon âme,
Et que malicieuse elle prît du plaisir
A rompre les effets de mon nouveau desir, 20
Elle savoit toujours m'arrêter auprès d'elle
A tenir des propos d'une suite éternelle.
L'ardeur qui me brûloit de parler à Daphnis
Me fournissoit en vain des détours infinis ;
Elle usoit de ses droits, et toute impérieuse, 25
D'une voix demi-gaie et demi-sérieuse :
« Quand j'ai des serviteurs, c'est pour m'entretenir,
Disoit-elle ; autrement, je les sais bien punir ;
Leurs devoirs près de moi n'ont rien qui les excuse. »

DAMON.

Maintenant je devine à peu près une ruse[1] 30
Que tout autre en ta place à peine entreprendroit.

THÉANTE.

Écoute, et tu verras si je suis maladroit.
Tu sais comme Florame à tous les beaux visages
Fait par civilité toujours de feints hommages,
Et sans avoir d'amour offrant partout des vœux, 35
Traite de peu d'esprit les véritables feux[2].
Un jour qu'il se vantoit de cette humeur étrange,
A qui chaque objet plaît, et que pas un ne range,
Et reprochoit à tous que leur peu de beauté
Lui laissoit si longtemps garder sa liberté : 40
« Florame, dis-je alors, ton âme indifférente
Ne tiendroit que fort peu contre mon Amarante. »
« Théante, me dit-il, il faudroit l'éprouver ;
Mais l'éprouvant peut-être on te feroit rêver :

---

1. *Var.* Maintenant je me doute à peu près d'une ruse. (1637-60)
2. *Var.* Tient pour manque d'esprit de véritables feux. (1637-57)

ACTE I, SCÈNE I.

Mon feu, qui ne seroit que pure courtoisie[1],
La rempliroit d'amour, et toi de jalousie. »
Je réplique, il repart, et nous tombons d'accord
Qu'au hasard du succès il y feroit effort.
Ainsi je l'introduis; et par ce tour d'adresse,
Qui me fait pour un temps lui céder ma maîtresse,
Engageant Amarante et Florame au discours,
J'entretiens à loisir mes nouvelles amours.

DAMON.
Fut-elle sur ce point ou fâcheuse ou facile[2]?

THÉANTE.
Plus que je n'espérois je l'y trouvai docile[3].
Soit que je lui donnasse une fort douce loi,
Et qu'il fût à ses yeux plus aimable que moi;
Soit qu'elle fît dessein sur ce fameux rebelle[4]
Qu'une simple gageure attachoit auprès d'elle[5],
Elle perdit pour moi son importunité,
Et n'en demanda plus tant d'assiduité[6].
La douceur d'être seule à gouverner Florame[7]
Ne souffrit plus chez elle aucun soin de ma flamme,

---

1. *Var.* Mon feu, qui ne seroit que simple courtoisie,
[La rempliroit d'amour, et toi de jalousie. »]
Moi de jurer que non, et lui de persister,
Tant que pour cette épreuve il me fit protester
Que je lui céderois quelque temps ma maîtresse.
Ainsi donc je l'y mène, et par cette souplesse,
[Engageant Amarante et Florame au discours.] (1637-57)
2. *Var.* Amarante à ce point fut-elle fort docile? (1637-57)
3. *Var.* Plus que je n'espérois je la trouvai facile. (1637)
Var. Plus que je n'espérois je l'y trouvai facile. (1644-57)
4. *Var.* Soit qu'elle fît dessein d'asservir la franchise
D'un qui la cajoloit ainsi par entreprise. (1637)
Var. Soit qu'elle fît dessein sur cet esprit rebelle
Qui par galanterie osoit feindre auprès d'elle. (1644-57)
5. *Var.* Qui par simple gageure osoit se jouer d'elle. (1660-64)
6. *Var.* Et ne demanda plus tant d'assiduité. (1637)
7. *Var.* L'aise de se voir seule à gouverner Florame. (1637-68)

CORNEILLE. II

Et ce qu'elle goûtoit avec lui de plaisirs
Lui fit abandonner mon âme à mes desirs.
DAMON.
On t'abuse, Théante; il faut que je te die 65
Que Florame est atteint de même maladie,
Qu'il roule en son esprit mêmes desseins que toi[1],
Et que c'est à Daphnis qu'il veut donner sa foi.
A servir Amarante il met beaucoup d'étude;
Mais ce n'est qu'un prétexte à faire une habitude : 70
Il accoutume ainsi ta Daphnis à le voir,
Et ménage un accès qu'il ne pouvoit avoir.
Sa richesse l'attire, et sa beauté le blesse;
Elle le passe en biens, il l'égale en noblesse,
Et cherche ambitieux, par sa possession, 75
A relever l'éclat de son extraction.
Il a peu de fortune, et beaucoup de courage;
Et hors cette espérance, il hait le mariage.
C'est ce que l'autre jour en secret il m'apprit;
Tu peux, sur cet avis, lire dans son esprit. 80
THÉANTE.
Parmi ses hauts projets il manque de prudence[2],
Puisqu'il traite avec toi de telle confidence.
DAMON.
Crois qu'il m'éprouvera fidèle au dernier point,
Lorsque ton intérêt ne s'y mêlera point.
THÉANTE.
Je dois l'attendre ici. Quitte-moi, je te prie, 85
De peur qu'il n'ait soupçon de ta supercherie[3].
DAMON.
Adieu. Je suis à toi.

1. *Var.* Qu'il a dedans l'esprit mêmes desseins que toi. (1637-57)
2. *Var.* Parmi ces hauts projets il manque de prudence. (1637)
3. *Var.* Qu'il ne se doute point de ta supercherie. (1637-57)

SCÈNE II.

THÉANTE.

Par quel malheur fatal
Ai-je donné moi-même entrée à mon rival ?
De quelque trait rusé que mon esprit se vante,
Je me trompe moi-même en trompant Amarante, 90
Et choisis un ami qui ne veut que m'ôter
Ce que par lui je tâche à me faciliter.
Qu'importe toutefois qu'il brûle et qu'il soupire[1] ?
Je sais trop comme il faut l'empêcher d'en rien dire[2].
Amarante l'arrête, et j'arrête Daphnis : 95
Ainsi tous entretiens d'entre eux deux sont bannis ;
Et tant d'heur se rencontre en ma sage conduite,
Qu'au langage des yeux son amour est réduite.
Mais n'est-ce pas assez pour se communiquer ?
Que faut-il aux amants de plus pour s'expliquer ? 100
Même ceux de Daphnis à tous coups lui répondent :
L'un dans l'autre à tous coups leurs regards se confon-
Et d'un commun aveu ces muets truchements [dent,
Ne se disent que trop leurs amoureux tourments.

Quelles vaines frayeurs troublent ma fantaisie ! 105
Que l'amour aisément penche à la jalousie !
Qu'on croit tôt ce qu'on craint en ces perplexités
Où les moindres soupçons passent pour vérités !
Daphnis est toute aimable ; et si Florame l'aime[3],
Dois-je m'imaginer qu'il soit aimé de même[4] ? 110

---

1. *Var.* N'importe toutefois qu'il brûle et qu'il soupire ;
Je sais trop dextrement l'empêcher d'en rien dire. (1637)
2. *Var.* Si je sais dextrement l'empêcher d'en rien dire. (1644-57)
3. *Var.* Daphnis est fort aimable, et si Florame l'aime,
Est-ce à dire pourtant qu'il soit aimé de même ? (1637-57)
4. *Var.* En dois-je présumer qu'il soit aimé de même ? (1660)

Florame avec raison adore tant d'appas,
Et Daphnis sans raison s'abaisseroit trop bas.
Ce feu, si juste en l'un, en l'autre inexcusable,
Rendroit l'un glorieux, et l'autre méprisable.
    Simple! l'amour peut-il écouter la raison ?   115
Et même ces raisons sont-elles de saison?
Si Daphnis doit rougir en brûlant pour Florame,
Qui l'en affranchiroit en secondant ma flamme?
Étant tous deux égaux, il faut bien que nos feux
Lui fassent même honte, ou même honneur tous deux[1] :
Ou tous deux nous formons un dessein téméraire,
Ou nous avons tous deux même droit de lui plaire.
Si l'espoir m'est permis, il y peut aspirer;
Et s'il prétend trop haut, je dois désespérer.
Mais le voici venir.

SCÈNE III.

THÉANTE, FLORAME.

THÉANTE.

    Tu me fais bien attendre.   125

FLORAME.

Encore est-ce à regret qu'ici je viens me rendre[2],
Et comme un criminel qu'on traîne à sa prison.

THÉANTE.

Tu ne fais qu'en raillant cette comparaison.

FLORAME.

Elle n'est que trop vraie.

THÉANTE.

    Et ton indifférence ?

---

1. *Var.* Lui soient à même honte ou même honneur tous deux :
Ou tous deux nous faisons un dessein téméraire. (1637-57)
2. *Var.* Encore est-ce à regret qu'ici je me viens rendre. (1637-57)

FLORAME.

La conserver encor! le moyen? l'apparence ? 130
Je m'étois plu toujours d'aimer en mille lieux :
Voyant une beauté, mon cœur suivoit mes yeux;
Mais de quelques attraits que le ciel l'eût pourvue,
J'en perdois la mémoire aussitôt que la vue;
Et bien que mes discours lui donnassent ma foi, 135
De retour au logis, je me trouvois à moi¹.
Cette façon d'aimer me sembloit fort commode,
Et maintenant encor je vivrois à ma mode;
Mais l'objet d'Amarante est trop embarrassant :
Ce n'est point un visage à ne voir qu'en passant; 140
Un je ne sais quel charme auprès d'elle m'attache;
Je ne la puis quitter que le jour ne se cache;
Même alors, malgré moi, son image me suit²,
Et me vient, au lieu d'elle, entretenir la nuit.
Le sommeil n'oseroit me peindre une autre idée; 145
J'en ai l'esprit rempli, j'en ai l'âme obsédée.
Théante, ou permets-moi de n'en plus approcher,
Ou songe que mon cœur n'est pas fait d'un rocher;
Tant de charmes enfin me rendroient infidèle³.

THÉANTE.

Deviens-le si tu veux, je suis assuré d'elle; 150
Et quand il te faudra tout de bon l'adorer,
Je prendrai du plaisir à te voir soupirer,
Tandis que pour tout fruit tu porteras la peine⁴
D'avoir tant persisté dans une humeur si vaine.

---

1. *Var.* De retour au logis je me treuvois à moi. (1637)
2. *Var.* Encor n'est-ce pas tout, son image me suit,
[Et me vient, au lieu d'elle, entretenir la nuit.]
Elle entre effrontément jusque dedans ma couche,
Me redit ses propos, me présente sa bouche.
[Théante, ou permets-moi de n'en plus approcher.] (1637-57)
3. *Var.* Ses beautés à la fin me rendroient infidèle. (1637-57)
4. *Var.* Et toi sans aucun fruit tu porteras la peine. (1637-57)

Quand tu ne pourras plus te priver de la voir¹, 155
C'est alors que je veux t'en ôter le pouvoir;
Et j'attends de pied ferme à reprendre ma place²,
Qu'il ne soit plus en toi de retrouver ta glace.
Tu te défends encore, et n'en tiens qu'à demi³.

FLORAME.

Cruel, est-ce là donc me traiter en ami? 160
Garde, pour châtiment de cet injuste outrage,
Qu'Amarante pour toi ne change de courage⁴,
Et se rendant sensible à l'ardeur de mes vœux....

THÉANTE.

A cela près, poursuis; gagne-la, si tu peux :
Je ne m'en prendrai lors qu'à ma seule imprudence; 165
Et demeurant ensemble en bonne intelligence,
En dépit du malheur que j'aurai mérité,
J'aimerai le rival qui m'aura supplanté.

FLORAME.

Ami, qu'il vaut bien mieux ne tomber point en peine
De faire à tes dépens cette épreuve incertaine⁵! 170
Je me confesse pris, je quitte⁶, j'ai perdu :
Que veux-tu plus de moi? reprends ce qui t'est dû⁷.
Séparer plus longtemps une amour si parfaite⁸!
Continuer encor la faute que j'ai faite!
Elle n'est que trop grande, et pour la réparer, 175
J'empêcherai Daphnis de vous plus séparer⁹.

1. *Var.* Quand tu ne pourras plus te passer de la voir. (1637-57)
2. *Var.* J'attends pour te punir à reprendre ma place. (1637-57)
3. *Var.* A présent tu n'en tiens encore qu'à demi. (1637-57)
4. *Var.* Qu'en ma faveur le ciel ne tourne son courage,
   Et dispose Amarante à seconder mes vœux. (1637-57)
5. *Var.* De faire à tes dépens cette preuve incertaine. (1657)
6. Terme de jeu : *je quitte la partie.*
7. *Var.* Que veux-tu plus de moi? reprends ce qu'il t'est dû. (1657)
8. *Var.* Séparer davantage une amour si parfaite! (1637-60)
9. *Var.* J'empêcherai Daphnis de plus vous séparer.
   Pour peu qu'à mes discours je la treuve accessible. (1637)

ACTE I, SCÈNE III.

Pour peu qu'à mes discours je la trouve accessible,
Vous jouirez vous deux d'un entretien paisible;
Je saurai l'amuser, et vos feux redoublés
Par son fâcheux abord ne seront plus troublés.   180
THÉANTE.
Ce seroit prendre un soin qui n'est pas nécessaire :
Daphnis sait d'elle-même assez bien se distraire,
Et jamais son abord ne trouble nos plaisirs,
Tant elle est complaisante à nos chastes desirs.

SCÈNE IV.
FLORAME, THÉANTE, AMARANTE.
THÉANTE.
Déploie, il en est temps, tes meilleurs artifices[1]   185
(Sans mettre toutefois en oubli mes services) :
Je t'amène un captif qui te veut échapper.
AMARANTE.
J'en ai vu d'échappés que j'ai su rattraper[2].
THÉANTE.
Vois qu'en sa liberté ta gloire se hasarde.
AMARANTE.
Allez, laissez-le-moi, j'en ferai bonne garde[3].   190
Daphnis est au jardin.
FLORAME.
       Sans plus vous désunir,
Souffre qu'au lieu de toi je l'aille entretenir.

---

1. *Var.* Mon cœur, déploie ici tes meilleurs artifices
(Mais toutefois sans mettre en oubli mes services). (1637-57)
2. *Var.* Quelque échappé qu'il fût, je saurois l'attraper. (1637-57)
3. *Var.* Allez, laissez-le-moi, j'y ferai bonne garde. (1637)

SCÈNE V.

AMARANTE, FLORAME.

AMARANTE.

Laissez, mon cavalier, laissez aller Théante :
Il porte assez au cœur le portrait d'Amarante ;
Je n'appréhende point qu'on l'en puisse effacer. 195
C'est au vôtre à présent que je le veux tracer ;
Et la difficulté d'une telle victoire
M'en augmente l'ardeur comme elle en croît la gloire[1].

FLORAME.

Aurez-vous quelque gloire à me faire souffrir ?

AMARANTE.

Plus que de tous les vœux qu'on me pourroit offrir[2]. 200

FLORAME.

Vous plaisez-vous à ceux d'une âme si contrainte,
Qu'une vieille amitié retient toujours en crainte ?

AMARANTE.

Vous n'êtes pas encore au point où je vous veux ;
Et toute amitié meurt où naissent de vrais feux[3].

FLORAME.

De vrai, contre ses droits mon esprit se rebelle ; 205
Mais feriez-vous état d'un amant infidèle ?

AMARANTE.

Je ne prendrai jamais pour un manque de foi
D'oublier un ami pour se donner à moi.

FLORAME.

Encor si je pouvois former quelque espérance[4]
De vous voir favorable à ma persévérance, 210

---

1. *Var.* Augmente mon envie en augmentant la gloire. (1637-57)
2. *Var.* Bien plus que d'aucuns vœux que l'on me peut offrir. (1637)
   Var. Bien plus que d'aucuns vœux que l'on me pût offrir. (1644-60)
3. *Var.* Toute amitié se meurt où naissent de vrais feux. (1637-57)
4. *Var.* Encore si j'avois tant soit peu d'espérance. (1637-57)

ACTE 1, SCÈNE V.   137

Que vous pussiez m'aimer après tant de tourment[1],
Et d'un mauvais ami faire un heureux amant!
Mais hélas! je vous sers, je vis sous votre empire,
Et je ne puis prétendre où mon desir aspire.
Théante! (ah, nom fatal pour me combler d'ennui!)   215
Vous demandez mon cœur, et le vôtre est à lui!
Souffrez qu'en autre lieu j'adresse mes services[2],
Que du manque d'espoir j'évite les supplices :
Qui ne peut rien prétendre a droit d'abandonner.
            AMARANTE.
S'il ne tient qu'à l'espoir, je vous en veux donner.   220
Apprenez que chez moi c'est un foible avantage
De m'avoir de ses vœux le premier fait hommage :
Le mérite y fait tout, et tel plaît à mes yeux,
Que je négligerois près de qui vaudroit mieux[3].
Lui seul de mes amants règle la différence,   225
Sans que le temps leur donne aucune préférence.
            FLORAME.
Vous ne flattez mes sens que pour m'embarrasser.
            AMARANTE.
Peut-être; mais enfin il faut le confesser[4],
Vous vous trouveriez mieux auprès de ma maîtresse.
            FLORAME.
Ne pensez pas....
            AMARANTE.
                Non, non, c'est là ce qui vous presse.
Allons dans le jardin ensemble la chercher.
Que j'ai su dextrement à ses yeux la cacher!

---

1. *Var.* Que vous puissiez m'aimer après tant de tourment. (1654)
2. *Var.* Et mon stérile amour n'aura que des supplices!
Trouvez bon que j'adresse autre part mes services (*a*),
Contraint, manque d'espoir, de vous abandonner.
AMAR. S'il ne tient qu'à cela je vous en veux donner. (1637-57)
3. *Var.* Que je négligerois près d'un qui valût mieux. (1637-57)
Var. Peut-être, mais enfin il le faut confesser. (1637-60)
(*a*) [Souffrez qu'en autre lieu j'adresse mes services.] (1644-57)

SCÈNE VI.
DAPHNIS, THÉANTE.

DAPHNIS.

Voyez comme tous deux ont fui notre rencontre[1] !
Je vous l'ai déjà dit, et l'effet vous le montre :
Vous perdez Amarante, et cet ami fardé 235
Se saisit finement d'un bien si mal gardé ;
Vous devez vous lasser de tant de patience,
Et votre sûreté n'est qu'en la défiance.

THÉANTE.

Je connois Amarante, et ma facilité
Établit mon repos sur sa fidélité : 240
Elle rit de Florame et de ses flatteries,
Qui ne sont après tout que des galanteries[2].

DAPHNIS.

Amarante, de vrai, n'aime pas à changer ;
Mais votre peu de soin l'y pourroit engager.
On néglige aisément un homme qui néglige. 245
Son naturel est vain ; et qui la sert l'oblige :
D'ailleurs les nouveautés ont de puissants appas.
Théante, croyez-moi, ne vous y fiez pas.
J'ai su me faire jour jusqu'au fond de son âme[3],
Où j'ai peu remarqué de sa première flamme ; 250
Et s'il tournoit la feinte en véritable amour[4],
Elle seroit bien fille à vous jouer d'un tour ;
Mais afin que l'issue en soit pour vous meilleure,

---

1. *Var.* Voyez comme tous deux fayent notre rencontre ! (1637-57)
2. *Var.* Qui ne sont en effet que des galanteries. (1637-57)
3. *Var.* J'ai sondé son esprit touchant cette matière,
    Où j'ai peu remarqué de son ardeur première. (1637)
    Var. J'ai sondé dextrement jusqu'au fond de son âme. (1644-57)
4. *Var.* Et si Florame avoit pour elle quelque amour,
    Elle pourroit bientôt vous faire un mauvais tour. (1637-57)

ACTE I, SCÈNE VI.

Laissez-moi ce causeur à gouverner une heure :
J'ai tant de passion pour tous vos intérêts, 255
Que j'en saurai bientôt pénétrer les secrets[1].

THÉANTE.

C'est un trop bas emploi pour de si hauts mérites;
Et quand elle aimeroit à souffrir ses visites,
Quand elle auroit pour lui quelque inclination,
Vous m'en verriez toujours sans appréhension. 260
Qu'il se mette à loisir, s'il peut, dans son courage :
Un moment de ma vue en efface l'image.
Nous nous ressemblons mal, et pour ce changement,
Elle a de trop bons yeux et trop de jugement[2].

DAPHNIS.

Vous le méprisez trop : je trouve en lui des charmes[3]
Qui vous devroient du moins donner quelques alarmes.
Clarimond n'a de moi que haine et que rigueur[4];
Mais s'il lui ressembloit, il gagneroit mon cœur.

THÉANTE.

Vous en parlez ainsi, faute de le connoître.

DAPHNIS.

J'en parle et juge ainsi sur ce qu'on voit paroître[5]. 270

THÉANTE.

Quoi qu'il en soit, l'honneur de vous entretenir....

---

1. *Var.* Qu'en moins de rien ma ruse en tire les secrets.
   THÉANTE. C'est un trop bas emploi pour un si grand mérite;
   Et quand bien Amarante en seroit là réduite,
   Que de se voir pour lui dans quelque émotion,
   J'étouffe en moins de rien cette inclination. (1637-57)
2. *Var.* Cette belle maîtresse a trop de jugement. (1637-57)
3. *Var.* Vous le méprisez trop : je trouve en lui des charmes. (1637-52)
4. *Var.* Clarimond n'a de moi qu'un excès de rigueur;
   Mais s'il lui ressembloit, il toucheroit mon cœur. (1637-57)
5. *Var.* Mais j'en juge suivant ce que je vois paroître. (1637-60)
   Var. Mais j'en juge suivant ce que j'en vois paroître. (1663 et 64)

DAPHNIS.

Brisons là ce discours : je l'aperçois venir[1].
Amarante, ce semble, en est fort satisfaite.

SCÈNE VII.

DAPHNIS, FLORAME, THÉANTE, AMARANTE.

THÉANTE.

Je t'attendois, ami, pour faire la retraite :
L'heure du dîner presse, et nous incommodons[2]
Celles qu'en nos discours ici nous retardons[3].

DAPHNIS.

Il n'est pas encor tard.

THÉANTE.

Nous ferions conscience
D'abuser plus longtemps de votre patience.

FLORAME.

Madame, excusez donc cette incivilité,
Dont l'heure nous impose une nécessité.

DAPHNIS.

Sa force vous excuse, et je lis dans votre âme
Qu'à regret vous quittez l'objet de votre flamme.

SCÈNE VIII.

DAPHNIS, AMARANTE.

DAPHNIS.

Cette assiduité de Florame avec vous
A la fin a rendu Théante un peu jaloux.

---

1. *Var.* Laissons là ce discours : je l'aperçois venir. (1637-60)
2. *Var.* L'heure de dîner presse, et nous incommodons. (1637)
3. *Var.* Celle qu'en nos discours ici nous retardons. (1637-64)

Aussi de vous y voir tous les jours attachée, 285
Quelle puissante amour n'en seroit point touchée[1] ?
Je viens d'examiner son esprit en passant ;
Mais vous ne croiriez pas l'ennui qu'il en ressent.
Vous y devez pourvoir ; et si vous êtes sage,
Il faut à cet ami faire mauvais visage, 290
Lui fausser compagnie, éviter ses discours.
Ce sont pour l'apaiser les chemins les plus courts :
Sinon, faites état qu'il va courir au change.

AMARANTE.

Il seroit en ce cas d'une humeur bien étrange.
A sa prière seule, et pour le contenter, 295
J'écoute cet ami quand il m'en vient conter ;
Et pour vous dire tout, cet amant infidèle
Ne m'aime pas assez pour en être en cervelle[2].
Il forme des desseins beaucoup plus relevés,
Et de plus beaux portraits en son cœur sont gravés. 300
Mes yeux pour l'asservir ont de trop foibles armes ;
Il voudroit pour m'aimer que j'eusse d'autres charmes,
Que l'éclat de mon sang, mieux soutenu de biens,
Ne fût point ravalé par le rang que je tiens ;
Enfin (que serviroit aussi bien de le taire ?) 305
Sa vanité le porte au souci de vous plaire.

DAPHNIS.

En ce cas, il verra que je sais comme il faut
Punir des insolents qui prétendent trop haut.

AMARANTE.

Je lui veux quelque bien, puisque, changeant de flamme,
Vous voyez par pitié qu'il me laisse Florame, 310
Qui n'étant pas si vain, a plus de fermeté.

DAPHNIS.

Amarante, après tout disons la vérité :

1. *Var.* Quelle puissante amour n'en seroit pas fâchée ? (1637-57)
2. *Pour en être inquiet.* Voyez tome I, p. 192, note 2.

Théante n'est si vain qu'en votre fantaisie,
Et sa froideur pour vous naît de sa jalousie¹;
Mais soit qu'il change ou non, il ne m'importe en rien²;
Et ce que je vous dis n'est que pour votre bien.

SCÈNE IX.

AMARANTE.

Pour peu savant qu'on soit aux mouvements de l'âme,
On devine aisément qu'elle en veut à Florame.
Sa fermeté pour moi, que je vantois à faux,
Lui portoit dans l'esprit de terribles assauts. 320
Sa surprise à ce mot a paru manifeste;
Son teint en a changé, sa parole, son geste.
L'entretien que j'en ai lui sembleroit bien doux,
Et je crois que Théante en est le moins jaloux.
Ce n'est pas d'aujourd'hui que je m'en suis doutée. 325
Être toujours des yeux sur un homme arrêtée,
Dans son manque de biens déplorer son malheur,
Juger à sa façon qu'il a de la valeur,
Demander si l'esprit en répond à la mine³,
Tout cela de ses feux eût instruit la moins fine. 330
Florame en est de même, il meurt de lui parler;
Et s'il peut d'avec moi jamais se démêler,
C'en est fait, je le perds. L'impertinente crainte!
Que m'importe de perdre une amitié si feinte⁴?

1. *Var.* Et toute sa froideur naît de sa jalousie. (1637)
2. *Var.* C'est chose au demeurant qui ne me touche en rien. (1637-57)
   Var. Si vous l'aimez encor, quittez cet entretien,
   Ce que je vous en dis n'est que pour votre bien. (1660)
3. *Var.* M'informer (*a*) si l'esprit en répond à la mine. (1637-57)
4. *Var.* [Que m'importe de perdre une amitié si feinte?]
   Dois-je pas m'ennuyer de son discours moqueur,

(*a*) Voyez tome I, p. 472, note 2.

ACTE I, SCÈNE IX.

Et que me peut servir un ridicule feu, 335
Où jamais de son cœur sa bouche n'a l'aveu ?
Je m'en veux mal en vain ; l'amour a tant de force
Qu'il attache mes sens à cette fausse amorce,
Et fera son possible à toujours conserver
Ce doux extérieur dont on me veut priver. 340

<small>Où sa langue jamais n'a l'aveu de son cœur?
Non, je ne le saurois, et quoi qu'il m'en arrive,
Je ferai mes efforts afin qu'on ne m'en prive,
Et j'y veux employer de si rusés détours,
Qu'ils n'auront de longtemps le fruit de leurs amours (a). (1637-57)
(a) C'est ici que finit le 1er acte dans les éditions indiquées.</small>

FIN DU PREMIER ACTE.

ACTE II.

SCÈNE PREMIÈRE.
GÉRASTE, CÉLIE.

CÉLIE.

Eh bien! j'en parlerai; mais songez qu'à votre âge
Mille accidents fâcheux suivent le mariage :
On aime rarement de si sages époux,
Et leur moindre malheur, c'est d'être un peu jaloux[1].
Convaincus au dedans de leur propre foiblesse, 345
Une ombre leur fait peur, une mouche les blesse;
Et cet heureux hymen, qui les charmoit si fort,
Devient souvent pour eux un fourrier[2] de la mort.

GÉRASTE.

Excuse, ou pour le moins pardonne à ma folie;
Le sort en est jeté : va, ma chère Célie[3], 350
Va trouver la beauté qui me tient sous sa loi;
Flatte-la de ma part, promets-lui tout de moi;
Dis-lui que si l'amour d'un vieillard l'importune,
Elle fait une planche[4] à sa bonne fortune;

---

1. *Var.* Et c'est un grand bonheur s'ils ne sont que jaloux.
   Tout leur nuit, et l'abord d'une mouche les blesse;
   D'ailleurs dans leur devoir leur santé s'intéresse,
   Et quelque long chemin que soit celui des cieux,
   L'hymen l'accourcit bien à des hommes si vieux. (1637-57)
2. Le *fourrier* est au régiment ou dans la maison du Roi celui qui est chargé de préparer les logements; par suite ce mot s'emploie figurément dans le sens d'*avant-courier*, ou comme nous disons aujourd'hui, d'*avant-coureur*.
3. *Var.* Le sort en est jeté : va, ma pauvre Célie. (1637-57)
4. *Faire une planche à quelqu'un*, c'est au propre lui faciliter le passage

ACTE II, SCÈNE I.

Que l'excès de mes biens, à force de présents, 355
Répare la vigueur qui manque à mes vieux ans;
Qu'il ne lui peut échoir de meilleure aventure.
CÉLIE.
Ne m'importunez point de votre tablature[1] :
Sans vos instructions je sais bien mon métier[2],
Et je n'en laisserai pas un trait à quartier[3]. 360
GÉRASTE.
Je ne suis point ingrat quand on me rend office.
Peins-lui bien mon amour, offre bien mon service,
Dis bien que mes beaux jours ne sont pas si passés
Qu'il ne me reste encor....
CÉLIE.
                Que vous m'étourdissez!
N'est-ce point assez dit que votre âme est éprise? 365
Que vous allez mourir si vous n'avez Florise?
Reposez-vous sur moi.
GÉRASTE.
            Que voilà froidement
Me promettre ton aide à finir mon tourment!

---

dans un chemin boueux ou difficile, et au figuré lui faciliter une affaire, une entreprise.

1. *Var.* Je n'ai que faire ici de votre tablature :
    Sans vos instructions, je sais trop comme il faut
    Couler tout doucement sur ce qui vous défaut.
  GÉR. Ma force à t'écouter semble toute passée (*a*).
  Je ne suis pas encor d'une âge si cassée,
  Et ne crois pas avoir usé tous mes beaux jours.
  CÉL. Ne m'étourdissez point avec ces vains discours;
  Il suffit que votre âme est tellement éprise
  [Que vous allez mourir si vous n'avez Florise :]
  Il y faudra tâcher. (1637-57)
2. *Var.* [Sans vos instructions je sais bien mon métier,]
    Et je vous aime assez pour n'y rien oublier. (1660)
3. *Laisser à quartier*, laisser à l'écart, laisser de côté, omettre. Voyez tome I, p. 93, note 2.

(*a*) Mes forces à t'ouïr semblent toutes passées.
    Bannis en ma faveur ces mauvaises pensées :
    Je ne crois pas avoir usé tous mes beaux jours. (1644-57)

CORNEILLE. II

CÉLIE.

S'il faut aller plus vite, allons, je vois son frère[1],
Et vais tout devant vous lui proposer l'affaire[2].   370

GÉRASTE.

Ce seroit tout gâter ; arrête, et par douceur
Essaie auparavant d'y résoudre la sœur.

SCÈNE II.

FLORAME.

Jamais ne verrai-je finie
Cette incommode affection,
Dont l'impitoyable manie[3]   375
Tyrannise ma passion ?
Je feins, et je fais naître un feu si véritable,
Qu'à force d'être aimé je deviens misérable.

Toi qui m'assiéges tout le jour,
Fâcheuse cause de ma peine,   380
Amarante, de qui l'amour
Commence à mériter ma haine,
Cesse de te donner tant de soins superflus[4] :
Je te voudrai du bien de ne m'en vouloir plus.

Dans une ardeur si violente,   385
Près de l'objet de mes desirs[5],
Penses-tu que je me contente
D'un regard et de deux soupirs ?

---

1. *Var.* Faut-il aller plus vite ? Eh bien ! voilà son frère. (1637-57)
2. *Var.* Je m'en vais devant vous lui proposer l'affaire. (1637)
   Var. Je vais tout devant vous lui proposer l'affaire. (1644-57)
3. *Var.*   Dont l'importune tyrannie
              Rompt le cours de ma passion ? (1637-57)
4. *Var.* Relâche un peu tes soins, puisqu'ils sont superflus. (1637)
5. *Var.*   Si près de mes chastes desirs. (1637-57)

Et que je souffre encor cet injuste partage
Où tu tiens mes discours, et Daphnis mon courage ? 390

   Si j'ai feint pour toi quelques feux,
   C'est à quoi plus rien ne m'oblige :
   Quand on a l'effet de ses vœux[1],
   Ce qu'on adoroit se néglige.
Je ne voulois de toi qu'un accès chez Daphnis : 395
Amarante, je l'ai ; mes amours sont finis.

   Théante, reprends ta maîtresse ;
   N'ôte plus à mes entretiens
   L'unique sujet qui me blesse,
   Et qui peut-être est las des tiens. 400
Et toi, puissant Amour, fais enfin que j'obtienne
Un peu de liberté pour lui donner la mienne !

SCÈNE III.

AMARANTE, FLORAME.

AMARANTE.
Que vous voilà soudain de retour en ces lieux !
FLORAME.
Vous jugerez par là du pouvoir de vos yeux.
AMARANTE.
Autre objet que mes yeux devers nous vous attire. 405
FLORAME.
Autre objet que vos yeux ne cause mon martyre.
AMARANTE.
Votre martyre donc est de perdre avec moi
Un temps dont vous voulez faire un meilleur emploi.

---

1. L'édition de 1682 porte par erreur :
   Quand on a l'effet de ces vœux.

SCÈNE IV[1].

DAPHNIS, AMARANTE, FLORAME.

DAPHNIS.

Amarante, allez voir si dans la galerie
Ils ont bientôt tendu cette tapisserie :   410
Ces gens-là ne font rien, si l'on n'a l'œil sur eux.
(Amarante rentre, et Daphnis continue.)
Je romps pour quelque temps le discours de vos feux.

FLORAME.

N'appelez point des feux un peu de complaisance
Que détruit votre abord, qu'éteint votre présence[2].

DAPHNIS.

Votre amour est trop forte, et vos cœurs trop unis,   415
Pour l'oublier soudain à l'abord de Daphnis ;
Et vos civilités étant dans l'impossible
Vous rendent bien flatteur, mais non pas insensible.

FLORAME.

Quoi que vous estimiez de ma civilité,
Je ne me pique point d'insensibilité.   420
J'aime, il n'est que trop vrai, je brûle, je soupire ;
Mais un plus haut sujet me tient sous son empire.

DAPHNIS.

Le nom ne s'en dit point?

---

1. Cette scène se divise en cinq dans l'édition de 1637. La scène v, qui a pour personnages DAPHNIS et FLORAME, commence après le vers 411 ; la scène VI, entre DAPHNIS, AMARANTE et FLORAME, au milieu du vers 431 ; la scène VII, entre DAPHNIS et FLORAME, au milieu du vers 439 ; la scène VIII, entre DAPHNIS, AMARANTE et FLORAME, au vers 464, à la reprise d'Amarante : « Vos clefs, etc. » — Nous n'avons pas besoin de dire après cela que les jeux de scène indiqués soit dans notre texte soit en variante, à ces divers endroits, manquent dans l'édition de 1637.

2. *Var.* Qu'étouffe et que d'abord éteint votre présence. (1637-57)

ACTE II, SCÈNE IV. 149

FLORAME.
Je ris de ces amants
Dont le trop de respect redouble les tourments[1],
Et qui, pour les cacher se faisant violence, 425
Se promèttent beaucoup d'un timide silence[2].
Pour moi, j'ai toujours cru qu'un amour vertueux
N'avoit point à rougir d'être présomptueux[3].
Je veux bien vous nommer le bel œil qui me dompte
Et ma témérité ne me fait point de honte. 430
Ce rare et haut sujet....

AMARANTE, revenant brusquement.
Tout est presque tendu.

DAPHNIS.
Vous n'avez auprès d'eux guère de temps perdu.

AMARANTE.
J'ai vu qu'ils l'employoient, et je suis revenue[4].

DAPHNIS.
J'ai peur de m'enrhumer au froid qui continue,
Allez au cabinet me querir un mouchoir[5] : 435
J'en ai laissé les clefs autour de mon miroir ;
Vous les trouverez là.

(Amarante rentre, et Daphnis continue.)
J'ai cru que cette belle
Ne pouvoit à propos se nommer devant elle,
Qui recevant par là quelque espèce d'affront,
En auroit eu soudain la rougeur sur le front. 440

1. *Var.* Dont l'importun respect redouble les tourments. (1637-57)
2. *Var.* Pensent fort avancer par un honteux silence. (1637-57)
3. *Var.* Ne peut être blâmé, bien que présomptueux.
   J'avoucrai donc mon feu, quelque haut qu'il se monte. (1637-57)
4. *Var.* Ne leur servant de rien, je m'en suis revenue. (1637-57)
5. *Var.* [Allez au cabinet me querir un mouchoir.]
   AMAR. Donnez-m'en donc la clef. DAPHN. Je l'aurai laissé choir :
   Tâchez de la trouver. (1637-57)

FLORAME.

Sans affront je la quitte, et lui préfère une autre[1]
Dont le mérite égal, le rang pareil au vôtre,
L'esprit et les attraits également puissants,
Ne devroient de ma part avoir que de l'encens[2].
Oui, sa perfection, comme la vôtre extrême,   445
N'a que vous de pareille : en un mot, c'est[3]....

DAPHNIS.

Moi-même :
Je vois bien que c'est là que vous voulez venir,
Non tant pour m'obliger, comme pour me punir.
Ma curiosité, devenue indiscrète[4],
A voulu trop savoir d'une flamme secrète,   450
Mais bien qu'elle en reçoive un juste châtiment,
Vous pouviez me traiter un peu plus doucement.
Sans me faire rougir, il vous devoit suffire
De me taire l'objet dont vous aimez l'empire :
Mettre en sa place un nom qui ne vous touche pas[5],   455
C'est un cruel reproche au peu que j'ai d'appas[6].

FLORAME.

Vu le peu que je suis, vous dédaignez de croire
Une si malheureuse et si basse victoire.
Mon cœur est un captif si peu digne de vous,
Que vos yeux en voudroient désavouer leurs coups ;   460
Ou peut-être mon sort me rend si méprisable[7]

---

1. *Var.* Sans affront je la quitte, et lui préfère un autre (a). (1637)
2. *Var.* Ne devroient de ma part avoir que des encens. (1637-57)
3. *Var.* N'a que de vous pareille : en un mot c'est.... (1637-60)
4. *Var.* Ma curiosité s'est rendue indiscrète
   A vous trop informer d'une flamme secrète. (1637-57)
5. *Var.* En nommer un au lieu qui ne vous touche pas. (1637)
   Var. Puisque m'en nommer un qui ne vous touche pas. (1644-57)
6. *Var.* N'est que faire un reproche à son manque d'appas. (1637-57)
7. *Var.* Ou peut-être mon sort me rend si misérable. (1637-60)

(a) Voyez tome I, p. 228, note 3.

ACTE II, SCÈNE IV.

Que ma témérité vous devient incroyable.
Mais quoi que désormais il m'en puisse arriver,
Je fais serment....

AMARANTE.

Vos clefs ne sauroient se trouver[1].

DAPHNIS.

Faute d'un plus exquis, et comme par bravade, 465
Ceci servira donc de mouchoir de parade.
Enfin, ce cavalier que nous vîmes au bal,
Vous trouvez comme moi qu'il ne danse pas mal?

FLORAME.

Je ne le vis jamais mieux sur sa bonne mine.

DAPHNIS.

Il s'étoit si bien mis pour l'amour de Clarine. 470

(A Amarante[2].)

A propos de Clarine, il m'étoit échappé
Qu'elle en a deux à moi d'un nouveau point coupé[3] :
Allez, et dites-lui qu'elle me les renvoie.

AMARANTE.

Il est hors d'apparence aujourd'hui qu'on la voie :
Dès une heure au plus tard elle devoit sortir. 475

DAPHNIS.

Son cocher n'est jamais sitôt prêt à partir;
Et d'ailleurs son logis n'est pas au bout du monde;
Vous perdrez peu de pas. Quoi qu'elle vous réponde,
Dites-lui nettement que je les veux avoir[4].

---

1. *Var.* Je fais vœu.... AMAR. (a) Votre clef ne se sauroit trouver.
   DAPHN. Bien donc, à faute d'autre, et comme par bravade,
   Voici qui servira de mouchoir de parade. (1637-57)
2. Cette indication manque dans les éditions de 1637-60.
3. *Var.* Qu'elle a depuis longtemps à moi du point coupé (b) :
   Allez, et dites-lui qu'elle me le renvoie. (1637-57)
4. *Var.* Dites-lui nettement que je le veux avoir.
   AMAR. A vous le rapporter je ferai mon pouvoir. (1637-57)

(a) AMARANTE, *revenant encore brusquement.* (1644-57)
(b) Voyez la note 6 de la p. 7 de ce volume.

AMARANTE.
A vous les rapporter je ferai mon pouvoir. 480

SCÈNE V.

FLORAME, DAPHNIS.

FLORAME.
C'est à vous maintenant d'ordonner mon supplice,
Sûre que sa rigueur n'aura point d'injustice.
DAPHNIS.
Vous voyez qu'Amarante a pour vous de l'amour,
Et ne manquera pas d'être tôt de retour.
Bien que je pusse encore user de ma puissance[1], 485
Il vaut mieux ménager le temps de son absence.
Donc, pour n'en perdre point en discours superflus[2],
Je crois que vous m'aimez; n'attendez rien de plus :
Florame, je suis fille, et je dépends d'un père.
FLORAME.
Mais de votre côté que faut-il que j'espère ? 490
DAPHNIS.
Si ma jalouse encor vous rencontroit ici,
Ce qu'elle a de soupçons seroit trop éclairci :
Laissez-moi seule, allez.
FLORAME.
Se peut-il que Florame
Souffre d'être sitôt séparé de son âme?
Oui, l'honneur d'obéir à vos commandements 495
Lui doit être plus cher que ses contentements.

---

1. L'édition de 1682 porte seule *prudence*, au lieu de *puissance;* quoique cette leçon soit à la rigueur explicable, il est bien possible que ce soit une faute typographique.
2. *Var.* Doncques, sans plus le perdre en discours superflus. (1637-57)

SCÈNE VI.

DAPHNIS.

Mon amour, par ses yeux plus forte devenue,
L'eût bientôt emporté dessus ma retenue ;
Et je sentois mon feu tellement s'augmenter[1],
Qu'il n'étoit plus en moi de le pouvoir dompter.   500
J'avois peur d'en trop dire ; et cruelle à moi-même,
Parce que j'aime trop j'ai banni ce que j'aime.
Je me trouve captive en de si beaux liens[2],
Que je meurs qu'il le sache, et j'en fuis les moyens.
Quelle importune loi que cette modestie   505
Par qui notre apparence en glace convertie
Étouffe dans la bouche, et nourrit dans le cœur,
Un feu dont la contrainte augmente la vigueur !
Que ce penser m'est doux ! que je t'aime, Florame[3] !
Et que je songe peu, dans l'excès de ma flamme,   510
A ce qu'en nos destins contre nous irrités
Le mérite et les biens font d'inégalités !
Aussi par celle-là de bien loin tu me passes[4],
Et l'autre seulement est pour les âmes basses ;
Et ce penser flatteur me fait croire aisément   515
Que mon père sera de même sentiment[5].
Hélas ! c'est en effet bien flatter mon courage,

---

1. *Var.* Et je sentois mes feux tellement s'embraser,
   Qu'il n'étoit pas en moi de les plus maîtriser. (1637)
   Var. Et je sentois mes feux tellement s'augmenter,
   Qu'il n'étoit plus en moi de les pouvoir dompter. (1644-64)
2. *Var.* Je me treuve captive en de si beaux liens (*a*). (1637)
3. *Var.* Que je t'aime, Florame, encor que je le taise !
   Et que je songe peu, dans l'excès de ma braise. (1637)
4. *Var.* Aussi l'une est par où de bien loin tu me passes. (1637)
5. *Var.* Que mon père sera d'un même sentiment. (1637-60)

(*a*) Racine a dit dans *Phèdre*, acte II, scène II :
   Quel étrange captif pour un si beau lien !

D'accommoder son sens aux desirs de mon âge.
Il voit par d'autres yeux, et veut d'autres appas.

SCÈNE VII.
DAPHNIS, AMARANTE.

AMARANTE.
Je vous l'avois bien dit qu'elle n'y seroit pas[1]. 520
DAPHNIS.
Que vous avez tardé pour ne trouver personne!
AMARANTE.
Ce reproche vraiment ne peut qu'il ne m'étonne :
Pour revenir plus vite, il eût fallu voler.
DAPHNIS.
Florame cependant, qui vient de s'en aller,
A la fin, malgré moi, s'est ennuyé d'attendre. 525
AMARANTE.
C'est chose toutefois que je ne puis comprendre.
Des hommes de mérite et d'esprit comme lui
N'ont jamais avec vous aucun sujet d'ennui :
Votre âme généreuse a trop de courtoisie.
DAPHNIS.
Et la vôtre amoureuse un peu de jalousie. 530
AMARANTE.
De vrai, je goûtois mal de faire tant de tours,
Et perdois à regret ma part de ses discours.
DAPHNIS.
Aussi je me trouvois si promptement servie,
Que je me doutois bien qu'on me portoit envie.
En un mot, l'aimez-vous?
AMARANTE.
     Je l'aime aucunement, 535
Non pas jusqu'à troubler votre contentement;

1. *Var.* Je vous avois bien dit qu'elle n'y seroit pas. (1637-63)

Mais si son entretien n'a pas de quoi vous plaire,
Vous m'obligerez fort de ne m'en plus distraire.
DAPHNIS.
Mais au cas qu'il me plût?
AMARANTE.
Il faudroit vous céder.
C'est ainsi qu'avec vous je ne puis rien garder.   540
Au moindre feu pour moi qu'un amant fait paroître,
Par curiosité vous le voulez connoître,
Et quand il a goûté d'un si doux entretien,
Je puis dire dès lors que je ne tiens plus rien.
C'est ainsi que Théante a négligé ma flamme;   545
Encor tout de nouveau vous m'enlevez Florame :
Si vous continuez à rompre ainsi mes coups,
Je ne sais tantôt plus comment vivre avec vous[1].
DAPHNIS.
Sans colère, Amarante, il semble, à vous entendre,
Qu'en même lieu que vous je voulusse prétendre.   550
Allez, assurez-vous que mes contentements
Ne vous déroberont aucun de vos amants[2];
Et pour vous en donner la preuve plus expresse,
Voilà votre Théante, avec qui je vous laisse.

SCÈNE VIII.

THÉANTE, AMARANTE.

THÉANTE.

Tu me vois sans Florame : un amoureux ennui[3]   555
Assez adroitement m'a dérobé de lui.
Las de céder ma place à son discours frivole,

---

1. *Var.* Je ne sais tantôt plus comme vivre avec vous. (1637-57)
2. *Var.* Ne vous déroberont aucuns de vos amants. (1637)
3. *Var.* Mon cœur, si tu me vois sans Florame aujourd'hui,
Sache que tout exprès je m'échappe de lui. (1637-57)

156 LA SUIVANTE.

Et n'osant toutefois lui manquer de parole,
Je pratique¹ un quart d'heure à mes affections.
AMARANTE.
Ma maîtresse lisoit dans tes intentions : 560
Tu vois à ton abord comme elle a fait retraite,
De peur d'incommoder une amour si parfaite.
THÉANTE.
Je ne la saurois croire obligeante à ce point.
Ce qui la fait partir ne se dira-t-il point?
AMARANTE.
Veux-tu que je t'en parle avec toute franchise? 565
C'est la mauvaise humeur où Florame l'a mise.
THÉANTE.
Florame?
AMARANTE.
Oui : ce causeur vouloit l'entretenir ;
Mais il aura perdu le goût d'y revenir :
Elle n'a que fort peu souffert sa compagnie,
Et l'en a chassé presque avec ignominie². 570
De dépit cependant ses mouvements aigris
Ne veulent aujourd'hui traiter que de mépris ;
Et l'unique raison qui fait qu'elle me quitte,
C'est l'estime où te met près d'elle ton mérite :
Elle ne voudroit pas te voir mal satisfait³, 575
Ni rompre sur-le-champ le dessein qu'elle a fait.
THÉANTE.
J'ai regret que Florame ait reçu cette honte :
Mais enfin auprès d'elle il trouve mal son conte⁴?
AMARANTE.
Aussi c'est un discours ennuyeux que le sien :

1. *Je pratique*, je ménage.
2. *Var.* Et vous l'a chassé presque avec ignominie. (1637)
3. L'édition de 1657 porte par erreur : « fort satisfait. »
4. *Var.* Mais enfin auprès d'elle il treuve mal son conte (*a*)? (1637-54)

(*a*) Voyez tome I, p. 150; note 1.

ACTE II, SCÈNE VIII.

Il parle incessamment sans dire jamais rien[1] ; 580
Et n'étoit que pour toi je me fais ces contraintes,
Je l'envoierois bientôt porter ailleurs ses feintes.

THÉANTE.

Et je m'assure aussi tellement en ta foi,
Que bien que tout le jour il cajole avec toi,
Mon esprit te conserve une amitié si pure, 585
Que sans être jaloux je le vois et l'endure.

AMARANTE.

Comment le serois-tu pour un si triste objet?
Ses imperfections t'en ôtent tout sujet.
C'est à toi d'admirer qu'encor qu'un beau visage
Dedans ses entretiens à toute heure t'engage[2], 590
J'ai pour toi tant d'amour et si peu de soupçon,
Que je n'en suis jalouse en aucune façon.
C'est aimer puissamment que d'aimer de la sorte;
Mais mon affection est bien encor plus forte.
Tu sais (et je le dis sans te mésestimer) 595
Que quand notre Daphnis auroit su te charmer[3],
Ce qu'elle est plus que toi mettroit hors d'espérance[4]
Les fruits qui seroient dus à ta persévérance.
Plût à Dieu que le ciel te donnât assez d'heur
Pour faire naître en elle autant que j'ai d'ardeur! 600
Voyant ainsi la porte à ta fortune ouverte[5],
Je pourrois librement consentir à ma perte.

---

1. *Var.* Et véritablement, si je ne t'aimois bien,
   [Je l'envoierois bientôt porter ailleurs ses feintes;]
   Mais puisque tu le veux, j'accepte ces contraintes.
   [THÉANTE. Et je m'assure aussi tellement en ta foi.] (1637-57)
2. *Var.* Dedans ses entretiens incessamment t'engage. (1637-57)
3. *Var.* Que quand bien ma maîtresse aura su te charmer. (1637)
   Var. Que quand bien ma maîtresse auroit su te charmer. (1644-57)
4. *Var.* Votre inégalité mettroit hors d'espérance. (1637-57)
5. *Var.* L'aise de voir la porte à ta fortune ouverte
   Me feroit librement consentir à ma perte. (1637-68)

THÉANTE.

Je te souhaite un change autant avantageux.
Plût à Dieu que le sort te fût moins outrageux,
Ou que jusqu'à ce point il t'eût favorisée, 605
Que Florame fût prince, et qu'il t'eût épousée !
Je prise auprès des tiens si peu mes intérêts,
Que bien que j'en sentisse au cœur mille regrets[1],
Et que de déplaisir il m'en coûtât la vie,
Je me la tiendrois lors heureusement ravie. 610

AMARANTE.

Je ne voudrois point d'heur qui vînt avec ta mort,
Et Damon que voilà n'en seroit pas d'accord.

THÉANTE.

Il a mine d'avoir quelque chose à me dire.

AMARANTE.

Ma présence y nuiroit : adieu, je me retire.

THÉANTE.

Arrête : nous pourrons nous voir tout à loisir ; 615
Rien ne le presse.

SCÈNE IX.

THÉANTE, DAMON.

THÉANTE.

Ami, que tu m'as fait plaisir !
J'étois fort à la gêne avec cette suivante[2].

DAMON.

Celle qui te charmoit te devient bien pesante.

THÉANTE.

Je l'aime encor pourtant ; mais mon ambition
Ne laisse point agir mon inclination. 620

---

1. *Var.* Que bien que je sentisse au cœur mille regrets. (1657)
2. Ce vers, par une erreur d'impression, manque dans l'édition de 1682.

ACTE II, SCÈNE IX.

Ma flamme sur mon cœur en vain est la plus forte[1] ;
Tous mes desirs ne vont qu'où mon dessein les porte.
Au reste j'ai sondé l'esprit de mon rival.

DAMON.

Et connu....

THÉANTE.

Qu'il n'est pas pour me faire grand mal.
Amarante m'en vient d'apprendre une nouvelle   625
Qui ne me permet plus que j'en sois en cervelle.
Il a vu....

DAMON.

Qui ?

THÉANTE.

Daphnis, et n'en a remporté
Que ce qu'elle devoit à sa témérité.

DAMON.

Comme quoi?

THÉANTE.

Des mépris, des rigueurs sans pareilles[2].

DAMON.

As-tu beaucoup de foi pour de telles merveilles[3] ?   630

THÉANTE.

Celle dont je les tiens en parle assurément.

DAMON.

Pour un homme si fin, on te dupe aisément.
Amarante elle-même en est mal satisfaite,
Et ne t'a rien conté que ce qu'elle souhaite :
Pour seconder Florame en ses intentions,   635
On l'avoit écartée à des commissions.
Je viens de le trouver, tout ravi dans son âme[4]

---

1. *Var.* Et bien que sur mon cœur elle soit la plus forte. (1637-64)
2. *Var.*   Des mépris, des rigueurs nompareilles. (1637-60)
3. *Var.* As-tu bien de la foi pour de telles merveilles? (1637-57)
4. *Var.* Je le viens de trouver, ravi, transporté d'aise.

D'avoir eu les moyens de déclarer sa flamme¹,
Et qui présume tant de ses prospérités,
Qu'il croit ses vœux reçus, puisqu'ils sont écoutés ; 640
Et certes son espoir n'est pas hors d'apparence.
Après ce bon accueil, et cette conférence
Dont Daphnis elle-même a fait l'occasion,
J'en crains fort un succès à ta confusion.
Tâchons d'y donner ordre; et sans plus de langage, 645
Avise en quoi tu veux employer mon courage.

THÉANTE.

Lui disputer un bien où j'ai si peu de part,
Ce seroit m'exposer pour quelque autre au hasard.
Le duel est fâcheux, et quoi qu'il en arrive,
De sa possession l'un et l'autre il nous prive², 650
Puisque de deux rivaux, l'un mort, l'autre s'enfuit,
Tandis que de sa peine un troisième a le fruit.
A croire son courage, en amour on s'abuse :
La valeur d'ordinaire y sert moins que la ruse³.

DAMON.

Avant que passer outre, un peu d'attention. 655

THÉANTE.

Te viens-tu d'aviser de quelque invention?

DAMON.

Oui, ta seule maxime en fonde l'entreprise.
Clarimond voit Daphnis, il l'aime, il la courtise ;
Et quoiqu'il n'en reçoive encor que des mépris,
Un moment de bonheur lui peut gagner ce prix. 660

<small>D'avoir eu les moyens de déclarer sa braise. (1637)
Var. Je le viens de trouver ravi d'aise dans l'âme. (1644-57)
Var. Je le viens de trouver, tout ravi dans son âme. (1660)
1. *Var.* D'avoir eu les moyens de faire voir sa flamme. (1644-63)
2. *Var.* De sa possession l'un et l'autre nous prive. (1654)
3. Corneille fait allusion à ce passage dans *la Place Royale*, vers 702. — Théante tient un semblable discours un peu plus bas, p. 189 et 190.</small>

ACTE II, SCÈNE IX.

THÉANTE.
Ce rival est bien moins à redouter qu'à plaindre[1].
DAMON.
Je veux que de sa part tu ne doives rien craindre,
N'est-ce pas le plus sûr qu'un duel hasardeux
Entre Florame et lui les en prive tous deux?
THÉANTE.
Crois-tu qu'avec Florame aisément on l'engage? 665
DAMON.
Je l'y résoudrai trop avec un peu d'ombrage.
Un amant dédaigné ne voit pas de bon œil
Ceux qui du même objet ont un plus doux accueil :
Des faveurs qu'on leur fait il forme ses offenses,
Et pour peu qu'on le pousse, il court aux violences[2]. 670
Nous les verrions par là, l'un et l'autre écartés,
Laisser la place libre à tes félicités.
THÉANTE.
Oui, mais s'il t'obligeoit d'en porter la parole?
DAMON.
Tu te mets en l'esprit une crainte frivole :
Mon péril de ces lieux ne te bannira pas; 675
Et moi, pour te servir je courrois au trépas.
THÉANTE.
En même occasion dispose de ma vie,
Et sois sûr que pour toi j'aurai la même envie.
DAMON.
Allons, ces compliments en retardent l'effet.
THÉANTE.
Le ciel ne vit jamais un ami si parfait. 680

1. Ce vers se trouve dans *Mélite*, acte III, scène II, vers 820.
2. *Var.* Et pour peu qu'on le pousse, il a des violences
   Qui portent son courroux jusqu'aux extrémités.
   [Nous les verrions par là l'un et l'autre écartés.
   THÉANTE. Oui, mais s'il t'obligeoit d'en porter la parole.] (1637-57)

FIN DU SECOND ACTE.

ACTE III.

SCÈNE PREMIÈRE.
FLORAME, CÉLIE.

FLORAME.
Enfin, quelque froideur qui paroisse en Florise[1],
Aux volontés d'un frère elle s'en est remise.
CÉLIE.
Quoiqu'elle s'en rapporte à vous entièrement,
Vous lui feriez plaisir d'en user autrement.
Les amours d'un vieillard sont d'une foible amorce. 685
FLORAME.
Que veux-tu? son esprit se fait un peu de force :
Elle se sacrifie à mes contentements,
Et pour mes intérêts contraint ses sentiments.
Assure donc Géraste, en me donnant sa fille,
Qu'il gagne en un moment toute notre famille, 690
Et que, tout vieil qu'il est, cette condition
Ne laisse aucun obstacle à son affection.
Mais aussi de Florise il ne doit rien prétendre,
A moins que se résoudre à m'accepter pour gendre[2].
CÉLIE.
Plaisez-vous à Daphnis? c'est là le principal. 695
FLORAME.
Elle a trop de bonté pour me vouloir du mal;

---

1. *Var.* Enfin, quelque froideur que t'ait montré Florise. (1637)
2. *Var.* A moins que d'accepter Florame pour son gendre. (1637)

D'ailleurs sa résistance obscurciroit sa gloire;
Je la mériterois si je la pouvois croire.
La voilà qu'un rival m'empêche d'aborder;
Le rang qu'il tient sur moi m'oblige à lui céder[1],   700
Et la pitié que j'ai d'un amant si fidèle
Lui veut donner loisir d'être dédaigné d'elle.

SCÈNE II.

CLARIMOND, DAPHNIS.

CLARIMOND.
Ces dédains rigoureux dureront-ils toujours?
DAPHNIS.
Non, ils ne dureront qu'autant que vos amours.
CLARIMOND.
C'est prescrire à mes feux des lois bien inhumaines.   705
DAPHNIS.
Faites finir vos feux, je finirai leurs peines.
CLARIMOND.
Le moyen de forcer mon inclination?
DAPHNIS.
Le moyen de souffrir votre obstination?
CLARIMOND.
Qui ne s'obstineroit en vous voyant si belle?
DAPHNIS.
Qui vous pourroit aimer, vous voyant si rebelle?   710
CLARIMOND.
Est-ce rébellion que d'avoir trop de feu?
DAPHNIS.
C'est avoir trop d'amour, et m'obéir trop peu[2].

1. *Var.* Ce qu'il est plus que moi m'oblige à lui céder. (1637-57)
2. *Var.* Pour avoir trop d'amour, c'est m'obéir trop peu.
   CLAR. La puissance qu'Amour sur moi vous a donnée.... (1637-60)

CLARIMOND.
La puissance sur moi que je vous ai donnée....
DAPHNIS.
D'aucune exception ne doit être bornée.
CLARIMOND.
Essayez autrement ce pouvoir souverain.   715
DAPHNIS.
Cet essai me fait voir que je commande en vain.
CLARIMOND.
C'est un injuste essai qui feroit ma ruine.
DAPHNIS.
Ce n'est plus obéir depuis qu'on examine.
CLARIMOND.
Mais l'amour vous défend un tel commandement.
DAPHNIS.
Et moi, je me défends un plus doux traitement.   720
CLARIMOND.
Avec ce beau visage avoir le cœur de roche!
DAPHNIS.
Si le mien s'endurcit, ce n'est qu'à votre approche.
CLARIMOND.
Que je sache du moins d'où naissent vos froideurs¹.
DAPHNIS.
Peut-être du sujet qui produit vos ardeurs.
CLARIMOND.
Si je brûle, Daphnis, c'est de nous voir ensemble. 725
DAPHNIS.
Et c'est de nous y voir, Clarimond, que je tremble.
CLARIMOND.
Votre contentement n'est qu'à me maltraiter.
DAPHNIS.
Comme le vôtre n'est qu'à me persécuter.

1. *Var.* D'où naissent tant, bons Dieux! et de telles froideurs? (1637-57)

CLARIMOND.
Quoi! l'on vous persécute à force de services?
DAPHNIS.
Non, mais de votre part ce me sont des supplices. 730
CLARIMOND.
Hélas! et quand pourra venir ma guérison?
DAPHNIS.
Lorsque le temps chez vous remettra la raison.
CLARIMOND.
Ce n'est pas sans raison que mon âme est éprise.
DAPHNIS.
Ce n'est pas sans raison aussi qu'on vous méprise.
CLARIMOND.
Juste ciel! et que dois-je espérer désormais? 735
DAPHNIS.
Que je ne suis pas fille à vous aimer jamais.
CLARIMOND.
C'est donc perdre mon temps que de plus y prétendre?
DAPHNIS.
Comme je perds ici le mien à vous entendre[1].
CLARIMOND.
Me quittez-vous sitôt sans me vouloir guérir?
DAPHNIS.
Clarimond sans Daphnis peut et vivre et mourir. 740
CLARIMOND.
Je mourrai toutefois, si je ne vous possède.
DAPHNIS.
Tenez-vous donc pour mort, s'il vous faut ce remède[2].

---

1. Il y a dans l'édition de 1632 une transposition de mots qui fait un hiatus et qui est assurément une faute :

Comme je perds le mien ici à vous entendre.

2. Voyez dans l'*Examen*, p. 121, la judicieuse critique que Corneille fait lui-même de cette scène.

SCÈNE III.

CLARIMOND.

Tout dédaigné, je l'aime, et malgré sa rigueur,
Ses charmes plus puissants lui conservent mon cœur.
Par un contraire effet dont mes maux s'entretiennent, 745
Sa bouche le refuse, et ses yeux le retiennent.
Je ne puis, tant elle a de mépris et d'appas,
Ni le faire accepter, ni ne le donner pas;
Et comme si l'amour faisoit naître sa haine,
Ou qu'elle mesurât ses plaisirs à ma peine, 750
On voit paroître ensemble, et croître également,
Ma flamme et ses froideurs, sa joie et mon tourment[1].
Je tâche à m'affranchir de ce malheur extrême,
Et je ne saurois plus disposer de moi-même.
Mon désespoir trop lâche obéit à mon sort, 755
Et mes ressentiments n'ont qu'un débile effort.
Mais pour foibles qu'ils soient, aidons leur impuissance;
Donnons-leur le secours d'une éternelle absence.
Adieu, cruelle ingrate, adieu : je fuis ces lieux,
Pour dérober mon âme au pouvoir de tes yeux. 760

SCÈNE IV.

CLARIMOND, AMARANTE.

AMARANTE.

Monsieur, monsieur, un mot. L'air de votre visage
Témoigne un déplaisir caché dans le courage.
Vous quittez ma maîtresse un peu mal satisfait.

---

1. *Var.* Ma flamme et ses froideurs, son aise et mon tourment.
Je tâche à me résoudre en ce malheur extrême. (1637-57)

CLARIMOND.

Ce que voit Amarante en est le moindre effet :
Je porte, malheureux, après de tels outrages, 765
Des douleurs sur le front, et dans le cœur des rages.

AMARANTE.

Pour un peu de froideur, c'est trop désespérer.

CLARIMOND.

Que ne dis-tu plutôt que c'est trop endurer ?
Je devrois être las d'un si cruel martyre,
Briser les fers honteux où me tient son empire, 770
Sans irriter mes maux avec un vain regret.

AMARANTE.

Si je vous croyois homme à garder un secret[1],
Vous pourriez sur ce point apprendre quelque chose
Que je meurs de vous dire, et toutefois je n'ose.
L'erreur où je vous vois me fait compassion ; 775
Mais pourriez-vous avoir de la discrétion[2] ?

CLARIMOND.

Prends-en ma foi de gage[3], avec.... Laisse-moi faire.

(Il veut tirer un diamant de son doigt pour le lui donner,
et elle l'en empêche.)

AMARANTE.

Vous voulez justement m'obliger à me taire ;
Aux filles de ma sorte il suffit de la foi :
Réservez vos présents pour quelque autre que moi. 780

CLARIMOND.

Souffre....

AMARANTE.

Gardez-les, dis-je, ou je vous abandonne.

---

1. *Var.* Clarimond, écoutez, si vous étiez discret. (1637-57)
2. *Var.* Mais auriez-vous aussi de la discrétion ? (1637-57)
3. C'est là le texte de toutes les éditions publiées du vivant de Corneille. Dans celle de 1692, on a substitué *pour* à *de*, correction qui depuis a été généralement adoptée.

Daphnis a des rigueurs dont l'excès vous étonne ;
Mais vous aurez bien plus de quoi vous étonner,
Quand vous saurez comment il faut la gouverner¹.
A force de douceurs vous la rendez cruelle, 785
Et vos submissions vous perdent auprès d'elle :
Épargnez désormais tous ces pas superflus ;
Parlez-en au bonhomme, et ne la voyez plus².
Toutes ses cruautés ne sont qu'en apparence.
Du côté du vieillard tournez votre espérance ; 790
Quand il aura pour elle accepté quelque amant³,
Un prompt amour naîtra de son commandement.
Elle vous fait tandis cette galanterie,
Pour s'acquérir le bruit de fille bien nourrie⁴,
Et gagner d'autant plus de réputation 795
Qu'on la croira forcer son inclination.
Nommez cette maxime ou prudence ou sottise,
C'est la seule raison qui fait qu'on vous méprise.

CLARIMOND.

Hélas ! et le moyen de croire tes discours ?

AMARANTE.

De grâce, n'usez point si mal de mon secours⁵ : 800
Croyez les bons avis d'une bouche fidèle,
Et songeant seulement que je viens d'avec elle⁶,
Derechef épargnez tous ces pas superflus ;
Parlez-en au bonhomme, et ne la voyez plus⁷.

---

1. *Var.* Quand vous saurez comment il la faut gouverner.
   En la voulant servir vous la rendez cruelle. (1637-60)
2. *Var.* Accostez le bonhomme, et ne lui parlez plus. (1637)
3. *Var.* Quand il aura choisi quelqu'un de ses amants,
   Sa passion naîtra de ses commandements. (1637-57)
4. Nous dirions aujourd'hui : *pour s'acquérir la réputation de fille bien élevée.*
5. *Var.* Clarimond, n'usez point si mal de mon secours. (1637-57)
6. *Var.* En songeant seulement que je viens d'avec elle. (1637)
7. *Var.* Accostez le bonhomme, et ne lui parlez plus. (1637)

CLARIMOND.

Tu ne flattes mon cœur que d'un espoir frivole[1].   805

AMARANTE.

Hasardez seulement deux mots sur ma parole,
Et n'appréhendez point la honte d'un refus.

CLARIMOND.

Mais si j'en recevois, je serois bien confus.
Un oncle pourra mieux concerter cette affaire[2].

AMARANTE.

Ou par vous, ou par lui, ménagez bien le père.   810

SCÈNE V.

AMARANTE.

Qu'aisément un esprit qui se laisse flatter
S'imagine un bonheur qu'il pense mériter!
Clarimond est bien vain ensemble et bien crédule
De se persuader que Daphnis dissimule,
Et que ce grand dédain déguise un grand amour,   815
Que le seul choix d'un père a droit de mettre au jour.
Il s'en pâme de joie, et dessus ma parole
De tant d'affronts reçus son âme se console;
Il les chérit peut-être et les tient à faveurs :
Tant ce trompeur espoir redouble ses ferveurs[3]!   820
S'il rencontroit le père, et que mon entreprise....

1. *Var.* Je suivrai ton conseil et vais chercher le père,
Puisque c'est de sa part que tu veux que j'espère.
AMAR. Parlez-lui hardiment sans crainte de refus. (1637-57)
2. *Var.* Un oncle pourra mieux m'en épargner la honte.
AMAR. Votre amour en tout sens y trouvera son conte. (1637-57)
3. *Var.* Tant ce frivole espoir redouble ses ferveurs! (1637-57)

SCÈNE VI.

GÉRASTE, AMARANTE.

GÉRASTE.

Amarante!

AMARANTE.

Monsieur!

GÉRASTE.

Vous faites la surprise,
Encor que de si loin vous m'ayez vu venir,
Que Clarimond n'est plus à vous entretenir!
Je donne ainsi la chasse à ceux qui vous en content! 825

AMARANTE.

A moi? Mes vanités jusque-là ne se montent.

GÉRASTE.

Il sembloit toutefois parler d'affection.

AMARANTE.

Oui, mais qu'estimez-vous de son intention?

GÉRASTE.

Je crois que ses desseins tendent au mariage.

AMARANTE.

Il est vrai.

GÉRASTE.

Quelque foi qu'il vous donne pour gage[1], 830
Il cherche à vous surprendre, et sous ce faux appas[2]
Il cache des projets que vous n'entendez pas.

AMARANTE.

Votre âge soupçonneux a toujours des chimères
Qui le font mal juger des cœurs les plus sincères.

---

1. *Var.* Ce n'est qu'un faux appas, et sous cette couleur
   Il ne veut cependant que surprendre une fleur. (1637)
2. Voyez tome I, p. 148, note 3.

GÉRASTE.

Où les conditions n'ont point d'égalité, 835
L'amour ne se fait guère avec sincérité.

AMARANTE.

Posé que cela soit : Clarimond me caresse ;
Mais si je vous disois que c'est pour ma maîtresse,
Et que le seul besoin qu'il a de mon secours,
Sortant d'avec Daphnis, l'arrête en mes discours ? 840

GÉRASTE.

S'il a besoin de toi pour avoir bonne issue,
C'est signe que sa flamme est assez mal reçue.

AMARANTE.

Pas tant qu'elle paroît et que vous présumez.
D'un mutuel amour leurs cœurs sont enflammés ;
Mais Daphnis se contraint, de peur de vous déplaire, 845
Et sa bouche est toujours à ses desirs contraire,
Hormis lorsqu'avec moi s'ouvrant confidemment[1],
Elle trouve à ses maux quelque soulagement.
Clarimond cependant, pour fondre tant de glaces,
Tâche par tous moyens d'avoir mes bonnes grâces ; 850
Et moi je l'entretiens toujours d'un peu d'espoir,

GÉRASTE.

A ce compte, Daphnis est fort dans le devoir :
Je n'en puis souhaiter un meilleur témoignage,
Et ce respect m'oblige à l'aimer davantage.
Je lui serai bon père, et puisque ce parti 855
A sa condition se rencontre assorti,
Bien qu'elle pût encore un peu plus haut atteindre,
Je la veux enhardir à ne se plus contraindre.

AMARANTE.

Vous n'en pourrez jamais tirer la vérité :
Honteuse de l'aimer sans votre autorité, 860

---

1. *Var.* Sinon lorsqu'avec moi s'ouvrant confidemment. (1637-57,

Elle s'en défendra de toute sa puissance ;
N'en cherchez point d'aveu que dans l'obéissance.
Quand vous aurez fait choix de cet heureux amant[1],
Vos ordres produiront un prompt consentement.
Mais on ouvre la porte. Hélas! je suis perdue, 865
Si j'ai tant de malheur qu'elle m'ait entendue.

(Elle rentre dans le jardin.)

GÉRASTE[2].

Lui procurant du bien, elle croit la fâcher,
Et cette vaine peur la fait ainsi cacher.
Que ces jeunes cerveaux ont de traits de folie !
Mais il faut aller voir ce qu'aura fait Célie. 870
Toutefois disons-lui quelque mot en passant,
Qui la puisse guérir du mal qu'elle ressent.

SCÈNE VII.

GÉRASTE, DAPHNIS.

GÉRASTE.

Ma fille, c'est en vain que tu fais la discrète ;
J'ai découvert enfin ta passion secrète :
Je ne t'en parle point sur des avis douteux. 875
N'en rougis point, Daphnis, ton choix n'est pas honteux ;
Moi-même je l'agrée, et veux bien que ton âme
A cet amant si cher ne cache plus sa flamme[3].
Tu pouvois en effet prétendre un peu plus haut ;
Mais on ne peut assez estimer ce qu'il vaut : 880
Ses belles qualités, son crédit et sa race
Auprès des gens d'honneur sont trop dignes de grâce.

1. *Var.* Quand vous serez d'accord avecque son amant,
Un prompt amour suivra votre commandement. (1637-57)
2. *Var.* GÉRASTE, *seul.* (1637-60)
3. *Var.* A ce beau cavalier ne caché plus sa flamme. (1637-57)

Adieu : si tu le vois, tu peux lui témoigner[1]
Que sans beaucoup de peine on me pourra gagner.

SCÈNE VIII.

DAPHNIS.

D'aise et d'étonnement je demeure immobile. 885
D'où lui vient cette humeur de m'être si facile ?
D'où me vient ce bonheur où je n'osois penser ?
Florame, il m'est permis de te récompenser ;
Et sans plus déguiser ce qu'un père autorise,
Je puis me revancher du don de ta franchise[2] ; 890
Ton mérite le rend, malgré ton peu de biens,
Indulgent à mes feux, et favorable aux tiens :
Il trouve en tes vertus des richesses plus belles[3].
Mais est-il vrai, mes sens ? m'êtes-vous si fidèles[4] ?
Mon heur me rend confuse, et ma confusion 895
Me fait tout soupçonner de quelque illusion.
Je ne me trompe point, ton mérite et ta race
Auprès des gens d'honneur sont trop dignes de grâce.
Florame, il est tout vrai, dès lors que je te vis,
Un battement de cœur me fit de cet avis ; 900
Et mon père aujourd'hui souffre que dans son âme
Les mêmes sentiments....

---

1. *Var.* Adieu : si tu le vois, tu lui peux témoigner. (1637-57)
2. *Var.* Je me puis revancher du don de ta franchise. (1637-57)
3. L'édition de 1657 porte, par erreur sans doute : « Je trouve en tes vertus. »
4. *Var.* Mais est-il vrai, mes sens ? m'êtes-vous bien fidèles ? (1637-68)

SCÈNE IX.

FLORAME, DAPHNIS.

DAPHNIS.

Quoi! vous voilà, Florame?
Je vous avois prié tantôt de me quitter.

FLORAME.

Et je vous ai quittée aussi sans contester.

DAPHNIS.

Mais revenir sitôt, c'est me faire une offense. 905

FLORAME.

Quand j'aurois sur ce point reçu quelque défense,
Si vous saviez quels feux ont pressé mon retour,
Vous en pardonneriez le crime à mon amour.

DAPHNIS.

Ne vous préparez point à dire des merveilles,
Pour me persuader des flammes sans pareilles[1]. 910
Je crois que vous m'aimez, et c'est en croire plus
Que n'en exprimeroient vos discours superflus.

FLORAME.

Mes feux, qu'ont redoublés[2] ces propos adorables,
A force d'être crus deviennent incroyables,
Et vous n'en croyez rien qui ne soit au-dessous : 915
Que ne m'est-il permis d'en croire autant de vous?

DAPHNIS.

Votre croyance est libre.

FLORAME.

Il me la faudroit vraie.

DAPHNIS.

Mon cœur par mes regards vous fait trop voir sa plaie.

---

1. *Var.* Pour me persuader vos flammes sans pareilles. (1637, 44, 52 et 57)
2. L'édition de 1692 est la première où il y ait *redoublés*, au pluriel. Dans toutes les impressions antérieures on lit *redoublé*. Voyez l'*Introduction du Lexique*.

Un homme si savant au langage des yeux
Ne doit pas demander que je m'explique mieux. 920
Mais puisqu'il vous en faut un aveu de ma bouche,
Allez, assurez-vous que votre amour me touche.
  Depuis tantôt je parle un peu plus librement[1],
Ou, si vous le voulez, un peu plus hardiment :
Aussi j'ai vu mon père, et s'il vous faut tout dire, 925
Avec tous nos desirs sa volonté conspire[2].

FLORAME.

Surpris, ravi, confus, je n'ai que repartir.
Être aimé de Daphnis! un père y consentir!
Dans mon affection ne trouver plus d'obstacles[3]!
Mon espoir n'eût osé concevoir ces miracles. 930

DAPHNIS.

Miracles toutefois qu'Amarante a produits :
De sa jalouse humeur nous tirons ces doux fruits.
Au récit de nos feux, malgré son artifice,
La bonté de mon père a trompé sa malice;
Du moins je le présume, et ne puis soupçonner[4] 935
Que mon père sans elle ait pu rien deviner.

FLORAME.

Les avis d'Amarante, en trahissant ma flamme,
N'ont point gagné Géraste en faveur de Florame.
Les ressorts d'un miracle ont un plus haut moteur,
Et tout autre qu'un dieu n'en peut être l'auteur. 940

DAPHNIS.

C'en est un que l'Amour.

---

1. *Var.* Depuis tantôt je parle un peu plus franchement. (1637-60)
2. *Var.* Avecque nos desirs sa volonté conspire. (1637-57)
3. Ce n'est que dans l'édition de 1682 que Corneille a mis au singulier les rimes *obstacle* et *miracle*. La correction, pour être complète, aurait dû s'étendre aux vers suivants. Il eût été facile de dire :

   Miracle toutefois qu'Amarante a produit;
   De sa jalouse humeur nous tirons ce doux fruit.

4. *Var.* Au moins je le présume, et ne puis soupçonner. (1637-57).

FLORAME.

     Et vous verrez peut-être
Que son pouvoir divin se fait ici paroître,
Dont quelques grands effets, avant qu'il soit longtemps,
Vous rendront étonnée, et nos desirs contents.

DAPHNIS.

Florame, après vos feux et l'aveu de mon père, 945
L'amour n'a point d'effets capables de me plaire.

FLORAME.

Aimez-en le premier, et recevez la foi[1]
D'un bienheureux amant qu'il met sous votre loi.

DAPHNIS.

Vous, prisez le dernier qui vous donne la mienne.

FLORAME.

Quoique dorénavant Amarante survienne, 950
Je crois que nos discours iront d'un pas égal[2],
Sans donner sur le rhume ou gauchir sur le bal.

DAPHNIS.

Si je puis tant soit peu dissimuler ma joie,
Et que dessus mon front son excès ne se voie,
Je me jouerai bien d'elle et des empêchements 955
Que son adresse apporte à nos contentements[3].

FLORAME.

J'en apprendrai de vous l'agréable nouvelle.
Un ordre nécessaire au logis me rappelle,
Et doit fort avancer le succès de nos vœux.

DAPHNIS.

Nous n'avons plus qu'une âme et qu'un vouloir nous deux.

---

1. *Var.* Parlons de ce premier, et recevez la foi. (1637)
2. *Var.* Je crois que nos discours, à son abord fatal,
 Ne se jetteront plus sur le rhume et le bal. (1637-57)
3. *Var.* [Que son adresse apporte à nos contentements.]
 FLOR. Si ma présence y nuit, souffrez que je vous quitte;
 Une affaire aussi bien jusqu'au logis m'invite.
 DAPHN. Importante? FLOR. Oui, je meure, au succès de nos feux. (1637-57)

Bien que vous éloigner ce me soit un martyre,
Puisque vous le voulez, je n'y puis contredire.
Mais quand dois-je espérer de vous revoir ici?
FLORAME.
Dans une heure au plus tard.
DAPHNIS.
Allez donc : la voici.

SCÈNE X.

DAPHNIS, AMARANTE.

DAPHNIS.
Amarante, vraiment vous êtes fort jolie;   965
Vous n'égayez pas mal votre mélancolie;
Votre jaloux chagrin a de beaux agréments[1],
Et choisit assez bien ses divertissements :
Votre esprit pour vous-même a force complaisance
De me faire l'objet de votre médisance;   970
Et pour donner couleur à vos détractions,
Vous lisez fort avant dans mes intentions.
AMARANTE.
Moi! que de vous j'osasse aucunement médire!
DAPHNIS.
Voyez-vous, Amarante, il n'est plus temps de rire.
Vous avez vu mon père, avec qui vos discours   975
M'ont fait à votre gré de frivoles amours.
Quoi! souffrir un moment l'entretien de Florame,
Vous le nommez bientôt une secrète flamme?
Cette jalouse humeur dont vous suivez la loi
Vous fait en mes secrets plus savante que moi.   980
Mais passe pour le croire; il falloit que mon père

1. *Var.* Dans ce jaloux chagrin qui tient vos sens saisis,
Vos divertissements sont assez bien choisis. (1637-57)

De votre confidence apprît cette chimère?
                    AMARANTE.
S'il croit que vous l'aimez, c'est sur quelque soupçon
Où je ne contribue en aucune façon.
Je sais trop que le ciel, avec de telles grâces[1],   985
Vous donne trop de cœur pour des flammes si basses;
Et quand je vous croirois dans cet indigne choix,
Je sais ce que je suis et ce que je vous dois.
                    DAPHNIS.
Ne tranchez point ainsi de la respectueuse :
Votre peine après tout vous est bien fructueuse;   990
Vous la devez chérir, et son heureux succès
Qui chez nous à Florame interdit tout accès.
Mon père le bannit et de l'une et de l'autre :
Pensant nuire à mon feu, vous ruinez le vôtre.
Je lui viens de parler, mais c'étoit seulement   995
Pour lui dire l'arrêt de son bannissement.
Vous devez cependant être fort satisfaite
Qu'à votre occasion un père me maltraite;
Pour fruit de vos labeurs si cela vous suffit,
C'est acquérir ma haine avec peu de profit.   1000
                    AMARANTE.
Si touchant vos amours on sait rien de ma bouche,
Que je puisse à vos yeux devenir une souche!
Que le ciel....
                    DAPHNIS.
            Finissez vos imprécations.
J'aime votre malice et vos délations.
Ma mignonne, apprenez que vous êtes déçue :   1005
C'est par votre rapport que mon ardeur est sue;
Mais mon père y consent, et vos avis jaloux
N'ont fait que me donner Florame pour époux.

---

1. *Var.* Je sais trop que le ciel, avecque tant de grâces. (1637-57)

SCÈNE XI.

AMARANTE.

Ai-je bien entendu? Sa belle humeur se joue[1],
Et par plaisir soi-même elle se désavoue.
Son père la maltraite, et consent à ses vœux!
Ai-je nommé Florame en parlant de ses feux?
Florame, Clarimond, ces deux noms, ce me semble,
Pour être[2] confondus, n'ont rien qui se ressemble.
Le moyen que jamais on entendît si mal,
Que l'un de ces amants fût pris pour son rival[3]?
Je ne sais où j'en suis, et toutefois j'espère :
Sous ces obscurités je soupçonne un mystère ;
Et mon esprit confus, à force de douter,
Bien qu'il n'ose rien croire, ose encor se flatter.

---

1. *Var.* Quel mystère est-ce-ci? sa belle humeur se joue. (1637-57)
2. L'édition de 1682 porte, par erreur sans doute : *peut-être*, au lieu de *pour être*.
3. *Var.* [Que l'un de ces amants fût pris pour son rival?]
    Parmi de tels détours mon esprit ne voit goutte,
    Et leurs prospérités le mettent en déroute,
    Bien que mon cœur, brouillé de mouvements divers,
    Ose encor se flatter de l'espoir d'un revers. (1637-57)

FIN DU TROISIÈME ACTE.

ACTE IV.

SCÈNE PREMIÈRE.

DAPHNIS.

Qu'en l'attente de ce qu'on aime
Une heure est fâcheuse à passer!
Qu'elle ennuie un amour[1] extrême
Dont la joie est réduite aux douceurs d'y penser[2]!

    Le mien, qui fuit la défiance,   1025
    La trouve trop longue à venir,
    Et s'accuse d'impatience,
Plutôt que mon amant de peu de souvenir.

    Ainsi moi-même je m'abuse,
    De crainte d'un plus grand ennui,   1030
    Et je ne cherche plus de ruse
Qu'à m'ôter tout sujet de me plaindre de lui.

    Aussi bien, malgré ma colère,
    Je brûlerois de m'apaiser,
    Et sa peine la plus sévère   1035
Ne seroit tout au plus qu'un mot pour l'excuser[3].

---

1. On lit « *une* amour » dans les impressions de 1637-57 et dans celle de 1682. Cette leçon est explicable dans les premières éditions : elles portent en effet, au vers suivant : « du penser, » auquel peut se rapporter « le mien » du vers 1025. Mais dans l'édition de 1682, « le mien » ne peut se rapporter qu'à *amour*, qui doit en conséquence être nécessairement au masculin. La leçon que nous donnons est celle des éditions de 1660-68.
2. *Var.* Qui ne voit son objet que des yeux du penser! (1637-57)
3. *Var.* Pour criminel qu'il fût, ne seroit qu'un baiser.
    Dieux! je rougis d'une parole

Je dois rougir de ma foiblesse ;
C'est être trop bonne en effet.
Daphnis, fais un peu la maîtresse,
Et souviens-toi du moins....

SCÈNE II.

GÉRASTE, CÉLIE, DAPHNIS.

GÉRASTE, à Célie.

Adieu, cela vaut fait, 1040
Tu l'en peux assurer.
(Célie rentre, et Géraste continue à parler à Daphnis[1].)
Ma fille, je présume,
Quelques feux dans ton cœur que ton amant allume,
Que tu ne voudrois pas sortir de ton devoir.

DAPHNIS.

C'est ce que le passé vous a pu faire voir.

GÉRASTE.

Mais si pour en tirer une preuve plus claire[2], 1045
Je disois qu'il faut prendre un sentiment contraire,
Qu'une autre occasion te donne un autre amant?

DAPHNIS.

Il seroit un peu tard pour un tel changement :
Sous votre autorité j'ai dévoilé mon âme,
J'ai découvert mon cœur à l'objet de ma flamme, 1050
Et c'est sous votre aveu qu'il a reçu ma foi.

Dont je meurs de goûter l'effet,
Et dans cette honte frivole
Je prépare un refus.... (1637-57)

1. Dans la première édition (1637), il y a simplement : *Célie rentre ;* le reste du jeu de scène est omis.
2. *Var.* Oui, mais pour en tirer une preuve plus claire,
  Qui diroit qu'il faut prendre un mouvement contraire. (1637-57)

GÉRASTE.

Oui, mais je viens de faire un autre choix pour toi[1].

DAPHNIS.

Ma foi ne permet plus une telle inconstance.

GÉRASTE.

Et moi, je ne saurois souffrir de résistance.
Si ce gage est donné par mon consentement,   1055
Il faut le retirer par mon commandement[2].
Vous soupirez en vain : vos soupirs et vos larmes
Contre ma volonté sont d'impuissantes armes.
Rentrez ; je ne puis voir qu'avec mille douleurs
Votre rébellion s'exprimer par vos pleurs.   1060

(Daphnis rentre, et Géraste continue[3].)

La pitié me gagnoit : il m'étoit impossible
De voir encor ses pleurs, et n'être pas sensible :
Mon injuste rigueur ne pouvoit plus tenir,
Et de peur de me rendre il la falloit bannir[4].
N'importe toutefois, la parole me lie,   1065
Et mon amour ainsi l'a promis à Célie :
Florise ne se peut acquérir qu'à ce prix ;
Si Florame....

SCÈNE III.

GÉRASTE, AMARANTE.

AMARANTE.

Monsieur, vous vous êtes mépris :
C'est Clarimond qu'elle aime.

GÉRASTE.

Et ma plus grande peine

---

1. *Var.* Oui, mais j'ai fait depuis un autre choix pour toi. (1637-57)
2. *Var.* Il le faut retirer par mon commandement. (1637-60)
3. Ici encore l'édition de 1637 n'a que le commencement du jeu de scène *Daphnis rentre.*
4. *Var.* Et de peur de me rendre il l'a fallu bannir. (1637)

ACTE IV, SCÈNE III.

N'est que d'en avoir eu la preuve trop certaine. 1070
Dans sa rébellion à mon autorité,
L'amour qu'elle a pour lui n'a que trop éclaté.
Si pour ce cavalier elle avoit moins de flamme,
Elle agréeroit le choix que je fais de Florame,
Et prenant désormais un mouvement plus sain, 1075
Ne s'obstineroit pas à rompre mon dessein.

AMARANTE.

C'est ce choix inégal qui vous la fait rebelle ;
Mais pour tout autre amant n'appréhendez rien d'elle.

GÉRASTE.

Florame a peu de bien, mais pour quelque raison
C'est lui seul dont je fais l'appui de ma maison¹. 1080
Examiner mon choix, c'est un trait d'imprudence.
Toi qu'à présent Daphnis traite de confidence²,
Et dont le seul avis gouverne ses secrets,
Je te prie, Amarante, adoucis ses regrets ;
Résous-la, si tu peux, à contenter un père ; 1085
Fais qu'elle aime Florame ou craigne ma colère.

AMARANTE.

Puisque vous le voulez, j'y ferai mon pouvoir :
C'est chose toutefois dont j'ai si peu d'espoir,
Que je craindrois plutôt de l'aigrir davantage³.

GÉRASTE.

Il est tant de moyens de fléchir un courage⁴ ! 1090
Trouve pour la gagner quelque subtil appas :
La récompense après ne te manquera pas.

---

1. *Var.* C'est lui seul que je veux d'appui pour ma maison. (1637-57)
2. C'est-à-dire : *à qui Daphnis donne sa confiance.*
3. *Var.* Qu'au contraire je crains de l'aigrir davantage. (1637-57)
4. *Var.* Il est tant de moyens à fléchir un courage. (1637-60)

SCÈNE IV.
AMARANTE.

Accorde qui pourra le père avec la fille !
L'égarement d'esprit règne sur la famille[1].
Daphnis aime Florame, et son père y consent :   1095
D'elle-même j'ai su l'aise qu'elle en ressent[2];
Et si j'en crois ce père, elle ne porte en l'âme
Que révolte, qu'orgueil, que mépris pour Florame.
Peut-elle s'opposer à ses propres desirs,
Démentir tout son cœur, détruire ses plaisirs ?   1100
S'ils sont sages tous deux, il faut que je sois folle.
Leur mécompte pourtant, quel qu'il soit, me console;
Et bien qu'il me réduise au bout de mon latin[3],
Un peu plus en repos j'en attendrai la fin.

SCÈNE V.
FLORAME, DAMON.

FLORAME.

Sans me voir elle rentre, et quelque bon génie   1105
Me sauve de ses yeux et de sa tyrannie.
Je ne me croyois pas quitte de ses discours,
A moins que sa maîtresse en vînt rompre le cours.

DAMON.

Je voudrois t'avoir vu dedans cette contrainte.

---

1. *Var.* Ils ont l'esprit troublé dedans cette famille. (1637-57)
2. *Var.* [D'elle-même j'ai su l'aise qu'elle en ressent;]
    Et qui croira Géraste, il ne l'y peut réduire.
    Peut-elle s'opposer à ce qu'elle desire ?
    J'aime sa résistance en cette occasion,
    Mais j'en ai moins d'espoir que de confusion.
    [S'ils sont sages tous deux, il faut que je sois folle.] (1637-57)
3. *Var.* Et combien qu'il me mette au bout de mon latin. (1637-57)

FLORAME.

Peut-être voudrois-tu qu'elle empêchât ma plainte[1]? 1110

DAMON.

Si Théante sait tout, sans raison tu t'en plains :
Je t'ai dit ses secrets, comme à lui tes desseins ;
Il voit dedans ton cœur, tu lis dans son courage,
Et je vous fais combattre ainsi sans avantage.

FLORAME.

Toutefois au combat tu n'as pu l'engager. 1115

DAMON.

Sa générosité n'en craint pas le danger ;
Mais cela choque un peu sa prudence amoureuse,
Vu que la fuite en est la fin la plus heureuse,
Et qu'il faut que, l'un mort, l'autre tire pays[2].

FLORAME.

Malgré le déplaisir de mes secrets trahis, 1120
Je ne puis, cher ami, qu'avec toi je ne rie
Des subtiles raisons de sa poltronnerie.
Nous faire ce duel sans s'exposer aux coups,
C'est véritablement en savoir plus que nous,
Et te mettre en sa place avec assez d'adresse. 1125

DAMON.

Qu'importe à quels périls il gagne une maîtresse ?
Que ses rivaux entre eux fassent mille combats,
Que j'en porte parole, ou ne la porte pas,
Tout lui semblera bon, pourvu que sans en être
Il puisse de ces lieux les faire disparoître. 1130

FLORAME.

Mais ton service offert hasardoit bien ta foi,
Et s'il eût eu du cœur, t'engageoit contre moi.

---

1. *Var.* Mais dis que tu voudrois qu'elle empêchât ma plainte. (1637-57)
2. « On dit *tirer de long*, *tirer pays*, pour dire *s'en aller*, *s'enfuir*. » (*Dictionnaire de l'Académie* de 1694.)

LA SUIVANTE.

DAMON.

Je savois trop que l'offre en seroit rejetée :
Depuis plus de dix ans je connois sa portée.
Il ne devient mutin que fort malaisément,   1135
Et préfère la ruse à l'éclaircissement.

FLORAME.

Les maximes qu'il tient pour conserver sa vie
T'ont donné des plaisirs où je te porte envie.

DAMON.

Tu peux incontinent les goûter si tu veux.
Lui, qui doute fort peu du succès de ses vœux,   1140
Et qui croit que déjà Clarimond et Florame
Disputent loin d'ici le sujet de leur flamme,
Seroit-il homme à perdre un temps si précieux,
Sans aller chez Daphnis faire le gracieux,
Et seul, à la faveur de quelque mot pour rire,   1145
Prendre l'occasion de conter son martyre ?

FLORAME.

Mais s'il nous trouve ensemble, il pourra soupçonner[1]
Que nous prenons plaisir tous deux à le berner[2].

DAMON.

De peur que nous voyant il conçût quelque ombrage[3],
J'avois mis tout exprès Cléon sur le passage.   1150
Théante approche-t-il ?

CLÉON[4].

Il est en ce carfour.

DAMON.

Adieu donc : nous pourrons le jouer tour à tour.

---

1. *Var.* Mais s'il nous trouve ensemble, il pourra se douter. (1637)
   Var. Mais s'il nous trouve ensemble, il pourra se douter. (1644-57)
2. *Var.* Que nous prenons plaisir tous deux à le tâter. (1637-57)
3. *Var.* De peur que nous voyant il entrât en cervelle,
   J'avois mis tout exprès Cléonte (*a*) en sentinelle. (1637)
4. Bien que Cléon prenne ici part à la scène, il ne figure en tête, parmi les noms des personnages, dans aucune des éditions publiées avant la mort de

(*a*) Voyez p. 126, note 2.

FLORAME, seul.

Je m'étonne comment tant de belles parties
En cet illustre amant sont si mal assorties[1],
Qu'il a si mauvais cœur avec de si bons yeux, 1155
Et fait un si beau choix sans le défendre mieux.
Pour tant d'ambition, c'est bien peu de courage.

SCÈNE VI.
FLORAME, THÉANTE.

FLORAME.

Quelle surprise, ami, paroît sur ton visage?

THÉANTE.

T'ayant cherché longtemps, je demeure confus
De t'avoir rencontré quand je n'y pensois plus. 1160

FLORAME.

Parle plus franchement : fâché de ta promesse[2],
Tu veux et n'oserois reprendre ta maîtresse?
Ta passion, qui souffre une trop dure loi,
Pour la gouverner seul te déroboit de moi?

THÉANTE.

De peur que ton esprit formât cette croyance[3], 1165
De l'aborder sans toi je faisois conscience.

FLORAME.

C'est ce qui t'obligeoit sans doute à me chercher?
Mais ne te prive plus d'un entretien si cher.
Je te cède Amarante et te rends ta parole[4] :
J'aime ailleurs; et lassé d'un compliment frivole, 1170

Corneille, ni même dans celle de 1692. C'est peut-être parce qu'il ne paraît ainsi que tout à la fin; il se pourrait même qu'il dût crier du dehors cette réponse, sans venir sur le théâtre.

1. *Var.* En ce pauvre amoureux sont si mal assorties. (1637-63)
2. *Var.* Parle plus franchement : lassé de ta promesse. (1637-57)
3. *Var.* De peur que ton esprit conçût cette croyance. (1637)
4. *Var.* Je te rends Amarante avecque ta parole. (1637-57)

188 LA SUIVANTE.

Et de feindre une ardeur qui blesse mes amis,
Ma flamme est véritable et son effet permis.
J'adore une beauté qui peut disposer d'elle,
Et seconder mes feux sans se rendre infidèle.

THÉANTE.

Tu veux dire Daphnis?

FLORAME.

     Je ne puis te celer[1]   1175
Qu'elle est l'unique objet pour qui je veux brûler.

THÉANTE.

Le bruit vole déjà qu'elle est pour toi sans glace,
Et déjà d'un cartel Clarimond te menace.

FLORAME.

Qu'il vienne, ce rival, apprendre, à son malheur,
Que s'il me passe en biens, il me cède en valeur.   1180
Que sa vaine arrogance, en ce duel trompée,
Me fasse mériter Daphnis à coups d'épée :
Par là je gagne tout; ma générosité
Suppléera ce qui fait notre inégalité;
Et son père, amoureux du bruit de ma vaillance,   1185
La fera sur ses biens emporter la balance.

THÉANTE.

Tu n'en peux espérer un moindre événement :
L'heur suit dans les duels le plus heureux amant;
Le glorieux succès d'une action si belle[2],
Ton sang mis au hasard ou répandu pour elle,   1190
Ne peut laisser au père aucun lieu de refus.
Tiens ta maîtresse acquise et ton rival confus;

---

1. *Var.*   Je ne te puis celer. (1637-57)
2. *Var.* Le glorieux éclat d'une action si belle,
 Ton sang, ou répandu, ou (*a*) hasardé pour elle. (1637-57)

(*a*) C'est, si nous ne nous trompons, le seul exemple d'hiatus que nous ayons rencontré jusqu'ici soit dans le texte, soit dans les variantes de Corneille; car on ne peut pas compter celui dont il est parlé au tome I, au sujet de la troisième variante de la p. 173.

Et sans t'épouvanter d'une vaine fortune
Qu'il soutient lâchement d'une valeur commune,
Ne fais de son orgueil qu'un sujet de mépris, 1195
Et pense que Daphnis ne s'acquiert qu'à ce prix.
Adieu : puisse le ciel à ton amour parfaite
Accorder un succès tel que je le souhaite!

FLORAME[1].

Ce cartel, ce me semble, est trop long à venir :
Mon courage bouillant ne se peut contenir; 1200
Enflé par tes discours, il ne sauroit attendre[2]
Qu'un insolent défi l'oblige à se défendre.
 Va donc, et de ma part appelle Clarimond;
Dis-lui que pour demain il choisisse un second,
Et que nous l'attendrons au château de Bissêtre[3]. 1205

THÉANTE.

J'adore ce grand cœur qu'ici tu fais paroître,
Et demeure ravi du trop d'affection
Que tu m'as témoigné par cette élection.
Prends-y garde pourtant : pense à quoi tu t'engages.
Si Clarimond, lassé de souffrir tant d'outrages, 1210
Éteignant son amour, te cédoit ce bonheur,
Quel besoin seroit-il de le piquer d'honneur?
Peut-être qu'un faux bruit nous apprend sa menace :
C'est à toi seulement de défendre ta place.
Ces coups du désespoir des amants méprisés 1215
N'ont rien d'avantageux pour les favorisés.
Qu'il recoure, s'il veut, à ces fâcheux remèdes[4];

---

1. *Var.* FLORAME, *le retenant.* (1637-60)
2. *Var.* Enflé par tes discours, il ne peut plus attendre. (1637-57)
3. A une demi-lieue de Paris, sur la route de Fontainebleau. Il y avait en ce lieu un château qui au quatorzième siècle appartenait à Jean, évêque de Winchester, dont le nom corrompu a fait *Bissestre, Bicêtre.* Sous Charles V, on construisit au même endroit un hôpital, qui, rétabli sous Louis XIII, servit d'asile aux soldats infirmes jusqu'à la fondation de l'hôtel des Invalides.
4. Voyez plus haut la note 3 de la p. 160.

Ne lui querelle point un bien que tu possèdes ;
Ton amour, que Daphnis ne sauroit dédaigner,
Court risque d'y tout perdre, et n'y peut rien gagner[1].
Avise encore un coup : ta valeur inquiète[2]
En d'extrêmes périls un peu trop tôt te jette.

FLORAME.

Quels périls? L'heur y suit le plus heureux amant.

THÉANTE.

Quelquefois le hasard en dispose autrement.

FLORAME.

Clarimond n'eut jamais qu'une valeur commune.   1225

THÉANTE.

La valeur aux duels fait moins que la fortune.

FLORAME.

C'est par là seulement qu'on mérite Daphnis.

THÉANTE.

Mais plutôt de ses yeux par là tu te bannis.

FLORAME.

Cette belle action pourra gagner son père.

THÉANTE.

Je le souhaite ainsi plus que je ne l'espère.   1230

FLORAME.

Acceptant un cartel, suis-je plus assuré?

THÉANTE.

Où l'honneur souffriroit rien n'est considéré.

FLORAME.

Je ne puis résister à des raisons si fortes;
Sur ma bouillante ardeur malgré moi tu l'emportes :
J'attendrai qu'on m'attaque.

---

1. Dans les éditions de 1637 et de 1652, l'orthographe du mot est *gaigner* et les deux dernières syllabes de ces deux vers riment aux yeux.
2. *Var.* Avise derechef : ta valeur signalée
En d'extrêmes périls te jette à la volée. (1637-57)

ACTE IV, SCÈNE VI.

THÉANTE.
Adieu donc.
FLORAME.
En ce cas, 1235
Souviens-t'en, cher ami, tu me promets ton bras[1]?
THÉANTE.
Dispose de ma vie.
FLORAME, seul.
Elle est fort assurée,
Si rien que ce duel n'empêche sa durée.
Il en parle des mieux : c'est un jeu qui lui plaît ;
Mais il devient fort sage aussitôt qu'il en est, 1240
Et montre cependant des grâces peu vulgaires
A battre ses raisons par des raisons contraires.

SCÈNE VII.

DAPHNIS, FLORAME.

DAPHNIS.
Je n'osois t'aborder les yeux baignés de pleurs,
Et devant ce rival t'apprendre nos malheurs.
FLORAME.
Vous me jetez, Madame, en d'étranges alarmes[2]. 1245
Dieux! et d'où peut venir ce déluge de larmes ?
Le bonhomme est-il mort ?
DAPHNIS.
Non, mais il se dédit ;
Tout amour désormais pour toi m'est interdit :
Si bien qu'il me faut être ou rebelle ou parjure,
Forcer les droits d'Amour ou ceux de la nature, 1250
Mettre un autre en ta place ou lui désobéir,

---

1. *Var.* Souviens-toi, cher ami, que je retiens ton bras. (1637-57)
2. *Var.* Vous me jetez, mon âme, en d'étranges alarmes. (1637-57)

L'irriter ou moi-même avec toi me trahir.
A moins que de changer, sa haine inévitable[1]
Me rend de tous côtés ma perte indubitable :
Je ne puis conserver mon devoir et ma foi,   1255
Ni sans crime brûler pour d'autres ni pour toi.

FLORAME.

Le nom de cet amant, dont l'indiscrète envie
A mes ressentiments vient apporter sa vie!
Le nom de cet amant, qui par sa prompte mort
Doit, au lieu du vieillard, me réparer ce tort,   1260
Et qui, sur quelque orgueil que son amour se fonde[2],
N'a que jusqu'à ma vue à demeurer au monde!

DAPHNIS.

Je n'aime pas si mal que de m'en informer :
Je t'aurois fait trop voir que j'eusse pu l'aimer.
Si j'en savois le nom, ta juste défiance[3]   1265
Pourroit à ses défauts imputer ma constance,
A son peu de mérite attacher mon dédain,
Et croire qu'un plus digne auroit reçu ma main.
J'atteste ici le bras qui lance le tonnerre,
Que tout ce que le ciel a fait paroître en terre   1270
De mérites, de biens, de grandeurs et d'appas,
En même objet uni, ne m'ébranleroit pas :
Florame a droit lui seul de captiver mon âme[4];
Florame vaut lui seul à ma pudique flamme

---

1. *Var.* A faute de changer, sa haine inévitable. (1637-57)
2. *Var.* Et sur quelque valeur que son amour se fonde. (1637-57)
3. *Var.* Son nom su, tu pourrois donner ma résistance
   A son peu de mérite, et non à ma constance,
   Croire que ses défauts le feroient rejeter,
   Et qu'un plus accompli se pouvoit accepter.
   J'atteste ici la main qui lance le tonnerre. (1637-57)
4. *Var.* Un seul Florame a droit de captiver mon âme,
   Un seul Florame vaut à ma pudique flamme
   Tout ce que l'on pourroit offrir à mes ardeurs
   [De mérites, d'appas, de biens et de grandeurs.] (1637-57)

ACTE IV, SCÈNE VII.

Tout ce que peut le monde offrir à mes ardeurs 1275
De mérites, d'appas, de biens et de grandeurs.

FLORAME.

Qu'avec des mots si doux vous m'êtes inhumaine[1] !
Vous me comblez de joie et redoublez ma peine.
L'effet d'un tel amour, hors de votre pouvoir,
Irrite d'autant plus mon sanglant désespoir; 1280
L'excès de votre ardeur ne sert qu'à mon supplice.
Devenez-moi cruelle afin que je guérisse.
Guérir ? ah ! qu'ai-je dit ? ce mot me fait horreur :
Pardonnez aux transports d'une aveugle fureur.
Aimez toujours Florame, et quoi qu'il ait pu dire, 1285
Croissez de jour en jour vos feux et son martyre.
Peut-il rendre sa vie à de plus heureux coups,
Ou mourir plus content que pour vous et par vous ?

DAPHNIS.

Puisque de nos destins la rigueur trop sévère
Oppose à nos desirs l'autorité d'un père, 1290
Que veux-tu que je fasse ? En l'état où je suis,
Être à toi malgré lui, c'est ce que je ne puis;
Mais je puis empêcher qu'un autre me possède,
Et qu'un indigne amant à Florame succède :
Le cœur me manque; adieu : je sens faillir ma voix[2]. 1295
  Florame, souviens-toi de ce que tu me dois :
Si nos feux sont égaux, mon exemple t'ordonne
Ou d'être à ta Daphnis ou de n'être à personne.

---

1. *Var.* Parmi tant de malheurs vous me comblez d'une aise
   Qui redouble mes maux aussi bien que ma braise. (1637)
2. *Var.* Le cœur me serre; adieu : je sens faillir ma voix. (1637)

SCÈNE VIII.

FLORAME.

Dépourvu de conseil comme de sentiment,
L'excès de ma douleur m'ôte le jugement.   1300
De tant de biens promis je n'ai plus que sa vue,
Et mes bras impuissants ne l'ont pas retenue ;
Et même je lui laisse abandonner ce lieu[1],
Sans trouver de parole à lui dire un adieu.
Ma fureur pour Daphnis a de la complaisance :   1305
Mon désespoir n'osoit agir en sa présence,
De peur que mon tourment aigrît ses déplaisirs ;
Une pitié secrète étouffoit mes soupirs :
Sa douleur par respect faisoit taire la mienne ;
Mais ma rage à présent n'a rien qui la retienne. 1310
   Sors, infâme vieillard, dont le consentement
Nous a vendu si cher le bonheur d'un moment ;
Sors, que tu sois puni de cette humeur brutale
Qui rend ta volonté pour nos feux inégale.
A nos chastes amours qui t'a fait consentir,   1315
Barbare? mais plutôt qui t'en fait repentir?
Crois-tu qu'aimant Daphnis, le titre de son père
Débilite ma force ou rompe ma colère ?
Un nom si glorieux, lâche, ne t'est plus dû[2] :
En lui manquant de foi, ton crime l'a perdu.   1320
Plus j'ai d'amour pour elle, et plus pour toi de haine
Enhardit ma vengeance et redouble ta peine :
Tu mourras ; et je veux, pour finir mes ennuis,
Mériter par ta mort celle où tu me réduis.
   Daphnis, à ma fureur ma bouche abandonnée   1325

---

1. *Var.* Et même je la souffre abandonner ce lieu. (1637-57)
2. *Var.* Un nom si glorieux, traître, ne t'est plus dû. (1637-57)

Parle d'ôter la vie à qui te l'a donnée !
Je t'aime, et je t'oblige à m'avoir en horreur,
Et ne connois encor qu'à peine mon erreur !
Si je suis sans respect pour ce que tu respectes,
Que mes affections ne t'en soient pas suspectes. 1330
De plus réglés transports me feroient trahison ;
Si j'avois moins d'amour, j'aurois de la raison ;
C'est peu que de la perdre, après t'avoir perdue :
Rien ne sert plus de guide à mon âme éperdue,
Je condamne à l'instant ce que j'ai résolu ; 1335
Je veux, et ne veux plus sitôt que j'ai voulu ;
Je menace Géraste, et pardonne à ton père :
Ainsi rien ne me venge, et tout me désespère.

SCENE IX.

FLORAME, CÉLIE.

FLORAME, en soupirant[1].

Célie....

CÉLIE.

Eh bien, Célie ? enfin elle a tant fait,
Qu'à vos desirs Géraste accorde leur effet. 1340
Quel visage avez-vous ? Votre aise vous transporte.

FLORAME.

Cesse d'aigrir ma flamme en raillant de la sorte,
Organe d'un vieillard qui croit faire un bon tour
De se jouer de moi par une feinte amour.
Si tu te veux du bien, fais-lui tenir promesse : 1345
Vous me rendrez tous deux la vie ou ma maîtresse ;

---

1. Ce jeu de scène manque dans l'édition de 1637. Celle de 1663 donne en marge : *Il lui dit ce mot en soupirant.*

Et ce jour expiré, je vous ferai sentir
Que rien de ma fureur ne vous peut garantir.

CÉLIE.

Florame!

FLORAME.

Je ne puis parler à des perfides.

CÉLIE¹.

Il veut donner l'alarme à mes esprits timides, 1350
Et prend plaisir lui-même à se jouer de moi.
Géraste a trop d'amour pour n'avoir point de foi;
Et s'il pouvoit donner trois Daphnis pour Florise,
Il la tiendroit encore heureusement acquise².
D'ailleurs ce grand courroux pourroit-il être feint? 1355
Auroit-il pu sitôt falsifier son teint³,
Et si bien ajuster ses yeux et son langage
A ce que sa fureur marquoit sur son visage?
Quelqu'un des deux me joue : épions tous les deux
Et nous éclaircissons sur un point si douteux. 1360

1. *Var.* CÉLIE, *seule.* (1637-68)
2. Voyez dans l'*Examen*, p. 122, sur quoi Corneille fonde ce trait de caractère.
3. *Var.* Surpris auroit-il pu falsifier son teint,
   Ajuster ses regards, son geste, son langage?
   Aussi que ce vieillard me farde son courage,
   Je ne le saurois croire, et veux dès aujourd'hui,
   Sur ce point, si je puis, m'éclaircir avec lui. (1637-57)

FIN DU QUATRIÈME ACTE.

ACTE V.

SCÈNE PREMIÈRE.
THÉANTE, DAMON.

THÉANTE.
Croirois-tu qu'un moment m'ait pu changer de sorte
Que je passe à regret par devant cette porte?
DAMON.
Que ton humeur n'a-t-elle un peu plus tôt changé[1]?
Nous aurions vu l'effet où tu m'as engagé.
Tantôt quelque démon ennemi de ta flamme   1365
Te faisoit en ces lieux accompagner Florame :
Sans la crainte qu'alors il te prit pour second,
Je l'allois appeler au nom de Clarimond;
Et comme si depuis il étoit invisible,
Sa rencontre pour moi s'est rendue impossible[2].   1370
THÉANTE.
Ne le cherche donc plus. A bien considérer,
Qu'ils se battent ou non, je n'en puis qu'espérer.
Daphnis, que son adresse a malgré moi séduite[3],
Ne pourroit l'oublier, quand il seroit en fuite :
Leur amour est trop forte; et d'ailleurs son trépas,   1375
Le privant d'un tel bien, ne me le donne pas[4].

---

1. *Var.* Si ce change d'humeur un peu plus tôt t'eût pris,
   Nous aurions vu l'effet du dessein entrepris. (1637-57)
2. *Var.* Le rencontrer encor n'est plus en mon possible. (1637-57)
3. *Var.* Vu que Daphnis, au point où je la vois réduite,
   N'est pas pour l'oublier, quand il seroit en fuite. (1637-57)
4. *Var.* Le privant de ce bien, ne me le donne pas. (1637-57)
   Var. Le privant d'un tel heur, ne me le donne pas. (1660-64)

Inégal en fortune à ce qu'est cette belle[1],
Et déjà par malheur assez mal voulu d'elle,
Que pourrois-je après tout prétendre de ses pleurs[2]?
Et quel espoir pour moi naîtroit de ses douleurs ?   1380
Deviendrois-je par là plus riche ou plus aimable?
Que si de l'obtenir je me trouve incapable[3],
Mon amitié pour lui, qui ne peut expirer,
A tout autre qu'à moi me le fait préférer ;
Et j'aurois peine à voir un troisième en sa place.   1385

DAMON.

Tu t'avises trop tard : que veux-tu que je fasse?
J'ai poussé Clarimond à lui faire un appel ;
J'ai charge de sa part de lui rendre un cartel :
Le puis-je supprimer?

THÉANTE.

Non, mais tu pourrois faire[4]....

DAMON.

Quoi?

THÉANTE.

Que Clarimond prît un sentiment contraire.   1390

DAMON.

Le détourner d'un coup où seul je l'ai porté !
Mon courage est mal propre à cette lâcheté.

THÉANTE.

A de telles raisons je n'ai de repartie,
Sinon que c'est à moi de rompre la partie.
J'en vais semer le bruit.

---

1. *Var.* Inégal en fortune aux biens de cette belle. (1637-64)
2. *Var.* Que pourrois-je en ce cas prétendre de ses pleurs?
   Mon espoir se peut-il fonder sur ses douleurs? (1637-57)
3. *Var.* Et si de l'obtenir je me sens incapable,
   Florame est mon ami, d'où tu peux inférer
   Qu'à tout autre qu'à moi je le dois préférer,
   Et verrois à regret qu'un autre eût pris sa place. (1637-57)
4. *Var.*   Non pas, mais tu peux faire....
   DAM. Quoi? TH. Que Clarimond prenne un mouvement contraire. (1637-57)

ACTE V, SCÈNE I.

DAMON.

Et sur ce bruit tu veux.... 1395

THÉANTE.

Qu'on leur donne dans peu des gardes à tous deux,
Et qu'une main puissante arrête leur querelle.
Qu'en dis-tu, cher ami?

DAMON.

L'invention est belle,
Et le chemin bien court à les mettre d'accord;
Mais souffre auparavant que j'y fasse un effort. 1400
Peut-être mon esprit trouvera quelque ruse[1]
Par où, sans en rougir, du cartel je m'excuse[2].
Ne donnons point sujet de tant parler de nous,
Et sachons seulement à quoi tu te résous.

THÉANTE.

A les laisser en paix, et courir l'Italie 1405
Pour divertir le cours de ma mélancolie,
Et ne voir point Florame emporter à mes yeux
Le prix où prétendoit mon cœur ambitieux.

DAMON.

Amarante, à ce compte, est hors de ta pensée?

THÉANTE.

Son image du tout n'en est pas effacée; 1410
Mais....

DAMON.

Tu crains que pour elle on te fasse un duel.

THÉANTE.

Railler un malheureux, c'est être trop cruel.
Bien que ses yeux encor règnent sur mon courage[3],
Le bonheur de Florame à la quitter m'engage :

---

1. *Var.* Peut-être mon esprit treuvera quelque ruse. (1637-52)
2. *Var.* Par où, mon honneur sauf, du cartel je m'excuse. (1637-57)
3. *Var.* Bien que j'adore encor l'excès de son mérite,
   Florame ayant Daphnis, de honte je la quitte. (1637-57)

Le ciel ne nous fit point et pareils et rivaux, 1415
Pour avoir des succès tellement inégaux.
C'est me perdre d'honneur, et par cette poursuite,
D'égal que je lui suis, me ranger à sa suite.
Je donne désormais des règles à mes feux :
De moindres que Daphnis sont incapables d'eux; 1420
Et rien dorénavant n'asservira mon âme
Qui ne me puisse mettre au-dessus de Florame.
Allons : je ne puis voir sans mille déplaisirs
Ce possesseur du bien où tendoient mes desirs.

DAMON.

Arrête : cette fuite est hors de bienséance, 1425
Et je n'ai point d'appel à faire en ta présence.

(Théante le retire du théâtre comme par force¹.)

SCÈNE II.

FLORAME.

Jetterai-je toujours des menaces en l'air,
Sans que je sache enfin à qui je dois parler?
Auroit-on jamais cru qu'elle me fût ravie,
Et qu'on me pût ôter Daphnis avant la vie? 1430
Le possesseur du prix de ma fidélité,
Bien que je sois vivant, demeure en sûreté;
Tout inconnu qu'il m'est, il produit ma misère;
Tout mon rival qu'il est, il rit de ma colère².
Rival! ah, quel malheur! j'en ai pour me bannir, 1435
Et cesse d'en avoir quand je le veux punir.
  Grands Dieux, qui m'enviez cette juste allégeance
Qu'un amant supplanté tire de la vengeance,
Et me cachez le bras dont je reçois les coups,

---

1. Ce jeu de scène n'est pas dans l'édition de 1637.
2. *Var.* Et tout rival qu'il m'est, il rit de ma colère. (1637-57)

Est-ce votre dessein que je m'en prenne à vous ? 1440
Est-ce votre dessein d'attirer mes blasphèmes,
Et qu'ainsi que mes maux mes crimes soient extrêmes[1] ;
Qu'à mille impiétés osant me dispenser[2],
A votre foudre oisif je donne où se lancer ?
Ah ! souffrez qu'en l'état de mon sort déplorable 1445
Je demeure innocent, encor que misérable ;
Destinez à vos feux d'autres objets que moi :
Vous n'en sauriez manquer, quand on manque de foi.
Employez le tonnerre à punir les parjures,
Et prenez intérêt vous-même à mes injures : 1450
Montrez, en me vengeant, que vous êtes des dieux[3],
Ou conduisez mon bras, puisque je n'ai point d'yeux,
Et qu'on sait dérober d'un rival qui me tue
Le nom à mon oreille, et l'objet à ma vue.

Rival, qui que tu sois, dont l'insolent amour 1455
Idolâtre un soleil et n'ose voir le jour,
N'oppose plus ta crainte à l'ardeur qui te presse :
Fais-toi, fais-toi connoître allant voir ta maîtresse.

SCÈNE III.
FLORAME, AMARANTE.

FLORAME.

Amarante (aussi bien te faut-il confesser
Que la seule Daphnis avoit su me blesser[4]), 1460
Dis-moi qui me l'enlève : apprends-moi quel mystère
Me cache le rival qui possède son père ;

1. *Var.* Et qu'ainsi que mes maux mes forfaits soient extrêmes. (1637-57)
2. Voyez tome I, p. 268, note 2.
3. *Var.* Montrez, en m'assistant, que vous êtes des dieux,
    Et conduisez mon bras, puisque je n'ai point d'yeux. (1637-57)
4. *Var.* Qu'au lieu de toi Daphnis occupoit mon penser. (1637-57)

202 LA SUIVANTE.

A quel heureux amant Géraste a destiné
Ce beau prix que l'amour m'avoit si bien donné[1].
AMARANTE.
Ce dût[2] vous être assez de m'avoir abusée,   1465
Sans faire encor de moi vos sujets de risée.
Je sais que le vieillard favorise vos feux,
Et que rien que Daphnis n'est contraire à vos vœux.
FLORAME.
Que me dis-tu, lui seul et sa rigueur nouvelle[3]
Empêchant[4] les effets d'une ardeur mutuelle?   1470
AMARANTE.
Pensez-vous me duper avec ce feint courroux?
Lui-même il m'a prié de lui parler pour vous.
FLORAME.
Vois-tu, ne t'en ris plus; ta seule jalousie
A mis à ce vieillard ce change en fantaisie.
Ce n'est pas avec moi que tu te dois jouer,   1475
Et ton crime redouble à le désavouer[5];
Mais sache qu'aujourd'hui, si tu ne fais en sorte
Que mon fidèle amour sur ce rival l'emporte,
J'aurai trop de moyens à te faire sentir
Qu'on ne m'offense point sans un prompt repentir.   1480

---

1. *Var.* Un bien si précieux qu'Amour m'avoit donné.
AMAR. Ce vous dût être assez de m'avoir abusée. (1637)
Var. Ce trésor que l'amour m'avoit si bien donné. (1644-57)
2. *Ce dût*, c'est-à-dire *ce devroit*. Le mot a, dans toutes les éditions, ou une *s*, ou un accent circonflexe, ou un accent et une *s* à la fois : *deust, dûst*.
3. *Var.* Tu t'abuses : lui seul et sa rigueur cruelle. (1637-57)
4. Telle est la leçon des éditions de 1668 et de 1682. Elle peut bien se comprendre; cependant, comme toutes les autres éditions donnent *empêchent*, au lieu d'*empêchant*, ce participe ne serait-il pas une faute d'impression?
5. *Var.* Tu redoubles ton crime à le désavouer;
Et sache qu'aujourd'hui, si tu ne fais en sorte. (1637-60)

SCÈNE IV.

AMARANTE.

Voilà de quoi tomber en[1] un nouveau dédale.
O ciel! qui vit jamais confusion égale?
Si j'écoute Daphnis, j'apprends qu'un feu puissant
La brûle pour Florame, et qu'un père y consent;
Si j'écoute Géraste, il lui donne Florame,   1485
Et se plaint que Daphnis en rejette la flamme;
Et si Florame est cru, ce vieillard aujourd'hui
Dispose de Daphnis pour un autre que lui.
Sous un tel embarras je me trouve accablée;
Eux ou moi, nous avons la cervelle troublée,   1490
Si ce n'est qu'à dessein ils se soient concertés[2]
Pour me faire enrager par ces diversités.
Mon foible esprit s'y perd et n'y peut rien comprendre :
Pour en venir à bout, il me les faut surprendre,
Et quand ils se verront, écouter leurs discours,   1495
Pour apprendre par là le fond de ces détours.
  Voici mon vieux rêveur; fuyons de sa présence,
Qu'il ne m'embrouille encor de quelque confidence[3] :
De crainte que j'en ai, d'ici je me bannis,
Tant qu'avec lui je voie ou Florame ou Daphnis.   1500

---

1. *Dans*, qui est la leçon généralement adoptée, ne se trouve dans aucune des éditions imprimées du vivant de Corneille, mais seulement dans celle de 1692.
2. *Var.* Si ce n'est qu'à dessein ils veuillent tout mêler,
   Et soient d'intelligence à me faire affoler. (1637-64)
3. *Var.* Qu'il ne nous brouille encor de quelque confidence. (1637-57)

SCÈNE V.

GÉRASTE, POLÉMON.

POLÉMON.

J'ai grand regret, Monsieur, que la foi qui vous lie
Empêche que chez vous mon neveu ne s'allie,
Et que son feu m'emploie aux offres qu'il vous fait,
Lorsqu'il n'est plus en vous d'en accepter l'effet.

GÉRASTE.

C'est un rare trésor que mon malheur me vole[1] ; 1505
Et si l'honneur souffroit un manque de parole,
L'avantageux parti que vous me présentez
Me verroit aussitôt prêt à ses volontés[2].

POLÉMON.

Mais si quelque hasard rompoit cette alliance ?

GÉRASTE.

N'ayez lors, je vous prie, aucune défiance : 1510
Je m'en tiendrois heureux, et ma foi vous répond
Que Daphnis sans tarder épouse Clarimond.

POLÉMON.

Adieu : faites état de mon humble service.

GÉRASTE.

Et vous pareillement d'un cœur sans artifice.

---

1. *Var.* C'est moi qui suis marri que pour cet hyménée
Je ne puis révoquer la parole donnée. (1637-57)
2. *Var.* Me verroit sans cela prêt à ses volontés.
POL. Mais si quelque malheur rompoit cette alliance?
GÉR. Qu'il n'ait lors de ma part aucune défiance. (1637-57)

SCÈNE VI.

CÉLIE, GÉRASTE.

CÉLIE.

De sorte qu'à mes yeux votre foi lui répond 1515
Que Daphnis sans tarder épouse Clarimond?

GÉRASTE.

Cette vaine promesse en un cas impossible
Adoucit un refus et le rend moins sensible :
C'est ainsi qu'on oblige un homme à peu de frais.

CÉLIE.

Ajouter l'impudence à vos perfides traits! 1520
Il vous faudroit du charme au lieu de cette ruse,
Pour me persuader que qui promet refuse.

GÉRASTE.

J'ai promis, et tiendrois ce que j'ai protesté[1],
Si Florame rompoit le concert arrêté.
Pour Daphnis, c'est en vain qu'elle fait la rebelle; 1525
J'en viendrai trop à bout.

CÉLIE.

Impudence nouvelle[2]!
Florame, que Daphnis fait maître de son cœur,
De votre seul caprice accuse la rigueur[3];
Et je sais que sans vous leur mutuelle flamme
Uniroit deux amants qui n'ont déjà qu'une âme. 1530
Vous m'osez cependant effrontément conter

---

1. *Var.* J'ai promis, il est vrai, mais au cas seulement
    Que Florame ou sa sœur courût au changement. (1637-57)
2. L'édition de 1682 porte, par erreur sans doute : « Impudente nouvelle ! »
3. *Var.* Ne se plaint que de vous et de votre rigueur;
    Et sans vous on verroit leur mutuelle flamme
    Unir bientôt deux corps qui n'ont déjà qu'une âme.
    Vous m'allez cependant effrontément conter
    Que Daphnis sur ce point ose vous résister! (1637-57)

Que Daphnis sur ce point aime à vous résister !
Vous m'en aviez promis une tout autre issue :
J'en ai porté parole après l'avoir reçue.
Qu'avois-je contre vous ou fait ou projeté, 1535
Pour me faire tremper en votre lâcheté?
Ne pouviez-vous trahir que par mon entremise?
Avisez : il y va de plus que de Florise.
Ne vous estimez pas quitte pour la quitter,
Ni que de cette sorte on se laisse affronter¹. 1540

GÉRASTE.

Me prends-tu donc pour homme à manquer de parole
En faveur d'un caprice où s'obstine une folle?
Va, fais venir Florame : à ses yeux tu verras
Que pour lui mon pouvoir ne s'épargnera pas,
Que je maltraiterai Daphnis en sa présence 1545
D'avoir pour son amour si peu de complaisance.
Qu'il vienne seulement voir un père irrité,
Et joindre sa prière à mon autorité ;
Et lors, soit que Daphnis y résiste ou consente,
Crois que ma volonté sera la plus puissante². 1550

CÉLIE.

Croyez que nous tromper ce n'est pas votre mieux.

GÉRASTE.

Me foudroie en ce cas la colère des cieux!

---

1. *Var.* [Ni que de cette sorte on se laisse affronter.]
Florame a trop de cœur. GÉR. Et moi trop de courage
Pour manquer où l'amour, l'honneur, la foi m'engage.
Va donc, va le chercher : à ses yeux tu verras. (1637-57)
2. *Var.* Enfin ma volonté sera la plus puissante. (1637-64)

SCÈNE VII.
GÉRASTE, DAPHNIS.

GÉRASTE, seul.

Géraste, sur-le-champ il te falloit contraindre
Celle que ta pitié ne pouvoit ouïr plaindre.
Tu n'as pu refuser du temps à ses douleurs,   1555
Ton cœur s'attendrissoit de voir couler ses pleurs;
Et pour avoir usé trop peu de ta puissance,
On t'impute à forfait sa désobéissance.
(Daphnis vient[1].)
Un traitement trop doux te fait croire sans foi.
  Faudra-t-il que de vous je reçoive la loi,   1560
Et que l'aveuglement d'une amour obstinée
Contre ma volonté règle votre hyménée?
Mon extrême indulgence a donné par malheur
A vos rébellions quelque foible couleur;
Et pour quelque moment que vos feux m'ont su plaire,
Vous pensez avoir droit de braver ma colère[2];
Mais sachez qu'il falloit, ingrate, en vos amours,
Ou ne m'obéir point, ou m'obéir toujours.

DAPHNIS.

Si dans mes premiers feux je vous semble obstinée,
C'est l'effet de ma foi sous votre aveu donnée.   1570
Quoi que mette en avant votre injuste courroux,
Je ne veux opposer à vous-même que vous.
Votre permission doit être irrévocable :
Devenez seulement à vous-même semblable.
Il vous falloit, Monsieur, vous-même à mes amours[3]

---

1. *Var. Daphnis sort.* (1637, en marge, 1644 et 52-60) — *Daphnis vient sur le théâtre.* (1663, en marge.) — Ce jeu de scène manque dans l'édition de 1648, qui porte seule, après le vers 1559 : *A Daphnis.*

2. *Var.* Vous vous autorisez à m'être réfractaire. (1637)

3. *Var.* Il vous falloit, Monsieur, vous-même en mes amours. (1637)

Ou ne consentir point ou consentir toujours.
Je choisirai la mort plutôt que le parjure :
M'y voulant obliger, vous vous faites injure.
Ne veuillez point combattre ainsi hors de saison
Votre vouloir, ma foi, mes pleurs, et la raison.   1580
Que vous a fait Daphnis? que vous a fait Florame,
Que pour lui vous vouliez que j'éteigne ma flamme?

GÉRASTE.

Mais que vous a-t-il fait, que pour lui seulement
Vous vous rendiez rebelle à mon commandement?
Ma foi n'est-elle rien au-dessus de la vôtre¹?   1585
Vous vous donnez à l'un; ma foi vous donne à l'autre.
Qui le doit emporter ou de vous ou de moi?
Et qui doit de nous deux plutôt manquer de foi?
Quand vous en manquerez, mon vouloir vous excuse.
Mais à trop raisonner moi-même je m'abuse :   1590
Il n'est point de raison valable entre nous deux,
Et pour toute raison il suffit que je veux.

DAPHNIS.

Un parjure jamais ne devient légitime;
Une excuse ne peut justifier un crime.
Malgré vos changements, mon esprit résolu   1595
Croit suffire à mes feux que vous ayez voulu².

SCÈNE VIII.

GÉRASTE, DAPHNIS, FLORAME, CÉLIE, AMARANTE.

DAPHNIS³.

Voici ce cher amant qui me tient engagée,

1. *Var.* Ma foi doit-elle pas prévaloir sur la vôtre? (1637-57)
2. C'est-à-dire : croit qu'il suffit à mes feux que vous ayez voulu.
3. *Var.* DAPHNIS, *montrant Florame.* (1648)

ACTE V, SCÈNE VIII.

A qui sous votre aveu ma foi s'est obligée :
Changez de volonté pour un objet nouveau;
Daphnis épousera Florame, ou le tombeau.   1600

GÉRASTE.

Que vois-je ici, bons Dieux?

DAPHNIS.

Mon amour, ma constance.

GÉRASTE.

Et sur quoi donc fonder ta désobéissance?
Quel envieux démon, et quel charme assez fort
Faisoit entre-choquer deux volontés d'accord?
C'est lui que tu chéris[1] et que je te destine;   1605
Et ta rébellion dans un refus s'obstine!

FLORAME.

Appelez-vous refus de me donner sa foi
Quand votre volonté se déclara pour moi?
Et cette volonté, pour un autre tournée,
Vous peut-elle obéir après la foi donnée?   1610

GÉRASTE.

C'est pour vous que je change, et pour vous seulement
Je veux qu'elle renonce à son premier amant.
Lorsque je consentis à sa secrète flamme,
C'étoit pour Clarimond qui possédoit son âme :
Amarante du moins me l'avoit dit ainsi.   1615

DAPHNIS.

Amarante, approchez : que tout soit éclairci.
Une telle imposture est-elle pardonnable?

AMARANTE.

Mon amour pour Florame en est le seul coupable :

---

1. L'édition de 1637 porte : *C'est lui que je chéris,* ce qui est vraisemblablement une erreur.

Mon esprit l'adoroit; et vous étonnez-vous
S'il devint inventif¹, puisqu'il étoit jaloux ? 1620
GÉRASTE.
Et par là tu voulois....
AMARANTE.
Que votre âme déçue
Donnât à Clarimond une si bonne issue,
Que Florame, frustré de l'objet de ses vœux,
Fût réduit désormais à seconder mes feux.
FLORAME.
Pardonnez-lui, Monsieur; et vous, daignez, Madame²,
Justifier son feu par votre propre flamme :
Si vous m'aimez encor, vous devez estimer
Qu'on ne peut faire un crime à force de m'aimer.
DAPHNIS.
Si je t'aime, Florame ? Ah! ce doute m'offense³.
D'Amarante avec toi je prendrai la défense. 1630
GÉRASTE.
Et moi, dans ce pardon je vous veux prévenir;
Votre hymen aussi bien saura trop la punir.
DAPHNIS.
Qu'un nom tu par hasard nous a donné de peine!
CÉLIE.
Mais que su maintenant il rend sa ruse vaine,
Et donne un prompt succès à vos contentements! 1635

1. Suivant la Fontaine il n'est pas même nécessaire d'être jaloux, l'amour suffit :
        Soyez amant, vous serez inventif.
           (*Contes, le Cuvier*, vers 1.)
— On lit dans l'édition de 1682 : *S'il devient inventif*, ce qui doit être une erreur.
2. *Var.* Pardonnez-lui, Monsieur; et vous, ma chère vie,
    Voyez que votre exemple au pardon vous convie. (1637-64)
3. *Var.* Si je t'aime, mon heur? Ah! ce doute m'offense. (1637-57)

ACTE V, SCÈNE VIII.

FLORAME, à Géraste.

Vous, de qui je les tiens....

GÉRASTE.

Trêve de compliments :
Ils nous empêcheroient de parler de Florise.

FLORAME.

Il n'en faut point parler : elle vous est acquise.

GÉRASTE.

Allons donc la trouver : que cet échange heureux[1]
Comble d'aise à son tour un vieillard amoureux! 1640

DAPHNIS.

Quoi! je ne savois rien d'une telle partie!

FLORAME.

Je pense toutefois vous avoir avertie[2]
Qu'un grand effet d'amour, avant qu'il fût longtemps,
Vous rendroit étonnée et nos desirs contents[3].
Mais différez, Monsieur, une telle visite : 1645
Mon feu ne souffre point que sitôt je la quitte ;
Et d'ailleurs je sais trop que la loi du devoir
Veut que je sois chez nous pour vous y recevoir.

GÉRASTE, à Célie.

Va donc lui témoigner le desir qui me presse.

FLORAME.

Plutôt fais-la venir saluer ma maîtresse : 1650
Ainsi tout à la fois nous verrons satisfaits[4]
Vos feux et mon devoir, ma flamme et vos souhaits.

GÉRASTE.

Je dois être honteux d'attendre qu'elle vienne.

---

1. *Var.* Allons donc la trouver : que cet échange heureux. (1637-52)
2. *Var.* Mon cœur, s'il t'en souvient, je t'avois avertie. (1637-57)
3. *Var.* Te rendroit étonnée et nos desirs contents. (1637-57)
4. *Var.* Par cette invention vous et moi satisfaits,
Sans faillir au devoir, nous aurons nos souhaits.
gér. Mais le mien toutefois veut que je la prévienne. (1637-57)

CÉLIE.

Attendez-la, Monsieur, et qu'à cela ne tienne :
Je cours exécuter cette commission.

GÉRASTE.

Le temps en sera long à mon affection.

FLORAME.

Toujours l'impatience à l'amour est mêlée.

CÉRASTE.

Allons dans le jardin faire deux tours d'allée,
Afin que cet ennui que j'en pourrai sentir[1]
Parmi votre entretien trouve à se divertir.

SCÈNE IX.

AMARANTE.

Je le perds donc, l'ingrat, sans que mon artifice[2]
Ait tiré de ses maux aucun soulagement,
Sans que pas un effet ait suivi ma malice,
Où ma confusion n'égalât son tourment.

Pour agréer ailleurs il tâchoit à me plaire,
Un amour dans la bouche, un autre dans le sein :
J'ai servi de prétexte à son feu téméraire,
Et je n'ai pu servir d'obstacle à son dessein.

Daphnis me le ravit, non par son beau visage,
Non par son bel esprit ou ses doux entretiens,
Non que sur moi sa race ait aucun avantage,
Mais par le seul éclat qui sort d'un peu de biens.

---

1. *Var.* Afin qu'ainsi l'ennui que j'en pourrai sentir
   Dedans votre entretien se puisse divertir. (1637-57)
2. *Var.* Je le perds sans avoir de tout mon artifice
   Qu'autant de mal que lui, bien que diversement,
   Vu que pas un effet n'a suivi ma malice. (1637-57)

Filles que la nature a si bien partagées,
Vous devez présumer fort peu de vos attraits :
Quelques charmants[1] qu'ils soient, vous êtes négligées,
A moins que la fortune en rehausse les traits[2].

Mais encor que Daphnis eût captivé Florame,
Le moyen qu'inégal il en fût possesseur?
Destins, pour rendre aisé le succès de sa flamme[3],
Falloit-il qu'un vieux fou fût épris de sa sœur?   1680

Pour tromper mon attente et me faire un supplice,
Deux fois l'ordre commun se renverse en un jour :
Un jeune amant s'attache aux lois de l'avarice,
Et ce vieillard pour lui suit celles de l'amour.

Un discours amoureux n'est qu'une fausse amorce,   1685
Et Théante et Florame ont feint pour moi des feux :
L'un m'échappe de gré, comme l'autre de force;
J'ai quitté l'un pour l'autre, et je les perds tous deux.

Mon cœur n'a point d'espoir dont je ne sois séduite[4] :
Si je prends quelque peine, une autre en a les fruits[5];
Et dans le triste état où le ciel m'a réduite,
Je ne sens que douleurs et ne prévois qu'ennuis.

---

1. On a imprimé, par erreur sans doute, *charmes*, au lieu de *charmants*, dans l'édition de 1682. — Sur l'orthographe de *quelques*, voyez tome I, p. 205, note 3.
2. *Var.* Sinon quand la fortune en fait les plus beaux traits. (1637-57)
3. *Var.* Ciel, pour faciliter le succès de sa flamme,
   Falloit-il qu'un vieillard fût épris de sa sœur?

   Oui, ciel, il le falloit : ce n'est pas sans justice
   Que cet esprit usé se renverse à son tour :
   Puisqu'un jeune amant suit les lois de l'avarice,
   Il faut bien qu'un vieillard suive celles d'amour. (1637-57)
4. *Var.* Mon cœur n'a point d'espoir d'où je ne sois séduite (*a*). (1637)
5. *Var.* Si je prends quelque peine, un autre en a les fruits.
   Qu'au misérable état où je me vois réduite,
   J'aurai bien à passer encor de tristes nuits! (1637-57)

(*a*) C'est-à-dire dans lequel je ne sois déçue.

Vieillard, qui de ta fille achètes une femme
Dont peut-être aussitôt tu seras mécontent,
Puisse le ciel, aux soins qui te vont ronger l'âme, 1695
Dénier le repos du tombeau qui t'attend !

Puisse le noir chagrin de ton humeur jalouse[1]
Me contraindre moi-même à déplorer ton sort,
Te faire un long trépas, et cette jeune épouse
User toute sa vie à souhaiter ta mort ! 1700

1. *Var.* Puisse enfin ta foiblesse et ton humeur jalouse
Te frustrer désormais de tout contentement (*a*),
Te remplir de soupçons, et cette jeune épouse
Joindre à mille mépris le secours d'un amant ! (1637-57)

(*a*) Te priver désormais de tout contentement. (1644-57)

FIN DU CINQUIÈME ET DERNIER ACTE.

LA PLACE ROYALE

COMÉDIE

1635

NOTICE.

Le succès de *la Galerie du Palais*, dû en grande partie, comme notre poëte l'a remarqué lui-même, au plaisir qu'éprouvaient les spectateurs en se voyant transportés dans un endroit qu'ils fréquentaient d'ordinaire, l'engagea à choisir pour théâtre d'une autre comédie la place Royale, qui, à cette époque, était la promenade à la mode, le lieu de réunion de la société la plus brillante, le centre des rendez-vous et des intrigues amoureuses.

> Adieu, belle place où n'habite
> Que mainte personne d'élite,

dit Scarron dans son *Adieu au Marais et à la place Royale*, composé en 1643[1]; et la curieuse liste qui suit ces deux vers les justifie pleinement.

La prédilection de Corneille pour les titres empruntés à divers endroits fameux de la ville de Paris a été critiquée en ces termes par un de ses censeurs : « Il a fait voir une *Mélite*, *la Galerie du Palais* et *la Place Royale*, ce qui nous faisoit espérer que Mondory annonceroit bientôt *le Cimetière Saint-Jean*, *la Samaritaine* et *la Place aux Veaux*[2]. »

---

1. Cette date est facile à établir, car Scarron parle dans cette pièce de la fille de la duchesse de Rohan,

> A qui depuis deux ans en ça
> On offrit l'illustre Bassa.

Or *Ibrahim ou l'illustre Bassa*, de Mlle de Scudéry, a paru en 1641.

2. *Lettre à *** sous le nom d'Ariste*, p. 7.

Quant à Claveret, il ne blâme point ce procédé, mais il accuse Corneille de le lui avoir dérobé : « Ce que ma plume a produit autrefois ne m'a point fait rougir de honte, et si du temps que j'écrivois, vous ne m'eussiez cru capable au moins de vous suivre, vous n'eussiez pas tâché malicieusement d'éteindre ce peu de lumière, avec laquelle j'essayois de me faire connoître, établissant le titre d'une de vos pièces sur le fondement d'une seule rime[1]. J'entends parler de votre *Place Royale*, que vous eussiez aussi bien appelée *la Place Dauphine*, ou autrement, si vous eussiez pu perdre l'envie de me choquer; pièce que vous vous résolûtes de faire, dès que vous sûtes que j'y travaillois, ou pour satisfaire votre passion jalouse, ou pour contenter celle des comédiens que vous serviez. Cela n'a pas empêché que je n'en aye reçu tout le contentement que j'en pouvois légitimement attendre, et que les honnêtes gens qui se rendirent en foule à ses représentations n'ayent honoré de quelques louanges l'invention de mon esprit. J'ajouterois bien qu'elle eut la gloire et le bonheur de plaire au Roi étant à Forges[2],

1. Ainsi je veux punir ma flamme déloyale.
   Ainsi....
                    ALIDOR.
   Te rencontrer dans la Place Royale.
   (Acte I, scènes III et IV, vers 177 et 178.)

2. Claveret avait composé pour cette visite du Roi aux eaux de Forges une pièce que, de l'aveu d'un de ses apologistes, il ne put faire accepter. Nous lisons dans *l'Ami du Cid à Claveret* (p. 5) : « Votre *Place Royale* suit assez bien, et je vous confesse qu'elle fut trouvée si bonne à Forges, que Mondory et ses compagnons qui en avoient les eaux dans la saison du monde la plus propre pour les boire, n'en voulurent jamais goûter : tout le monde n'entendra pas ceci peut-être, c'est que vous avez fait une pièce intitulée *les Eaux de Forges*, que vous leur donnâtes, où il ne manquoit chose du monde, sinon que le sujet, la conduite et les vers ne valoient rien du tout. A cela près c'étoit une assez belle chose. » Dans la *Réponse à l'Ami du Cid* (p. 45 de l'*Épitre familière du Sr Mayret*), Claveret est ainsi défendu : « Pour sa pièce intitulée *les Eaux de Forges*, vous avez bien raison de dire pour faire une mauvaise pointe que Mondory et ses compagnons n'en voulurent jamais goûter dans la saison du monde la plus propre pour les boire, mais non pas de vouloir conclure par là qu'elle ne vaut rien, puisqu'il est vrai qu'ils ne

NOTICE.

plus qu'aucune autre des pièces qui parut lors sur son théâtre[1].... »

La comédie de Corneille, jouée en 1635, ne fut imprimée qu'en vertu du privilége dont nous avons donné un extrait dans notre notice sur *la Galerie du Palais;* l'achevé d'imprimer est du 20 février 1637. Le volume, de format in-4°, se compose de 4 feuillets liminaires et de 112 pages ; son titre exact est :

LA PLACE ROYALLE, OU L'AMOVREVX EXTRAVAGANT. COMEDIE. *A Paris, chez Augustin Courbé....* M.DC.XXXVII. *Auec priuilege du Roy.*

Le sous-titre : *ou l'Amoureux Extrauagant*, a disparu dès l'édition de 1644.

A MONSIEUR ****[2]

MONSIEUR,

J'observe religieusement la loi que vous m'avez prescrite, et vous rends mes devoirs avec le même secret que je traiterois un amour, si j'étois homme à bonne fortune. Il me suffit que vous sachiez que je m'acquitte, sans le faire connoître à tout le monde, et sans que par cette publication je vous mette en mauvaise odeur auprès d'un sexe dont vous conservez les bonnes grâces avec tant de soin. Le héros de cette pièce ne traite pas bien les dames, et tâche d'établir des maximes qui leur

firent difficulté de la prendre que par la discrète crainte qu'ils eurent de fâcher quelques personnes de condition qui pouvoient reconnoître leurs aventures dans la représentation de cette pièce. »

1. *Lettre du Sr Claveret au Sr Corneille, soy disant Autheur du Cid,* p. 10.
2. Cette épître ne se trouve que dans les impressions antérieures à 1660. Nous donnons le texte de l'édition originale (1637).

sont trop désavantageuses, pour nommer son protecteur : elles s'imagineroient que vous ne pourriez l'approuver sans avoir grande part à ses sentiments, et que toute sa morale seroit plutôt un portrait de votre conduite qu'un effort de mon imagination; et véritablement, Monsieur, cette possession de vous-même, que vous conservez si parfaite parmi tant d'intrigues[1] où vous semblez embarrassé, en approche beaucoup. C'est de vous que j'ai appris que l'amour d'un honnête homme doit être toujours volontaire; qu'on ne doit jamais aimer en un point qu'on ne puisse n'aimer pas; que si on en vient jusque-là, c'est une tyrannie dont il faut secouer le joug; et qu'enfin la personne aimée nous a beaucoup plus d'obligation de notre amour, alors qu'elle est toujours l'effet de notre choix et de son mérite, que quand elle vient d'une inclination aveugle, et forcée par quelque ascendant de naissance à qui nous ne pouvons résister. Nous ne sommes point redevables à celui de qui nous recevons un bienfait par contrainte, et on ne nous donne point ce qu'on ne sauroit nous refuser. Mais je vais trop avant pour une épître : il sembleroit que j'entreprendrois la justification de mon Alidor; et ce n'est pas mon dessein de mériter par cette défense la haine de la plus belle moitié du monde, et qui domine si puissamment sur les volontés de l'autre. Un poëte n'est jamais garant des fantaisies[2] qu'il donne à ses acteurs; et si les dames trouvent ici quelques discours qui les blessent, je les supplie de se souvenir que j'appelle extravagant celui dont ils partent[3], et que par d'autres poëmes j'ai assez

1. Var. (édit. de 1644-57) : intriques.
2. Les éditions de 1652 et de 1657 ont *fantasies*, au lieu de *fantaisies*.
3. Var. (édit. de 1644-57) : de se souvenir que je les mets en la bouche d'un extravagant, et que par d'autres poëmes....

ÉPÎTRE.

relevé leur gloire et soutenu leur pouvoir, pour effacer les mauvaises idées que celui-ci leur pourra faire concevoir de mon esprit. Trouvez bon que j'achève par là, et que je n'ajoute à cette prière que je leur fais que la protestation d'être éternellement,

MONSIEUR,

Votre très-humble et très-obéissant serviteur[1],

CORNEILLE.

EXAMEN.

JE ne puis dire tant de bien de celle-ci[2] que de la précédente. Les vers en sont plus forts; mais il y a manifestement une duplicité d'action. Alidor, dont l'esprit extravagant se trouve incommodé d'un amour qui l'attache trop, veut faire en sorte qu'Angélique sa maîtresse se donne à son ami Cléandre; et c'est pour cela qu'il lui fait rendre une fausse lettre qui le convainc de légèreté, et qu'il joint à cette supposition des mépris assez piquants pour l'obliger dans sa colère à accepter les affections d'un autre. Ce dessein avorte, et la donne à Doraste contre son intention; et cela l'oblige à en faire un nouveau pour la porter à un enlèvement. Ces deux desseins, formés ainsi l'un après l'autre, font deux actions, et donnent deux âmes au poëme, qui d'ailleurs finit assez mal par un mariage de deux personnes épisodiques, qui ne tiennent que le second rang dans la

1. VAR. (édit. de 1644-57) : Votre très-humble et très-fidèle serviteur.
2. Thomas Corneille, dans l'édition de 1692, a remplacé *celle-ci* par *cette pièce*. Voyez, au tome I, la note 1 de la p. 137.

pièce. Les premiers acteurs y achèvent bizarrement, et tout ce qui les regarde fait languir le cinquième acte, où ils ne paroissent plus, à le bien prendre, que comme seconds acteurs. L'épilogue d'Alidor n'a pas la grâce de celui de *la Suivante*, qui ayant été très-intéressée dans l'action principale, et demeurant enfin sans amant, n'ose expliquer ses sentiments en la présence de sa maîtresse et de son père, qui ont tous deux leur compte, et les laisse rentrer pour pester en liberté contre eux et contre sa mauvaise fortune, dont elle se plaint en elle-même, et fait par là connoître au spectateur l'assiette de son esprit après un effet si contraire à ses souhaits.

Alidor est sans doute trop bon ami pour être si mauvais amant. Puisque sa passion l'importune tellement qu'il veut bien outrager sa maîtresse pour s'en défaire, il devroit se contenter de ce premier effort, qui la fait obtenir à Doraste, sans s'embarrasser de nouveau pour l'intérêt d'un ami, et hasarder en sa considération un repos qui lui est si précieux. Cet amour de son repos n'empêche point qu'au cinquième acte il ne se montre encore passionné pour cette maîtresse, malgré la résolution qu'il avoit prise de s'en défaire, et les trahisons qu'il lui a faites : de sorte qu'il semble ne commencer à l'aimer véritablement que quand il lui a donné sujet de le haïr. Cela fait une inégalité de mœurs qui est vicieuse.

Le caractère d'Angélique sort de la bienséance, en ce qu'elle est trop amoureuse, et se résout trop tôt à se faire enlever par un homme qui lui doit être suspect. Cet enlèvement lui réussit mal; et il a été bon de lui donner un mauvais succès, bien qu'il ne soit pas besoin que les grands crimes soient punis dans la tragédie, parce que leur peinture imprime assez d'horreur pour en détourner les spectateurs. Il n'en est pas de même des fautes de cette nature, et elles pourroient engager un esprit jeune et amoureux à les imiter, si l'on voyoit que ceux qui les commettent vinssent à bout, par ce mauvais moyen, de ce qu'ils desirent.

Malgré cet abus, introduit par la nécessité et légitimé par l'usage, de faire dire dans la rue à nos amantes de comédie ce que vraisemblablement elles diroient dans leur chambre, je n'ai osé y placer Angélique durant la réflexion douloureuse qu'elle fait sur la promptitude et l'imprudence de ses ressentiments, qui la font consentir à épouser l'objet de sa haine : j'ai mieux aimé rompre la liaison des scènes, et l'unité de lieu, qui se trouve assez exacte en ce poëme à cela près, afin de la faire soupirer dans son cabinet avec plus de bienséance pour elle, et plus de sûreté pour l'entretien d'Alidor. Phylis, qui voit sortir de chez elle, en auroit trop vu si elle les avoit aperçus tous deux sur le théâtre; et au lieu du soupçon de quelque intelligence renouée entre eux qui la porte à l'observer durant le bal, elle auroit eu sujet d'en prendre une entière certitude, et d'y donner un ordre qui eût rompu tout le nouveau dessein d'Alidor et l'intrique de la pièce.

En voilà assez sur celle-ci; je passe aux deux qui restent dans ce volume[1].

---

[1]. A savoir *Médée* et *l'Illusion comique*. — Cette dernière phrase se trouve dans toutes les éditions qui renferment l'*Examen* (1660-1682). Elle est exacte pour les impressions in-8°, qui toutes contiennent huit pièces dans leur premier volume (voyez notre tome I, p. 4 et 5); mais elle ne l'est pas pour l'édition in-folio de 1663, qui en a douze au lieu de huit.

ACTEURS[1].

ALIDOR, amant d'Angélique.
CLÉANDRE, ami d'Alidor.
DORASTE, amoureux d'Angélique.
LYSIS, amoureux de Phylis.
ANGÉLIQUE, maîtresse d'Alidor et de Doraste.
PHYLIS, sœur de Doraste.
POLYMAS, domestique d'Alidor.
LYCANTE, domestique de Doraste.

La scène est à Paris dans la place Royale[2].

---

1. Dans l'édition de 1637 : LES ACTEURS.
2. VAR. (édit. de 1637-57) : La scène est à la place Royale.

LA PLACE ROYALE.

COMÉDIE.

ACTE I.

SCÈNE PREMIÈRE.

ANGÉLIQUE, PHYLIS.

ANGÉLIQUE.

Ton frère, je l'avoue, a beaucoup de mérite[1];
Mais souffre qu'envers lui cet éloge m'acquitte,
Et ne m'entretiens plus des feux qu'il a pour moi.

PHYLIS.

C'est me vouloir prescrire une trop dure loi.
Puis-je, sans étouffer la voix de la nature, 5
Dénier mon secours aux tourments qu'il endure?
Quoi! tu m'aimes, il meurt, et tu peux le guérir[2],
Et sans t'importuner je le verrois périr!
Ne me diras-tu point que j'ai tort de le plaindre?

---

1. *Var.* Ton frère eût-il encor cent fois plus de mérite,
   Tu reçois aujourd'hui ma dernière visite,
   Si tu m'entretiens plus des feux qu'il a pour moi.
   PHYL. Vraiment tu me prescris une fâcheuse loi.
   Je ne puis, sans forcer celles de la nature. (1637-57)
2. *Var.* Tu m'aimes, il se meurt, et tu le peux guérir,
   Et sans t'importuner je le lairrois périr!
   Me défendras-tu point à la fin de le plaindre? (1637-57)

ANGÉLIQUE.
C'est un mal bien léger qu'un feu qu'on peut éteindre[1]. 10
PHYLIS.
Je sais qu'il le devroit, mais avec tant d'appas[2],
Le moyen qu'il te voie et ne t'adore pas?
Ses yeux ne souffrent point que son cœur soit de glace;
On ne pourroit aussi m'y résoudre en sa place[3];
Et tes regards, sur moi plus forts que tes mépris, 15
Te sauroient conserver ce que tu m'aurois pris.
ANGÉLIQUE.
S'il veut garder encor cette humeur obstinée[4],
Je puis bien m'empêcher d'en être importunée,
Feindre un peu de migraine, ou me faire celer :
C'est un moyen bien court de ne lui plus parler; 20
Mais ce qui m'en déplaît et qui me désespère[5],
C'est de perdre la sœur pour éviter le frère,
Et me violenter à fuir ton entretien[6],
Puisque te voir encor c'est m'exposer au sien.
Du moins, s'il faut quitter cette douce pratique[7], 25
Ne mets point en oubli l'amitié d'Angélique,
Et crois que ses effets auront leur premier cours[8]
Aussitôt que ton frère aura d'autres amours.
PHYLIS.
Tu vis d'un air étrange et presque insupportable.
ANGÉLIQUE.
Que toi-même pourtant dois trouver équitable[9]; 30

1. *Var.* Le mal est bien léger d'un feu qu'on peut éteindre. (1637)
2. *Var.* Il le devroit du moins, mais avec tant d'appas. (1637-57)
3. *Var.* Aussi ne pourroit-on m'y résoudre en sa place. (1637-57)
4. *Var.* S'il vit dans une humeur tellement obstinée. (1637-57)
5. *Var.* Mais ce qui me déplaît et qui me désespère. (1637-60)
6. *Var.* Rompre notre commerce et fuir ton entretien. (1637-57)
7. *Var.* Que s'il me faut quitter cette douce pratique. (1637-57)
8. *Var.* Sûre que ses effets auront leur premier cours
Aussitôt que ton frère éteindra ses amours. (1637-57)
9. *Var.* Que toi-même pourtant trouverois équitable. (1637-57)

ACTE I, SCÈNE I.

Mais la raison sur toi ne sauroit l'emporter :
Dans l'intérêt d'un frère on ne peut l'écouter.

PHYLIS.

Et par quelle raison négliger son martyre?

ANGÉLIQUE.

Vois-tu, j'aime Alidor, et c'est assez te dire[1].
Le reste des mortels pourroit m'offrir des vœux, 35
Je suis aveugle, sourde, insensible pour eux;
La pitié de leurs maux ne peut toucher mon âme
Que par des sentiments dérobés à ma flamme.
On ne doit point avoir des amants par quartier;
Alidor a mon cœur et l'aura tout entier; 40
En aimer deux, c'est être à tous deux infidèle.

PHYLIS.

Qu'Alidor seul te rende à tout autre cruelle,
C'est avoir pour le reste un cœur trop endurci.

ANGÉLIQUE.

Pour aimer comme il faut, il faut aimer ainsi.

PHYLIS.

Dans l'obstination où je te vois réduite, 45
J'admire ton amour et ris de ta conduite.
  Fasse état qui voudra de ta fidélité,
Je ne me pique point de cette vanité,
Et l'exemple d'autrui m'a trop fait reconnoître[2]
Qu'au lieu d'un serviteur c'est accepter un maître. 50
Quand on n'en souffre qu'un, qu'on ne pense qu'à lui,
Tous autres entretiens nous donnent de l'ennui;
Il nous faut de tout point vivre à sa fantaisie,
Souffrir de son humeur, craindre sa jalousie,

---

1. *Var.* Vois-tu, j'aime Alidor, et cela c'est tout dire. (1637-57)
2. *Var.* On a peu de plaisirs quand un seul les fait naître :
Au lieu d'un serviteur, c'est accepter un maître.
Dans les soins éternels de ne plaire qu'à lui,
Cent plus honnêtes gens nous donnent de l'ennui. (1637)

Et de peur que le temps n'emporte ses ferveurs¹,   55
Le combler chaque jour de nouvelles faveurs;
Notre âme, s'il s'éloigne, est chagrine, abattue²;
Sa mort nous désespère et son change nous tue,
Et de quelque douceur que nos feux soient suivis,
On dispose de nous sans prendre notre avis;   60
C'est rarement qu'un père à nos goûts s'accommode,
Et lors juge quels fruits on a de ta méthode.

Pour moi, j'aime un chacun, et sans rien négliger,
Le premier qui m'en conte a de quoi m'engager:
Ainsi tout contribue à ma bonne fortune;   65
Tout le monde me plait, et rien ne m'importune.
De mille que je rends l'un de l'autre jaloux,
Mon cœur n'est à pas un, et se promet à tous³:
Ainsi tous à l'envi s'efforcent à me plaire;
Tous vivent d'espérance, et briguent leur salaire;   70
L'éloignement d'aucun ne sauroit m'affliger,
Mille encore présents m'empêchent d'y songer.
Je n'en crains point la mort, je n'en crains point le change;
Un monde m'en console aussitôt ou m'en venge⁴.
Le moyen que de tant et de si différents   75
Quelqu'un n'ait assez d'heur pour plaire à mes parents?
Et si quelque inconnu m'obtient d'eux pour maîtresse⁵,
Ne crois pas que j'en tombe en profonde tristesse:

1. *Var.* Et de peur que le temps ne lâche ses ferveurs. (1637)
2. *Var.* Notre âme, s'il s'éloigne, est de deuil abattue. (1637-57)
3. *Var.* Mon cœur n'est à pas un en se donnant à tous;
Pas un d'eux ne me traite avecque tyrannie,
Et mon humeur égale à mon gré les manie;
Je ne fais à pas un tenir lieu de mignon,
Et c'est à qui l'aura dessus son compagnon.
Ainsi tous à l'envie s'efforcent de me plaire (*a*). (1637-57)
4. Les éditions de 1644, de 1652 et de 1657 portent, par erreur sans doute, *on m'en venge.*
5. *Var.* Et si leur choix fantasque un inconnu m'allie,
Ne crois pas que pourtant j'entre en mélancolie. (1637)

(*a*) Les éditions de 1637-48 donnent : *à me plaire*, comme l'édition de 1682.

ACTE I, SCÈNE I.

Il aura quelques traits de tant que je chéris,
Et je puis avec joie accepter tous maris. 80
ANGÉLIQUE.
Voilà fort plaisamment tailler cette matière,
Et donner à ta langue une libre carrière[1].
Ce grand flux de raisons dont tu viens m'attaquer
Est bon à faire rire, et non à pratiquer.
Simple, tu ne sais pas ce que c'est que tu blâmes, 85
Et ce qu'a de douceurs l'union de deux âmes;
Tu n'éprouvas jamais de quels contentements
Se nourrissent les feux des fidèles amants.
Qui peut en avoir mille en est plus estimée,
Mais qui les aime tous de pas un n'est aimée; 90
Elle voit leur amour soudain se dissiper :
Qui veut tout retenir laisse tout échapper.
PHYLIS.
Défais-toi, défais-toi de tes fausses maximes[2];
Ou si ces vieux abus te semblent légitimes[3],
Si le seul Alidor te plaît dessous les cieux, 95
Conserve-lui ton cœur, mais partage tes yeux :
De mon frère par là soulage un peu les plaies;
Accorde un faux remède à des douleurs si vraies;
Feins, déguise avec lui, trompe-le par pitié[4],
Ou du moins par vengeance et par inimitié. 100
ANGÉLIQUE.
Le beau prix qu'il auroit de m'avoir tant chérie,
Si je ne le payois que d'une tromperie!
Pour salaire des maux qu'il endure en m'aimant,
Il aura qu'avec lui je vivrai franchement.

---

1. *Var.* Et donner à ta langue une longue carrière. (1637-60)
2. *Var.* Défais-toi, défais-toi de ces fausses maximes. (1637-52 et 57)
3. *Var.* Ou si pour leur défense, aveugle, tu t'animes. (1637-57)
4. *Var.* Trompe-le, je t'en prie, et sinon par pitié,
   Pour le moins par vengeance ou par inimitié. (1637-57)

PHYLIS.

Franchement, c'est-à-dire avec mille rudesses, 105
Le mépriser, le fuir, et par quelques adresses
Qu'il tâche d'adoucir.... Quoi! me quitter ainsi!
Et sans me dire adieu! le sujet?

SCÈNE II.
DORASTE, PHYLIS.

DORASTE.
                              Le voici.
Ma sœur, ne cherche plus une chose trouvée :
Sa fuite n'est l'effet que de mon arrivée ; 110
Ma présence la chasse, et son muet départ
A presque devancé son dédaigneux regard.

PHYLIS.

Juge par là quels fruits produit mon entremise.
Je m'acquitte des mieux de la charge commise ;
Je te fais plus parfait mille fois que tu n'es : 115
Ton feu ne peut aller au point où je le mets ;
J'invente des raisons à combattre sa haine ;
Je blâme, flatte, prie, et perds toujours ma peine[1],
En grand péril d'y perdre encor son amitié,
Et d'être en tes malheurs avec toi de moitié. 120

DORASTE.

Ah! tu ris de mes maux.

PHYLIS.
                    Que veux-tu que je fasse?
Ris des miens, si jamais tu me vois en ta place.
Que serviroient mes pleurs ? Veux-tu qu'à tes tourments
J'ajoute la pitié de mes ressentiments?

Var. Je blâme, flatte, prie, et n'y perds que ma peine. (1637)

Après mille mépris qu'a reçus ta folie¹,   125
Tu n'es que trop chargé de ta mélancolie;
Si j'y joignois la mienne, elle t'accableroit,
Et de mon déplaisir le tien redoubleroit;
Contraindre mon humeur me seroit un supplice
Qui me rendroit moins propre à te faire service.   130
Vois-tu? par tous moyens je te veux soulager;
Mais j'ai bien plus d'esprit que de m'en affliger.
Il n'est point de douleur si forte en un courage
Qui ne perde sa force auprès de mon visage;
C'est toujours de tes maux autant de rabattu :   135
Confesse, ont-ils encor le pouvoir qu'ils ont eu?
Ne sens-tu point déjà ton âme un peu plus gaie?

DORASTE.

Tu me forces à rire en dépit que j'en aie;
Je souffre tout de toi, mais à condition
D'employer tous tes soins à mon affection².   140
Dis-moi par quelle ruse il faut....

PHYLIS.

                              Rentrons, mon frère :
Un de mes amants vient, qui pourroit nous distraire³.

---

1. *Var.* Après mille mépris reçus de ta maîtresse,
   Tu n'es que trop chargé de ta seule tristesse. (1637)
2. *Var.* [D'employer tous tes soins à mon affection.]
   PHYL. Non pas tous : j'en retiens pour moi quelque partie.
   DOR. Il étoit grand besoin de cette repartie;
   Ne ris plus, et regarde après tant de discours
   Par où tu me pourras donner quelque secours;
   [Dis-moi par quelle ruse il faut....] (1637)
3. *Var.* Un de mes amants vient, qui nous pourroit distraire. (1637-57)

SCÈNE III.

CLÉANDRE.

Que je dois bien faire pitié
De souffrir les rigueurs d'un sort si tyrannique!
J'aime Alidor, j'aime Angélique; 145
Mais l'amour cède à l'amitié,
Et jamais on n'a vu sous les lois d'une belle[1]
D'amant si malheureux, ni d'ami si fidèle.

Ma bouche ignore mes desirs,
Et de peur de se voir trahi par imprudence, 150
Mon cœur n'a point de confidence
Avec mes yeux ni mes soupirs :
Tous mes vœux sont muets, et l'ardeur de ma flamme[2]
S'enferme toute entière au dedans de mon âme.

Je feins d'aimer en d'autres lieux, 155
Et pour en quelque sorte alléger mon supplice,
Je porte du moins mon service
A celle qu'elle aime le mieux.
Phylis, à qui j'en conte, a beau faire la fine;
Son plus charmant appas[3], c'est d'être sa voisine. 160

Esclave d'un œil si puissant,
Jusque-là seulement me laisse aller ma chaîne,
Trop récompensé, dans ma peine,
D'un de ses regards en passant.
Je n'en veux à Phylis que pour voir Angélique, 165
Et mon feu, qui vient d'elle, auprès d'elle s'explique.

---

1. *Var.* Et l'on n'a jamais vu sous les lois d'une belle. (1637-57)
2. *Var.* Mes vœux pour sa beauté sont muets, et ma flamme,
    Non plus que son objet, ne sort point de mon âme. (1637-57)
3. Voyez tome I, p. 148, note 3.

ACTE I, SCÈNE III.

Ami, mieux aimé mille fois,
Faut-il, pour m'accabler de douleurs infinies,
    Que nos volontés soient unies
    Jusqu'à faire le même choix[1] ? 170
Viens quereller mon cœur d'avoir tant de foiblesse
Que de se laisser prendre au même œil qui te blesse.

    Mais plutôt vois te préférer
A celle que le tien préfère à tout le monde,
    Et ton amitié sans seconde 175
    N'aura plus de quoi murmurer.
Ainsi je veux punir ma flamme déloyale ;
Ainsi....

SCÈNE IV.

ALIDOR, CLÉANDRE.

ALIDOR.

Te rencontrer dans la place Royale,
Solitaire, et si près de ta douce prison,
Montre bien que Phylis n'est pas à la maison. 180

CLÉANDRE.

Mais voir de ce côté ta démarche avancée
Montre bien qu'Angélique est fort dans ta pensée.

ALIDOR.

Hélas ! c'est mon malheur : son objet trop charmant,
Quoi que je puisse faire, y règne absolument.

CLÉANDRE.

De ce pouvoir peut-être elle use en inhumaine ? 185

ALIDOR.

Rien moins, et c'est par là que redouble ma peine :

---

1. *Var.* Jusques à faire un même choix?
Viens quereller mon cœur, puisque en son peu d'espace
Ta maîtresse après toi peut trouver quelque place. (1637-57)

Ce n'est qu'en m'aimant trop qu'elle me fait mourir,
Un moment de froideur, et je pourrois guérir;
Une mauvaise œillade, un peu de jalousie,
Et j'en aurois soudain passé ma fantaisie ; 190
Mais las! elle est parfaite, et sa perfection
N'approche point encor de son affection¹ ;
Point de refus pour moi, point d'heures inégales :
Accablé de faveurs à mon repos fatales ²,
Sitôt qu'elle voit jour à d'innocents plaisirs, 195
Je vois qu'elle devine et prévient mes desirs ;
Et si j'ai des rivaux, sa dédaigneuse vue
Les désespère autant que son ardeur me tue.

CLÉANDRE.

Vit-on jamais amant de la sorte enflammé,
Qui se tînt malheureux pour être trop aimé ? 200

ALIDOR.

Comptes-tu mon esprit entre les ordinaires?
Penses-tu qu'il s'arrête aux sentiments vulgaires?
Les règles que je suis ont un air tout divers :
Je veux la liberté dans le milieu des fers³.
Il ne faut point servir d'objet qui nous possède; 205
Il ne faut point nourrir d'amour qui ne nous cède :
Je le hais, s'il me force; et quand j'aime, je veux
Que de ma volonté dépendent tous mes vœux,
Que mon feu m'obéisse au lieu de me contraindre,
Que je puisse à mon gré l'enflammer et l'éteindre⁴, 210
Et toujours en état de disposer de moi,
Donner quand il me plaît et retirer ma foi.
Pour vivre de la sorte Angélique est trop belle :

---

1. *Var.* N'est pourtant rien auprès de son affection. (1637-57)
2. *Var.* Accablé de faveurs à mon aise fatales,
Partout où son honneur peut souffrir mes plaisirs. (1637-57)
3. *Var.* Je veux que l'on soit libre au milieu de ses fers. (1637-57)
4. *Var.* Que je puisse à mon gré l'augmenter et l'éteindre. (1637-57)

ACTE I, SCÈNE IV.

Mes pensers ne sauroient m'entretenir que d'elle¹;
Je sens de ses regards mes plaisirs se borner; 215
Mes pas d'autre côté n'oseroient se tourner²;
Et de tous mes soucis la liberté bannie
Me soumet en esclave à trop de tyrannie³.
J'ai honte de souffrir les maux dont je me plains,
Et d'éprouver ses yeux plus forts que mes desseins. 220
Je n'ai que trop langui sous de si rudes gênes⁴ :
A tel prix que ce soit, il faut rompre mes chaînes⁵,
De crainte qu'un hymen, m'en ôtant le pouvoir,
Fît d'un amour par force un amour par devoir.

CLÉANDRE.

Crains-tu de posséder un objet qui te charme⁶? 225

ALIDOR.

Ne parle point d'un nœud dont le seul nom m'alarme.
J'idolâtre Angélique : elle est belle aujourd'hui,
Mais sa beauté peut-elle autant durer que lui?
Et pour peu qu'elle dure, aucun me peut-il dire
Si je pourrai l'aimer jusqu'à ce qu'elle expire⁷? 230
Du temps, qui change tout, les révolutions
Ne changent-elles pas nos résolutions?
Est-ce⁸ une humeur égale et ferme que la nôtre?
N'a-t-on point d'autres goûts en un âge qu'en l'autre⁹?
Juge alors le tourment que c'est d'être attaché, 235

---

1. *Var.* Mes pensers n'oseroient m'entretenir que d'elle. (1637-57)
2. *Var.* Mes pas d'autre côté ne s'oseroient tourner. (1637-57)
3. *Var.* Fait trop voir ma foiblesse avec sa tyrannie. (1637-57)
4. *Var.* Mais sans plus consentir à de si rudes gênes,
   A tel prix que ce soit, je veux rompre mes chaînes. (1637-57)
5. *Var.* A quel prix que ce soit, il faut rompre mes chaînes. (1660)
6. *Var.* Crains-tu de posséder ce que ton cœur adore?
   ALID. Ah! ne me parle point d'un lien que j'abhorre.
   Angélique me charme : elle est belle aujourd'hui. (1637-57)
7. *Var.* Si je pourrai l'aimer jusqu'à ce qu'elle empire. (1637-57)
8. L'édition de 1637 porte, par erreur : *être*, pour *est-ce*.
9. *Var.* Un âge hait-il pas souvent ce qu'aimoit l'autre? (1637-57)

Et de ne pouvoir rompre un si fâcheux marché.
  Cependant Angélique, à force de me plaire,
Me flatte doucement de l'espoir du contraire ;
Et si d'autre façon je ne me sais garder,
Je sens que ses attraits m'en vont persuader[1]. 240
Mais puisque son amour me donne tant de peine,
Je la veux offenser pour acquérir sa haine,
Et mériter enfin un doux commandement[2]
Qui prononce l'arrêt de mon bannissement.
Ce remède est cruel, mais pourtant nécessaire : 245
Puisqu'elle me plaît trop, il me faut lui déplaire[3].
Tant que j'aurai chez elle encor le moindre accès,
Mes desseins de guérir n'auront point de succès.

CLÉANDRE.

Étrange humeur d'amant !

ALIDOR.

Étrange, mais utile.
Je me procure un mal pour en éviter mille. 250

CLÉANDRE.

Tu ne prévois donc pas ce qui t'attend de maux,
Quand un rival aura le fruit de tes travaux ?
Pour se venger de toi, cette belle offensée
Sous les lois d'un mari sera bientôt passée[4] ;
Et lors, que de soupirs et de pleurs répandus 255
Ne te rendront aucun de tant de biens perdus !

ALIDOR.

Dis mieux, que pour rentrer dans mon indifférence[5],

---

1. *Var.* Ses appas sont bientôt pour me persuader. (1637-57)
2. *Var.* Et pratiquer enfin un doux commandement. (1637)
   Var. Pour en tirer par force un doux commandement. (1644-57)
3. *Var.* Puisqu'elle me plaît trop, il me lui faut déplaire.
   Tant que j'aurai chez elle encore quelque accès. (1637-57)
4. *Var.* Sous le joug d'un mari sera bientôt passée ;
   Et lors, que de soupirs et de pleurs épandus. (1637-57)
5. *Var.* Mais dis que pour rentrer dans mon indifférence. (1637-57)

ACTE I, SCÈNE IV.

Je perdrai mon amour avec mon espérance,
Et qu'y trouvant alors sujet d'aversion,
Ma liberté naîtra de ma punition.   260

CLÉANDRE.

Après cette assurance, ami, je me déclare.
Amoureux dès longtemps d'une beauté si rare,
Toi seul de la servir me pouvois empêcher;
Et je n'aimois Phylis que pour m'en approcher.
Souffre donc maintenant que pour mon allégeance   265
Je prenne, si je puis, le temps de sa vengeance;
Que des ressentiments qu'elle aura contre toi
Je tire un avantage en lui portant ma foi,
Et que cette colère en son âme conçue[1]
Puisse de mes desirs faciliter l'issue[2].   270

ALIDOR.

Si ce joug inhumain, ce passage trompeur,
Ce supplice éternel, ne te fait point de peur,
A moi ne tiendra pas que la beauté que j'aime
Ne me quitte bientôt pour un autre moi-même.
Tu portes en bon lieu tes desirs amoureux;   275
Mais songe que l'hymen fait bien des malheureux.

CLÉANDRE.

J'en veux bien faire essai; mais d'ailleurs, quand j'y pense[3],
Peut-être seulement le nom d'époux t'offense,
Et tu voudrois[4] qu'un autre....

ALIDOR.

Ami, que me dis-tu[5]?

---

1. *Var.* Et que dans la colère en son âme conçue. (1637-57)
2. *Var.* Je puisse à mes amours faciliter l'issue. (1637)
   Var. Je puisse à mon amour faciliter l'issue. (1644-57)
3. *Var.* Poussons à cela près; mais aussi, quand j'y pense. (1637)
   Var. Faisons à cela près; mais aussi, quand j'y pense. (1644-57)
4. L'édition de 1682 porte : « Et tu voulois, » ce qui est probablement une erreur. Toutes les autres impressions ont *voudrois*.
5. *Var.* Et tu voudrois qu'un autre eût cette qualité

Connois mieux Angélique et sa haute vertu ; 280
Et sache qu'une fille a beau toucher mon âme,
Je ne la connois plus dès l'heure qu'elle est femme.
  De mille qu'autrefois tu m'as vu caresser,
En pas une un mari pouvoit-il s'offenser?
J'évite l'apparence autant comme le crime ; 285
Je fuis un compliment qui semble illégitime ;
Et le jeu m'en déplaît, quand on fait à tous coups
Causer un médisant et rêver un jaloux.
Encor que dans mon feu mon cœur ne s'intéresse,
Je veux pouvoir prétendre où ma bouche l'adresse, 290
Et garder, si je puis, parmi ces fictions,
Un renom aussi pur que mes intentions.
Ami, soupçon à part, et sans plus de réplique[1],
Si tu veux en ma place être aimé d'Angélique,
Allons tout de ce pas ensemble imaginer 295
Les moyens de la perdre et de te la donner,
Et quelle invention sera la plus aisée.

CLÉANDRE.
Allons. Ce que j'ai dit n'étoit que par risée.

> Pour après.... ALID. Je t'entends : sois sûr de ce côté ;
> Outre que ma maîtresse, aussi chaste que belle,
> De la vertu parfaite est l'unique modèle,
> Et que le plus aimable et le plus effronté
> Entreprendroit en vain sur sa pudicité,
> Les beautés d'une fille ont beau toucher mon âme. (1637-57)
>
> 1. *Var.* Ami, soupçon à part, avant que le jour passe,
> D'Angélique pour toi gagnons la bonne grâce,
> Et de ce pas allons ensemble consulter
> Des moyens qui pourront t'y mettre et m'en ôter. (1637-57)

FIN DU PREMIER ACTE.

ACTE II.

SCÈNE PREMIÈRE.
ANGÉLIQUE, POLYMAS.

ANGÉLIQUE, tenant une lettre ouverte[1].
De cette trahison ton maître est donc l'auteur?
POLYMAS.
Assez imprudemment il m'en fait le porteur[2].   300
Comme il se rend par là digne qu'on le prévienne,
Je veux bien en faire une en haine de la sienne;
Et mon devoir, mal propre à de si lâches coups,
Manque aussitôt vers lui que son amour vers vous[3].
ANGÉLIQUE.
Contre ce que je vois le mien encor s'obstine[4].   305
Qu'Alidor ait écrit cette lettre à Clarine,
Et qu'ainsi d'Angélique il se voulût jouer!
POLYMAS.
Il n'aura pas le front de le désavouer.
Opposez-lui ces traits, battez-le de ses armes[5] :

---

1. *Var.* Tenant une lettre déployée. (1637-60)
2. *Var.* Son choix mal à propos m'en a fait le porteur.
Mon humeur y répugne, et quoi qu'il en advienne (*a*),
J'en fais une, de peur de servir à la sienne. (1637-57)
3. *Var.* Manque aussitôt vers lui comme le sien vers vous. (1637-57)
4. *Var.* Contre ce que je vois mon fol amour s'obstine. (1637-60)
5. *Var.* Opposez-lui ses traits, battez-le de ses armes. (1637-63)

(*a*) L'édition de 1637 donne *avienne*.

Pour s'en pouvoir défendre il lui faudroit des charmes. 310
Mais surtout cachez-lui ce que je fais pour vous[1],
Et ne m'exposez point aux traits de son courroux;
Que je vous puisse encor trahir son artifice,
Et pour mieux vous servir, rester à son service.

ANGÉLIQUE.

Rien ne m'échappera qui te puisse toucher[2] : 315
Je sais ce qu'il faut dire, et ce qu'il faut cacher.

POLYMAS.

Feignez d'avoir reçu ce billet de Clarine,
Et que....

ANGÉLIQUE.

Ne m'instruis point, et va, qu'il ne devine[3].

POLYMAS.

Mais....

ANGÉLIQUE.

Ne réplique plus, et va-t'en.

POLYMAS.

J'obéis.

ANGÉLIQUE, seule.

Mes feux, il est donc vrai que l'on vous a trahis? 320
Et ceux dont Alidor montroit son âme atteinte[4]
Ne sont plus que fumée, ou n'étoient qu'une feinte?
Que la foi des amants est un gage pipeur!
Que leurs serments sont vains, et notre espoir trompeur!

---

1. *Var.* Surtout cachez mon nom, et ne m'exposez pas
   Aux infaillibles coups d'un violent trépas. (1637-57)
2. *Var.* Ne crains rien de ma part : je sais l'invention
   De répondre aisément à ton intention. (1637-57)
3. *Var.*   [Ne m'instruis point, et va, qu'il ne devine :]
   S'il t'avoit ici vu, toute la vérité
   Paroîtroit, en dépit de ma dextérité.
   POL. C'est d'elle désormais que je tiendrai la vie.
   ANG. As-tu de la garder encore quelque envie?
   Ne me réplique plus, et va-t'en. (1637)
4. *Var.* Et ceux dont Alidor paroissoit l'âme atteinte. (1637-57)

Qu'on est peu dans leur cœur pour être dans leur bouche !
Et que malaisément on sait ce qui les touche !
Mais voici l'infidèle. Ah! qu'il se contraint bien !

SCÈNE II.

ALIDOR, ANGÉLIQUE.

ALIDOR.

Puis-je avoir un moment de ton cher entretien ?
Mais j'appelle un moment, de même qu'une année
Passe entre deux amants pour moins qu'une journée. 330
ANGÉLIQUE.
Avec de tels discours oses-tu m'aborder[1],
Perfide, et sans rougir peux-tu me regarder ?
As-tu cru que le ciel consentît à ma perte,
Jusqu'à souffrir encor ta lâcheté couverte ?
Apprends, perfide, apprends que je suis hors d'erreur : 335
Tes yeux ne me sont plus que des objets d'horreur ;
Je ne suis plus charmée, et mon âme plus saine
N'eut jamais tant d'amour qu'elle a pour toi de haine.
ALIDOR.
Voilà me recevoir avec des compliments[2]
Qui seroient pour tout autre un peu moins que charmants.
Quel en est le sujet ?
ANGÉLIQUE.
Le sujet ? lis, parjure ;
Et puis accuse-moi de te faire une injure !

---

1. *Var.* Traître, ingrat, est-ce à toi de m'aborder ainsi,
   Et peux-tu bien me voir sans me crier merci ? (1637)
2. *Var.* [Voilà me recevoir avec des compliments....]
   ANG. Bien au-dessous encor de mes ressentiments.
   ALID. La cause ? ANG. En demander la cause ! lis, parjure. (1637-57)

ALIDOR lit la lettre entre les mains d'Angélique.

LETTRE SUPPOSÉE D'ALIDOR A CLARINE.

Clarine, je suis tout à vous;
Ma liberté vous rend les armes :
Angélique n'a point de charmes 345
Pour me défendre de vos coups;
 Ce n'est qu'une idole mouvante;
Ses yeux sont sans vigueur, sa bouche sans appas :
Alors que je l'aimai, je ne la connus pas[1]*;*
Et de quelques attraits que ce monde vous vante[2]*,* 350
 Vous devez mes affections
Autant à ses défauts qu'à vos perfections.

ANGÉLIQUE.

Eh bien! ta perfidie est-elle en évidence[3]?

ALIDOR.

Est-ce là tant de quoi?

ANGÉLIQUE.

Tant de quoi! l'impudence!
Après mille serments il me manque de foi, 355
Et me demande encor si c'est là tant de quoi!
Change si tu le veux : je n'y perds qu'un volage;
Mais en m'abandonnant laisse en paix mon visage;
Oublie avec ta foi ce que j'ai de défauts;
N'établis point tes feux sur le peu que je vaux; 360
Fais que, sans m'y mêler, ton compliment s'explique,
Et ne le grossis point du mépris d'Angélique.

ALIDOR.

Deux mots de vérité vous mettent bien aux champs!

ANGÉLIQUE.

Ciel, tu ne punis point des hommes si méchants!

1. *Var.* Quand je la crus d'esprit, je ne la connus pas. (1637-57)
2. *Var.* Et de quelques attraits que le monde vous vante. (1637-68)
3. *Var.* Eh bien! ta trahison est-elle en évidence? (1637-57)

Ce traître vit encore, il me voit, il respire, 365
Il m'affronte, il l'avoue, il rit quand je soupire.
ALIDOR.
Vraiment le ciel a tort de ne vous pas donner
Lorsque vous tempêtez, sa foudre à gouverner[1];
Il devroit avec vous être d'intelligence.
>(Angélique déchire la lettre et en jette les morceaux, et Alidor continue[2].)

Le digne et grand objet d'une haute vengeance! 370
Vous traitez du papier avec trop de rigueur.
ANGÉLIQUE.
Que n'en puis-je autant faire à ton perfide cœur[3]!
ALIDOR.
Qui ne vous flatte point puissamment vous irrite.
Pour dire franchement votre peu de mérite,
Commet-on des forfaits si grands et si nouveaux[4] 375
Qu'on doive tout à l'heure être mis en morceaux?
Si ce crime autrement ne sauroit se remettre,
>(Il lui présente aux yeux un miroir qu'elle porte à sa ceinture[5].)

Cassez : ceci vous dit encor pis que ma lettre.
ANGÉLIQUE.
S'il me dit mes défauts autant ou plus que toi,
Déloyal, pour le moins il n'en dit rien qu'à moi : 380
C'est dedans son cristal que je les étudie;

---

1. *Var.* Lorsque vous tempêtez, son foudre à gouverner. (1637-68)
2. Les mots : *et Alidor continue*, manquent dans les éditions de 1637-60.
3. *Var.* Je voudrois en pouvoir faire autant de ton cœur. (1637-57)
4. *Var.* Commet-on envers vous des forfaits si nouveaux
Qu'incontinent on doive être mis en morceaux? (1637-57)
5. *Var. Qu'elle porte pendu à sa ceinture.* (1637-57) — Ces miroirs à la ceinture étaient au dix-septième siècle d'un usage général. Dans la fable de la Fontaine intitulée *l'Homme et son Image* (livre I, fable XI), on trouve à ce sujet une curieuse énumération :

>Afin de le guérir, le sort officieux
>Présentoit partout à ses yeux
>Les conseillers muets dont se servent nos dames
>Miroirs aux poches des galants,
>Miroirs aux ceintures des femmes.

244 LA PLACE ROYALE.

Mais après il s'en tait, et moi j'y remédie;
Il m'en donne un avis sans me les reprocher,
Et me les découvrant, il m'aide à les cacher.

ALIDOR.

Vous êtes en colère, et vous dites des pointes. 385
Ne présumiez-vous point que j'irois, à mains jointes,
Les yeux enflés de pleurs, et le cœur de soupirs,
Vous faire offre à genoux de mille repentirs?
Que vous êtes à plaindre étant si fort déçue!

ANGÉLIQUE.

Insolent! ôte-toi pour jamais de ma vue. 390

ALIDOR.

Me défendre vos yeux après mon changement,
Appelez-vous cela du nom de châtiment?
Ce n'est que me bannir du lieu de mon supplice;
Et ce commandement est si plein de justice,
Que bien que je renonce à vivre sous vos lois[1], 395
Je vais vous obéir pour la dernière fois.

SCÈNE III.

ANGÉLIQUE.

Commandement honteux, où ton obéissance
N'est qu'un signe trop clair de mon peu de puissance,
Où ton banissement a pour toi des appas,
Et me devient cruel de ne te l'être pas! 400
A quoi se résoudra désormais ma colère,
Si ta punition te tient lieu de salaire?
Que mon pouvoir me nuit! et qu'il m'est cher vendu!
Voilà ce que me vaut d'avoir trop attendu[2] :

---

1. *Var.* Qu'encore qu'Alidor ne soit plus sous vos lois,
Il va vous obéir pour la dernière fois. (1637-57)
2. *Var.* Voilà, voilà que c'est d'avoir trop attendu :

Je devois prévenir ton outrageux caprice; 405
Mon bonheur dépendoit de te faire injustice.
Je chasse un fugitif avec trop de raison,
Et lui donne les champs quand il rompt sa prison.
    Ah! que n'ai-je eu des bras à suivre mon courage!
Qu'il m'eût bien autrement réparé cet outrage! 410
Que j'eusse retranché de ses propos railleurs!
Le traître n'eût jamais porté son cœur ailleurs :
Puisqu'il m'étoit donné, je m'en fusse saisie;
Et sans prendre conseil que de ma jalousie,
Puisqu'un autre portrait en efface le mien, 415
Cent coups auroient chassé ce voleur de mon bien.
Vains projets, vains discours, vaine et fausse allégeance!
Et mes bras et son cœur manquent à ma vengeance!
    Ciel, qui m'en vois donner de si justes sujets,
Donne-m'en des moyens, donne-m'en des objets. 420
Où me dois-je adresser? Qui doit porter sa peine?
Qui doit à son défaut m'éprouver inhumaine?
De mille désespoirs mon cœur est assailli;
Je suis seule punie, et je n'ai point failli.
Mais j'ose faire au ciel une injuste querelle[1]; 425
Je n'ai que trop failli d'aimer un infidèle,
De recevoir un traître, un ingrat, sous ma loi,
Et trouver du mérite en qui manquoit de foi.
Ciel, encore une fois, écoute mon envie :
Ote-m'en la mémoire ou le prive de vie; 430
Fais que de mon esprit je puisse le bannir[2],
Ou ne l'avoir que mort dedans mon souvenir.
Que je m'anime en vain contre un objet aimable!
Tout criminel qu'il est, il me semble adorable;

   Je devois dès longtemps te bannir par caprice;
   Mon bonheur dépendoit d'une telle injustice. (1637-57)
1. *Var.* Mais, aveugle, je prends une injuste querelle. (1637-57)
2. *Var.* Fais que de mon esprit je le puisse bannir. (1637-57)

Et mes souhaits, qu'étouffe un soudain repentir, 435
En demandant sa mort n'y sauroient consentir.
Restes impertinents d'une flamme insensée,
Ennemis de mon heur, sortez de ma pensée,
Ou si vous m'en peignez encore quelques traits,
Laissez là ses vertus, peignez-moi ses forfaits. 440

SCÈNE IV.
ANGÉLIQUE, PHYLIS.

ANGÉLIQUE.

Le croirois-tu, Phylis? Alidor m'abandonne.

PHYLIS.

Pourquoi non? je n'y vois rien du tout qui m'étonne,
Rien qui ne soit possible, et de plus fort commun.
La constance est un bien qu'on ne voit en pas un :
Tout change sous les cieux, mais partout bon remède[1].

ANGÉLIQUE.

Le ciel n'en a point fait au mal qui me possède.

PHYLIS.

Choisis de mes amants, sans t'affliger si fort,
Et n'appréhende pas de me faire grand tort :
J'en pourrois, au besoin, fournir toute la ville,
Qu'il m'en demeureroit encor plus de deux mille[2]. 450

ANGÉLIQUE.

Tu me ferois mourir avec de tels propos;
Ah! laisse-moi plutôt soupirer en repos,
Ma sœur.

PHYLIS.

Plût au bon Dieu que tu voulusses l'être!

---

1. *Var.* Tout se change ici-bas, mais partout bon remède. (1637-57)
2. *Var.* Qu'il m'en demeureroit encore plus de mille. (1637-57)

ACTE II, SCÈNE IV.

ANGÉLIQUE.
Eh quoi, tu ris encor! c'est bien faire paroître....
PHYLIS.
Que je ne saurois voir d'un visage affligé 455
Ta cruauté punie, et mon frère vengé.
Après tout, je connois quelle est ta maladie :
Tu vois comme Alidor est plein de perfidie ;
Mais je mets dans deux jours ma tête à l'abandon,
Au cas qu'un repentir n'obtienne son pardon. 460
ANGÉLIQUE.
Après que cet ingrat me quitte pour Clarine?
PHYLIS.
De le garder longtemps elle n'a pas la mine,
Et j'estime si peu ces nouvelles amours,
Que je te plége[1] encor son retour dans deux jours ;
Et lors ne pense pas, quoi que tu te proposes, 465
Que de tes volontés devant lui tu disposes.
Prépare tes dédains, arme-toi de rigueur,
Une larme, un soupir te percera le cœur[2] ;
Et je serai ravie alors de voir vos flammes
Brûler mieux que devant, et rejoindre vos âmes. 470
Mais j'en crains un succès à ta confusion[3] :
Qui change une fois change à toute occasion ;
Et nous verrons toujours, si Dieu le laisse vivre,
Un change, un repentir, un pardon, s'entre-suivre.
Ce dernier est souvent l'amorce d'un forfait, 475
Et l'on cesse de craindre un courroux sans effet.
ANGÉLIQUE.
Sa faute a trop d'excès pour être rémissible,
Ma sœur ; je ne suis pas de la sorte insensible ;

---

1. *Pléger*, garantir. Voyez tome I, p. 176, note 3.
2. *Var.* Une larme, un soupir te perceront le cœur. (1637-57)
3. *Var.* Mais j'en crains un progrès à ta confusion. (1637-57)

Et si je présumois que mon trop de bonté
Pût jamais se résoudre à cette lâcheté, 480
Qu'un si honteux pardon pût suivre cette offense,
J'en préviendrois le coup, m'en ôtant la puissance.
Adieu : dans la colère où je suis aujourd'hui,
J'accepterois plutôt un barbare que lui.

SCÈNE V.

PHYLIS, DORASTE.

PHYLIS[1].

Il faut donc se hâter qu'elle ne refroidisse. 485
(Elle frappe du pied à la porte de son logis, et fait sortir son frère.)
Frère, quelque inconnu t'a fait un bon office[2] :
Il ne tiendra qu'à toi d'être un second Médor[3] ;
On a fait qu'Angélique....

DORASTE.

Eh bien?

PHYLIS.

Hait Alidor.

DORASTE.

Elle hait Alidor! Angélique!

PHYLIS.

Angélique.

DORASTE.

D'où lui vient cette humeur? qui les a mis en pique? 490

---

1. *Var.* PHYLIS, *frappant du pied à la porte de son logis, et faisant sortir Doraste.* (1644-60) — Dans l'édition de 1637, on lit en marge : *Elle frappe à sa porte, et Doraste sort.* — Ce jeu de scène remplace, dans les éditions indiquées, celui qui, dans notre texte, suit le vers 485.
2. *Var.* Frère, quelque inconnu t'a fait un bon service. (1637)
3. Amant préféré d'Angélique, dans le *Roland furieux* de l'Arioste.

PHYLIS.
Si tu prends bien ton temps, il y fait bon pour toi.
Va, ne t'amuse point à savoir le pourquoi;
Parle au père d'abord : tu sais qu'il te souhaite;
Et s'il ne s'en dédit, tiens l'affaire pour faite.
DORASTE.
Bien qu'un si bon avis ne soit à mépriser, 495
Je crains....
PHYLIS.
Lysis m'aborde, et tu me veux causer!
Entre chez Angélique, et pousse ta fortune :
Quand je vois un amant, un frère m'importune.

SCÈNE VI.
LYSIS, PHYLIS.

LYSIS.
Comme vous le chassez!
PHYLIS.
Qu'eût-il fait avec nous?
Mon entretien sans lui te semblera plus doux : 500
Tu pourras t'expliquer avec moins de contrainte,
Me conter de quels feux tu te sens l'âme atteinte,
Et ce que tu croiras propre à te soulager.
Regarde maintenant si je sais t'obliger.
LYSIS.
Cette obligation seroit bien plus extrême, 505
Si vous vouliez traiter tous mes rivaux de même;
Et vous feriez bien plus pour mon contentement,
De souffrir avec vous vingt frères qu'un amant.
PHYLIS.
Nous sommes donc, Lysis, d'une humeur bien contraire :

J'y souffrirois plutôt cinquante amants qu'un frère[1] ; 510
Et puisque nos esprits ont si peu de rapport,
Je m'étonne comment nous nous aimons si fort.

LYSIS.

Vous êtes ma maîtresse, et mes flammes discrètes[2]
Doivent un tel respect aux lois que vous me faites,
Que pour leur obéir mes sentiments domptés   515
N'osent plus se régler que sur vos volontés.

PHYLIS.

J'aime des serviteurs qui pour une maîtresse
Souffrent ce qui leur nuit, aiment ce qui les blesse.
Si tu vois quelque jour tes feux récompensés,
Souviens-toi.... Qu'est-ce-ci? Cléandre, vous passez? 520

(Cléandre va pour entrer chez Angélique, et Phylis l'arrête[3].)

SCÈNE VII.

CLÉANDRE, PHYLIS, LYSIS.

CLÉANDRE.

Il me faut bien passer, puisque la place est prise.

PHYLIS.

Venez : cette raison est de mauvaise mise.
D'un million d'amants je puis flatter les vœux[4],
Et n'aurois pas l'esprit d'en entretenir deux?

---

1. *Var.* Je souffrirois plutôt cinquante amants qu'un frère. (1637)
2. *Var.* Vous êtes ma maîtresse, et moi, sous votre empire,
Je dois suivre vos lois, et non y contredire (*a*),
Et pour vous obéir mes sentiments domptés
Se règlent seulement dessus vos volontés.
PHYL. J'aime des serviteurs avec cette souplesse,
Et qui peuvent aimer en moi ce qui les blesse. (1637-57)
3. Les mots : *et Phylis l'arrête*, manquent dans l'édition de 1637.
4. *Var.* D'un million d'amants je puis nourrir les feux. (1637-57)

(*a*) Je dois suivre vos lois, encor que j'en soupire. (1644-57)

Sortez de cette erreur, et souffrant ce partage, 525
Ne faites pas ici l'entendu davantage.
CLÉANDRE.
Le moyen que je sois insensible à ce point?
PHYLIS.
Quoi! pour l'entretenir, ne vous aimé-je point?
CLÉANDRE.
Encor que votre ardeur à la mienne réponde,
Je ne veux plus d'un bien commun à tout le monde. 530
PHYLIS.
Si vous nommez ma flamme un bien commun à tous,
Je n'aime, pour le moins, personne plus que vous :
Cela vous doit suffire.
CLÉANDRE.
Oui bien, à des volages
Qui peuvent en un jour adorer cent visages;
Mais ceux dont un objet possède tous les soins, 535
Se donnant tous entiers, n'en méritent pas moins.
PHYLIS.
De vrai, si vous valiez beaucoup plus que les autres,
Je devrois dédaigner leurs vœux auprès des vôtres[1];
Mais mille aussi bien faits ne sont pas mieux traités,
Et ne murmurent point contre mes volontés. 540
Est-ce à moi, s'il vous plaît, de vivre à votre mode?
Votre amour, en ce cas, seroit fort incommode;
Loin de la recevoir, vous me feriez la loi :
Qui m'aime de la sorte, il s'aime, et non pas moi.
LYSIS, à Cléandre.
Persiste en ton humeur, je te prie, et conseille 545
A tous nos concurrents d'en prendre une pareille.
CLÉANDRE.
Tu seras bientôt seul, s'ils veulent m'imiter.

1. *Var.* Je devrois rejeter leurs vœux auprès des vôtres. (1637-57)

PHYLIS.

Quoi donc! c'est tout de bon que tu me veux quitter?
Tu ne dis mot, rêveur, et pour toute réplique
Tu tournes tes regards du côté d'Angélique :   550
Est-elle donc l'objet de tes légèretés¹?
Veux-tu faire d'un coup deux infidélités,
Et que dans mon offense Alidor s'intéresse?
Cléandre, c'est assez de trahir ta maîtresse ;
Dans ta nouvelle flamme épargne tes amis,   555
Et ne l'adresse point en lieu qui soit promis.

CLÉANDRE.

De la part d'Alidor je vais voir cette belle :
Laisse-m'en avec lui démêler la querelle,
Et ne t'informe point de mes intentions.

PHYLIS.

Puisqu'il me faut résoudre en mes afflictions,   560
Et que pour te garder j'ai trop peu de mérite,
Du moins, avant l'adieu, demeurons quitte à quitte;
Que ce que j'ai du tien je te le rende ici :
Tu m'as offert des vœux, que je t'en offre aussi² ;
Et faisons entre nous toutes choses égales.   565

LYSIS.

Et moi, durant ce temps, je garderai les balles³?

PHYLIS.

Je te donne congé d'une heure, si tu veux.

LYSIS.

Je l'accepte, au hasard de le prendre pour deux.

PHYLIS.

Pour deux, pour quatre, soit : ne crains pas qu'il m'ennuie.

---

1. *Var.* Est-ce là donc l'objet de tes légèretés? (1637-57)
2. *Var.* Tu m'as offert des vœux, que je t'en rende aussi. (1637)
3. Locution proverbiale tirée du jeu de paume.

SCÈNE VIII.
CLÉANDRE, PHYLIS.

PHYLIS arrête Cléandre qui tâche de s'échapper pour entrer chez Angélique[1].

Mais je ne consens pas cependant qu'on me fuie ; 570
Tu perds temps d'y tâcher, si tu n'as mon congé[2].
Inhumain ! est-ce ainsi que je t'ai négligé ?
Quand tu m'offrois des vœux prenois-je ainsi la fuite,
Et rends-tu la pareille à ma juste poursuite ?
Avec tant de douceur tu te vis écouter, 575
Et tu tournes le dos quand je t'en veux conter !

CLÉANDRE.

Va te jouer d'un autre avec tes railleries ;
J'ai l'oreille mal faite à ces galanteries[3] :
Ou cesse de m'aimer, ou n'aime plus que moi.

PHYLIS.

Je ne t'impose pas une si dure loi : 580
Avec moi, si tu veux, aime toute la terre,
Sans craindre que jamais je t'en fasse la guerre.
Je reconnois assez mes imperfections ;
Et quelque part que j'aye en tes affections,
C'est encor trop pour moi ; seulement ne rejette 585
La parfaite amitié d'une fille imparfaite.

CLÉANDRE.

Qui te rend obstinée à me persécuter ?

---

1. *Var.* PHYLIS, *arrêtant Cléandre*, etc. (1644-60) — On lit en marge, dans l'édition de 1637, où il n'y a point ici de distinction de scène : *Lysis rentre et Cléandre tâche de s'échapper et d'entrer chez Angélique.*
2. *Var.* On ne sort d'avec moi qu'avecque mon congé. (1637-57)
3. *Var.* Je ne puis plus souffrir de ces badineries :
Ne m'aime point du tout, ou n'aime rien que moi. (1637-57)

PHYLIS.
Qui te rend si cruel que de me rebuter[1] ?
CLÉANDRE.
Il faut que de tes mains un adieu me délivre.
PHYLIS.
Si tu sais t'en aller, je saurai bien te suivre ;   590
Et quelque occasion qui t'amène en ces lieux,
Tu ne lui diras pas grand secret à mes yeux.
Je suis plus incommode encor qu'il ne te semble.
Parlons plutôt d'accord, et composons ensemble.
   Hier un peintre excellent m'apporta mon portrait : 595
Tandis qu'il t'en demeure encore quelque trait,
Qu'encor tu me connois, et que de ta pensée
Mon image n'est pas tout à fait effacée,
Ne m'en refuse point ton petit jugement.
CLÉANDRE.
Je le tiens pour bien fait.
PHYLIS.
　　　　　Plains-tu tant un moment?
Et m'attachant à toi, si je te désespère,
A ce prix trouves-tu ta liberté trop chère?
CLÉANDRE.
Allons, puisque autrement je ne te puis quitter,
A tel prix que ce soit il me faut racheter[2].

1. *Var.* Qui te rend si cruel que de me rejeter? (1637-57)
2. *Var.* A quel prix que ce soit il me faut racheter. (1660)

FIN DU SECOND ACTE.

ACTE III.

SCÈNE PREMIÈRE.
PHYLIS, CLÉANDRE.

CLÉANDRE.

En ce point il ressemble à ton humeur volage, 605
Qu'il reçoit tout le monde avec même visage[1] ;
Mais d'ailleurs ce portrait ne te ressemble pas,
En ce qu'il ne dit mot et ne suit point mes pas[2].

PHYLIS.

En quoi que désormais ma présence te nuise,
La civilité veut que je te reconduise. 610

CLÉANDRE.

Mets enfin quelque borne à ta civilité[3],
Et suivant notre accord me laisse en liberté.

SCÈNE II.
DORASTE, PHYLIS, CLÉANDRE.

DORASTE sort de chez Angélique[4].

Tout est gagné, ma sœur : la belle m'est acquise ;

---

1. *Var.* Qui reçoit tout le monde avec même visage. (1648)
2. *Var.* Vu qu'il ne me dit mot et ne suit point mes pas. (1637-57)
3. L'édition de 1682 donne seule *fidélité*, pour *civilité* : c'est une faute évidente, que Thomas Corneille s'est gardé de reproduire en 1692.
4. *Var.* DORASTE, *sortant de chez Angélique*. (1637-60)

Jamais occasion ne se trouva mieux prise;
Je possède Angélique.

CLÉANDRE.
Angélique?

DORASTE.
Oui, tu peux 615
Avertir Alidor du succès de mes vœux,
Et qu'au sortir du bal, que je donne chez elle,
Demain un sacré nœud m'unit à cette belle[1];
Dis-lui qu'il s'en console. Adieu : je vais pourvoir
A tout ce qu'il me faut préparer pour ce soir. 620

PHYLIS[2].
Ce soir j'ai bien la mine, en dépit de ta glace,
D'en trouver là cinquante à qui donner ta place[3].
Va-t'en, si bon te semble, ou demeure en ces lieux :
Je ne t'arrêtois pas ici pour tes beaux yeux;
Mais jusqu'à maintenant j'ai voulu te distraire, 625
De peur que ton abord interrompît mon frère.
Quelque fin que tu sois, tiens-toi pour affiné[4].

SCÈNE III.

CLÉANDRE.

Ciel! à tant de malheurs m'aviez-vous destiné?
Faut-il que d'un dessein si juste que le nôtre
La peine soit pour nous, et les fruits pour un autre, 630

1. *Var.* Demain un sacré nœud me joint à cette belle;
   Dis-lui qu'il se console. Adieu : je vais pourvoir
   A tout ce qu'il faudra préparer pour ce soir.
   PHYL. Nous voilà donc de bal! Dieu nous fera la grâce. (1637-57)
2. On lit ici dans l'édition de 1692 : PHYLIS, *à Cléandre*, indication qui n'est point inutile.
3. *Var.* D'en trouver là cinquante à qui donner la place. (1637)
4. *Affiné*, trompé, dupé. Voyez tome I, p. 190, note 3.

Et que notre artifice ait si mal succédé,
Qu'il me dérobe un bien qu'Alidor m'a cédé?
Officieux ami d'un amant déplorable,
Que tu m'offres en vain cet objet adorable!
Qu'en vain de m'en saisir ton adresse entreprend! 635
Ce que tu m'as donné, Doraste le surprend.
Tandis qu'il me supplante, une sœur me cajole;
Elle me tient les mains cependant qu'il me vole.
On me joue, on me brave, on me tue, on s'en rit :
L'un me vante son heur, l'autre son trait d'esprit; 640
L'un et l'autre à la fois me perd, me désespère,
Et je puis épargner ou la sœur ou le frère!
Être sans Angélique, et sans ressentiment!
Avec si peu de cœur aimer si puissamment[1]!
Cléandre, est-ce un forfait que l'ardeur qui te presse?
Craignois-tu d'avouer une telle maîtresse?
Et cachois-tu l'excès de ton affection
Par honte, par dépit, ou par discrétion[2]?
Pouvois-tu desirer occasion plus belle[3]
Que le nom d'Alidor à venger ta querelle? 650
Si pour tes feux cachés tu n'oses t'émouvoir,
Laisse leurs intérêts, suis ceux de ton devoir.
On supplante Alidor, du moins en apparence,
Et sans ressentiment tu souffres cette offense!

---

1. *Var.* [Avec si peu de cœur aimer si puissamment!]
   Que faisiez-vous, mes bras? que faisiez-vous, ma lame?
   N'osiez-vous mettre au jour les secrets de mon âme?
   N'osiez-vous leur montrer ce qu'ils m'ont fait de mal?
   N'osiez-vous découvrir à Doraste un rival?
   [Cléandre, est-ce un forfait que l'ardeur qui te presse?]
   Craignois-tu de rougir d'une telle maîtresse? (1637-57)
2. *Var.* Par honte, par respect, ou par discrétion? (1637)
3. *Var.* Avec quelque raison ou quelque violence,
   Que l'un de ces motifs t'obligeât au silence,
   Pour faire à ce rival sentir quel est ton bras,
   L'intérêt d'un ami ne suffisoit-il pas?
   Pouvois-tu desirer d'occasion plus belle. (1637-57)

Ton courage est muet, et ton bras endormi ! 655
Pour être amant discret, tu parois lâche ami !
C'est trop abandonner ta renommée au blâme :
Il faut sauver d'un coup ton honneur et ta flamme,
Et l'un et l'autre ici marchent d'un pas égal ;
Soutenant un ami, tu t'ôtes un rival. 660
Ne diffère donc plus ce que l'honneur commande[1],
Et lui gagne Angélique, afin qu'il te la rende[2].
Il faut....

SCÈNE IV.

ALIDOR, CLÉANDRE.

ALIDOR.
Eh bien ! Cléandre, ai-je su t'obliger ?

---

1. Ce vers se retrouve, à un mot près, dans *le Cid*, acte III, scène III :
   Ne diffère donc plus ce que l'honneur t'ordonne.
2. *Var.* [Et lui gagne Angélique, afin qu'il te la rende.]
   Veux-tu pour le défendre une plus douce loi ?
   Si tu combats pour lui, les fruits en sont pour toi.
   J'y suis tout résolu, Doraste, il la faut rendre ;
   Tu sauras ce que c'est de supplanter Cléandre :
   Tout l'univers armé pour te la conserver
   De mes jaloux efforts ne te pourroit sauver.
   Qu'est-ce-ci, ma fureur ? est-il temps de paroître ?
   Quand tu manques d'objets, tu commences à naître :
   C'étoit, c'étoit tantôt qu'il falloit t'exciter,
   C'étoit, c'étoit tantôt qu'il falloit m'emporter.
   Puisque, un rival présent, trop foible, tu recules,
   Tes mouvements tardifs deviennent ridicules,
   Et quoi qu'à ces transports promette ma valeur,
   A peine les effets préviendront mon malheur.
   Pour rompre en honnête homme un hymen si funeste,
   Je n'ai plus désormais qu'un peu de jour qui reste ;
   Autrement il me faut affronter ce rival,
   Au péril de cent morts, au milieu de son bal :
   Aucune occasion ailleurs ne m'est offerte ;
   Il lui faut tout quitter, ou me perdre en sa perte.
   [Il faut....] (1637-57)

CLÉANDRE.
Pour m'avoir obligé, que je vais t'affliger!
Doraste a pris le temps des dépits d'Angélique. 665
ALIDOR.
Après?
CLÉANDRE.
Après cela tu veux que je m'explique¹?
ALIDOR.
Qu'en a-t-il obtenu?
CLÉANDRE.
Par delà son espoir :
Il l'épouse demain, lui donne bal ce soir²;
Juge, juge par là si mon mal est extrême.
ALIDOR.
En es-tu bien certain?
CLÉANDRE.
J'ai tout su de lui-même. 670
ALIDOR.
Que je serois heureux si je ne t'aimois point!
Ton malheur auroit mis mon bonheur à son point³;
La prison d'Angélique auroit rompu la mienne.
Quelque empire sur moi que son visage obtienne,
Ma passion fût morte avec sa liberté; 675
Et trop vain pour souffrir qu'en sa captivité
Les restes d'un rival m'eussent enchaîné l'âme⁴,
Les feux de son hymen auroient éteint ma flamme.

1. *Var.*   Après cela veux-tu que je m'explique? (1637-57)
2. *Var.* Si bien qu'après le bal qu'il lui donne ce soir,
Leur hymen accompli rend mon malheur extrême. (1637-57)
3. *Var.* Cet hymen auroit mis mon bonheur à son point (*a*). (1637-57)
4. *Var.* Les restes d'un rival eussent fait mon servage,
Elle eût perdu mon cœur avec son pucelage. (1637 et 44)
Var. Les restes d'un rival captivassent mon âme,
Elle eût perdu mon cœur en devenant sa femme. (1648)

(*a*) L'édition de 1682 porte, par erreur sans doute : « à ce point. »

260 LA PLACE ROYALE.

Pour forcer sa colère à de si doux effets,
Quels efforts, cher ami, ne me suis-je point faits ! 680
Malgré tout mon amour, prendre un orgueil farouche[1],
L'adorer dans le cœur, et l'outrager de bouche;
J'ai souffert ce supplice, et me suis feint léger,
De honte et de dépit de ne pouvoir changer.
Et je vois, près du but où je voulois prétendre, 685
Les fruits de mon travail n'être pas pour Cléandre !
A ces conditions mon bonheur me déplaît :
Je ne puis être heureux, si Cléandre ne l'est.
Ce que je t'ai promis ne peut être à personne :
Il faut que je périsse ou que je te le donne. 690
J'aurai trop de moyens de te garder ma foi[2];
Et malgré les destins Angélique est à toi.

    CLÉANDRE.

Ne trouble point pour moi le repos de ton âme[3] :
Il .'en coûteroit trop pour avancer ma flamme.
Sans que ton amitié fasse un second effort, 695
Voici de qui j'aurai ma maîtresse ou la mort :
Si Doraste a du cœur, il faut qu'il la défende,
Et que l'épée au poing il la gagne ou la rende.

    ALIDOR.

Simple, par le chemin que tu penses tenir,
Tu la lui peux ôter, mais non pas l'obtenir. 700
La suite des duels ne fut jamais plaisante :
C'étoit ces jours passés ce que disoit Théante[4].

---

1. *Var.* Me feindre tout de glace, et n'être que de flamme,
 La mépriser de bouche et l'adorer dans l'âme. (1637-57)
2. *Var.* J'aurai trop de moyens à te garder ma foi. (1637, 44 et 52-57)
3. *Var.* Ne trouble point, ami, ton repos pour mon aise :
 Crois-tu qu'à tes dépens aucun bonheur me plaise? (1637-57)
4. Allusion à ces vers de *la Suivante* (649-652, p. 160) :

  Le duel est fâcheux, et quoi qu'il en arrive,
  De sa possession l'un et l'autre il nous prive,

ACTE III, SCÈNE IV.

Je veux prendre un moyen et plus court et plus seur[1],
Et sans aucun péril t'en rendre possesseur.
Va-t'en donc, et me laisse auprès de ta maîtresse[2] 705
De mon reste d'amour faire jouer l'adresse.

CLÉANDRE.

Cher ami....

ALIDOR.

Va-t'en, dis-je, et par tes compliments
Cesse de t'opposer à tes contentements :
Désormais en ces lieux tu ne fais que me nuire.

CLÉANDRE.

Je vais donc te laisser ma fortune à conduire[3]. 710
Adieu : puissé-je avoir les moyens à mon tour
De faire autant pour toi que toi pour mon amour!

ALIDOR, seul.

Que pour ton amitié je vais souffrir de peine!
Déjà presque échappé, je rentre dans ma chaîne.
Il faut encore un coup, m'exposant à ses yeux, 715
Reprendre de l'amour, afin d'en donner mieux.
Mais reprendre un amour dont je veux me défaire[4],
Qu'est-ce qu'à mes desseins un chemin tout contraire?
Allons-y toutefois, puisque je l'ai promis,
Et que la peine est douce à qui sert ses amis[5]. 720

Puisque de deux rivaux, l'un mort, l'autre s'enfuit,
Tandis que de sa peine un troisième a le fruit.

— Voyez pour d'autres rapprochements du même genre, tome I, p. 446, note 2.

1. *Var.* Il faut prendre un chemin et plus court et plus seur (*a*) :
   Je veux sans coup férir t'en rendre possesseur. (1637)
   Var. Je veux prendre un chemin et plus court et plus seur. (1644-60)
2. *Var.* Va-t'en donc, et me laisse auprès de cette belle
   Employer le pouvoir qui me reste sur elle. (1637-57)
3. *Var.* Je te vais donc laisser ma fortune à conduire. (1637-57)
4. *Var.* Mais reprendre un amour dont je me veux défaire. (1637-57)
5. *Var.* Toute peine est fort douce à qui sert ses amis (*b*). (1637-57)

(*a*) Voyez tome I, p. 190, note 5.
(*b*) Voyez la fin de l'*Examen*, p. 223.

SCÈNE V.

ANGÉLIQUE, dans son cabinet.

Quel malheur partout m'accompagne!
Qu'un indiscret hymen me venge à mes dépens!
Que de pleurs en vain je répands,
Moins pour ce que je perds que pour ce que je gagne!
L'un m'est plus doux que l'autre, et j'ai moins de tourment
Du crime d'Alidor que de son châtiment[1].

Ce traître alluma donc ma flamme!
Je puis donc consentir à ces tristes accords!
Hélas! par quelques vains efforts[2]
Que je me fasse jour jusqu'au fond de mon âme, 730
J'y trouve seulement, afin de me punir,
Le dépit du passé, l'horreur de l'avenir.

SCÈNE VI.

ANGÉLIQUE, ALIDOR.

ANGÉLIQUE[3].

Où viens-tu, déloyal? avec quelle impudence
Oses-tu redoubler mes maux par ta présence!
Qui te donne le front de surprendre mes pleurs[4]? 735

---

1. *Var.* Du forfait d'Alidor que de son châtiment. (1637-57)
2. *Var.*   Et par quelques puissants efforts
   Que de tous sens je tourne et retourne mon âme. (1637-57)
   Var.   Hélas! par quelques pleins efforts. (1660-68)
3. *Var.* ANGÉLIQUE, *voyant Alidor entrer en son cabinet.* (1637)
4. *Var.* Ton plaisir dépend-il d'avoir vu mes pleurs?
   Qui te fait si hardi de surprendre mes pleurs?
   Est-il dit que tes yeux te mettront hors de doute,
   Et t'apprendront combien ta trahison me coûte?

Cherches-tu de la joie à même mes douleurs ?
Et peux-tu conserver une âme assez hardie
Pour voir ce qu'à mon cœur coûte ta perfidie ?
Après que tu m'as fait un insolent aveu
De n'avoir plus pour moi ni de foi ni de feu, 740
Tu te mets à genoux, et tu veux, misérable,
Que ton feint repentir m'en donne un véritable ?
Va, va, n'espère rien de tes submissions[1] ;
Porte-les à l'objet de tes affections ;
Ne me présente plus les traits qui m'ont déçue ; 745
N'attaque point mon cœur en me blessant la vue.
Penses-tu que je sois, après ton changement,
Ou sans ressouvenir, ou sans ressentiment ?
S'il te souvient encor de ton brutal caprice,
Dis-moi, que viens-tu faire au lieu de ton supplice ? 750
Garde un exil si cher à tes légèretés :
Je ne veux plus savoir de toi mes vérités.
 Quoi ? tu ne me dis mot ! Crois-tu que ton silence
Puisse de tes discours réparer l'insolence ?
Des pleurs effacent-ils un mépris si cuisant ? 755
Et ne t'en dédis-tu, traître, qu'en te taisant ?
Pour triompher de moi veux-tu, pour toutes armes,
Employer des soupirs et de muettes larmes ?
Sur notre amour passé c'est trop te confier[2] ;
Du moins dis quelque chose à te justifier ; 760
Demande le pardon que tes regards m'arrachent ;
Explique leurs discours, dis-moi ce qu'ils me cachent.
Que mon courroux est foible ! et que leurs traits puissants

 Après qu'effrontément ton aveu m'a fait voir
 Qu'Angélique sur toi n'eut jamais de pouvoir,
 [Tu te mets à genoux, et tu veux, misérable.] (1637-57)
1. *Var.* Va, va, n'espère rien de ces submissions. (1637-48)
 Var. Va, va, n'espère rien de ses submissions. (1652-57)
2. *Var.* Sur notre amour passé c'est à trop te fier. (1637)
 Var. Sur notre amour passé c'est là trop te fier. (1644-57)

Rendent des criminels aisément innocents !
Je n'y puis résister, quelque effort que je fasse ; 765
Et de peur de me rendre, il faut quitter la place¹.

ALIDOR la retient comme elle veut s'en aller².

Quoi ! votre amour renaît, et vous m'abandonnez³ !
C'est bien là me punir quand vous me pardonnez.
Je sais ce que j'ai fait, et qu'après tant d'audace
Je ne mérite pas de jouir de ma grâce ; 770
Mais demeurez du moins, tant que vous ayez su
Que par un feint mépris votre amour fut déçu,
Que je vous fus fidèle en dépit de ma lettre ;
Qu'en vos mains seulement on la devoit remettre ;
Que mon dessein n'alloit qu'à voir vos mouvements, 775
Et juger de vos feux par vos ressentiments.
Dites, quand je la vis entre vos mains remise,
Changeai-je de couleur ? eus-je quelque surprise ?
Ma parole plus ferme et mon port assuré
Ne vous montroient-ils pas un esprit préparé⁴ ? 780
Que Clarine vous die, à la première vue,
Si jamais de mon change elle s'est aperçue.
Ce mauvais compliment flattoit mal ses appas⁵ :
Il vous faisoit outrage, et ne l'obligeoit pas ;
Et ses termes piquants, mal conçus pour lui plaire, 785
Au lieu de son amour, cherchoient votre colère.

ANGÉLIQUE.

Cesse de m'éclaircir sur ce triste secret⁶ ;
En te montrant fidèle, il accroît mon regret :

---

1. *Var.* Comme vaincue il faut que je quitte la place. (1637-57)
2. *Var. Elle veut sortir du cabinet, mais Alidor la retient.* (1637, en marge.) — ALIDOR, *la retenant.* (1644-60)
3. *Var.* Ma chère âme, mon tout, quoi ! vous m'abandonnez ! (1637-57)
4. *Var.* Ne vous montroit-il pas un esprit préparé ? (1652-57)
5. *Var.* Aussi mon compliment flattoit mal ses appas :
   Il vous offensoit bien, mais ne l'obligeoit pas. (1637-57)
6. *Var.* Cesse de m'éclaircir dessus un tel secret. (1637-57)

ACTE III, SCÈNE VI.

Je perds moins, si je crois ne perdre qu'un volage,
Et je ne puis sortir d'erreur qu'à mon dommage.   790
Que me sert de savoir que tes vœux sont constants[1]?
Que te sert d'être aimé, quand il n'en est plus temps?

ALIDOR.

Aussi je ne viens pas pour regagner votre âme[2] :
Préférez-moi Doraste, et devenez sa femme.
Je vous viens, par ma mort, en donner le pouvoir: 795
Moi vivant, votre foi ne le peut recevoir;
Elle m'est engagée, et quoi que l'on vous die,
Sans crime elle ne peut durer moins que ma vie.
Mais voici qui vous rend l'une et l'autre à la fois[3].

ANGÉLIQUE.

Ah! ce cruel discours me réduit aux abois.   800
Ma colère a rendu ma perte inévitable[4],
Et je déteste en vain ma faute irréparable.

ALIDOR.

Si vous avez du cœur, on la peut réparer.

ANGÉLIQUE.

On nous doit dès demain pour jamais séparer[5] :
Que puis-je à de tels maux appliquer pour remède? 805

ALIDOR.

Ce qu'ordonne l'amour aux âmes qu'il possède.
Si vous m'aimez encor, vous saurez dès ce soir
Rompre les noirs effets d'un juste désespoir.
Quittez avec le bal vos malheurs pour me suivre,

1. *Var.* Que me sert de savoir si tes vœux sont constants? (1637-57)
2. *Var.* Aussi ne viens-je pas pour regagner votre âme. (1637-57)
3. *Var.* Mais voici qui vous rend l'un et l'autre à la fois. (1652-60)
4. *Var.* Dans ma prompte vengeance à jamais misérable,
   Que je déteste en vain ma faute irréparable! (1637-57)
5. *Var.* C'est demain qu'on nous doit pour jamais séparer :
   En ce piteux état que veux-tu que je fasse?
   ALID. Ah! ce discours ne part que d'un cœur tout de glace.
   Non, non, résolvez-vous : il vous faut à ce soir
   Montrer votre courage, ou moi mon désespoir. (1637-57)

Ou soudain à vos yeux je vais cesser de vivre. 810
Mettrez-vous en ma mort votre contentement?

ANGÉLIQUE.

Non, mais que dira-t-on d'un tel emportement¹?

ALIDOR.

Est-ce là donc le prix de vous avoir servie?
Il y va de votre heur, il y va de ma vie,
Et vous vous arrêtez à ce qu'on en dira! 815
Mais faites désormais tout ce qu'il vous plaira :
Puisque vous consentez plutôt à vos supplices
Qu'à l'unique moyen de payer mes services,
Ma mort va me venger de votre peu d'amour;
Si vous n'êtes à moi, je ne veux plus du jour. 820

ANGÉLIQUE.

Retiens ce coup fatal; me voilà résolue :
Use sur tout mon cœur de puissance absolue² :
Puisqu'il est tout à toi, tu peux tout commander;
Et contre nos malheurs j'ose tout hasarder³.
Cet éclat du dehors n'a rien qui m'embarrasse; 825
Mon honneur seulement te demande une grâce :
Accorde à ma pudeur que deux mots de ta main
Puissent justifier ma fuite et ton dessein;
Que mes parents surpris trouvent ici ce gage,
Qui les rende assurés d'un heureux mariage, 830

1. *Var.* Non, mais que dira-t-on d'un tel enlèvement? (1637-57)
2. *Var.* Dessus mes volontés ta puissance absolue
   Peut disposer de moi, peut tout me commander.
   Mon honneur, en tes mains prêt à se hasarder,
   Par un trait si hardi quelque tort qu'il se fasse,
   Y consent toutefois, et ne veut qu'une grâce :
   [Accorde à ma pudeur que deux mots de ta main]
   Justifient aux miens ma fuite et ton dessein;
   Qu'ils puissent, me cherchant, trouver ici ce gage,
   Qui les rende assurés de notre mariage;
   Que la sincérité de ton intention
   Conserve, mise au jour, ma réputation. (1637-57)
3. *Var.* Pour vaincre nos malheurs j'ose tout hasarder. (1660)

Et que je sauve ainsi ma réputation
Par la sincérité de ton intention.
Ma faute en sera moindre, et mon trop de constance[1]
Paroîtra seulement fuir une violence.

ALIDOR.

Enfin par ce dessein vous me ressuscitez[2] :   835
Agissez pleinement dessus mes volontés.
J'avois pour votre honneur la même inquiétude,
Et ne pourrois d'ailleurs qu'avec ingratitude,
Voyant ce que pour moi votre flamme résout,
Dénier quelque chose à qui m'accorde tout.   840
Donnez-moi : sur-le-champ je vous veux satisfaire.

ANGÉLIQUE.

Il vaut mieux que l'effet à tantôt se diffère.
Je manque ici de tout, et j'ai le cœur transi[3]
De crainte que quelqu'un ne te découvre ici.
Mon dessein généreux fait naître cette crainte ;   845
Depuis qu'il est formé, j'en ai senti l'atteinte.
Quitte-moi, je te prie, et coule-toi sans bruit[4].

ALIDOR.

Puisque vous le voulez, adieu, jusqu'à minuit.

ANGÉLIQUE.

(Alidor s'en va et Angélique continue[5].)

Que promets-tu, pauvre aveuglée ?
A quoi t'engage ici ta folle passion ?   850
   Et de quelle indiscrétion
Ne s'accompagne point ton ardeur déréglée ?

---

1. *Var.* Ma faute en sera moindre, et hors de l'impudence. (1637-60)
2. *Var.* Ma reine, enfin par là vous me ressuscitez. (1637-57)
3. *Var.* Je manque ici de tout, et j'ai peur, mon souci,
Que quelqu'un par malheur ne te surprenne ici. (1637-57)
4. *Var.* Va, quitte-moi, ma vie, et te coule sans bruit.
ALID. Adieu donc, ma chère âme. ANG. Adieu, jusqu'à minuit. (1637-57)
5. *Var.* ANGÉLIQUE, *seule en son cabinet.* (1637, en marge.)

268   LA PLACE ROYALE.

Tu cours à ta ruine, et vas tout hasarder
Sur la foi d'un amant qui n'en sauroit garder[1].

  Je me trompe, il n'est point volage; 855
J'ai vu sa fermeté, j'en ai cru ses soupirs;
  Et si je flatte mes desirs,
Une si douce erreur n'est qu'à mon avantage.
Me manquât-il de foi, je la lui dois garder,
Et pour perdre Doraste il faut tout hasarder. 860

  ALIDOR, sortant de la porte d'Angélique, et repassant
    sur le théâtre.

Cléandre, elle est à toi; j'ai fléchi son courage.
Que ne peut l'artifice, et le fard du langage?
Et si pour un ami ces effets je produis,
Lorsque j'agis pour moi, qu'est-ce que je ne puis?

SCÈNE VII.

PHYLIS.

Alidor à mes yeux sort de chez Angélique[2], 865
Comme s'il y gardoit encor quelque pratique;
Et même, à son visage, il semble assez content.
Auroit-il regagné cet esprit inconstant?
Oh! qu'il feroit bon voir que cette humeur volage
Deux fois en moins d'une heure eût changé de courage!
Que mon frère en tiendroit, s'ils s'étoient mis d'accord[3]!
Il faut qu'à le savoir je fasse mon effort.
Ce soir, je sonderai les secrets de son âme;
Et si son entretien ne me trahit sa flamme,

---

1. *Var.* Sur la foi de celui qui n'en sauroit garder. (1637-57)
2. *Var.* D'où provient qu'Alidor sort de chez Angélique?
 Auroit-il avec elle encor quelque pratique?
 Son visage n'a rien que d'un homme content. (1637-57)
3. *Var.* Que mon frère en tiendroit, s'étoient mis d'accord! (1657)

J'aurai l'œil de si près dessus ses actions, 875
Que je m'éclaircirai de ses intentions.

SCÈNE VIII.
PHYLIS, LYSIS.

PHYLIS.
Quoi? Lysis, ta retraite est de peu de durée!
LYSIS.
L'heure de mon congé n'est qu'à peine expirée;
Mais vous voyant ici sans frère et sans amant....
PHYLIS.
N'en présume pas mieux pour ton contentement. 880
LYSIS.
Et d'où vient à Phylis une humeur si nouvelle?
PHYLIS.
Vois-tu, je ne sais quoi me brouille la cervelle.
Va, ne me conte rien de ton affection :
Elle en auroit fort peu de satisfaction.
LYSIS.
Cependant sans parler il faut que je soupire[1]? 885
PHYLIS.
Réserve pour le bal ce que tu me veux dire.
LYSIS.
Le bal, où le tient-on?
PHYLIS.
Là dedans.
LYSIS.
    Il suffit;
De votre bon avis je ferai mon profit.

1. *Var.* Puisque vous le voulez, adieu, je me retire. (1637-57)

FIN DU TROISIÈME ACTE.

ACTE IV.

SCÈNE PREMIÈRE.

ALIDOR, CLÉANDRE, troupe d'armés[1].

ALIDOR.

(L'acte est dans la nuit, et Alidor dit ce premier vers[2] à Cléandre ;
et l'ayant fait retirer avec sa troupe, il continue seul.)

Attends, sans faire bruit, que je t'en avertisse[3].
Enfin la nuit s'avance, et son voile propice   890
Me va faciliter le succès que j'attends
Pour rendre heureux Cléandre, et mes desirs contents.
Mon cœur, las de porter un joug si tyrannique,
Ne sera plus qu'une heure esclave d'Angélique.
Je vais faire un ami possesseur de mon bien :   895
Aussi dans son bonheur je rencontre le mien.
C'est moins pour l'obliger que pour me satisfaire,
Moins pour le lui donner qu'afin de m'en défaire.
Ce trait paroîtra lâche et plein de trahison[4] ;
Mais cette lâcheté m'ouvrira ma prison.   900
Je veux bien à ce prix avoir l'âme traîtresse,
Et que ma liberté me coûte une maîtresse.

---

1. Au participe ARMÉS, employé substantivement, Thomas Corneille a substitué, dans l'édition de 1692 : HOMMES ARMÉS.
2. *Var.* Il dit ce vers, etc. (1637, en marge.) — Dans cette édition, les mots : *L'acte est dans la nuit*, se trouvent placés plus haut, en regard du titre : ACTE IV.
3. *Var.* Attends là de pied coi que je t'en avertisse. (1637-57)
4. *Var.* Ce trait est un peu lâche, et sent sa trahison. (1637-57)
 Var. Ce trait peut sembler lâche et plein de trahison. (1660)

ACTE IV, SCÈNE I.

Que lui fais-je, après tout, qu'elle n'ait mérité,
Pour avoir malgré moi fait ma captivité?
Qu'on ne m'accuse point d'aucune ingratitude : 905
Ce n'est que me venger d'un an de servitude,
Que rompre son dessein, comme elle a fait le mien,
Qu'user de mon pouvoir, comme elle a fait du sien,
Et ne lui pas laisser un si grand avantage
De suivre son humeur, et forcer mon courage. 910
Le forcer! mais, hélas! que mon consentement
Par un si doux effort fut surpris aisément!
Quel excès de plaisirs goûta mon imprudence
Avant que réfléchir sur cette violence[1]!
Examinant mon feu, qu'est-ce que je ne perds? 915
Et qu'il m'est cher vendu de connoître mes fers!
Je soupçonne déjà mon dessein d'injustice,
Et je doute s'il est ou raison ou caprice.
Je crains un pire mal après ma guérison,
Et d'aller au supplice en rompant ma prison. 920
Alidor, tu consens qu'un autre la possède!
Tu t'exposes sans crainte à des maux sans remède[2]!
Ne romps point les effets de son intention,
Et laisse un libre cours à ton affection :
Fais ce beau coup pour toi; suis l'ardeur qui te presse. 925
Mais trahir ton ami! mais trahir ta maîtresse[3]!

---

1. *Var.* Avant que s'aviser de cette violence! (1637-57)
2. *Var.* Peux-tu bien t'exposer à des maux sans remède,
    A de vains repentirs, d'inutiles regrets,
    De stériles remords et des bourreaux secrets,
    Cependant qu'un ami, par tes lâches menées,
    Cueillira les faveurs qu'elle t'a destinées?
    Ne frustre point l'effet de ton intention (*a*). (1637-57)
3. *Var.* [Mais trahir ton ami! mais trahir ta maîtresse!]
    Jamais fut-il mortel si malheureux que toi?

(*a*) Ce dernier vers ne se trouve que dans l'édition de 1637 Dans les impressions de 1644-57, on lit, comme dans notre texte :

   Ne romps point les effets de son intention.

Je n'en veux obliger pas un à me haïr,
Et ne sais qui des deux, ou servir, ou trahir.
 Quoi! je balance encor, je m'arrête, je doute¹!
Mes résolutions, qui vous met en déroute ? 930
Revenez, mes desseins, et ne permettez pas
Qu'on triomphe de vous avec un peu d'appas.
En vain pour Angélique ils prennent la querelle²;
Cléandre, elle est à toi, nous sommes deux contre elle.
Ma liberté conspire avecque tes ardeurs; 935
Les miennes désormais vont tourner en froideurs;
Et lassé de souffrir un si rude servage,
J'ai l'esprit assez fort pour combattre un visage.
Ce coup n'est qu'un effet de générosité,
Et je ne suis honteux que d'en avoir douté. 940
 Amour, que ton pouvoir tâche en vain de paroître!
Fuis, petit insolent, je veux être le maître :
Il ne sera pas dit qu'un homme tel que moi,
En dépit qu'il en ait, obéisse à ta loi.
Je ne me résoudrai jamais à l'hyménée 945
Que d'une volonté franche et déterminée,
Et celle à qui ses nœuds m'uniront pour jamais³
M'en sera redevable, et non à ses attraits;
Et ma flamme....

<small>
De tous les deux côtés il y va de ta foi.
A qui la tiendras-tu ? Mon esprit en déroute
Sur le plus fort des deux ne peut sortir de doute.
[Je n'en veux obliger pas un à me haïr.] (1637-57)
1. *Var.* Mais que mon jugement s'enveloppe de nues!
Mes résolutions, qu'êtes-vous devenues? (1637-57)
 Var. Quoi! je hésite encor, je balance, je doute! (1660)
2. *Var.* Cléandre, elle est à toi : dedans cette querelle,
Angélique le perd; nous sommes deux contre elle. (1637-57)
3. *Var.* Et celle qu'en ce cas je nommerai mon mieux,
M'en sera redevable, et non pas à ses yeux. (1637-57)
</small>

SCÈNE II.

ALIDOR, CLÉANDRE.

CLÉANDRE.
Alidor!

ALIDOR.
Qui m'appelle?

CLÉANDRE.
Cléandre.

ALIDOR.
Tu t'avances trop tôt[1].

CLÉANDRE.
Je me lasse d'attendre.   950

ALIDOR.
Laisse-moi, cher ami, le soin de t'avertir
En quel temps de ce coin il te faudra sortir.

CLÉANDRE.
Minuit vient de sonner, et par expérience
Tu sais comme l'amour est plein d'impatience.

ALIDOR.
Va donc tenir tout prêt à faire un si beau coup :   955
Ce que nous attendons ne peut tarder beaucoup.
Je livre entre tes mains cette belle maîtresse,
Sitôt que j'aurai pu lui rendre ta promesse :
Sans lumière, et d'ailleurs s'assurant en ma foi,
Rien ne l'empêchera de la croire de moi.   960
Après, achève seul ; je ne puis sans supplice
Forcer ici mon bras à te faire service[2] ;
Et mon reste d'amour, en cet enlèvement,
Ne peut contribuer que mon consentement.

---

1. *Var.* Qui te fait avancer? (1637-57)
2. *Var.* Forcer ici mes bras à te faire service. (1637-63)

CLÉANDRE.

Ami, ce m'est assez.

ALIDOR.

Va donc là-bas attendre 965
Que je te donne avis du temps qu'il faudra prendre.
Cléandre, encore un mot : pour de pareils exploits[1]
Nous nous ressemblons mal et de taille et de voix;
Angélique soudain pourra te reconnoître;
Regarde après ses cris si tu serois le maître. 970

CLÉANDRE.

Ma main dessus sa bouche y saura trop pourvoir.

ALIDOR.

Ami, séparons-nous, je pense l'entrevoir.

CLÉANDRE.

Adieu. Fais promptement.

SCÈNE III.

ALIDOR, ANGÉLIQUE.

ANGÉLIQUE.

Que la nuit est obscure[2]!
Alidor n'est pas loin, j'entends quelque murmure.

ALIDOR.

De peur d'être connu, je défends à mes gens 975
De paroître en ces lieux avant qu'il en soit temps.
Tenez.

(Il lui donne la promesse de Cléandre.)

1. *Var.* Encore un mot, Cléandre, et qui t'importe fort :
Ta taille avec la mienne a si peu de rapport,
Qu'Angélique soudain te pourra reconnoître. (1637-57)
2. *Var.* ANG. St, ALID. Je l'entends, c'est elle.
ANG. Alidor, es-tu là? ALID. Je suis à vous, ma belle.
[De peur d'être connu, je défends à mes gens.] (1637-57)

ANGÉLIQUE.

Je prends sans lire ; et ta foi m'est si claire,
Que je la prends bien moins pour moi que pour mon père ;
Je la porte à ma chambre : épargnons les discours ;
Fais avancer tes gens, et dépêche.

ALIDOR.

J'y cours.   980
Lorsque de son honneur je lui rends l'assurance,
C'est quand je trompe mieux sa crédule espérance ;
Mais puisqu'au lieu de moi je lui donne un ami,
A tout prendre, ce n'est la tromper qu'à demi.

SCÈNE IV.

PHYLIS.

Angélique ! C'est fait, mon frère en a dans l'aile.   985
La voyant échapper, je courois après elle ;
Mais un maudit galant m'est venu brusquement
Servir à la traverse un mauvais compliment,
Et par ses vains discours m'embarrasser de sorte
Qu'Angélique à son aise a su gagner la porte.   990
Sa perte est assurée, et le traître Alidor[1]
La posséda jadis, et la possède encor.
Mais jusques à ce point seroit-elle imprudente ?
Il n'en faut point douter, sa perte est évidente[2] ;
Le cœur me le disoit, le voyant en sortir,   995
Et mon frère dès lors se devoit avertir.
Je te trahis, mon frère, et par ma négligence,
Étant sans y penser de leur intelligence....

(Alidor paroit avec Cléandre accompagné d'une troupe, et après lui avoir montré Phylis, qu'il croit être Angélique, il se retire en un coin du théâtre, et Cléandre enlève Phylis, et lui met d'abord la main sur la bouche.)

1. *Var.* Sa perte est assurée, et ce traitre Alidor. (1637-57)
2. *Var.* Il n'en faut point parler, sa perte est évidente. (1654)

SCÈNE V.

ALIDOR.

On l'enlève, et mon cœur, surpris d'un vain regret,
Fait à ma perfidie un reproche secret ; 1000
Il tient pour Angélique, il la suit, le rebelle !
Parmi mes trahisons il veut être fidèle ;
Je le sens, malgré moi de nouveaux feux épris[1],
Refuser de ma main sa franchise à ce prix,
Désavouer mon crime, et pour mieux s'en défendre, 1005
Me demander son bien, que je cède à Cléandre.
Hélas ! qui me prescrit cette brutale loi
De payer tant d'amour avec si peu de foi ?
Qu'envers cette beauté ma flamme est inhumaine !
Si mon feu la trahit, que lui feroit ma haine ? 1010
Juge, juge, Alidor, en quelle extrémité
La va précipiter ton infidélité[2].
Écoute ses soupirs, considère ses larmes,
Laisse-toi vaincre enfin à de si fortes armes[3],
Et va voir si Cléandre, à qui tu sers d'appui[4], 1015
Pourra faire pour toi ce que tu fais pour lui.
Mais mon esprit s'égare, et quoi qu'il se figure,
Faut-il que je me rende à des pleurs en peinture,
Et qu'Alidor, de nuit plus foible que de jour,
Redonne à la pitié ce qu'il ôte à l'amour ? 1020
Ainsi donc mes desseins se tournent en fumée !
J'ai d'autres repentirs que de l'avoir aimée !

---

1. *Var.* Je le sens refuser sa franchise à ce prix ;
   [Je le sens, malgré moi de nouveaux feux épris.] (1637-57)
2. *Var.* Ne la va point jeter ton infidélité. (1637-57)
3. *Var.* Et laisse-toi gagner à de si fortes armes. (1637)
   Var. Et te laisse enfin vaincre à de si fortes armes. (1644-57)
4. *Var.* Cours après elle, et vois si Cléandre aujourd'hui. (1637-57)

ACTE IV, SCÈNE V.

Suis-je encore Alidor après ces sentiments?
Et ne pourrai-je enfin régler mes mouvements?
Vaine compassion des douleurs d'Angélique, 1025
Qui penses triompher d'un cœur mélancolique[1],
Téméraire avorton d'un impuissant remords,
Va, va porter ailleurs tes débiles efforts.
Après de tels appas, qui ne m'ont pu séduire,
Qui te fait espérer ce qu'ils n'ont su produire? 1030
Pour un méchant soupir que tu m'as dérobé,
Ne me présume pas tout à fait succombé[2] :
Je sais trop maintenir ce que je me propose,
Et souverain sur moi, rien que moi n'en dispose.
En vain un peu d'amour me déguise en forfait 1035
Du bien que je me veux le généreux effet :
De nouveau j'y consens, et prêt à l'entreprendre....

SCÈNE VI.

ANGÉLIQUE, ALIDOR.

ANGÉLIQUE.

Je demande pardon de t'avoir fait attendre,
D'autant qu'en l'escalier on faisoit quelque bruit,
Et qu'un peu de lumière en effaçoit la nuit : 1040
Je n'osois avancer, de peur d'être aperçue[3].
Allons, tout est-il prêt? Personne ne m'a vue :
De grâce, dépêchons, c'est trop perdre de temps,
Et les moments ici nous sont trop importants;
Fuyons vite, et craignons les yeux d'un domestique. 1045
Quoi! tu ne réponds point à la voix d'Angélique?

1. *Var.* Qui pensez triompher d'un cœur mélancolique. (1637, 44 et 52-60)
2. *Var.* Ne me présume pas encore succombé. (1637-57)
3. *Var.* Je n'osois m'avancer, de peur d'être aperçue. (1637-57)

ALIDOR.

Angélique! mes gens vous viennent d'enlever;
Qui vous a fait sitôt de leurs mains vous sauver?
Quel soudain repentir, quelle crainte de blâme,
Et quelle ruse enfin vous dérobe à ma flamme ? 1050
Ne vous suffit-il point de me manquer de foi,
Sans prendre encor plaisir à vous jouer de moi?

ANGÉLIQUE.

Que tes gens cette nuit m'ayent vue ou saisie!
N'ouvre point ton esprit à cette fantaisie.

ALIDOR.

Autant que l'ont permis les ombres de la nuit[1], 1055
Je l'ai vu de mes yeux.

ANGÉLIQUE.

Tes yeux t'ont donc séduit;
Et quelque autre sans doute, après moi descendue,
Se trouve entre les mains dont j'étois attendue.
Mais, ingrat, pour toi seul j'abandonne ces lieux,
Et tu n'accompagnois ma fuite que des yeux! 1060
Pour marque d'un amour que je croyois extrême[2],
Tu remets ma conduite à d'autres qu'à toi-même!
Je suis donc un larcin indigne de tes mains[3]?

ALIDOR.

Quand vous aurez appris le fond de mes desseins,
Vous n'attribuerez plus, voyant mon innocence, 1065
A peu d'affection l'effet de ma prudence.

ANGÉLIQUE.

Pour ôter tout soupçon et tromper ton rival,
Tu diras qu'il falloit te montrer dans le bal.
Foible ruse!

1. *Var.* Autant que m'ont permis les ombres de la nuit. (1637-57)
2. *Var.* La belle preuve, hélas! de ton amour extrême,
De remettre ce coup à d'autres qu'à toi-même!
J'étois donc un larcin indigne de tes mains? (1637-57)
3. *Var.* Et je suis un larcin indigne de tes mains? (1660-64)

ALIDOR.

Ajoutez et vaine, et sans adresse,
Puisque je ne pouvois démentir ma promesse. 1070

ANGÉLIQUE.

Quel étoit donc ton but?

ALIDOR.

D'attendre ici le bruit[1]
Que les premiers soupçons auront bientôt produit,
Et d'un autre côté me jetant à la fuite,
Divertir de vos pas leur plus chaude poursuite.

ANGÉLIQUE, en pleurant[2].

Mais enfin, Alidor, tes gens se sont mépris? 1075

ALIDOR.

Dans ce coup de malheur, et confus, et surpris,
Je vois tous mes desseins succéder à ma honte;
Mais il me faut donner quelque ordre à ce mécompte[3] :
Permettez....

ANGÉLIQUE.

Cependant, à qui me laisses-tu?
Tu frustres donc mes vœux de l'espoir qu'ils ont eu, 1080
Et ton manque d'amour, de mes malheurs complice,
M'abandonnant ici, me livre à mon supplice!
L'hymen (ah! ce mot seul me réduit aux abois[4]!)
D'un amant odieux me va soumettre aux lois;
Et tu peux m'exposer à cette tyrannie! 1085
De l'erreur de tes gens je me verrai punie!

---

1. *Var.* Quel étoit donc le but de ton intention?
ALID. D'attendre ici le coup de leur émotion. (1637-57)
2. Cette indication manque dans l'édition de 1663.
3. *Var.* Permettez-moi d'aller mettre ordre à ce mécompte (*a*).
ANG. Cependant, misérable, à qui me laisses-tu? (1637-57)
4. *Var.* L'hymen (ah! ce penser déjà me fait mourir!)
Me va joindre à Doraste, et tu le peux souffrir!
Tu me peux exposer à cette tyrannie! (1637-57)

(*a*) Voyez tome I, p. 150, note 1.

ALIDOR.

Nous préserve le ciel d'un pareil désespoir[1] !
Mais votre éloignement n'est plus en mon pouvoir.
J'en ai manqué le coup; et, ce que je regrette,
Mon carrosse est parti, mes gens ont fait retraite. 1090
A Paris, et de nuit, une telle beauté,
Suivant un homme seul, est mal en sûreté :
Doraste, ou par malheur quelque rencontre pire[2],
Me pourroit arracher le trésor où j'aspire :
Évitons ces périls en différant d'un jour. 1095

ANGÉLIQUE.

Tu manques de courage aussi bien que d'amour,
Et tu me fais trop voir par ta bizarrerie[3]
Le chimérique effet de ta poltronnerie.
Alidor (quel amant !) n'ose me posséder.

ALIDOR.

Un bien si précieux se doit-il hasarder ? 1100
Et ne pouvez-vous point d'une seule journée
Retarder le malheur de ce triste hyménée[4] ?
Peut-être le désordre et la confusion
Qui naîtront dans le bal de cette occasion
Le remettront pour vous; et l'autre nuit, je jure.... 1105

ANGÉLIQUE.

Que tu seras encore ou timide ou parjure.
Quand tu m'as résolue à tes intentions,
Lâche, t'ai-je opposé tant de précautions[5] ?

---

1. *Var.* Jugez mieux de ma flamme, et songez, mon espoir,
Qu'un tel enlèvement n'est plus en mon pouvoir. (1637-57)
2. *Var.* Doraste, ou par malheur quelque pire surprise
De ces coureurs de nuit me feroit lâcher prise :
De grâce, mon souci, passons encore un jour. (1637-57)
3. *Var.* Et tu me fais trop voir par cette rêverie. (1637-57)
4. *Var.* Différer le malheur de ce triste hyménée. (1637-57)
5. *Var.* Ingrat, t'ai-je opposé tant de précautions?
Tu m'aimes, ce dis-tu? tu le fais bien paroître,

Tu m'adores, dis-tu? tu le fais bien paroître,
Rejetant mon bonheur ainsi sur un peut-être. 1110
####### ALIDOR.
Quoi qu'ose mon amour appréhender pour vous,
Puisque vous le voulez, fuyons, je m'y résous;
Et malgré ces périls.... Mais on ouvre la porte :
C'est Doraste qui sort, et nous suit à main-forte.

(Alidor s'échappe, et Angélique le veut suivre, mais Doraste l'arrête.)

SCÈNE VII.

ANGÉLIQUE, DORASTE, LYCANTE,
TROUPE D'AMIS.

####### DORASTE.
Quoi! ne m'attendre pas? c'est trop me dédaigner; 1115
Je ne viens qu'à dessein de vous accompagner;
Car vous n'entreprenez si matin ce voyage
Que pour vous préparer à notre mariage.
Encor que vous partiez beaucoup devant le jour,
Vous ne serez jamais assez tôt de retour; 1120
Vous vous éloignez trop, vu que l'heure nous presse.
Infidèle! est-ce là me tenir ta promesse?
####### ANGÉLIQUE.
Eh bien! c'est te trahir. Penses-tu que mon feu
D'un généreux dessein te fasse un désaveu?
Je t'acquis par dépit et perdrois avec joie. 1125
Mon désespoir à tous m'abandonnoit en proie,
Et lorsque d'Alidor je me vis outrager,
Je fis armes de tout afin de me venger.

Remettant mon bonheur ainsi sur un peut-être.
ALID. Encor que mon amour appréhende pour vous,
Puisque vous le voulez, eh bien! je m'y résous :
Fuyons, hasardons tout. Mais on ouvre la porte. (1637-57)

Tu t'offris par hasard, je t'acceptai de rage ;
Je te donnai son bien, et non pas mon courage. 1130
Ce change à mon courroux jetoit un faux appas[1] ;
Je le nommois sa peine, et c'étoit mon trépas :
Je prenois pour vengeance une telle injustice,
Et dessous ses couleurs j'adorois mon supplice.
Aveugle que j'étois! mon peu de jugement 1135
Ne se laissoit guider qu'à mon ressentiment.
Mais depuis, Alidor m'a fait voir que son âme,
En feignant un mépris, n'avoit pas moins de flamme.
Il a repris mon cœur en me rendant les yeux ;
Et soudain mon amour m'a fait haïr ces lieux. 1140

DORASTE.

Tu suivois Alidor !

ANGÉLIQUE.

Ta funeste arrivée,
En arrêtant mes pas, de ce bien m'a privée ;
Mais si....

DORASTE.

Tu le suivois !

ANGÉLIQUE.

Oui : fais tous tes efforts ;
Lui seul aura mon cœur, tu n'auras que le corps.

DORASTE.

Impudente, effrontée autant comme traîtresse, 1145
De ce cher Alidor tiens-tu cette promesse ?
Est-elle de sa main, parjure ? De bon cœur
J'aurois cédé ma place à ce premier vainqueur ;
Mais suivre un inconnu ! me quitter pour Cléandre !

ANGÉLIQUE.

Pour Cléandre !

---

1. *Var.* Ce change à mon dépit jetoit un faux appas (*a*). (1637-57)

(*a*) Voyez tome I, p. 148, note 3.

DORASTE.

J'ai tort; je tâche à te surprendre. 1150
Vois ce qu'en te cherchant m'a donné le hasard;
C'est ce que dans ta chambre a laissé ton départ :
C'est là qu'au lieu de toi j'ai trouvé sur ta table
De ta fidélité la preuve indubitable.
Lis, mais ne rougis point, et me soutiens encor 1155
Que tu ne fuis ces lieux que pour suivre Alidor.

BILLET DE CLÉANDRE A ANGÉLIQUE[1].

Angélique, reçois ce gage
De la foi que je te promets,
Qu'un prompt et sacré mariage
Unira nos jours désormais. 1160
Quittons ces lieux, chère maîtresse;
Rien ne peut que ta fuite assurer mon bonheur;
Mais laisse aux tiens cette promesse
Pour sûreté de ton honneur,
Afin qu'ils en puissent apprendre 1165
Que tu suis ton mari lorsque tu suis Cléandre.

CLÉANDRE.

ANGÉLIQUE.

Que je suis mon mari lorsque je suis Cléandre?
Alidor est perfide, ou Doraste imposteur.
Je vois la trahison, et doute de l'auteur.
Mais, pour m'en éclaircir, ce billet doit suffire[2]; 1170
Je le pris d'Alidor, et le pris sans le lire;
Et puisqu'à m'enlever son bras se refusoit,
Il ne prétendoit rien au larcin qu'il faisoit.
Le traître ! J'étois donc destinée à Cléandre !

---

1. En marge, dans l'édition de 1637 : *Angélique lit.*
2. *Var.* Toutefois ce papier suffit pour m'en instruire ;
   Je le pris d'Alidor, mais je le pris sans lire. (1637-57)

Hélas! mais qu'à propos le ciel l'a fait méprendre,   1175
Et ne consentant point à ses lâches desseins,
Met au lieu d'Angélique une autre entre ses mains¹!

ДОRASTE.

Que parles-tu d'une autre en ta place ravie?

ANGÉLIQUE.

J'en ignore le nom, mais elle m'a suivie²,
Et ceux qui m'attendoient dans l'ombre de la nuit....   1180

DORASTE.

C'en est assez, mes yeux du reste m'ont instruit :
Autre n'est que Phylis entre leurs mains tombée;
Après toi de la salle elle s'est dérobée.
J'arrête une maîtresse, et je perds une sœur;
Mais allons promptement après le ravisseur.   1185

SCÈNE VIII.

ANGÉLIQUE.

Dure condition de mon malheur extrême!
Si j'aime, on me trahit; je trahis, si l'on m'aime.
Qu'accuserai-je ici d'Alidor ou de moi?
Nous manquons l'un et l'autre également de foi.
Si j'ose l'appeler lâche, traître, parjure,   1190
Ma rougeur aussitôt prendra part à l'injure;
Et les mêmes couleurs qui peindront ses forfaits
Des miens en même temps exprimeront les traits.
Mais quel aveuglement nos deux crimes égale,

---

1. *Var.* Met au lieu d'Angélique un autre entre ses mains (*a*). (1648-57)
2. *Var.* [J'en ignore le nom, mais elle m'a suivie,]
   Et quelle qu'elle soit,... DOR. Il suffit, n'en dis plus;
   Après ce que j'ai vu, j'en sais trop là-dessus :
   [Autre n'est que Phylis entre leurs mains tombée.] (1637-57)

(*a*) Voyez tome I, p. 228, note 3.

ACTE IV, SCÈNE VIII.

Puisque c'est pour lui seul que je suis déloyale ? 1195
L'amour m'a fait trahir (qui n'en trahiroit pas?),
Et la trahison seule a pour lui des appas.
Son crime est sans excuse, et le mien pardonnable :
Il est deux fois, que dis-je? il est le seul coupable[1];
Il m'a prescrit la loi, je n'ai fait qu'obéir ; 1200
Il me trahit lui-même, et me force à trahir.

Déplorable Angélique, en malheurs sans seconde,
Que veux-tu désormais, que peux-tu faire au monde[2],
Si ton ardeur sincère et ton peu de beauté
N'ont pu te garantir d'une déloyauté ? 1205
Doraste tient ta foi; mais si ta perfidie
A jusqu'à te quitter son âme refroidie,
Suis, suis dorénavant de plus saines raisons,
Et sans plus t'exposer à tant de trahisons[3],
Puisque de ton amour on fait si peu de conte, 1210
Va cacher dans un cloître et tes pleurs et ta honte[4].

1. *Var.* Il est deux fois, que dis-je? il est seul le coupable. (1657)
2. *Var.* Que peux-tu désormais, que peux-tu faire au monde,
   Si ton amour fidèle et ton peu de beauté. (1637-57)
3. *Var.* Et ne t'expose plus à tant de trahisons,
   Et tant qu'on ait pu voir la fin de ce méconte. (1637-57)
4. *Var.* Va cacher dans ta chambre et tes pleurs et ta honte. (1637-60)

FIN DU QUATRIÈME ACTE.

ACTE V.

SCÈNE PREMIÈRE.
CLÉANDRE, PHYLIS.

CLÉANDRE.
Accordez-moi ma grâce avant qu'entrer chez vous.
PHYLIS.
Vous voulez donc enfin d'un bien commun à tous?
Craignez-vous qu'à vos feux ma flamme ne réponde?
Et puis-je vous haïr, si j'aime tout le monde[1]?   1215
CLÉANDRE.
Votre bel esprit raille, et pour moi seul cruel,
Du rang de vos amants sépare un criminel :
Toutefois mon amour n'est pas moins légitime,
Et mon erreur du moins me rend vers vous sans crime.
Soyez, quoi qu'il en soit, d'un naturel plus doux :   1220
L'amour a pris le soin de me punir pour vous;
Les traits que cette nuit il trempoit de vos larmes[2]
Ont triomphé d'un cœur invincible à vos charmes.
PHYLIS.
Puisque vous ne m'aimez que par punition,
Vous m'obligez fort peu de cette affection.   1225
CLÉANDRE.
Après votre beauté sans raison négligée,
Il me punit bien moins qu'il ne vous a vengée.

---

1. *Var.* Et vous puis-je haïr si j'aime tout le monde? (1637-57)
2. *Var.* Les traits que cette nuit il trempoit dans vos larmes. (1637-68)

Avez-vous jamais vu dessein plus renversé ?
Quand j'ai la force en main, je me trouve forcé ;
Je crois prendre une fille, et suis pris par une autre¹ ;
J'ai tout pouvoir sur vous, et me remets au vôtre ;
Angélique me perd, quand je crois l'acquérir ;
Je gagne un nouveau mal, quand je pense guérir.
Dans un enlèvement je hais la violence ;
Je suis respectueux après cette insolence ; 1235
Je commets un forfait, et n'en saurois user ;
Je ne suis criminel que pour m'en accuser.
Je m'expose à ma peine, et négligeant ma fuite²,
Aux vôtres offensés j'épargne la poursuite³.
Ce que j'ai pu ravir, je viens le demander ; 1240
Et pour vous devoir tout, je veux tout hasarder.

PHYLIS.

Vous ne me devrez rien, du moins si j'en suis crue⁴ ;
Et si mes propres yeux vous donnent dans la vue,
Si votre propre cœur soupire après ma main,
Vous courez grand hasard de soupirer en vain. 1245

---

1. *Var.* Je crois prendre une fille, et suis pris par un autre. (1637-52 et 57)
2. *Var.* Je m'expose à ma peine et néglige ma fuite. (1660)
3. *Var.* Je m'offre à des périls que tout le monde évite.
Ce que j'ai pu ravir, je le viens demander. (1637-57)
4. *Var.* [Vous ne me devrez rien, du moins si j'en suis crue.]
CLÉAND. Mais après le danger où vous vous êtes vue,
Malgré tous vos mépris, les soins de votre honneur
Vous doivent désormais résoudre à mon bonheur.
La moitié d'une nuit passée en ma puissance
A d'étranges soupçons porte la médisance.
Cela su, présumez comme on pourra causer.
PHYL. Pour étouffer ce bruit il vous faut épouser,
Non pas ? Mais au contraire, après ce mariage,
On présumeroit tout à mon désavantage,
Et vous voir refusé fera mieux croire à tous
Qu'il ne s'est rien passé qu'à propos entre nous (*a*).
[Toutefois après tout, mon humeur est si bonne.] (1637-57)

(*a*) Qu'il ne s'est rien passé que de juste entre nous. (1644-57)

Toutefois après tout, mon humeur est si bonne
Que je ne puis jamais désespérer personne.
Sachez que mes desirs, toujours indifférents,
Iront sans résistance au gré de mes parents;
Leur choix sera le mien : c'est vous parler sans feinte.

CLÉANDRE.

Je vois de leur côté mêmes sujets de crainte :
Si vous me refusez, m'écouteront-ils mieux[1]?

PHYLIS.

Le monde vous croit riche, et mes parents sont vieux.

CLÉANDRE.

Puis-je sur cet espoir....

PHYLIS.

C'est assez vous en dire[2].

SCÈNE II.

ALIDOR, CLÉANDRE, PHYLIS.

ALIDOR.

Cléandre a-t-il enfin ce que son cœur desire?   1255
Et ses amours, changés par un heureux hasard,
De celui de Phylis ont-ils pris quelque part?

CLÉANDRE.

Cette nuit tu l'as vue en un mépris extrême,
Et maintenant, ami, c'est encore elle-même :
Son orgueil se redouble étant en liberté,   1260
Et devient plus hardi d'agir en sûreté.
J'espère toutefois, à quelque point qu'il monte,
Qu'à la fin....

PHYLIS.

Cependant que vous lui rendrez conte,

---

1. *Var.* Si vous me refusez, m'écouteroient-ils mieux? (1637-60)
2. *Var.*   Il vous faudroit tout dire. (1637-60)

Je vais voir mes parents, que ce coup de malheur
A mon occasion accable de douleur.   1265
Je n'ai tardé que trop à les tirer de peine.
   ALIDOR, retenant Cléandre qui la veut suivre[1].
Est-ce donc tout de bon qu'elle t'est inhumaine?
      CLÉANDRE.
Il la faut suivre. Adieu. Je te puis assurer
Que je n'ai pas sujet de me désespérer.
Va voir ton Angélique, et la compte pour tienne,   1270
Si tu la vois d'humeur qui ressemble à la sienne[2].
      ALIDOR.
Tu me la rends enfin?
      CLÉANDRE.
       Doraste tient sa foi;
Tu possèdes son cœur : qu'auroit-elle pour moi?
Quelques[3] charmants appas qui soient sur son visage,
Je n'y saurois avoir qu'un fort mauvais partage :   1275
Peut-être elle croiroit qu'il lui seroit permis
De ne me rien garder, ne m'ayant rien promis;
Il vaut mieux que ma flamme à son tour te la cède[4].
Mais derechef, adieu.

SCÈNE III.

ALIDOR.

      Ainsi tout me succède[5];
Ses plus ardents desirs se règlent sur mes vœux :   1280
Il accepte Angélique, et la rend quand je veux.

---

 1. *Var. Elle rentre, et Cléandre la voulant suivre, Alidor l'arrête.* (1637, en marge.)
 2. *Var.* Pourvu que son humeur soit pareille à la sienne. (1637-57)
 3. Voyez *Mélite*, vers 1047, et note 3.
 4. *Var.* Je m'exposerois trop à des maux sans remède. (1637-57)
 5. *Var.*   Qu'ainsi tout me succède!
  Comme si ses desirs se régloient sur mes vœux. (1637-57)

Quand je tâche à la perdre, il meurt de m'en défaire;
Quand je l'aime, elle cesse aussitôt de lui plaire.
Mon cœur prêt à guérir, le sien se trouve atteint;
Et mon feu rallumé, le sien se trouve éteint : 1285
Il aime quand je quitte, il quitte alors que j'aime;
Et sans être rivaux, nous aimons en lieu même.
C'en est fait, Angélique, et je ne saurois plus
Rendre contre tes yeux des combats superflus.
De ton affection cette preuve dernière 1290
Reprend sur tous mes sens une puissance entière.
Les ombres de la nuit m'ont redonné le jour[1] :
Que j'eus de perfidie, et que je vis d'amour!
Quand je sus que Cléandre avoit manqué sa proie,
Que j'en eus de regret, et que j'en ai de joie! 1295
Plus je t'étois ingrat, plus tu me chérissois;
Et ton ardeur croissoit plus je te trahissois.
Aussi j'en fus honteux, et confus dans mon âme,
La honte et le remords rallumèrent ma flamme.
Que l'amour pour nous vaincre a de chemins divers! 1300
Et que malaisément on rompt de si beaux fers!
C'est en vain qu'on résiste aux traits d'un beau visage;
En vain, à son pouvoir refusant son courage,
On veut éteindre un feu par ses yeux allumé,
Et ne le point aimer quand on s'en voit aimé : 1305
Sous ce dernier appas l'amour a trop de force;
Il jette dans nos cœurs une trop douce amorce,
Et ce tyran secret de nos affections
Saisit trop puissamment nos inclinations.
Aussi ma liberté n'a plus rien qui me flatte; 1310
Le grand soin que j'en eus partoit d'une âme ingrate;
Et mes desseins, d'accord avecque mes desirs,
A servir Angélique ont mis tous mes plaisirs[2].

1. *Var.* Aveugle, cette nuit m'a redonné le jour. (1637-57)
2. *Var.* [A servir Angélique ont mis tous mes plaisirs.]

ACTE V, SCÈNE III.

Mais, hélas! ma raison est-elle assez hardie
Pour croire qu'on me souffre après ma perfidie ? 1315
Quelque secret instinct, à mon bonheur fatal,
Ne la porte-t-il point à me vouloir du mal[1]?
Que de mes trahisons elle seroit vengée,
Si, comme mon humeur, la sienne étoit changée!
Mais qui la changeroit, puisqu'elle ignore encor 1320
Tous les lâches complots du rebelle Alidor?
Que dis-je, malheureux? ah! c'est trop me méprendre[2],
Elle en a trop appris du billet de Cléandre :
Son nom au lieu du mien en ce papier souscrit
Ne lui montre que trop le fond de mon esprit. 1325
Sur ma foi toutefois elle le prit sans lire;
Et si le ciel vengeur contre moi ne conspire[3],
Elle s'y fie assez pour n'en avoir rien lu.
Entrons, quoi qu'il en soit, d'un esprit résolu[4];
Dérobons à ses yeux le témoin de mon crime; 1330
Et si pour l'avoir lu sa colère s'anime[5],
Et qu'elle veuille user d'une juste rigueur,
Nous savons les moyens de regagner son cœur[6].

    Je ne m'obstine plus à mériter sa haine :
    Je me sens trop heureux d'une si belle chaîne;
    Ce sont traits d'esprit fort que d'en vouloir sortir,
    Et c'est où ma raison ne peut plus consentir.
    [Mais, hélas! ma raison est-elle assez hardie]
    Pour me dire qu'on m'aime après ma perfidie ? (1637-57)
1. *Var.* Porte-t-il point ma belle à me vouloir du mal? (1637-57)
2. *Var.* Que dis-je, misérable? ah! c'est trop me méprendre. (1637-57)
3. *Var.* Et si le ciel vengeur comme moi ne conspire. (1637 et 48-54)
4. *Var.* Entrons à tous hasards d'un esprit résolu. (1637-57)
5. *Var.* Que si pour l'avoir lu sa colère s'anime. (1637-57)
   Var. Ou si pour l'avoir lu sa colère s'anime. (1660)
6. *Var.* Nous savons les chemins de regagner son cœur. (1637-57)
   Var. Cherchons quelques moyens de regagner son cœur. (1660-64

SCÈNE IV.

DORASTE, LYCANTE.

DORASTE.

Ne sollicite plus mon âme refroidie :
Je méprise Angélique après sa perfidie ; 1335
Mon cœur s'est révolté contre ses lâches traits,
Et qui n'a point de foi n'a point pour moi d'attraits.
Veux-tu qu'on me trahisse, et que mon amour dure?
J'ai souffert sa rigueur, mais je hais son parjure,
Et tiens sa trahison indigne à l'avenir 1340
D'occuper aucun lieu dedans mon souvenir.
Qu'Alidor la possède ; il est traître comme elle :
Jamais pour ce sujet nous n'aurons de querelle.
Pourrois-je avec raison lui vouloir quelque mal[1]
De m'avoir délivré d'un esprit déloyal? 1345
Ma colère l'épargne, et n'en veut qu'à Cléandre :
Il verra que son pire étoit de se méprendre ;
Et si je puis jamais trouver ce ravisseur,
Il me rendra soudain et la vie et ma sœur[2].

---

1. *Var.* J'aurois peu de raison de lui vouloir du mal
Pour m'avoir délivré d'un esprit déloyal. (1637-57)
2. *Var.* [Il me rendra soudain et la vie et ma sœur.]
LYC. Écoutez un peu moins votre âme généreuse :
Que feriez-vous par là qu'une sœur malheureuse?
Les soins de son honneur que vous devez avoir,
Pour d'autres intérêts vous doivent émouvoir.
Après que par hasard Cléandre l'a ravie,
Elle perdroit l'honneur s'il en perdoit la vie.
On lui croiroit son reste, et pour la posséder
Peu d'amants, sur ce bruit, se voudroient hasarder.
Faites mieux : votre sœur à peine peut prétendre
[Une fortune égale à celle de Cléandre :]
Que l'excès de ses biens vous le rendent (*a*) chéri,

(*a*) Le verbe est au pluriel dans toutes les éditions indiquées.

ACTE V, SCÈNE IV.

LYCANTE.

Faites mieux : puisqu'à peine elle pourroit prétendre
Une fortune égale à celle de Cléandre,
En faveur de ses biens calmez votre courroux,
Et de son ravisseur faites-en son époux.
Bien qu'il eût fait dessein sur une autre personne,
Faites-lui retenir ce qu'un hasard lui donne : 1355
Je crois que cet hymen pour satisfaction
Plaira mieux à Phylis que sa punition.

DORASTE.

Nous consultons en vain, ma poursuite étant vaine.

LYCANTE.

Nous le rencontrerons, n'en soyez point en peine :
Où que soit sa retraite, il n'est pas toujours nuit; 1360
Et ce qu'un jour nous cache, un autre le produit.
Mais, Dieux! voilà Phylis qu'il a déjà rendue.

SCÈNE V.

DORASTE, PHYLIS, LYCANTE.

DORASTE.

Ma sœur, je te retrouve après t'avoir perdue[1] !
Et de grâce, quel lieu me cache le voleur[2]
Qui, pour s'être mépris, a causé ton malheur? 1365
Que son trépas....

PHYLIS.

Tout beau; peut-être ta colère,
Au lieu de ton rival, en veut à ton beau-frère[3].

Et de son ravisseur faites-en son mari.
Encor que son dessein ne fût pour sa personne. (1637-57)
1. *Var.* Ma sœur, je te retiens après t'avoir perdue ! (1637)
2. *Var.* Et de grâce, quel lieu recèle le voleur. (1637-57)
3. *Var.* Au lieu de ton rival, attaque ton beau-frère. (1637-57)

En un mot, tu sauras qu'en cet enlèvement
Mes larmes m'ont acquis Cléandre pour amant :
Son cœur m'est demeuré pour peine de son crime, 1370
Et veut changer un rapt en amour légitime[1].
Il fait tous ses efforts pour gagner mes parents,
Et s'il les peut fléchir, quant à moi, je me rends :
Non, à dire le vrai, que son objet me tente[2],
Mais mon père content, je dois être contente. 1375
Tandis, par la fenêtre ayant vu ton retour,
Je t'ai voulu sur l'heure apprendre cet amour,
Pour te tirer de peine et rompre ta colère.

DORASTE.

Crois-tu que cet hymen puisse me satisfaire?

PHYLIS.

Si tu n'es ennemi de mes contentements, 1380
Ne prends mes intérêts que dans mes sentiments[3];
Ne fais point le mauvais, si je ne suis mauvaise,
Et ne condamne rien à moins qu'il me déplaise[4].
En cette occasion, si tu me veux du bien,
C'est à toi de régler ton esprit sur le mien[5]. 1385
Je respecte mon père, et le tiens assez sage
Pour ne résoudre rien à mon désavantage.
Si Cléandre le gagne, et m'en peut obtenir,
Je crois de mon devoir....

LYCANTE.

Je l'aperçois venir.
Résolvez-vous, Monsieur, à ce qu'elle desire. 1390

---

1. *Var.* Et veut faire d'un rapt un amour légitime. (1637-57)
2. *Var.* Non pas, à dire vrai, que son objet me tente,
    Mais, mon père content, je suis assez contente. (1637-57)
3. Ce vers a été omis par erreur dans l'édition de 1682.
4. *Var.* Eh quoi! ce qui me plaît, faut-il qu'il te déplaise? (1637-57)
5. *Var.* Règle, plus modéré, ton esprit sur le mien. (1637-57)

SCÈNE VI.

DORASTE, CLÉANDRE, PHYLIS, LYCANTE.

CLÉANDRE.

Si vous n'êtes d'humeur, Madame, à vous dédire[1],
Tout me rit désormais, j'ai leur consentement.
Mais excusez, Monsieur, le transport d'un amant;
Et souffrez qu'un rival, confus de son offense,
Pour en perdre le nom entre en votre alliance.   1395
Ne me refusez point un oubli du passé;
Et son ressouvenir à jamais effacé,
Bannissant toute aigreur[2], recevez un beau-frère
Que votre sœur accepte après l'aveu d'un père.

DORASTE.

Quand j'aurois sur ce point des avis différents,   1400
Je ne puis contredire au choix de mes parents;
Mais outre leur pouvoir, votre âme généreuse,
Et ce franc procédé qui rend ma sœur heureuse,
Vous acquièrent les biens qu'ils vous ont accordés,
Et me font souhaiter ce que vous demandez.   1405
Vous m'avez obligé de m'ôter Angélique;
Rien de ce qui la touche à présent ne me pique :
Je n'y prends plus de part, après sa trahison.
Je l'aimai par malheur, et la hais par raison.
Mais la voici qui vient, de son amant suivie.   1410

---

1. *Var.* Si tu n'es, mon souci, d'humeur à te dédire. (1637-57)
2. Il y a *tout aigreur*, au masculin, dans les éditions de 1648-57. Voyez la note relative au mot *ardeur*, tome I, p. 465, note 2.

SCÈNE VII.

ALIDOR, ANGÉLIQUE, DORASTE, CLÉANDRE, PHYLIS, LYCANTE[1].

ALIDOR.
Finissez vos mépris, ou m'arrachez la vie.
ANGÉLIQUE.
Ne m'importune plus, infidèle. Ah! ma sœur!
Comme as-tu pu sitôt tromper ton ravisseur?
PHYLIS, à Angélique.
Il n'en a plus le nom, et son feu légitime,
Autorisé des miens, en efface le crime ; 1415
Le hasard me le donne, et changeant ses desseins,
Il m'a mise en son cœur aussi bien qu'en ses mains.
Son erreur fut soudain de son amour suivie ;
Et je ne l'ai ravi qu'après qu'il m'a ravie.
Jusque-là tes beautés ont possédé ses vœux ; 1420
Mais l'amour d'Alidor faisoit taire ses feux.
De peur de l'offenser te cachant son martyre,
Il me venoit conter ce qu'il ne t'osoit dire ;
Mais nous changeons de sort par cet enlèvement[2] :
Tu perds un serviteur, et j'y gagne un amant[3]. 1425
DORASTE, à Phylis.
Dis-lui qu'elle en perd deux ; mais qu'elle s'en console,
Puisque avec Alidor je lui rends sa parole[4].
(A Angélique.)
Satisfaites sans crainte à vos intentions :
Je ne mets plus d'obstacle à vos affections.
Si vous faussez déjà la parole donnée, 1430

1. Dans l'édition de 1637, ALIDOR, ANGÉLIQUE, DORASTE sont seuls nommés en tête de la scène ; les autres personnages sont remplacés par un *etc*.
2. *Var.* Mais la chance est tournée en cet enlèvement. (1637-57)
3. *Var.* Tu perds un serviteur, et je gagne un amant. (1637)
4. *Var.* Puisque avec Alidor je lui rends la parole. (1648)

Que ne feriez-vous¹ point après notre hyménée ?
Pour moi, malaisément on me trompe deux fois :
Vous l'aimez, j'y consens, et lui cède mes droits².

ALIDOR.

Puisque vous me pouvez accepter sans parjure,
Pouvez-vous consentir que votre rigueur dure³ ? 1435
Vos yeux sont-ils changés, vos feux sont-ils éteints ?
Et quand mon amour⁴ croît, produit-il vos dédains ?
Voulez-vous....

ANGÉLIQUE.

Déloyal, cesse de me poursuivre :
Si je t'aime jamais, je veux cesser de vivre.
Quel espoir mal conçu te rapproche de moi ? 1440
Aurois-je de l'amour pour qui n'a point de foi ?

DORASTE.

Quoi ! le bannissez-vous parce qu'il vous ressemble ?
Cette union d'humeurs vous doit unir ensemble.
Pour ce manque de foi c'est trop le rejeter :
Il ne l'a pratiqué que pour vous imiter. 1445

ANGÉLIQUE.

Cessez de reprocher à mon âme troublée
La faute où la porta son ardeur aveuglée.
Vous seul avez ma foi, vous seul à l'avenir
Pouvez à votre gré me la faire tenir :
Si toutefois, après ce que j'ai pu commettre, 1450
Vous me pouvez haïr jusqu'à me la remettre,
Un cloître désormais bornera mes desseins ;
C'est là que je prendrai des mouvements plus sains⁵ ;

---

1. L'édition de 1682 donne seule, et sans doute par erreur : *ferez-vous*, pour *feriez-vous*.
2. *Var.* Vous l'aimiez, aimez-le : je lui cède mes droits. (1637-57)
3. *Var.* Mon âme, se peut-il que votre rigueur dure ?
   Suis-je plus Alidor ? vos feux sont-ils éteints ? (1637-57)
4. L'édition de 1682 porte par erreur : « Et quand mon cœur croît, etc. »
5. *Var.* C'est là que je prendrai des mouvements plus saints. (1637-57)

298 LA PLACE ROYALE.

C'est là que, loin du monde et de sa vaine pompe,
Je n'aurai qui tromper, non plus que qui me trompe.
ALIDOR.
Mon souci!
ANGÉLIQUE.
Tes soucis doivent tourner ailleurs.
PHYLIS, à Angélique.
De grâce, prends pour lui des sentiments meilleurs.
DORASTE, à Phylis.
Nous leur nuisons, ma sœur; hors de notre présence
Elle se porteroit à plus de complaisance :
L'amour seul, assez fort pour la persuader,   1460
Ne veut point d'autre tiers à les raccommoder[1].
CLÉANDRE, à Doraste.
Mon amour, ennuyé des yeux de tant de monde,
Adore la raison où votre avis se fonde.
Adieu, belle Angélique, adieu : c'est justement
Que votre ravisseur vous cède à votre amant.   1465
DORASTE, à Angélique.
Je vous eus par dépit, lui seul il vous mérite :
Ne lui refusez point ma part que je lui quitte.
PHYLIS.
Si tu t'aimes, ma sœur, fais-en autant que moi[2],
Et laisse à tes parents à disposer de toi.
Ce sont des jugements imparfaits que les nôtres : 1470
Le cloître a ses douceurs, mais le monde en a d'autres,
Qui pour avoir un peu moins de solidité,
N'accommodent que mieux notre instabilité[3].
Je crois qu'un bon dessein dans le cloître te porte;
Mais un dépit d'amour n'en est pas bien la porte, 1475

1. *Var.* Ne veut point d'autre tiers pour les raccommoder. (1657)
2. *Var.* Si tu m'aimes, ma sœur, fais-en autant que moi. (1654)
3. *Var.* N'accommodent que mieux notre fragilité. (1637-57)

ACTE V, SCÈNE VII.

Et l'on court grand hasard d'un cuisant repentir
De se voir en prison sans espoir d'en sortir.
CLÉANDRE, à Phylis.
N'achèverez-vous point?
PHYLIS.
J'ai fait, et vous vais suivre.
Adieu : par mon exemple apprends comme il faut vivre,
Et prends pour Alidor un naturel plus doux. 1480
(Cléandre, Doraste, Phylis et Lycante rentrent.)
ANGÉLIQUE.
Rien ne rompra le coup à quoi je me résous :
Je me veux exempter de ce honteux commerce
Où la déloyauté si pleinement s'exerce;
Un cloître est désormais l'objet de mes desirs :
L'âme ne goûte point ailleurs de vrais plaisirs. 1485
Ma foi qu'avoit Doraste engageoit ma franchise;
Et je ne vois plus rien, puisqu'il me l'a remise,
Qui me retienne au monde, ou m'arrête en ce lieu :
Cherche une autre à trahir; et pour jamais, adieu[1].

SCÈNE VIII.

ALIDOR[2].

Que par cette retraite elle me favorise! 1490
Alors que mes desseins cèdent à mes amours,
Et qu'ils ne sauroient plus défendre ma franchise,
Sa haine et ses refus viennent à leur secours.
J'avois beau la trahir, une secrète amorce
Rallumoit dans mon cœur l'amour par la pitié : 1495

1. *Var.* Cherche un autre à trahir, et pour jamais adieu. (1637)
2. Dans l'édition de 1637, on lit au-dessous du nom d'Alidor le titre que voici : STANCES *en forme d'épilogue.*

Mes feux en recevoient une nouvelle force,
Et toujours leur ardeur en croissoit de moitié.

Ce que cherchoit par là mon âme peu rusée,
De contraires moyens me l'ont fait obtenir :
Je suis libre à présent qu'elle est désabusée, 1500
Et je ne l'abusois que pour le devenir.

Impuissant ennemi de mon indifférence,
Je brave, vain Amour, ton débile pouvoir :
Ta force ne venoit que de mon espérance,
Et c'est ce qu'aujourd'hui m'ôte son désespoir. 1505

Je cesse d'espérer et commence de vivre ;
Je vis dorénavant, puisque je vis à moi ;
Et quelques doux assauts qu'un autre objet me livre,
C'est de moi seulement que je prendrai la loi.

Beautés, ne pensez point à rallumer ma flamme[1] : 1510
Vos regards ne sauroient asservir ma raison ;
Et ce sera beaucoup emporté sur mon âme,
S'ils me font curieux d'apprendre votre nom.

Nous feindrons toutefois, pour nous donner carrière,
Et pour mieux déguiser nous en prendrons un peu, 1515
Mais nous saurons toujours rebrousser en arrière,
Et quand il nous plaira nous retirer du jeu.

Cependant Angélique enfermant dans un cloître
Ses yeux dont nous craignions la fatale clarté,
Les murs qui garderont ces tyrans de paroître 1520
Serviront de remparts à notre liberté.

Je suis hors de péril qu'après son mariage[2]
Le bonheur d'un jaloux augmente mon ennui ;

---

1. *Var.* Beautés, ne pensez point à réveiller ma flamme. (1637-57)
2. *Var.* Je suis hors du péril qu'après son mariage. (1637-60)

Et ne serai jamais sujet à cette rage
Qui naît de voir son bien entre les mains d'autrui. 1525

Ravi qu'aucun n'en ait ce que j'ai pu prétendre,
Puisqu'elle dit au monde un éternel adieu,
Comme je la donnois sans regret à Cléandre,
Je verrai sans regret qu'elle se donne à Dieu.

FIN DU CINQUIÈME ET DERNIER ACTE.

LA
COMÉDIE DES TUILERIES

PAR LES CINQ AUTEURS

IIIe ACTE

1635

NOTICE.

Tout le monde connaît le goût de Richelieu pour le théâtre. Ce fut lui qui fournit les sujets de *la Comédie des Tuileries*, de *l'Aveugle de Smyrne* et de *la Grande Pastorale*. Les deux premiers de ces ouvrages furent seuls imprimés. Les observations que Chapelain présenta au Cardinal au sujet du troisième, l'empêchèrent de le faire publier.

« Il faisoit, dit Pellisson[1], composer les vers de ces pièces, qu'on nommoit alors *les Pièces des cinq Auteurs*, par cinq personnes différentes, distribuant à chacun un acte, et achevant par ce moyen une comédie en un mois. Ces cinq personnes étoient MM. de Boisrobert, Corneille, Colletet, de l'Estoile et Rotrou, auxquels, outre la pension ordinaire qu'il leur donnoit, il faisoit quelques libéralités considérables, quand ils avoient réussi à son gré. Ainsi M. Colletet m'a assuré que lui ayant porté le *Monologue des Tuileries*[2], il s'arrêta particulièrement sur deux vers de la description du carré d'eau en cet endriot :

> La cane s'humecter de la bourbe de l'eau,
> D'une voix enrouée et d'un battement d'aile,
> Animer le canard qui languit auprès d'elle;

et qu'après avoir écouté tout le reste, il lui donna de sa propre main cinquante pistoles, avec ces paroles obligeantes, « que c'étoit seule- « ment pour ces deux vers qu'il avoit trouvés si beaux, et que le Roi « n'étoit pas assez riche pour payer tout le reste. » M. Colletet ajoute

---

[1]. *Relation contenant l'histoire de l'Académie françoise*, 1653, p. 181.
[2]. Ce *monologue* sert de prologue à la pièce. Ce n'est pas sur le carré d'eau, comme dit Pellisson, mais sur le bord d'un ruisseau que le poëte voit la cane et le canard :

> A même temps j'ai vu sur le bord d'un ruisseau
> La cane s'humecter, etc.

encore une chose assez plaisante. Dans ce passage que je viens de rapporter, au lieu de : *La cane s'humecter de la bourbe de l'eau*, le Cardinal voulut lui persuader de mettre : *barboter dans la bourbe de l'eau*. Il s'en défendit, comme trouvant ce mot trop bas; et non content de ce qu'il lui en dit sur l'heure, étant de retour à son logis, il lui écrivit une lettre sur ce sujet, pour lui en parler peut-être avec plus de liberté. Le Cardinal achevoit de la lire, lorsqu'il survint quelques-uns de ses courtisans, qui lui firent compliment sur je ne sais quel heureux succès des armes du Roi, et lui dirent que rien ne pouvoit résister à Son Éminence. « Vous vous trompez, leur répondit-il en riant, et je trouve dans Paris même des personnes qui me résistent. » Et comme on lui eut demandé quelles étoient donc ces personnes si audacieuses : « Colletet, dit-il; car après avoir combattu hier avec moi sur un mot, il ne se rend pas encore, et voilà une grande lettre qu'il vient de m'en écrire. » Il faisoit au reste représenter ces comédies des cinq auteurs devant le Roi et devant toute la cour, avec de très-magnifiques décorations de théâtre. Ces Messieurs avoient un banc à part, en un des plus commodes endroits; où les nommoit même quelquefois avec éloge, comme on fit à la représentation des Tuileries, dans un prologue fait en prose[1], où, entre autres choses, l'invention du sujet fut attribuée à M. Chapelain, qui pourtant n'avoit fait que le réformer en quelques endroits; mais le Cardinal le fit prier de lui prêter son nom en cette occasion, ajoutant qu'en récompense il lui prêteroit sa bourse en quelque autre. »

A ces renseignements curieux, Voltaire, dans sa *Préface historique sur le Cid*, en ajoute quelques autres, qui nous font connaître la part que notre poëte prit à la composition de cette comédie :

« Le Cardinal.... avait arrangé lui-même toutes les scènes (*de la Comédie des Tuileries*). Corneille, plus docile à son génie que souple aux volontés d'un premier ministre, crut devoir changer quelque chose dans le troisième acte qui lui fut confié. Cette liberté estimable fut envenimée par deux de ses confrères, et déplut beaucoup au Cardinal, qui lui dit *qu'il fallait avoir un esprit de suite*. Il entendait par esprit de suite la soumission qui suit aveuglément les ordres d'un supérieur. Cette anecdote était fort connue chez les derniers princes de la maison de Vendôme, petits-fils de César de Vendôme, qui avait assisté à la représentation de cette pièce du Cardinal. »

Elle fut jouée devant la Reine, probablement pour la première fois, le 4 mars 1635. Voici en quels termes la *Gazette* du 10 mars mentionne cette représentation :

« Le 4, le Roi fit à Senlis l'Ordonnance que je vous ai donnée

---

1. Ce prologue n'a pas été imprimé en tête de la pièce

dans mon dernier extraordinaire, pour la résidence actuelle des officiers de ses troupes, chacun en sa charge, à peine de cassation et privation d'icelle.... Le soir du même jour, fut représentée devant la Reine, dans l'Arsenal, une comédie dont je ne sais pas encore le nom, mais qui a mérité celui d'excellente par la bonté de ses acteurs, la majesté de ses vers, composés par cinq fameux poëtes, et la merveille de son théâtre. »

Le numéro du 21 avril rend compte d'une autre représentation :
« Le 14, le Cardinal-Duc vint de Ruel ici, où Leurs Majestés se rendirent de Saint-Germain le 16, auquel jour Monsieur (*Gaston, duc d'Orléans*) voulut souper en l'hôtel de Son Éminence, et entendre la fameuse comédie des cinq auteurs, qui fut dignement représentée. »

Elle ne fut publiée que trois ans plus tard; l'achevé d'imprimer est du 19 juin 1638. Voici la reproduction textuelle du titre :

La Comedie des Tvilleries. *Par les cinq Autheurs. A Paris, chez Augustin Courbé, imprimeur et libraire de Monseigneur Frère du Roy....* M.DC.XXXVIII. *Auec Priuilege du Roy*, in-4°.

On lit dans l'avis *Au lecteur* : « Cette pièce, Lecteur, a été trop bien concertée pour n'être pas dans la justesse requise, et pour ne point contenter vos yeux après avoir charmé vos oreilles. Vous savez avec quelle magnificence elle a été représentée à la cour, et que ceux qui l'ont vue en ont tous admiré la conduite et les décorations de théâtre.... Vous saurez au reste qu'elle a été faite par cinq différents auteurs qui pour n'être pas nommés ne laissent pas toutefois d'avoir beaucoup de nom; et les ouvrages desquels sont assez connus d'ailleurs pour vous faire avouer le mérite de celui-ci. »

Cet avis *Au lecteur* est précédé d'une épître dédicatoire, adressée à monseigneur le chevalier d'Igby, et signée de l'académicien Jean Baudoin, qui a écrit également l'épître placée en tête de *l'Aveugle de Smyrne*.

Bien que le titre de cette seconde pièce, dont l'achevé d'imprimer est du 17 juin 1638, porte, comme celui de *la Comédie des Tuileries* : « par les cinq autheurs, » on lit dans l'avis qui la précède : « Vous..... pourrez juger de ce que vaut cet ouvrage, soit par l'excellence de sa matière, soit par la forme que lui ont donnée *quatre* célèbres esprits. » Ici les frères Parfait ont imprimé *cinq*, mais l'édition originale porte bien *quatre*, comme M. Livet l'a fait remarquer le premier[1]. Quel est l'absent? L'avis ne nous le dit pas, mais Voltaire nous l'apprend dans sa *Préface sur Médée* : « Corneille se retira bien-

---

[1]. *Histoire de l'Académie françoise, par Pellisson et d'Olivet*, tome I, fin de la note 1 de la p. 83.

tôt de cette société, sous le prétexte des arrangements de sa petite fortune qui exigeait sa présence à Rouen. »

Nous avons cru devoir citer tout au long ces divers témoignages qui s'éclaircissent et se contrôlent mutuellement. Les conclusions qu'on en doit tirer nous paraissent très-claires et très-simples. Corneille a versifié le troisième acte de *la Comédie des Tuileries;* c'est après la représentation de cette pièce qu'il s'est retiré, et il est au moins bien vraisemblable qu'il n'a pas eu, comme le dit Voltaire dans sa *Préface sur le Cid,* que nous avons déjà citée, « le malheureux avantage de travailler deux ans après à *l'Aveugle de Smyrne.* » Toutefois la société des *cinq auteurs* réduite à quatre a conservé son nom, que l'usage avait consacré.

Si nous n'avions pour admettre la collaboration de Corneille et lui attribuer le troisième acte de *la Comédie des Tuileries* qu'une assertion de Voltaire, dont nous ne connaîtrions pas le fondement, nous pourrions hésiter, mais ici Voltaire nous apprend sur quoi sa parole s'appuie : il ne fait que rapporter une tradition qui remonte à un contemporain de Corneille, à César de Vendôme, qui avait assisté aux représentations de l'ouvrage.

Nous pouvons d'ailleurs appeler à notre aide un genre de preuves qui a peu d'autorité lorsqu'il est isolé, mais qui en acquiert davantage lorsqu'il vient en corroborer d'autres d'une nature différente.

Si l'on examine le troisième acte des *Tuileries,* on voit immédiatement combien il est supérieur à ceux qui le précèdent et à ceux qui le suivent, et l'on est frappé du nombre de mots, de tours, familiers à Corneille, qu'on y rencontre à chaque instant. De plus, on y voit l'esquisse informe, indécise, j'en conviens, mais bien marquée pourtant, si je ne me trompe, de certaines pensées, de certaines situations qui se trouvent dans les ouvrages postérieurs du poëte, où, mieux placées, plus heureusement développées, elles commandent notre admiration ou font couler nos larmes.

On connaît ces vers de *Rodogune* (acte I, scène v) :

> Il est des nœuds secrets, il est des sympathies
> Dont par le doux rapport les âmes assorties
> S'attachent l'une à l'autre, et se laissent piquer
> Par ces je ne sais quoi qu'on ne peut expliquer.

N'avons-nous pas ici la rédaction définitive d'une pensée que nous trouvons d'abord dans le troisième acte de *la Comédie des Tuileries* (scène II, vers 102, p. 314) :

> Mais donnez-moi loisir de la trouver aimable :
> Un regard y suffit, et rien ne fait aimer
> Qu'un certain mouvement qu'on ne peut exprimer?

Cette pensée, nous la rencontrons plus d'une fois dans les pièces représentées pendant le long espace de temps qui sépare ces deux ouvrages :

> Souvent je ne sais quoi qu'on ne peut exprimer
> Nous surprend, nous emporte, et nous force d'aimer.
> (*Médée*, acte II, scène v.)

> Il attache ici-bas avec des sympathies
> Les âmes que son ordre a là-haut assorties.
> (*L'Illusion*, acte III, scène I.)

La même idée revient encore dans *la Suite du Menteur* (acte IV, scène I), mais l'expression est un peu différente :

> Quand les ordres du ciel nous ont faits l'un pour l'autre,
> Lyse, c'est un accord bientôt fait que le nôtre.

Qui ne serait porté à croire, après avoir lu ces divers passages, que celui de *la Comédie des Tuileries* doit être du même auteur que les autres?

Malgré la faiblesse du canevas auquel, *par esprit de suite*, Corneille s'est vu contraint de se conformer, il a su semer son acte de scènes intéressantes, au moins par la forme. Celle d'Aglante et de Cléonice (scène VII, p. 333) laisse par endroits pressentir, de bien loin il est vrai, l'entrevue de Rodrigue et de Chimène.

On pourrait multiplier les rapprochements de ce genre. Ce sont des preuves, nous le savons et l'avons dit, qui à elles seules ne suffisent pas; mais ici, nous le répétons également, elles en viennent confirmer d'autres, et, pour notre compte, quand nous les pesons toutes, nous ne doutons guère que Corneille ne soit l'auteur de ce troisième acte de *la Comédie des Tuileries*. Notre conviction fût-elle moindre et nous restât-il quelque incertitude, nous croirions cependant devoir lui donner place dans ce volume, aimant mieux nous exposer à faire figurer parmi les ouvrages de notre poëte un morceau douteux, qu'à en omettre un qui fût vraiment son œuvre.

ARGUMENT[1].

Aglante, promis à Cléonice, se rend à Paris pour son mariage. A son arrivée, il entre dans une église ou, pour parler son langage,

---

1. Cet argument ne se trouve pas en tête de la pièce; nous l'avons rédigé pour que le lecteur pût comprendre sans difficulté l'acte que nous publions.

dans un temple où il invoque les Dieux. Là il rencontre sa future, dont il devient tout à coup amoureux sans la connaître. Il fait prendre quelques renseignements à son sujet, et on lui rapporte faussement qu'elle se nomme Mégate. La jeune fille veut à son tour savoir le nom de celui qui s'est si subitement épris d'elle; mais Aglante, déguisant aussi le sien, fait dire qu'il s'appelle Philène. Trompés par ces faux noms, ils veulent tous deux éviter l'hymen auquel on les destine. Cléonice fuit la maison paternelle sous le costume d'une jardinière, et va se précipiter dans le carré d'eau, d'où elle est aussitôt retirée; Aglante, désespéré, se jette dans la fosse des lions des Tuileries qui, par bonheur, ne lui font aucun mal. A la fin tout s'explique, et les amants se reconnaissent et s'épousent.

. ACTEURS (DU IIIe ACTE).

AGLANTE, gentilhomme françois.
ARBAZE, oncle d'Aglante.
ASPHALTE, confident d'Aglante.
CLÉONICE, suivante.
ORPHISE, voisine[1] de Cléonice.
FLORINE, voisine d'Arbaze.

(La scène est aux Tuileries.)

1. Il y a *voisin*, au lieu de *voisine*, dans l'édition originale.

LA COMÉDIE DES TUILERIES.

ACTE III.

SCÈNE PREMIÈRE.
ARBAZE.

C'est doncques dans ces lieux qu'Aglante se promène :
Asphalte me l'a dit, je n'en suis plus en peine,
Mais j'ai mal pénétré le sens de ses discours,
Ou ce jeune insolent a fait d'autres amours.
Aglante, pris ailleurs, rejette Cléonice ; 5
Le choix que j'en ai fait lui tient lieu de supplice.
Un autre objet le charme, il me craint, il me fuit,
Et se laisse emporter au feu qui le séduit ;
Mais j'en sais le remède : une jeune voisine,
Admirable en adresse et belle autant que fine[1], 10
Que son père, en mourant, laissa dessous ma loi,
Dans ces beaux promenoirs se doit rendre après moi.
Ses yeux vont faire essai de leur plus douce force
A lui jeter du change une insensible amorce,
Solliciter ses vœux, et partager son cœur 15
Avecque les attraits de ce premier vainqueur.
Entre deux passions son âme balancée
Ne suivra plus ainsi son ardeur insensée ;
Et la raison alors, reprenant son pouvoir,

1. Voyez plus haut les vers 290 et 1322 de *la Galerie du Palais*.

Le rangera peut-être aux termes du devoir. 20
Rends inutile, Aglante, un si long artifice,
Ne me résiste point, viens voir ta Cléonice.
Tout est prêt chez sa mère, et l'on n'attend que toi,
Pour lui donner ta main et recevoir sa foi.
Songe avec quel amour, avec quelle tendresse, 25
De tes plus jeunes ans j'élevai la foiblesse.
Verrai-je tant de soins payés par un mépris,
Et ta rébellion en devenir le prix?
Souffre que la raison soit enfin la plus forte;
Tâche de mériter l'amour que je te porte. 30
Mais le voici qui vient : son visage étonné
M'est un signe bien clair d'un esprit mutiné,
Et je n'apprends que trop d'une telle surprise
Qu'une ardeur aveuglée engage sa franchise.

SCÈNE II.

ARBAZE, AGLANTE.

ARBAZE.

Aglante, quel dessein vous fait ainsi cacher? 35
Prenez-vous du plaisir à vous faire chercher?
D'où venez-vous enfin?

AGLANTE.

De ce proche ermitage.

ARBAZE.

Et qui vous y menoit?

AGLANTE.

Ce fatal mariage.
Prêt d'en subir le joug sur la foi de vos yeux,
J'ai voulu consulter ces truchements des Dieux. 40
J'ai voulu m'informer de l'apprêt nécessaire
A finir dignement une si grande affaire;
Me résoudre avec eux de la difficulté
Qui me tient, malgré moi, l'esprit inquiété,
Et soulevant mes sens contre votre puissance, 45
Mêle un peu d'amertume à mon obéissance;

ACTE III, SCÈNE II.

Promettre à Cléonice un amour éternel
Sous la sainte rigueur d'un serment solennel,
Avant que de la voir, avant que de connoître
Si ses attraits auront de quoi le[1] faire naître : 50
Certes, quoi qu'il m'en vienne et de biens et d'honneur,
C'est bien mettre au hasard mon repos et mon heur.

ARBAZE.

Quel avis sur ce point vous donnent vos ermites?

AGLANTE.

Un d'eux tout chargé d'ans et comblé de mérites
(Plût aux Dieux qu'avec moi vous l'eussiez entendu! 55
Sans doute à ses raisons vous vous seriez rendu) :
« Mon enfant, m'a-t-il dit, en l'état où vous êtes,
Ne précipitez rien, voyez ce que vous faites :
L'hymen n'est pas un nœud qui se rompe en un jour,
C'est un lien sacré, mais un lien d'amour; 60
Et qu'est-ce que l'amour, qu'une secrète flamme
Qui pénètre les sens pour entrer dans une âme?
Nos sens ouvrent la porte à ce maître des Dieux,
Et cet aveugle enfant a besoin de nos yeux.
D'ailleurs, où prenez-vous l'indiscrète assurance 65
D'approcher ses autels avec irrévérence?
Sans qu'aucune étincelle ait pu vous enflammer,
Sans savoir seulement si vous pourrez aimer?
Faire de votre foi les Dieux dépositaires,
Est-ce avoir du respect pour leurs sacrés mystères? 70
Et n'est-ce pas assez pour attirer sur vous
L'implacable rigueur de leur juste courrous[2]? »

ARBAZE.

Enfin vous en croyez ce vénérable père.

AGLANTE.

Je respecte les Dieux et je crains leur colère.

ARBAZE.

O l'excellent prétexte, et qu'il est merveilleux! 75

---

1. L'édition originale donne *la*; mais il faut nécessairement *le*, se rapportant à *amour*, qui est au masculin trois vers plus haut.
2. C'est ainsi que le mot est imprimé pour la rime dans l'édition originale.

314   LA COMÉDIE DES TUILERIES.

Au retour d'Italie être encor scrupuleux !
Les Dieux, s'ils n'étoient bons, puniroient cette feinte :
C'est ne les craindre pas qu'abuser de leur crainte.
Offrez-leur seulement, avec un peu d'encens,
Une âme pure et nette et des vœux innocents,   80
Et ne présumez pas qu'aucun d'eux s'intéresse
Par quels yeux un amant choisisse une maîtresse.
Ceux d'un autre vous-même employés à ce choix
De votre vieil rêveur ne faussent point les lois ;
Les vôtres et les miens ne sont que même chose ;   85
Que sur mon amitié votre esprit se repose.
Vous savez que mon cœur est à vous tout entier,
Que je vous tiens pour fils et pour seul héritier,
Que pour vous assurer d'un amour plus sincère
Je quitte le nom d'oncle et prends celui de père,   90
Qu'en vos prospérités j'arrête mes desirs,
Qu'à vos contentements j'attache mes plaisirs,
Et que mon sort du vôtre étant inséparable,
Je ne puis être heureux et vous voir misérable.
Puisque de vos malheurs je sentirois les cous[1],   95
Craignez-vous que je fasse un mauvais choix pour vous ?
Celle à qui ma prudence aujourd'hui vous engage
Rangeroit sous ses lois l'homme le plus sauvage :
Sa beauté ravissante et son esprit charmant
Malgré vous, dès l'abord, vous feront son amant ;   100
Elle est sage, elle est riche.

                AGLANTE.
                Elle est inestimable ;
Mais donnez-moi loisir de la trouver aimable :
Un regard y suffit, et rien ne fait aimer
Qu'un certain mouvement qu'on ne peut exprimer[2],
Un prompt saisissement, une atteinte impourvue[3]   105
Qui nous blesse le cœur en nous frappant la vue.

---

1. *Cous*, coups. Telle est l'orthographe du mot dans l'édition de 1638. Plus loin, au vers 372, où le mot n'est point à la rime, il y a *coups*.
2. Voyez ci-dessus, p. 308.
3. *Impourvue*, imprévue. Voyez tome I, p. 183, note 3.

Le coup en vient du ciel, qui verse en nos esprits
Les principes secrets de prendre et d'être pris.
Tel objet perce un cœur qui ne touche pas l'autre,
Et mon œil voit peut-être autrement que le vôtre. 110
Encor si mon malheur vous pouvoit rendre heureux,
Je courrois au-devant de mon sort rigoureux ;
Mais puisque mon destin, du vôtre inséparable,
Vous feroit malheureux si j'étois misérable,
Pour vous rendre content, souffrez que je le sois, 115
Et que mes yeux au moins examinent le choix.

ARBAZE.

Pensez à l'accepter sans me faire paroître
Que quand je suis content vous avez peine à l'être[1] ;
Tandis entretenez cette jeune beauté :
C'est un soin que lui doit votre civilité ; 120
Nous sommes ses voisins.

SCÈNE III.

ARBAZE, FLORINE, AGLANTE.

FLORINE.

Quoi, Monsieur, ma présence
De l'oncle et du neveu trouble la conférence?

ARBAZE, en s'en allant.

Avant que de vous voir j'étois sur le départ,
Et vous n'aimez pas tant l'entretien d'un vieillard ;
Je crois que mon adieu vous plaira davantage, 125
Puisqu'il vous abandonne un galant de votre âge.

FLORINE.

Il a toujours le mot, et sous ses cheveux gris
Sa belle humeur fait honte aux plus jeunes esprits.

AGLANTE.

Son bonheur, à mon gré, passe bien l'ordinaire,
Puisque, tout vieux qu'il est, il a de quoi vous plaire. 130

---

1. L'orthographe des deux rimes, dans l'édition originale, est *parestre* et *estre;* plus haut, aux vers 49 et 50, on lit *cognestre* et *naistre*.

FLORINE.

A qui ne plairoit pas un vieillard si discret?
Je ne puis le celer, je n'en vois qu'à regret :
J'aime bien leur adieu, mais non pas leur présence.
Lui qui s'en doute assez, me fuit par complaisance ;
Et m'avoir en partant laissé votre entretien, 135
C'est un nouveau sujet de lui vouloir du bien.

AGLANTE.

Son adieu va produire un effet tout contraire.
J'ai l'esprit tout confus, pour ne vous pas déplaire,
Et le pesant chagrin qui m'accable aujourd'hui
Vous donnera sujet de vous plaindre de lui. 140
Dans le secret désordre où mon âme est réduite,
Mon humeur est sans grâce et mes propos sans suite ;
Je ne suis bon enfin qu'à vous importuner.

FLORINE.

Bien moins que votre esprit ne veut s'imaginer.
Mon naturel est vain, je me flatte moi-même : 145
Quand on m'entretient mal, je présume qu'on m'aime.
Je crois voir aussitôt un effet de mes yeux,
Et l'on me plairoit moins de m'entretenir mieux.
Un discours ajusté ne sent point l'âme atteinte :
Plus il a de conduite et plus il a de feinte, 150
Le désordre sied bien à celui d'un amant :
Quelque confus qu'il soit, il parle clairement.
Or moi qui ne suis pas de ces capricieuses
Qui donnent à l'amour des lois injurieuses,
(Orphise et Cléonice sortent et écoutent leurs discours.)
En mettent le haut point à se taire et souffrir, 155
Et s'offensent des vœux qu'on ose leur offrir,
Je vous estimerois envieux de ma gloire
Si vaincu par mes yeux, vous cachiez ma victoire.
Parlez donc hardiment du feu que vous sentez,
Ne soyez point honteux des fers que vous portez. 160
Sitôt qu'on est blessé, j'aime à voir qu'on se rende,
Et mon cœur pour le moins vaut bien qu'on le demande.
Je ne suis pas d'humeur à vous laisser périr ;

ACTE III, SCÈNE III.

Mais sans savoir vos maux, les pourrai-je guérir ?
Le silence en amour est un lâche remède.
Tâchant à vous aider, méritez qu'on vous aide :
Laissez à votre bouche expliquer les discours
Que vos yeux languissants me font de vos amours.

SCÈNE IV.

AGLANTE, CLÉONICE, ORPHISE, FLORINE.

(Orphise et Cléonice sont encore cachées[1], en sorte qu'on les voit.)

CLÉONICE.

Orphise, entendez-vous cette jeune éventée?

ORPHISE.

Ne craignez rien, ma sœur : elle s'est mécontée[2].
Attaque qui voudra le cœur de votre amant :
Ce n'est pas un butin qu'on enlève aisément.
Oyez-le repartir à cette effronterie.

FLORINE.

Quoi, Monsieur, vous voilà dedans la rêverie?
Vous consultez encore, et votre bouche a peur
De confirmer un don que me fait votre cœur!

AGLANTE.

Il seroit trop heureux d'un si digne servage
S'il pouvoit être à vous sans devenir volage :
Un autre objet possède et mes vœux et ma foi ;
Ne me demandez point ce qui n'est plus à moi.
Quand même je pourrois disposer de mon âme,
Pourriez-vous accepter une si prompte flamme?
Pourriez-vous faire état d'un cœur sitôt en feu?
Prise-t-on un captif, quand il coûte si peu?
L'ennemi qui combat signale sa défaite,
Et couronne bien mieux le guerrier qui l'a faite ;
Mais celui qui se rend perd beaucoup de son prix,

---

1. Il y a *cachés*, au masculin, dans le texte de 1638.
2. *Mécontée*, mécomptée. Voyez tome I, p. 150, note 1.

Et fait si peu d'honneur qu'il reçoit du mépris.
Vous triompheriez mieux si j'osois me défendre :
La gloire est à forcer et non pas à surprendre.   190
                ORPHISE, à Cléonice.
Après cette réponse elle doit bien rougir.
                    FLORINE.
Je sais comme mes yeux ont coutume d'agir;
Si vous êtes honteux d'une flamme si prompte,
Il faut que mon exemple emporte cette honte.
Il est vrai, je vous aime autant que vous m'aimez ;   195
Un moment a nos cœurs l'un à l'autre enflammés ;
Soyez vain comme moi de ma flamme naissante :
Plus un effet est prompt, plus sa cause est puissante.
            AGLANTE, apercevant Cléonice et allant à elle.
(Il ne faut pas que Cléonice paroisse sur le théâtre, en sorte qu'elle puisse être
connue de Florine : elle doit être cachée à demi derrière un arbre, couvrant
sa face de son mouchoir.)
Voici mon cher amour, adorable beauté.
                FLORINE, l'interrompant.
Cherchez-vous un asile à votre liberté ?   200
Vraiment vous choisissez un fort mauvais refuge :
Vous courez vers Orphise, et je la prends pour juge.
Faites-moi la raison d'un voleur de mon bien :
Qu'il me rende mon cœur, ou me donne le sien.
                    AGLANTE.
Contez-lui vos raisons, je vous laisse avec elle.   205
                    FLORINE.
Quoi, vous continuez à faire le rebelle ?
                    AGLANTE.
Dérobons-nous, mon âme, à l'importunité
Dont nous menace encor son babil affété.
                   CLÉONICE.
Mon amour est ravi d'une telle retraite.

SCÈNE V.

ORPHISE, FLORINE.

ORPHISE.

Comment vous trouvez-vous d'avoir fait la coquette?
Vous avez tant de grâce à souffrir un refus,
Que personne après vous ne s'en mêlera plus.
Les filles donc ainsi perdent la retenue!
Et depuis quand la mode en est-elle venue?
Vous vous offrez vous-même; ah! j'en rougis pour vous. 215

FLORINE.

Mille s'offrent à moi, que je dédaigne tous.
Si je fuis tant d'amants dont je suis recherchée,
J'en puis rechercher un, quand mon âme est touchée :
Un peu d'amour sied bien après tant de mépris.

ORPHISE.

Un cœur se défend mal quand il est sitôt pris, 220
Et pour dire en un mot tout ce que je soupçonne,
Qui peut en prier un n'en refuse personne.

FLORINE.

Orphise, quelle humeur est la vôtre aujourd'hui,
Que par vos sentiments vous jugez ceux d'autrui?

ORPHISE.

On vous connoît assez, et vous êtes de celles 225
Que mille fois le plâtre a fait passer pour belles;
Dont la vertu consiste en de vains ornements;
Qui changent tous les jours de rabats[1] et d'amants :
Leurs inclinations ne tendent qu'à la bourse;
C'est là de leurs désirs et le but et la source. 230
Voyez-les dans un temple importuner les Dieux,
Les prières en main, la modestie aux yeux;
Il n'est trait de pudeur qu'elles ne contrefassent,
Et Dieu sait comme alors les dupes s'embarrassent.
Elles savent souvent jeter mille hameçons 235

---

1. Voyez ci-dessus la note 4 de la p. 87.

Et se rendre au besoin en diverses façons.
Après tout, je vous plains; ce courage farouche
Ne vous est échappé qu'à faute d'une mouche :
Encore un assassin[1], vous lui perciez le cœur;
Le fard déplaît sans doute à ce fâcheux vainqueur,   240
Et rend votre beauté tellement éclatante
Que son esprit bizarre en a pris l'épouvante.

FLORINE.

Je ne connus jamais ce que vous m'imputez,
Et ne veux point répondre à tant de faussetés.   245
Ma vie est innocente, et ma beauté naïve
Ne doit qu'à ses attraits les cœurs qu'elle captive.
Si j'ai quelques défauts, ils ne sont point cachés
Sous le fard éclatant que vous me reprochez;
Et quand bien le reproche en seroit légitime,
Orphise, d'un nom d'art feriez-vous un grand crime?   250
Jamais une beauté ne se doit négliger :
Quand la nature manque, il la faut corriger.
Est-ce honte d'aller par ces métamorphoses
A la perfection où tendent toutes choses?
La raison, la nature et l'art en font leur but;   255
L'amour, roi de nos cœurs, veut ces soins pour tribut,
Et tient pour bon sujet un esprit qui n'aspire
Qu'à trouver les moyens d'agrandir son empire.
C'est gloire de mourir pour ce maître des Dieux
Qui s'est privé pour vous de l'usage des yeux.   260
Si pour lui se défaire est un vrai sacrifice,
Se refaire pour lui, le nommez-vous un vice?
Ce qu'on fait pour lui plaire, osez-vous le blâmer?
Orphise, quand on aime, il se faut faire aimer.
L'amour seul de l'amour est le prix véritable,   265
Et pour se faire aimer, il faut se faire aimable.

1. Il y a dans le texte : *en assassin*, qui n'a point de sens. La leçon que nous avons préférée est justifiée par cette explication que donne, en 1690, le *Dictionnaire* de Furetière : « En galanteries on appelle *assassins* certaines mouches taillées en long que les femmes coquettes mettent sur leur visage pour paroître plus belles. »

ACTE III, SCÈNE V.

Cette belle en effet de qui l'on parle tant
Tient du secours de l'art ce qu'elle a d'éclatant;
Cependant sa beauté, pour être déguisée,
A-t-elle moins d'amants? est-elle moins prisée? 270
ORPHISE.
Celle qu'en ces[1] discours vous venez d'attaquer,
Quand elle l'aura su, pourra vous répliquer :
Pour moi, sans intérêts dedans cette mêlée,
Je vais chercher Mégate au bout de cette allée.
FLORINE, seule.
Arbaze, c'est pour toi que j'en ai tant souffert; 275
Pour toi j'ai feint d'aimer et mon cœur s'est offert :
Pour t'avoir obéi l'on m'a persécutée;
Aglante ne me prend que pour une affétée,
Et consommé d'un feu contraire à son devoir,
Néglige également ma feinte et ton pouvoir. 280
Orphise cependant, sans pénétrer mon âme,
Juge par mes discours de l'objet de ma flamme :
Simple, qui ne sait pas que mon esprit discret
Rarement à ma bouche expose un tel secret;
Que jamais mon ardeur n'est aisément connue, 285
Et que plus j'ai d'amour, plus j'ai de retenue!
Aux filles c'est vertu de bien dissimuler :
Plus nos cœurs sont blessés, moins il en faut parler.
Si j'ose toutefois me le dire à moi-même,
A travers ces rameaux j'aperçois ce que j'aime : 290
C'est mon Asphalte, ô Dieux! il vient, dissimulons,
Et ne découvrons rien du feu dont nous brûlons.

SCÈNE VI.

ASPHALTE, FLORINE.

ASPHALTE.
Trouver Florine seule et dans les Tuileries
Sans avoir d'entretien que de ses rêveries?

1. Il y a par erreur *ses*, pour *ces*, dans le texte de 1638.

Quoi, tant de solitude auprès de tant d'appas ? 295
Certes c'est un bonheur que je n'attendois pas.
Je n'osois espérer d'occasion si belle
A lui conter l'ardeur qui me brûle pour elle.
FLORINE.
Que votre esprit est rare et sait adrettement
Faire une raillerie avec un compliment ! 300
Afin qu'à votre amour je sois plus obligée,
Vous me traitez d'abord en fille négligée,
Qui tient si peu de cœurs asservis sous sa loi,
Que mêmes en ces lieux elle manque d'emploi.
Est-ce ainsi qu'un amant cajole ce qu'il aime ? 305
ASPHALTE.
Ah ! ne m'imputez pas cet indigne blasphème :
Je sais trop que vos yeux règnent en toutes parts
Et que chacun se rend à leurs moindres regards.
FLORINE.
Exceptez-en Aglante, il m'a bien fait paroître
Que Florine n'est pas ce qu'elle pensoit être[1]. 310
ASPHALTE.
Il est vrai qu'il adore un autre objet que vous,
Et votre esprit peut-être en est un peu jalous[2] ;
Mais si vous aviez vu l'excès de sa tristesse,
Et combien de soupirs lui coûte sa maîtresse,
Vous seriez la première à plaindre ses malheurs. 315
FLORINE.
Quelque orgueilleux mépris fait naître ses douleurs.
ASPHALTE.
La beauté dont Aglante idolâtre les charmes
D'un déluge de pleurs accompagne ses larmes ;
Arbaze, unique auteur de tous leurs déplaisirs,
Oppose sa puissance à leurs chastes desirs ; 320
Son esprit irrité court à la violence :
La prière l'aigrit et la raison l'offense.

1. Voyez ci-dessus, p. 315, la note du vers 118.
2. *Jalous* est ainsi imprimé pour la rime dans l'édition originale. Voyez plus bas, vers 379, et ci-dessus, p. 313, la note du vers 72.

Il vient, la force en main; et l'ayant vu partir,
J'ai cru de mon devoir de les en avertir.
Les voilà tout en pleurs.
(Il faut toujours remarquer que Cléonice ne doit paroître[1] le visage
découvert devant Florine.)

FLORINE.

Évitons leur présence; 325
Mes larmes ne sauroient couler par complaisance :
Mon humeur est trop gaie, et, pour ne rien celer,
J'aime mieux rire ailleurs que de les consoler.

SCÈNE VII.

CLÉONICE, AGLANTE.

CLÉONICE.

Mon Philène[2], as-tu donc un père si barbare
Qu'il veuille séparer une amitié si rare? 330

AGLANTE.

Vous l'avez entendu : ce vieillard inhumain,
Pour en rompre les nœuds, vient la force à la main,
Et dès le soir me livre à cette autre maîtresse,
Résolu que ma foi dégage sa promesse.

CLÉONICE.

Ah, dure tyrannie! ah, rigoureux destin! 335
Donc un si triste soir suit un si beau matin?
Le même jour propice et contraire à nos flammes
Va désunir deux corps dont il unit les âmes,
Fait nos biens et nos maux, et du matin au soir,
Voit naître nos desirs et mourir notre espoir. 340

AGLANTE.

L'amour, ce doux vainqueur, ce père des délices,
Ainsi n'a pour nous deux que de cruels supplices,
Et ce tyran fait naître, aux dépens de nos pleurs,
D'un moment de plaisirs un siècle de douleurs.

---

1. Tel est le texte de l'édition originale. L'omission de *pas* est-elle une faute typographique?
2. Il faut se rappeler que ce nom est celui qu'Aglante avait pris. Voyez l'*Argument*, p. 310.

CLÉONICE.

Hélas! que de tourments accompagnent ses charmes! 345
Et qu'un peu de douceur nous va coûter de larmes!
Il me faut donc te perdre, et, dans le même lieu
Où j'ai reçu ton cœur, recevoir ton adieu!
Sanglots, qui de la voix me fermiez le passage,
Jusques à cet adieu permettez-m'en l'usage, 350
Et lorsque, le soleil ayant fini son tour,
Les flambeaux d'Hyménée éteindront ceux d'Amour,
Étouffez, j'y consens, cet objet déplorable
Des plus âpres rigueurs d'un sort impitoyable.
Philène, ainsi ma mort dégagera ta foi : 355
Ton cœur pourra brûler pour un autre que moi;
Tu pourras obéir sans me faire d'injure :
J'aime sans inconstance et change sans parjure.

AGLANTE.

Un père veut forcer un cœur à vous trahir,
Et vous croyez ce cœur capable d'obéir! 360
Ah! que vous jugez mal d'une amitié si forte!
Si notre espoir est mort, ma flamme n'est pas morte :
La naissance n'a point d'assez puissantes lois
Pour me faire manquer à ce que je vous dois;
Recevez de nouveau la foi que je vous donne, 365
D'être à jamais à vous, ou de n'être à personne.

CLÉONICE.

Hélas! en quel état le malheur nous réduit!
Faut-il d'un tel amour n'espérer point de fruit!

AGLANTE.

Aimons-nous et souffrons : aimé de ce qu'on aime,
On trouve des plaisirs dans la souffrance même. 370

CLÉONICE.

Aimons-nous et souffrons : deux cœurs si bien d'accord
Trouveroient des plaisirs dans les coups de la mort.

AGLANTE.

Résolus à mourir, qu'avons-nous plus à craindre?

CLÉONICE.

Mourant avec plaisir, qu'avons-nous plus à plaindre?

ACTE III, SCÈNE VII.

AGLANTE.

Plaignons-nous, mais du ciel, qui fait que le trépas 375
Au plus beau de notre âge a pour nous tant d'appas.

CLÉONICE.

N'accuse point le ciel de ce que fait ton[1] père.

AGLANTE.

Mon âme, c'est de là que part notre misère ;
C'est lui qui nous traverse, et les Dieux sont jalous
Qu'en leur temple mes vœux ne s'adressoient qu'à vous. 380
Au pied de leurs autels j'adorois leur image :
Étoit-ce donc vous rendre un trop léger hommage?
O Dieux! d'un feu si pur faites-vous un forfait?
Vous pouvois-je adorer en un plus beau portrait?
Que votre jalousie ou votre haine éclate, 385
Jusque dans le tombeau j'adorerai Mégate[2].
Inventez des tourments à me priver du jour :
Ma vie est en vos mains, mais non pas mon amour.

CLÉONICE.

N'irrite point les Dieux et retiens ces blasphèmes ;
Je te jure, mon cœur, les puissances suprêmes, 390
Dont la seule bonté nous pourra secourir,
Que si tu n'es à moi, je saurai bien mourir.

AGLANTE.

Parmi tant de malheurs quel bonheur est le nôtre,
Puisqu'en dépit du sort nous vivons l'un en l'autre!
Et s'il nous faut mourir, nous finirons ainsi. 395

CLÉONICE.

Adieu, ma chère vie, éloigne-toi d'ici ;
Fuis ce fatal hymen qu'un père te prépare.

AGLANTE.

Oui, je vais vous quitter, de peur qu'il nous sépare ;
Mais avec un serment, que malgré son effort,
Nous aurons pour nous joindre, ou l'hymen ou la mort. 400

1. On lit *son* dans le texte, mais le sens n'est pas douteux.
2. Nom supposé de Cléonice. Voyez l'*Argument*, p. 310.

FIN.

MÉDÉE

TRAGÉDIE

1635

NOTICE.

Médée[1] a fourni deux pièces à Corneille. L'une, *la Toison d'or* (1661), nous montre cette princesse trahissant son père par amour pour Jason; l'autre, qui occupe le second rang dans l'ordre historique, mais qui est de beaucoup la plus ancienne dans la série chronologique des œuvres de notre poëte, nous la présente abandonnée de celui à qui elle a tout sacrifié et immolant à sa vengeance non-seulement sa rivale, mais ses propres enfants.

Ce dernier sujet, profondément tragique, a inspiré tour à tour un grand nombre de poëtes de tous les temps et de tous les pays, et fournirait la matière d'une étude comparative intéressante, mais qui ne peut trouver place dans cette notice[2].

Nous nous contenterons de rappeler ici que Thomas Corneille a puisé dans la pièce de son frère la matière d'un opéra portant le même titre; et nous signalerons en note au bas des pages les endroits imités d'Euripide et de Sénèque.

Dans *le Parnasse ou la critique des poëtes*, par la Pinelière (p. 60-62), on trouve parmi de curieux détails sur les habitudes de certains poëtes dramatiques de ce temps, une indication assez précise de l'époque de la composition de *Médée* : « Ils tâchent par toutes sortes de moyens de voir tous ceux qui écrivent. Ils auront la tête levée une heure entière à l'hôtel de Bour-

---

1. Voyez sur les traditions relatives à ce personnage : *Histoire de Médée*, par l'abbé Banier, *Mémoires de l'Académie des Inscriptions et Belles-Lettres*, tome XIV, p. 41.

2. Cet examen a d'ailleurs été fait avec autant d'érudition que de goût par M. Patin dans ses *Études sur les tragiques grecs, Euripide*, tome I, p. 149 et suivantes. On peut encore consulter utilement un *Parallèle des beautés de Corneille avec celles de plusieurs scènes de la Médée de Sénèque*, par M. Guilbert, lu à la Société libre d'émulation de Rouen dans la séance du 16 juin 1804.

gogne pour attendre que quelque poëte de réputation qu'ils voient dans une loge regarde de leur côté, afin d'avoir l'occasion de leur faire la révérence. Ils le montrent à ceux de leur compagnie, et leur disent : « Voilà M. de Rotrou, ou M. du Ryer, « il a bien parlé de ma pièce, qu'un de mes amis lui a depuis « peu montrée. » Tantôt ils s'éloigneront un peu d'eux, et reviendront incontinent leur dire : « Messieurs, je vous de- « mande pardon de mon incivilité : je viens de saluer M. Cor- « neille, qui n'arriva qu'hier de Rouen. Il m'a promis que « demain nous irons voir ensemble M. Mairet, et qu'il me fera « voir des vers d'une excellente pièce de théâtre qu'il a com- « mencée. » Enfin, se jetant peu à peu sur le discours des auteurs du temps et de leurs ouvrages, ils révéleront tous les desseins des poëtes, pour montrer qu'ils ont de grandes intrigues avec eux. Ils parleront du plan de *Cléopatre* et de cinq ou six autres sujets que son auteur[1] a tirés de l'Histoire romaine, dont il veut faire des sœurs à son incomparable *Sophonisbe*. Ils diront qu'ils ont vu des vers de l'*Ulysse dupé*[2]; que Scudéry est au troisième acte de *la Mort de César;* que la *Médée* est presque achevée; que *l'Innocente infidélité* est la plus belle pièce de Rotrou, quoiqu'on ne s'imaginât pas qu'il pût s'élever au-dessus de celles qu'il avoit déjà faites; que l'auteur d'*Ifis et Iante*[3] fait une autre *Cléopatre* pour la troupe Royale; et que Chapelain n'a guère encore travaillé à son poëme de *la Pucelle d'Orléans*, ni Corneille à celui qu'il compose sur un ancien duc de son pays. »

Ce morceau a été écrit en 1635[4], et le 3 avril de cette même année Balzac adressait à Boisrobert l'éloge suivant de Mondory : « Nous devons cela à Jason, à Massinisse et à Brutus, qui vivent aujourd'hui en la personne de l'homme dont vous

1. Mairet.
2. Pièce inconnue et qui n'a sans doute pas été représentée.
3. Benserade.
4. Le titre complet de l'ouvrage est : *le Parnasse ou la critique des poëtes*, par de la Pinelière, angevin, dédié à Monseigneur le marquis du Bellay. A Paris, chez Toussaint Quinet.... M.DC.XXXV. In-8. Avec privilége du Roi. — Ce privilége ne se trouve point, non plus que l'achevé d'imprimer, dans l'exemplaire qui est à la bibliothèque de l'Arsenal, le seul que nous ayons pu voir.

me parlez si avantageusement, et que j'ai admiré autant de fois que je l'ai ouï. Il est vrai que dans la représentation de ces trois héros, il suffit qu'il soit le digne organe de trois excellents esprits qui leur ont rendu la vie; mais il est vrai aussi que la grâce dont il prononce, donne un degré de bonté aux vers qu'ils ne peuvent recevoir des poëtes vulgaires. Ils ont donc quelquefois plus d'obligation à celui qui les récite qu'à celui qui les a faits, et ce second père, pour le dire ainsi, les purge par son adoption de tous les vices de leur naissance. Le son de sa voix, accompagné de la dignité de ses gestes, anoblit les plus communes et les plus viles conceptions. Il n'est point d'âme si bien fortifiée contre les objets des sens, à qui il ne fasse violence, ni de jugement si fin, qui se puisse garantir de l'imposture de sa parole. De sorte que s'il y a eu ce monde quelque félicité pour les vers, il faut avouer qu'elle est dans sa bouche et dans son récit; et que comme les mauvaises choses y prennent l'apparence du bien, les bonnes y trouvent leur perfection. » Ce passage, dont on n'a point profité jusqu'ici, nous offre des renseignements assez curieux. Il nous apprend que Mondory a joué d'original Massinisse dans la *Sophonisbe* de Mairet, représentée pour la première fois en 1629, Jason dans la *Médée* de Corneille, et Brute dans *la Mort de César* de Scudéry; il nous prouve en outre que le 3 avril 1635 ces deux dernières pièces avaient déjà été représentées. Or les frères Parfait, et à leur suite tous les historiens de notre théâtre, placent la seconde en 1636.

Malgré ses défauts, *Médée* semblait plus digne d'accompagner *le Cid* que *la Galerie du Palais*, *la Place Royale* ou *la Suivante*. Elle ne fut pourtant imprimée que deux ans plus tard, en 1639.

L'édition originale in-4° forme un volume de 4 feuillets liminaires et de 95 pages, dont voici le titre : « Medée, Tragedie. *A Paris, chez Francois Targa*.... M.DC.XXXIX. *Auec priuilega du Roy*. » L'acheué d'imprimer est du 16 mars.

La *Médée* de Longepierre, représentée en 1694, s'est maintenue au répertoire pendant tout le cours du siècle dernier, et a fait complétement oublier celle de Corneille.

A MONSIEUR P. T. N. G.[1].

Monsieur,

Je vous donne *Médée*, toute méchante qu'elle est, et ne vous dirai rien pour sa justification. Je vous la donne pour telle que vous la voudrez prendre, sans tâcher à prévenir ou violenter vos sentiments par un étalage des préceptes de l'art, qui doivent être fort mal entendus et fort mal pratiqués quand ils ne nous font pas arriver au but que l'art se propose. Celui de la poésie dramatique est de plaire, et les règles qu'elle nous prescrit ne sont que des adresses pour en faciliter les moyens au poëte, et non pas des raisons qui puissent persuader aux spectateurs qu'une chose soit agréable quand elle leur déplaît. Ici vous trouverez le crime en son char de triomphe, et peu de personnages sur la scène dont les mœurs ne soient plus mauvaises que bonnes; mais la peinture et la poésie ont cela de commun, entre beaucoup d'autres choses, que l'une fait souvent de beaux portraits d'une femme laide, et l'autre de belles imitations d'une action qu'il ne faut pas imiter. Dans la portraiture, il n'est pas question si un visage est beau, mais s'il ressemble; et dans la poésie, il ne faut pas considérer si les mœurs sont vertueuses, mais si elles sont pareilles à celles de la personne qu'elle introduit. Aussi nous décrit-elle indifféremment les bonnes et les mauvaises actions,

---

1. On ignore complétement qui ces initiales désignent. Dans l'impression de 1657, l'ordre est un peu différent : « A Monsieur P. T. G. N. » Cette épître dédicatoire n'est que dans les éditions antérieures à 1660.

sans nous proposer les dernières pour exemple; et si elle nous en veut faire quelque horreur, ce n'est point par leur punition, qu'elle n'affecte pas de nous faire voir, mais par leur laideur, qu'elle s'efforce de nous représenter au naturel. Il n'est pas besoin d'avertir ici le public que celles de cette tragédie ne sont pas à imiter : elles paroissent assez à découvert pour n'en faire envie à personne. Je n'examine point si elles sont vraisemblables ou non : cette difficulté, qui est la plus délicate de la poésie, et peut-être la moins entendue, demanderoit un discours trop long pour une épître : il me suffit qu'elles sont autorisées ou par la vérité de l'histoire, ou par l'opinion commune des anciens. Elles vous ont agréé autrefois sur le théâtre; j'espère qu'elles vous satisferont encore aucunement sur le papier, et demeure,

MONSIEUR,

Votre très-humble serviteur,

Corneille.

EXAMEN.

Cette tragédie a été traitée en grec par Euripide, et en latin par Sénèque; et c'est sur leur exemple que je me suis autorisé à en mettre le lieu dans une place publique, quelque peu de vraisemblance qu'il y aye à y faire parler des rois, et à y voir Médée prendre les desseins de sa vengeance. Elle en fait confidence, chez Euripide, à tout le chœur, composé de Corinthiennes sujettes de Créon, et qui devoient être du moins au nombre de quinze, à qui elle dit hautement qu'elle fera périr leur roi, leur princesse et son mari, sans qu'aucune d'elles ait la moindre pensée d'en donner avis à ce prince.

Pour Sénèque, il y a quelque apparence qu'il ne lui fait pas prendre ces résolutions violentes en présence du chœur, qui n'est pas toujours sur le théâtre[1], et n'y parle jamais aux autres acteurs; mais je ne puis comprendre comme, dans son quatrième acte, il lui fait achever ces enchantements[2] en place publique; et j'ai mieux aimé rompre l'unité exacte du lieu, pour faire voir Médée dans le même cabinet où elle a fait ses charmes, que de l'imiter en ce point.

Tous les deux m'ont semblé donner trop peu de défiance à Créon des présents de cette magicienne, offensée au dernier point, qu'il témoigne craindre chez l'un et chez l'autre, et dont il a d'autant plus de lieu de se défier, qu'elle lui demande instamment un jour de délai pour se préparer à partir, et qu'il croit qu'elle ne le demande que pour machiner quelque chose contre lui, et troubler les noces de sa fille.

J'ai cru mettre la chose dans un peu plus de justesse, par quelques précautions que j'y ai apportées : la première, en ce que Créuse souhaite avec passion cette robe que Médée empoisonne, et qu'elle oblige Jason à la tirer d'elle par adresse; ainsi, bien que les présents des ennemis doivent être suspects, celui-ci ne le doit pas être, parce que ce n'est pas tant un don qu'elle fait qu'un payement qu'on lui arrache de la grâce que ses enfants reçoivent; la seconde, en ce que ce n'est pas Médée[3] qui demande ce jour de délai qu'elle emploie à sa vengeance, mais Créon qui le lui donne de son mouvement, comme

---

1. Var. (édit. de 1660-1668) : sur son théâtre.
2. Var. (édit. de 1660 et de 1663) : ses enchantements.
3. Var. (édit. de 1660 et de 1663) : ce n'est pas elle.

pour diminuer quelque chose de l'injuste violence qu'il lui fait, dont il semble avoir honte en lui-même ; et la troisième enfin, en ce qu'après les défiances que Pollux lui en fait prendre presque par force, il en fait faire l'épreuve sur une autre, avant que de permettre à sa fille de s'en parer.

L'épisode d'Ægée n'est pas tout à fait de mon invention : Euripide l'introduit en son troisième acte, mais seulement comme un passant à qui Médée fait ses plaintes, et qui l'assure d'une retraite chez lui à Athènes, en considération d'un service qu'elle promet de lui rendre[1]. En quoi je trouve deux choses à dire : l'une, qu'Ægée, étant dans la cour de Créon, ne parle point du tout de le voir ; l'autre, que bien qu'il promette à Médée de la recevoir et protéger à Athènes après qu'elle se sera vengée, ce qu'elle fait dès ce jour-là même, il lui témoigne toutefois qu'au sortir de Corinthe il va trouver Pitthéus à Trœzène, pour consulter avec lui sur le sens de l'oracle qu'on venoit de lui rendre à Delphes, et qu'ainsi Médée seroit demeurée[2] en assez mauvaise posture dans Athènes en l'attendant, puisqu'il tarda manifestement quelque temps chez Pitthéus, où il fit l'amour à sa fille Æthra, qu'il laissa grosse de Thésée, et n'en partit point que sa grossesse ne fût constante. Pour donner un peu plus d'intérêt à ce monarque dans l'action de cette tragédie, je le fais amoureux de Créuse, qui lui préfère Jason, et je

---

1. Voici de quelle nature est le service dont il s'agit. Égée vient de consulter l'oracle d'Apollon pour savoir si sa femme, longtemps stérile, lui donnera enfin des enfants. « Tu ne sais pas, lui dit Médée, quelle heureuse rencontre tu as faite en moi : je ferai cesser ta privation d'enfants, et grâce à moi, tu deviendras père d'une nombreuse postérité ; je connais des secrets qui ont cette vertu. » (Euripide, *Médée*, vers 712-714.)

2. Var. (édit. de 1660) : auroit demeuré.

porte ses ressentiments à l'enlever, afin qu'en cette entreprise, demeurant prisonnier de ceux qui la sauvent de ses mains, il aye obligation à Médée de sa délivrance, et que la reconnoissance qu'il lui en doit l'engage plus fortement à sa protection, et même à l'épouser, comme l'histoire le marque.

Pollux est de ces personnages protatiques qui ne sont introduits que pour écouter la narration du sujet. Je pense l'avoir déjà dit[1], et j'ajoute que ces personnages sont d'ordinaire assez difficiles à imaginer dans la tragédie, parce que les événements publics et éclatants dont elle est composée sont connus de tout le monde, et que s'il est aisé de trouver des gens qui les sachent pour les raconter, il n'est pas aisé d'en trouver qui les ignorent pour les entendre : c'est ce qui m'a fait avoir recours à cette fiction, que Pollux, depuis son retour de Colchos, avoit toujours été en Asie, où il n'avoit rien appris de ce qui s'étoit passé dans la Grèce, que la mer en sépare. Le contraire arrive en la comédie : comme elle n'est que d'intriques particuliers, il n'est rien si facile que de trouver des gens qui les ignorent; mais souvent il n'y a qu'une seule personne qui les puisse expliquer : ainsi l'on n'y manque jamais de confidents quand il y a matière de confidence.

Dans la narration que fait Nérine au quatrième acte, on peut considérer que quand ceux qui écoutent ont quelque chose d'important dans l'esprit, ils n'ont pas assez de patience pour écouter le détail de ce qu'on leur vient raconter, et que c'est assez[2] pour eux d'en apprendre l'événement en un mot : c'est ce que fait voir ici

---

1. Dans le *Discours de l'utilité et des parties du poëme dramatique*, tome I, p. 46.
2. Var. (édit. de 1660 et de 1663) : et c'est assez.

Médée, qui ayant su que Jason a arraché Créuse à ses ravisseurs, et pris Ægée prisonnier, ne veut point qu'on lui explique comment cela s'est fait. Lorsqu'on a affaire à un esprit tranquille, comme Achorée à Cléopatre dans *la Mort de Pompée*, pour qui elle ne s'intéresse que par un sentiment d'honneur, on prend le loisir d'exprimer toutes les particularités; mais avant que d'y descendre, j'estime qu'il est bon, même alors, d'en dire tout l'effet en deux mots dès l'abord.

Surtout, dans les narrations ornées et pathétiques, il faut très-soigneusement prendre garde en quelle assiette est l'âme de celui qui parle et de celui qui écoute, et se passer de cet ornement, qui ne va guère sans quelque étalage ambitieux, s'il y a la moindre apparence que l'un des deux soit trop en péril, ou dans une passion trop violente, pour avoir toute la patience nécessaire au récit qu'on se propose.

J'oubliois à remarquer que la prison où je mets Ægée est un spectacle désagréable, que je conseillerois d'éviter : ces grilles qui éloignent l'acteur du spectateur, et lui cachent toujours plus de la moitié de sa personne, ne manquent jamais à rendre son action fort languissante. Il arrive quelquefois des occasions indispensables de faire arrêter prisonniers sur nos théâtres quelques-uns de nos principaux acteurs; mais alors il vaut mieux se contenter de leur donner des gardes qui les suivent, et n'affoiblissent ni le spectacle ni l'action, comme dans *Polyeucte* et dans *Héraclius*. J'ai voulu rendre visible ici l'obligation qu'Ægée avoit à Médée; mais cela se fût mieux fait par un récit.

Je serai bien aise encore qu'on remarque la civilité de Jason envers Pollux à son départ : il l'accompagne jusque hors de la ville; et c'est une adresse de théâtre assez heureusement pratiquée pour l'éloigner de Créon et

Créuse mourants, et n'en avoir que deux à la fois à faire parler. Un auteur est bien embarrassé quand il en a trois, et qu'ils ont tous trois[1] une assez forte passion dans l'âme pour leur donner une juste impatience de la pousser au dehors : c'est ce qui m'a obligé à faire mourir ce roi malheureux avant l'arrivée de Jason, afin qu'il n'eût à parler qu'à Créuse, et à faire mourir cette princesse avant que Médée se montre sur le balcon, afin que cet amant en colère n'aye plus à qui s'adresser qu'à elle; mais on auroit eu lieu de trouver à dire qu'il ne fût pas auprès de sa maîtresse dans un si grand malheur, si je n'eusse rendu raison de son éloignement.

J'ai feint que les feux que produit la robe de Médée, et qui font périr Créon et Créuse, étoient invisibles, parce que j'ai mis leurs personnes sur la scène dans la catastrophe. Ce spectacle de mourants m'étoit nécessaire pour remplir mon cinquième acte, qui sans cela n'eût pu atteindre à la longueur ordinaire des nôtres; mais à dire le vrai, il n'a pas l'effet que demande la tragédie, et ces deux mourants importunent plus par leurs cris et par leurs gémissements, qu'ils ne font pitié par leur malheur. La raison en est qu'ils semblent l'avoir mérité par l'injustice qu'ils ont faite à Médée, qui attire si bien de son côté toute la faveur de l'auditoire, qu'on excuse sa vengeance après l'indigne traitement qu'elle a reçu de Créon et de son mari, et qu'on a plus de compassion du désespoir où ils l'ont réduite, que de tout ce qu'elle leur fait souffrir.

Quant au style, il est fort inégal en ce poëme; et ce que j'y ai mêlé du mien approche si peu de ce que j'ai traduit de Sénèque, qu'il n'est point besoin d'en mettre le texte en marge pour faire discerner au lecteur ce qui

1. Var. (édit. de 1660 et de 1663) : qui tous ont.

est de lui ou de moi. Le temps m'a donné le moyen d'amasser assez de forces pour ne laisser pas cette différence si visible dans le *Pompée*, où j'ai beaucoup pris de Lucain, et ne crois pas être demeuré fort au-dessous de lui quand il a fallu me passer de son secours.

ACTEURS.

CRÉON, roi de Corinthe.
ÆGÉE, roi d'Athènes.
JASON, mari de Médée.
POLLUX, argonaute, ami de Jason.
CRÉUSE, fille de Créon.
MÉDÉE, femme de Jason.
CLÉONE, gouvernante de Créuse.
NÉRINE, suivante de Médée.
THEUDAS, domestique de Créon.
TROUPE DES GARDES DE CRÉON.

La scène est à Corinthe.

MÉDÉE.

TRAGÉDIE.

ACTE I.

SCÈNE PREMIÈRE.

POLLUX, JASON.

POLLUX.
Que je sens à la fois de surprise et de joie !
Se peut-il qu'en ces lieux enfin je vous revoie,
Que Pollux dans Corinthe ait rencontré Jason ?

JASON.
Vous n'y pouviez venir en meilleure saison ;
Et pour vous rendre encor l'âme plus étonnée,
Préparez-vous à voir mon second hyménée[2].

POLLUX.
Quoi ! Médée est donc morte, ami ?

JASON.
       Non, elle vit ;
Mais un objet plus beau la chasse de mon lit[3].

---

1. *Var.* Se peut-il faire, ami, qu'ici je vous revoie. (1639)
2. *Var.* Préparez-vous à voir dans peu mon hyménée.
 POLL. Quoi! Médée est donc morte à ce compte? JAS. Elle vit. (1639)
3. *Var.* Mais un objet nouveau la chasse de mon lit. (1639-57)

POLLUX.

Dieux! et que fera-t-elle?

JASON.

Et que fit Hypsipyle[1],
Que pousser les éclats d'un courroux inutile[2] ? 10
Elle jeta des cris, elle versa des pleurs,
Elle me souhaita mille et mille malheurs,
Dit que j'étois sans foi, sans cœur, sans conscience[3],
Et lasse de le dire, elle prit patience.
Médée en son malheur en pourra faire autant : 15
Qu'elle soupire, pleure, et me nomme inconstant;
Je la quitte à regret, mais je n'ai point d'excuse
Contre un pouvoir plus fort qui me donne à Créuse.

POLLUX.

Créuse est donc l'objet qui vous vient d'enflammer[4]?
Je l'aurois deviné sans l'entendre nommer[5]. 20
Jason ne fit jamais de communes maîtresses ;
Il est né seulement pour charmer les princesses,
Et haïroit l'amour, s'il avoit sous sa loi[6]
Rangé de moindres cœurs que des filles de roi.
Hypsipyle à Lemnos, sur le Phase Médée, 25
Et Créuse à Corinthe, autant vaut, possédée,
Font bien voir qu'en tous lieux, sans le secours de Mars[7],
Les sceptres sont acquis à ses moindres regards.

1. Hypsipyle, reine de Lemnos, fille de Thoas. Jason avait eu d'elle deux fils.
2. *Var.* Que former dans son cœur un regret inutile,
Jeter des cris en l'air, me nommer inconstant?
Si bon semble à Médée, elle en peut faire autant.
[Je la quitte à regret, mais je n'ai point d'excuse.] (1639)
3. *Var.* Me nomma mille fois homme sans conscience :
Il fallut après tout qu'elle prît patience. (1644-57)
4. *Var.* C'est donc là cet objet qui vous tient enchaîné? (1639)
Var. Créuse est donc l'objet qui nous vient d'enflammer? (1644, 52 et 54)
5. *Var.* Sans l'entendre nommer je l'avois deviné. (1639)
Var. Je l'avois deviné sans l'entendre nommer. (1644-64)
6. *Var.* Et je crois qu'il tiendroit pour un indigne emploi
De blesser d'autres cœurs que de filles de roi. (1639)
7. *Var.* Font bien voir qu'en tous lieux, sans lancer d'autres dards. (1639)

ACTE I, SCÈNE I.

JASON.

Aussi je ne suis pas de ces amants vulgaires :
J'accommode ma flamme au bien de mes affaires ;   30
Et sous quelque climat que me jette le sort[1],
Par maxime d'État je me fais cet effort.
  Nous voulant à Lemnos rafraîchir dans la ville,
Qu'eussions-nous fait, Pollux, sans l'amour d'Hypsipyle ?
Et depuis à Colchos, que fit votre Jason,   35
Que cajoler Médée, et gagner la toison ?
Alors, sans mon amour, qu'eût fait votre vaillance[2] ?
Eût-elle du dragon trompé la vigilance ?
Ce peuple que la terre enfantoit tout armé,
Qui de vous l'eût défait, si Jason n'eût aimé ?   40
Maintenant qu'un exil m'interdit ma patrie,
Créuse est le sujet de mon idolâtrie ;
Et j'ai trouvé l'adresse, en lui faisant la cour[3],
De relever mon sort sur les ailes d'Amour.

POLLUX.

Que parlez-vous d'exil ? La haine de Pélie....   45

JASON.

Me fait, tout mort qu'il est, fuir de sa Thessalie.

POLLUX.

Il est mort !

JASON.

Écoutez, et vous saurez comment
Son trépas seul m'oblige à cet éloignement[4].
  Après six ans passés, depuis notre voyage,
Dans les plus grands plaisirs qu'on goûte au mariage,   50

---

1. *Var.* Et sous quelque climat que le sort me jetât,
Je serois amoureux par maxime d'État. (1639)
2. *Var.* Alors, sans mon amour, qu'étoit votre vaillance ? (1639-57)
3. *Var.* Et que pouvois-je mieux que lui faire la cour,
Et relever mon sort sur les ailes d'Amour ? (1639)
4. *Var.* Son trépas seul me force à cet éloignement. (1639-57)

Mon père, tout caduc, émouvant ma pitié,
Je conjurai Médée, au nom de l'amitié....

POLLUX.

J'ai su comme son art, forçant les destinées,
Lui rendit la vigueur de ses jeunes années :
Ce fut, s'il m'en souvient, ici que je l'appris,   55
D'où soudain un voyage en Asie entrepris
Fait que, nos deux séjours divisés par Neptune,
Je n'ai point su depuis quelle est votre fortune;
Je n'en fais qu'arriver.

JASON.

               Apprenez donc de moi
Le sujet qui m'oblige à lui manquer de foi.   60
  Malgré l'aversion d'entre nos deux familles,
De mon tyran Pélie elle gagne les filles[1],
Et leur feint de ma part tant d'outrages reçus,
Que ces foibles esprits sont aisément déçus.
Elle fait amitié, leur promet des merveilles,   65
Du pouvoir de son art leur remplit les oreilles;
Et pour mieux leur montrer comme il est infini,
Leur étale surtout mon père rajeuni.
Pour épreuve elle égorge un bélier à leurs vues,
Le plonge en un bain d'eaux et d'herbes inconnues,   70
Lui forme un nouveau sang avec cette liqueur,
Et lui rend d'un agneau la taille et la vigueur.
Les sœurs crient miracle, et chacune ravie
Conçoit pour son vieux père une pareille envie,
Veut un effet pareil, le demande, et l'obtient;   75
Mais chacune a son but. Cependant la nuit vient :
Médée, après le coup d'une si belle amorce[2],
Prépare de l'eau pure et des herbes sans force,

---

1. *Var.* Du vieux tyran Pélie elle gagne les filles. (1639-57)
2. *Var.* Médée, après ce coup d'une si belle amorce. (1652-57)

ACTE I, SCÈNE I.

Redouble le sommeil des gardes et du Roi :
La suite au seul récit me fait trembler d'effroi.   80
A force de pitié ces filles inhumaines¹
De leur père endormi vont épuiser les veines :
Leur tendresse crédule, à grands coups de couteau²,
Prodigue ce vieux sang, et fait place au nouveau;
Le coup le plus mortel s'impute à grand service;   85
On nomme piété ce cruel sacrifice,
Et l'amour paternel qui fait agir leurs bras
Croiroit commettre un crime à n'en commettre pas.
Médée est éloquente à leur donner courage :
Chacune toutefois tourne ailleurs son visage;   90
Une secrète horreur condamne leur dessein³,
Et refuse leurs yeux à conduire leur main⁴.

POLLUX.

A me représenter ce tragique spectacle,
Qui fait un parricide et promet un miracle,
J'ai de l'horreur moi-même, et ne puis concevoir   95
Qu'un esprit jusque-là se laisse décevoir.

JASON.

Ainsi mon père Æson recouvra sa jeunesse.
Mais oyez le surplus. Ce grand courage cesse;

---

1. *Quid referam Peliæ natas, pietate nocentes?*
   (Ovide, *Héroïdes*, XII, vers 129.)
— Voyez la note 4.
2. *Var.* Et leur amour crédule, à grands coups de couteau,
   Prodigue ce vieux sang, qui fait place au nouveau. (1639-57)
3. *Var.* Et refusant ses yeux à conduire sa main,
   N'ose voir les effets de son pieux dessein. (1639-57)
4. *His, ut quæque pia est, hortatibus impia prima est,*
   Et ne sit scelerata, facit scelus : haud tamen ictus
   Ulla suos spectare potest, oculosque reflectunt,
   Cæcaque dant sævis aversæ vulnera dextris.
   (Ovide, *Métamorphoses*, livre VII, vers 339-342.
— Voyez aussi la *Médée* d'Euripide, vers 484, 485; et celle de Sénèque, vers 475, 476.

L'épouvante les prend; Médée en raille, et fuit[1].
Le jour découvre à tous les crimes de la nuit ; 100
Et pour vous épargner un discours inutile,
Acaste, nouveau roi, fait mutiner la ville,
Nomme Jason l'auteur de cette trahison,
Et pour venger son père, assiége ma maison.
Mais j'étois déjà loin, aussi bien que Médée ; 105
Et ma famille enfin à Corinthe abordée,
Nous saluons Créon, dont la bénignité
Nous promet contre Acaste un lieu de sûreté.
Que vous dirai-je plus? mon bonheur ordinaire
M'acquiert les volontés de la fille et du père ; 110
Si bien que de tous deux également chéri,
L'un me veut pour son gendre, et l'autre pour mari.
D'un rival couronné les grandeurs souveraines,
La majesté d'Ægée, et le sceptre d'Athènes,
N'ont rien, à leur avis, de comparable à moi, 115
Et banni que je suis, je leur suis plus qu'un roi.
Je vois trop ce bonheur, mais je le dissimule[2] ;
Et bien que pour Créuse un pareil feu me brûle,
Du devoir conjugal je combats mon amour,
Et je ne l'entretiens que pour faire ma cour. 120
   Acaste cependant menace d'une guerre
Qui doit perdre Créon et dépeupler sa terre ;
Puis, changeant tout à coup ses résolutions,
Il propose la paix sous des conditions.
Il demande d'abord et Jason et Médée : 125
On lui refuse l'un, et l'autre est accordée ;
Je l'empêche, on débat, et je fais tellement,
Qu'enfin il se réduit à son bannissement.
De nouveau je l'empêche, et Créon me refuse ;

---

1. *Var.* L'épouvante les prend, et Médée s'enfuit. (1639-57)
2. *Var.* L'un et l'autre pourtant de honte dissimule. (1639-57)

ACTE I, SCÈNE I.   347

Et pour m'en consoler, il m'offre sa Créuse.   130
Qu'eussé-je fait, Pollux, en cette extrémité
Qui commettoit ma vie avec ma loyauté?
Car sans doute, à quitter l'utile pour l'honnête,
La paix alloit se faire aux dépens de ma tête¹;
Le mépris insolent des offres d'un grand roi²   135
Aux mains d'un ennemi livroit Médée et moi³.
Je l'eusse fait pourtant, si je n'eusse été père :
L'amour de mes enfants m'a fait l'âme légère;
Ma perte étoit la leur; et cet hymen nouveau
Avec Médée et moi les tire du tombeau :   140
Eux seuls m'ont fait résoudre, et la paix s'est conclue.

POLLUX.

Bien que de tous côtés l'affaire résolue
Ne laisse aucune place aux conseils d'un ami,
Je ne puis toutefois l'approuver qu'à demi.
Sur quoi que vous fondiez un traitement si rude,   145
C'est montrer pour Médée un peu d'ingratitude⁴ :
Ce qu'elle a fait pour vous est mal récompensé.
Il faut craindre après tout son courage offensé;
Vous savez mieux que moi ce que peuvent ses charmes.

JASON.

Ce sont à sa fureur d'épouvantables armes;   150
Mais son bannissement nous en va garantir.

POLLUX.

Gardez d'avoir sujet de vous en repentir.

JASON.

Quoi qu'il puisse arriver, ami, c'est chose faite.

POLLUX.

La termine le ciel comme je le souhaite!

---

1. *Var.* La paix s'en alloit faire aux dépens de ma tête. (1639-57)
2. *Var.* Ce mépris insolent des offres d'un grand roi. (1639-68)
3. *Var.* Livroit aux mains d'Acaste et ma Médée et moi. (1639-57)
4. *Var.* C'est toujours vers Médée un peu d'ingratitude. (1639-57)

Permettez cependant qu'afin de m'acquitter 155
J'aille trouver le Roi pour l'en féliciter.

JASON.

Je vous y conduirois, mais j'attends ma princesse,
Qui va sortir du temple.

POLLUX.

Adieu : l'amour vous presse,
Et je serois marri qu'un soin officieux
Vous fit perdre pour moi des temps si précieux. 160

SCÈNE II.

JASON[1].

Depuis que mon esprit est capable de flamme,
Jamais un trouble égal n'a confondu mon âme[2] :
Mon cœur, qui se partage en deux affections,
Se laisse déchirer à mille passions.
Je dois tout à Médée, et je ne puis sans honte 165
Et d'elle et de ma foi tenir si peu de conte[3] :
Je dois tout à Créon, et d'un si puissant roi
Je fais un ennemi, si je garde ma foi[4] :
Je regrette Médée, et j'adore Créuse;
Je vois mon crime en l'une, en l'autre mon excuse[5];
Et dessus mon regret mes desirs triomphants
Ont encor le secours du soin de mes enfants.
   Mais la princesse vient : l'éclat d'un tel visage[6]
Du plus constant du monde attireroit l'hommage,

---

1. On lit dans l'édition de 1639 : JASON, *seul*, et il n'y a point de distinction de scène.
2. *Var.* Jamais un trouble égal ne confondit mon âme. (1639-60)
3. *Conte*, compte. Voyez tome I, p. 150, note 1.
4. *Var.* J'en fais un ennemi, si je garde ma foi :
   J'ai regret à Médée, et j'adore Créuse. (1639-57)
5. L'édition de 1682 porte par erreur :
   Je vois mon crime en l'une, et l'autre mon excuse.
6. *Var.* Mais la voici qui vient : l'éclat d'un tel visage. (1639-57

ACTE I, SCÈNE II.

Et semble reprocher à ma fidélité
D'avoir osé tenir contre tant de beauté.

SCÈNE III.
JASON, CRÉUSE, CLÉONE.

JASON.

Que votre zèle est long, et que d'impatience[1]
Il donne à votre amant, qui meurt en votre absence!

CRÉUSE.

Je n'ai pas fait pourtant au ciel beaucoup de vœux[2] :
Ayant Jason à moi, j'ai tout ce que je veux.

JASON.

Et moi, puis-je espérer l'effet d'une prière
Que ma flamme tiendroit à faveur singulière?
Au nom de notre amour, sauvez deux jeunes fruits
Que d'un premier hymen la couche m'a produits;
Employez-vous pour eux, faites auprès d'un père[3]
Qu'ils ne soient point compris en l'exil de leur mère :
C'est lui seul qui bannit ces petits malheureux,
Puisque dans les traités il n'est point parlé d'eux.

CRÉUSE.

J'avois déjà parlé de leur tendre innocence[4],
Et vous y servirai de toute ma puissance,
Pourvu qu'à votre tour vous m'accordiez un point
Que jusques à tantôt je ne vous dirai point.

1. *Var.* Que vos dévotions d'une longue souffrance
   Gênent un pauvre amant qui meurt en votre absence! (1639)
2. *Var.* Je n'avois pourtant rien à demander aux Dieux. (1639-57)
   Var. A nos Dieux toutefois je n'ai rien demandé :
   En me donnant Jason, ils m'ont tout accordé. (1660-64)
3. *Var.* Employez-vous pour eux, faites envers un père. (1639-60)
4. *Var.* J'avois déjà pitié de leur tendre innocence. (1639-68)
— Toutes les éditions, hormis celle de 1682, donnent, comme on le voit, *pitié*, au lieu de *parlé* ; mais cette dernière leçon a été conservée par Thomas Corneille dans l'impression de 1692.

JASON.

Dites, et quel qu'il soit, que ma reine en dispose.
CRÉUSE.
Si je puis sur mon père obtenir quelque chose,
Vous le saurez après : je ne veux rien pour rien.   195
CLÉONE.
Vous pourrez au palais suivre cet entretien.
On ouvre chez Médée, ôtez-vous de sa vue :
Vos présences rendroient sa douleur plus émue ;
Et vous seriez marris que cet esprit jaloux
Mêlât son amertume à des plaisirs si doux.   200

SCÈNE IV.

MÉDÉE.

Souverains protecteurs des lois de l'hyménée,
Dieux garants de la foi que Jason m'a donnée,
Vous qu'il prit à témoins d'une immortelle ardeur
Quand par un faux serment il vainquit ma pudeur,
Voyez de quel mépris vous traite son parjure,   205
Et m'aidez à venger cette commune injure[1] :
S'il me peut aujourd'hui chasser impunément,
Vous êtes sans pouvoir ou sans ressentiment.
    Et vous, troupe savante en noires barbaries[2],
Filles de l'Achéron, pestes, larves, furies,   210
Fières sœurs, si jamais notre commerce étroit[3]

---

1. Racine, dit Voltaire, a imité ce vers dans *Phèdre* (acte III, scène II) :

    Déesse, venge-toi ; nos causes sont pareilles.

La conformité des deux passages est-elle vraiment assez grande pour que l'on puisse parler d'imitation ?

2. *Var.* Et vous, troupe savante en mille barbaries. (1639-57)

3. *Var.* Noires sœurs, si jamais notre commerce étroit. (1639-57)

ACTE I, SCÈNE IV.

Sur vous et vos serpents me donna quelque droit[1],
Sortez de vos cachots avec les mêmes flammes
Et les mêmes tourments dont vous gênez les âmes;
Laissez-les quelque temps reposer dans leurs fers : 215
Pour mieux agir pour moi faites trêve aux enfers;
Apportez-moi du fond des antres de Mégère[2]
La mort de ma rivale, et celle de son père;
Et si vous ne voulez mal servir mon courroux,
Quelque chose de pis pour mon perfide époux : 220
Qu'il coure vagabond de province en province,
Qu'il fasse lâchement la cour à chaque prince;
Banni de tous côtés, sans bien et sans appui[3],
Accablé de frayeur, de misère, d'ennui,
Qu'à ses plus grands malheurs aucun ne compatisse; 225
Qu'il ait regret à moi pour son dernier supplice;
Et que mon souvenir jusque dans le tombeau
Attache à son esprit un éternel bourreau[4].
Jason me répudie! et qui l'auroit pu croire?
S'il a manqué d'amour, manque-t-il de mémoire? 230

1. Il y a *sermants*, pour *serpents*, dans l'édition de 1682; Thomas Corneille a corrigé en 1692 cette faute d'impression, qui n'existait point dans les éditions précédentes. Voyez tome I, *Avertissement*, p. VI.
2. *Var.* Et m'apportez du fond des antres de Mégère. (1639-57)
3. *Var.* Banni de tous côtés, sans biens et sans appui. (1639-60)
4. *Dii conjugales....*

> . . . . *quosque juravit mihi*
> *Deos Jason, quosque Medeæ magis*
> *Fas est precari, noctis æternæ chaos,*
> *Aversa superis regna, manesque impios*
> . . . . *voce non fausta precor :*
> *Nunc, nunc adeste, sceleris ultrices Deæ,*
> *Crinem solutis squalidæ serpentibus,*
> *Atram cruentis manibus amplexæ facem,*
> *Adeste : thalamis horridæ quondam meis*
> *Quales stetistis. Conjugi letum novæ,*
> *Letumque socero et regiæ stirpi date;*
> *Mihi pejus aliquid, quod precer sponso malum :*
> *Vivat; per urbes erret ignotas egens,*
> *Exsul, pavens, invisus, incerti laris :*
> *Me conjugem optet....*
> (Sénèque, *Médée*, vers 1-22.)

Me peut-il bien quitter après tant de bienfaits ?
M'ose-t-il bien quitter après tant de forfaits ?
Sachant ce que je puis, ayant vu ce que j'ose,
Croit-il que m'offenser ce soit si peu de chose ?
Quoi ! mon père trahi, les éléments forcés, 235
D'un frère dans la mer les membres dispersés,
Lui font-ils présumer mon audace épuisée ?
Lui font-ils présumer qu'à mon tour méprisée[1],
Ma rage contre lui n'ait par où s'assouvir,
Et que tout mon pouvoir se borne à le servir ? 240
Tu t'abuses, Jason, je suis encor moi-même.
Tout ce qu'en ta faveur fit mon amour extrême,
Je le ferai par haine ; et je veux pour le moins
Qu'un forfait nous sépare, ainsi qu'il nous a joints ;
Que mon sanglant divorce, en meurtres, en carnage, 245
S'égale aux premiers jours de notre mariage,
Et que notre union, que rompt ton changement,
Trouve une fin pareille à son commencement.
Déchirer par morceaux l'enfant aux yeux du père
N'est que le moindre effet qui suivra ma colère ; 250
Des crimes si légers furent mes coups d'essai :
Il faut bien autrement montrer ce que je sai ;
Il faut faire un chef-d'œuvre, et qu'un dernier ouvrage
Surpasse de bien loin ce foible apprentissage[2].

1. *Var.* Lui font-ils présumer que ma puissance usée. (1639)

2. *Hæc virgo feci : gravior exsurgat dolor ;*
Majora jam me scelera post partus decent.
Accingere ira, teque in exitium para
Furore toto : paria narrentur tua
Repudia thalamis. Quo virum linquis modo ?
Hoc quo secuta es : rumpe jam segnes moras ;
Quæ scelere parta est, scelere linquenda est domus.
(Sénèque, *Médée*, vers 49-55.)

— Voyez aussi vers 904 et suivants :

. . . . *Prolusit dolor*
Per ista noster, etc.

ACTE I, SCÈNE IV.

Mais pour exécuter tout ce que j'entreprends,   255
Quels Dieux me fourniront des secours assez grands?
Ce n'est plus vous, enfers, qu'ici je sollicite :
Vos feux sont impuissants pour ce que je médite.
Auteur de ma naissance, aussi bien que du jour,
Qu'à regret tu dépars à ce fatal séjour,   260
Soleil, qui vois l'affront qu'on va faire à ta race[1],
Donne-moi tes chevaux à conduire en ta place ;
Accorde cette grâce à mon desir bouillant ;
Je veux choir sur Corinthe avec ton char brûlant ;
Mais ne crains pas de chute à l'univers funeste :   265
Corinthe consumé garantira le reste[2] ;
De mon juste courroux les implacables vœux[3]
Dans ses odieux murs arrêteront tes feux ;
Créon en est le prince, et prend Jason pour gendre :
C'est assez mériter d'être réduit en cendre[4],   270
D'y voir réduit tout l'isthme, afin de l'en punir,
Et qu'il n'empêche plus les deux mers de s'unir[5].

---

1. . . . . *Spectat hoc nostri sator*
Sol generis! et spectatur, et curru insidens
Per solita puri spatia decurrit poli?
Non redit in ortus, et remetitur diem?
Da, da per auras curribus patriis vehi :
Committe habenas, genitor, et flagrantibus
Ignifera loris tribue moderari juga.
Gemino Corinthos littori opponens moras,
Cremata flammis maria committet duo.
(Sénèque, *Médée*, vers 28-36.)

2. *Var.* Corinthe consommée affranchira le reste. (1639)
   Var. Corinthe consumée affranchira le reste. (1644-57)
3. *Var.* Mon erreur volontaire ajustée à mes vœux
   Arrêtera sur elle un déluge de feux. (1639-57)
4. *Var.* Il faut l'ensevelir dessous sa propre cendre,
   Et brûler son pays, si bien qu'à l'avenir
   L'isthme n'empêche plus les deux mers de s'unir. (1639-57)
5. *Var.* Et de n'empêcher plus les deux mers de s'unir. (1660)

SCÈNE V.

MÉDÉE, NÉRINE.

MÉDÉE.

Eh bien? Nérine, à quand, à quand cet hyménée?
En ont-ils choisi l'heure? en sais-tu la journée?
N'en as-tu rien appris? n'as-tu point vu Jason? 275
N'appréhende-t-il rien après sa trahison?
Croit-il qu'en cet affront je m'amuse à me plaindre?
S'il cesse de m'aimer, qu'il commence à me craindre;
Il verra, le perfide, à quel comble d'horreur
De mes ressentiments peut monter la fureur. 280

NÉRINE.

Modérez les bouillons de cette violence,
Et laissez déguiser vos douleurs au silence.
Quoi! Madame, est-ce ainsi qu'il faut dissimuler?
Et faut-il perdre ainsi des menaces en l'air?
Les plus ardents transports d'une haine connue[1] 285
Ne sont qu'autant d'éclairs avortés dans la nue,
Qu'autant d'avis à ceux que vous voulez punir,
Pour repousser vos coups, ou pour les prévenir.
Qui peut, sans s'émouvoir, supporter une offense,
Peut mieux prendre à son point le temps de sa vengeance[2];
Et sa feinte douceur, sous un appas[3] mortel,
Mène insensiblement sa victime à l'autel.

MÉDÉE.

Tu veux que je me taise et que je dissimule!
Nérine, porte ailleurs ce conseil ridicule:

---

1. L'édition de 1682 porte, par une erreur évidente : « d'une haine continue. »
2. *Var.* Pour mieux prendre à son point le temps de sa vengeance (*a*). (1648-63)
3. *Appas*, appât. Voyez tome I, p. 148, note 3.

(*a*) *Pour* est corrigé en *peut* dans l'*errata* de l'édition de 1663.

ACTE I, SCÈNE V.

L'âme en est incapable en de[1] moindres malheurs, 295
Et n'a point où cacher de pareilles douleurs[2].
Jason m'a fait trahir mon pays et mon père,
Et me laisse au milieu d'une terre étrangère,
Sans support, sans amis, sans retraite, sans bien,
La fable de son peuple, et la haine du mien : 300
Nérine, après cela tu veux que je me taise!
Ne dois-je point encore en témoigner de l'aise,
De ce royal hymen souhaiter l'heureux jour,
Et forcer tous mes soins à servir son amour[3]?

NÉRINE.

Madame, pensez mieux à l'éclat que vous faites : 305
Quelque juste qu'il soit, regardez où vous êtes ;
Considérez qu'à peine un esprit plus remis[4]
Vous tient en sûreté parmi vos ennemis.

MÉDÉE.

L'âme doit se roidir plus elle est menacée,
Et contre la fortune aller tête baissée, 310
La choquer hardiment, et sans craindre la mort,
Se présenter de front à son plus rude effort.
Cette lâche ennemie a peur des grands courages,
Et sur ceux qu'elle abat redouble ses outrages.

NÉRINE.

Que sert ce grand courage où l'on est sans pouvoir ? 315

MÉDÉE.

Il trouve toujours lieu de se faire valoir[5].

---

1. On lit *en des moindres malheurs* dans l'édition de 1682, mais c'est probablement une faute d'impression.
2. *Var.* Et n'a point où cacher de si grandes douleurs. (1639-64)
3. *Var.* Et m'offrir pour servante à son nouvel amour? (1639-57)
4. *Var.* Et songez qu'à grand'peine un esprit plus remis. (1639-57)
5.   NUTRIX. *Sile, obsecro, questusque secreto abditos*
    Manda dolori. Gravia quisquis vulnera
    Patiente et æquo mutus animo pertulit,
    Referre potuit : ira quæ tegitur nocet ;
    Professa perdunt odia vindictæ locum.

MÉDÉE.

NÉRINE.

Forcez l'aveuglement dont vous êtes séduite,
Pour voir en quel état le sort vous a réduite.
Votre pays vous hait, votre époux est sans foi[1] :
Dans un si grand revers que vous reste-t-il ?

MÉDÉE.

          Moi :   320
Moi, dis-je, et c'est assez.

NÉRINE.

      Quoi ! vous seule, Madame ?

MÉDÉE.

Oui, tu vois en moi seule et le fer et la flamme,
Et la terre, et la mer, et l'enfer, et les cieux,
Et le sceptre des rois, et la foudre des Dieux[2].

NÉRINE.

L'impétueuse ardeur d'un courage sensible   325
A vos ressentiments figure tout possible :
Mais il faut craindre un roi fort de tant de sujets.

MÉDÉE.

Mon père, qui l'étoit, rompit-il mes projets ?

NÉRINE.

Non ; mais il fut surpris, et Créon se défie :
Fuyez, qu'à ses soupçons il ne vous sacrifie.   330

 MEDEA. *Levis est dolor qui capere consilium potest*
 Et clepere sese : magna non latitant mala.
 Libet ire contra. NUTRIX. *Siste furialem impetum,*
 Alumna : vix te tacita defendit quies.
 MEDEA. *Fortuna fortes metuit, ignavos premit.*
 NUTRIX. *Tunc est probanda si locum virtus habet.*
 MEDEA. *Nunquam potest non esse virtuti locus.*
    (Sénèque, *Médée*, vers 150-161.)

1. NUTRIX. *Abiere Colchi ; conjugis nulla est fides,*
 Nihilque superest opibus e tantis tibi.
 MEDEA. *Medea superest : hic mare et terras vides,*
 Ferrumque, et ignes, et Deos, et fulmina.
    (*Ibidem*, vers 164-167.)

2. *Var.* Et le sceptre des rois, et le foudre des Dieux. (1639-68)

MÉDÉE.

Las! je n'ai que trop fui; cette infidélité
D'un juste châtiment punit ma lâcheté.
Si je n'eusse point fui pour la mort de Pélie,
Si j'eusse tenu bon dedans la Thessalie,
Il n'eût point vu Créuse, et cet objet nouveau   335
N'eût point de notre hymen étouffé le flambeau[1].

NÉRINE.

Fuyez encor, de grâce.

MÉDÉE.

Oui, je fuirai, Nérine,
Mais avant de Créon on verra la ruine.
Je brave la fortune; et toute sa rigueur,
En m'ôtant un mari, ne m'ôte pas le cœur[2];   340
Sois seulement fidèle, et, sans te mettre en peine,
Laisse agir pleinement mon savoir et ma haine.

NÉRINE, seule[3].

Madame.... Elle me quitte au lieu de m'écouter[4].
Ces violents transports la vont précipiter :
D'une trop juste ardeur l'inexorable envie[5]   345
Lui fait abandonner le souci de sa vie.
Tâchons, encore un coup, d'en divertir le cours.
Apaiser sa fureur, c'est conserver ses jours.

---

1. *Var.* N'eût point de nos amours étouffé le flambeau. (1639-57)
2. NUTRIX. *Rex est timendus.* MEDEA. *Rex meus fuerat pater.*
   . . . .
   . . . . . . NUTRIX. *Profuge.* MEDEA. *Pœnituit fugæ.*
   Medea fugiam? . . . .
   . . . . . . *Fugiam; at ulciscar prius.*
   . . . .
   Fortuna opes auferre, non animum potest.
   (Sénèque, *Médée*, vers 168-176.)
3. Le mot *seule* manque dans l'édition de 1639.
4. *Var.* Madame.... Elle s'enfuit au lieu de m'écouter. (1639-57)
5. *Var.* Elle court à sa perte, et sa brutale envie. (1639-57)

FIN DU PREMIER ACTE.

ACTE II.

SCÈNE PREMIÈRE.
MÉDÉE, NÉRINE.

NÉRINE.

Bien qu'un péril certain suive votre entreprise,
Assurez-vous sur moi, je vous suis toute acquise : 350
Employez mon service aux flammes, au poison,
Je ne refuse rien; mais épargnez Jason.
Votre aveugle vengeance une fois assouvie,
Le regret de sa mort vous coûteroit la vie;
Et les coups violents d'un rigoureux ennui.... 355

MÉDÉE.

Cesse de m'en parler, et ne crains rien pour lui :
Ma fureur jusque-là n'oseroit me séduire;
Jason m'a trop coûté pour le vouloir détruire;
Mon courroux lui fait grâce, et ma première ardeur[1]
Soutient son intérêt au milieu de mon cœur. 360
Je crois qu'il m'aime encore, et qu'il nourrit en l'âme
Quelques restes secrets d'une si belle flamme;
Qu'il ne fait qu'obéir aux volontés d'un roi[2],
Qui l'arrache[3] à Médée en dépit de sa foi.
Qu'il vive, et s'il se peut, que l'ingrat me demeure; 365

---

1. *Var.* Mon courroux lui fait grâce, et tout léger qu'il est,
Notre première ardeur soutient son intérêt. (1639-57)
2. *Var.* Il ne fait qu'obéir aux volontés d'un roi. (1639-64)
3. Il y a *qu'il l'arrache* dans l'édition de 1682, mais c'est certainement une faute d'impression. — Il y en a une autre au vers 371 : *la perte*, pour *leur perte*.

ACTE II, SCÈNE I.

Sinon, ce m'est assez que sa Créuse meure :
Qu'il vive cependant, et jouisse du jour
Que lui conserve encor mon immuable amour.
Créon seul et sa fille ont fait la perfidie[1] ;
Eux seuls termineront toute la tragédie :
Leur perte achèvera cette fatale paix.

NÉRINE.

Contenez-vous, Madame ; il sort de son palais[2].

SCÈNE II.

CRÉON, MÉDÉE, NÉRINE, Soldats.

CRÉON.

Quoi ? je te vois encore ! Avec quelle impudence
Peux-tu, sans t'effrayer, soutenir ma présence ?
Ignores-tu l'arrêt de ton bannissement ?
Fais-tu si peu de cas de mon commandement ?
Voyez comme elle s'enfle et d'orgueil et d'audace !
Ses yeux ne sont que feu ; ses regards, que menace.
Gardes, empêchez-la de s'approcher de moi[3].

---

1. . . . . *Si potest, vivat meus,*
Ut fuit, Jason; sin minus, vivat tamen,
Memorque nostri muneri parcat meo.
Culpa est Creontis tota. . . . .
. . . .
. . . . *Petatur solus hic ; pœnas luat*
Quas debet.
(Sénèque, *Médée*, vers 140-147.)

2. Les éditions de 1664, 68 et 82 portent *contentez-vous*, pour *contenez-vous*. Nous avons adopté néanmoins le texte des éditions antérieures, qui offre seul un sens raisonnable.

3. CRÉON. *Medea.* . . . .
Nondum meis exportat e regnis pedem ?
. . . .
. . . . *Fert gradum contra ferox,*
Minaxque nostros propius affatus petit.
Arcete, famuli, tactu et accessu procul.
(Sénèque, *Médée*, vers 179-183.)

MÉDÉE.

Va, purge mes États d'un monstre tel que toi :   380
Délivre mes sujets et moi-même de crainte[1].

MÉDÉE.

De quoi m'accuse-t-on ? quel crime, quelle plainte
Pour mon bannissement vous donne tant d'ardeur[2] ?

CRÉON.

Ah! l'innocence même, et la même candeur[3]!
Médée est un miroir de vertu signalée :   385
Quelle inhumanité de l'avoir exilée!
Barbare, as-tu sitôt oublié tant d'horreurs?
Repasse tes forfaits, repasse tes erreurs[4],
Et de tant de pays nomme quelque contrée
Dont tes méchancetés te permettent l'entrée[5].   390
Toute la Thessalie en armes te poursuit;
Ton père te déteste, et l'univers te fuit :
Me dois-je en ta faveur charger de tant de haines,
Et sur mon peuple et moi faire tomber tes peines?
Va pratiquer ailleurs tes noires actions;   395
J'ai racheté la paix à ces conditions.

MÉDÉE.

Lâche paix, qu'entre vous, sans m'avoir écoutée,
Pour m'arracher mon bien vous avez complotée!
Paix dont le déshonneur vous[6] demeure éternel!

---

1. *Egredere, purga regna . . . .*
   . . . . libera cives metu.
   (Sénèque, *Médée*, vers 269, 270.)

2. *Var.* Vous porte à me chasser avecque tant d'ardeur. (1639-57)

3. *. . . . . Vade veloci via,*
   Monstrumque sævum, horribile jamdudum, avehe.
   MEDEA. *Quod crimen, aut quæ culpa mulctatur fuga* (a)?
   CREON. *Quæ causa pellat, innocens mulier rogat.*
   (Sénèque, *Médée*, vers 190-193.)

4. *Var.* Repasse tes forfaits avecque tes erreurs. (1639-57)
5. *Var.* Dont tes méchancetés te promettent l'entrée. (1639 et 57)
6. L'édition de 1639 donne *nous*, pour *vous*; c'est évidemment une faute.

(a) Voyez la *Médée* d'Euripide, vers 284.

ACTE II, SCÈNE II.

Quiconque sans l'ouïr condamne un criminel, 400
Son crime eût-il cent fois mérité le supplice[1],
D'un juste châtiment il fait une injustice.

CRÉON.

Au regard de Pélie, il fut bien mieux traité :
Avant que l'égorger tu l'avois écouté[2] ?

MÉDÉE.

Écouta-t-il Jason, quand sa haine couverte 405
L'envoya sur nos bords se livrer à sa perte ?
Car comment voulez-vous que je nomme un dessein
Au-dessus de sa force et du pouvoir humain ?
Apprenez quelle étoit cette illustre conquête,
Et de combien de morts j'ai garanti sa tête. 410
Il falloit mettre au joug deux taureaux furieux[3] :
Des tourbillons de feux s'élançoient de leurs yeux,
Et leur maître Vulcain poussoit par leur haleine
Un long embrasement dessus toute la plaine.
Eux domptés, on entroit en de nouveaux hasards : 415
Il falloit labourer les tristes champs de Mars,
Et des dents d'un serpent ensemencer leur terre,
Dont la stérilité, fertile pour la guerre,
Produisoit à l'instant des escadrons armés
Contre la même main qui les avoit semés[4]. 420
Mais quoi qu'eût fait contre eux une valeur parfaite,
La toison n'étoit pas au bout de leur défaite :
Un dragon, enivré des plus mortels poisons
Qu'enfantent les péchés de toutes les saisons,

---

1. *Var.* Bien qu'il eût mille fois mérité son supplice. (1639-57)
2. MEDEA. *Qui statuit aliquid parte inaudita altera,*
   Æquum licet statuerit, haud æquus fuit.
   CREON. *Auditus a te Pelia supplicium tulit ?*
   (Sénèque, *Médée*, vers 199-201.)
3. Voyez la *Médée* d'Euripide, vers 474-480.
4. *Var.* Contre le laboureur qui les avoit semés. (1639-57)

Vomissant mille traits de sa gorge enflammée¹,   425
La gardoit beaucoup mieux que toute cette armée ;
Jamais étoile, lune, aurore, ni soleil,
Ne virent abaisser sa paupière au sommeil :
Je l'ai seule assoupi ; seule, j'ai par mes charmes
Mis au joug les taureaux et défait les gensdarmes.   430
Si lors à mon devoir mon desir limité²
Eût conservé ma gloire et ma fidélité³,
Si j'eusse eu de l'horreur de tant d'énormes fautes,
Que devenoit Jason, et tous vos Argonautes ?
Sans moi, ce vaillant chef, que vous m'avez ravi,   435
Fût péri le premier, et tous l'auroient suivi.
Je ne me repens point d'avoir par mon adresse
Sauvé le sang des Dieux et la fleur de la Grèce :
Zéthès, et Calaïs, et Pollux, et Castor,
Et le charmant Orphée, et le sage Nestor,   440
Tous vos héros enfin tiennent de moi la vie ;
Je vous les verrai tous posséder sans envie :
Je vous les ai sauvés, je vous les cède tous ;
Je n'en veux qu'un pour moi⁴, n'en soyez point jaloux.
Pour de si bons effets laissez-moi l'infidèle :   445
Il est mon crime seul, si je suis criminelle ;
Aimer cet inconstant, c'est tout ce que j'ai fait :

---

1. *Var.* Vomissant mille traits de sa gueule enflammée. (1639-57)
2. *Var.* Si lors à mes devoirs mon desir limité. (1639)
3. *Var.* Eût conservé ma honte et ma fidélité. (1639-57)
4.   *Decus illud ingens, Græciæ florem inclitum,*
    Præsidia achivæ gentis, et prolem Deûm
    Servasse memet : munus est Orpheus meum,
    Qui saxa cantu mulcet et silvas trahit;
    Geminumque munus Castor et Pollux meum est;
    Satique Borea . . . .
    . . . . Nam ducum taceo ducem,
    Pro quo nihil debetur; hunc nulli imputo :
    Vobis revexi ceteros, unum mihi.

        (Sénèque, *Médée*, vers 226-235.)

ACTE II, SCÈNE II.

Si vous me punissez, rendez-moi mon forfait[1].
Est-ce user comme il faut d'un pouvoir légitime,
Que me faire coupable et jouir de mon crime[2] ? 450

CRÉON.

Va te plaindre à Colchos.

MÉDÉE.

Le retour m'y plaira.
Que Jason m'y remette ainsi qu'il m'en tira[3] :
Je suis prête à partir sous la même conduite
Qui de ces lieux aimés précipita ma fuite.
O d'un injuste affront les coups les plus cruels ! 455
Vous faites différence entre deux criminels[4] !
Vous voulez qu'on l'honore, et que de deux complices
L'un ait votre couronne, et l'autre des supplices !

CRÉON.

Cesse de plus mêler ton intérêt au sien.
Ton Jason, pris à part, est trop homme de bien[5] : 460
Le séparant de toi, sa défense est facile[6] ;
Jamais il n'a trahi son père ni sa ville ;
Jamais sang innocent n'a fait rougir ses mains ;
Jamais il n'a prêté son bras à tes desseins[7] ;

---

1. . . . . *Si placet, damna ream;*
   Sed redde crimen.
   (Sénèque, *Médée*, vers 245, 246.)
2. *Var.* De me faire coupable et jouir de mon crime? (1639-60)
3. CRÉON. *I, querere Colchis.* MEDEA. *Redeo : qui advexit ferat.*
   (Sénèque, *Médée*, vers 197.)
4. . . . . *Cur sontes duos*
   Distinguis?
   (*Ibidem*, vers 275, 276.)
5. *Potest Jason, si tuam causam amoves,*
   Suam tueri : nullus innocuum cruor
   Contaminavit ; abfuit ferro manus,
   Proculque vestro purus a cœtu stetit.
   (*Ibidem*, vers 262-265.)
6. *Var.* La séparant de toi, sa défense est facile. (1657)
7. *Var.* Jamais il n'a prêté sa lame à tes desseins. (1639)

Son crime, s'il en a, c'est de t'avoir pour femme. 465
Laisse-le s'affranchir d'une honteuse flamme,
Rends-lui son innocence en t'éloignant de nous[1];
Porte en d'autres climats ton insolent courroux,
Tes herbes, tes poisons[2], ton cœur impitoyable,
Et tout ce qui jamais a fait Jason coupable[3]. 470

MÉDÉE.

Peignez mes actions plus noires que la nuit;
Je n'en ai que la honte, il en a tout le fruit :
Ce fut en sa faveur que ma savante audace[4]
Immola son tyran par les mains de sa race;
Joignez-y mon pays et mon frère : il suffit 475
Qu'aucun de tant de maux ne va qu'à son profit[5].
Mais vous les[6] saviez tous quand vous m'avez reçue;
Votre simplicité n'a point été déçue :
En ignoriez-vous un, quand vous m'avez promis
Un rempart assuré contre mes ennemis[7]? 480
Ma main, saignante encor du meurtre de Pélie[8],

---

1. *Var.* Rends-lui son innocence en t'éloignant d'ici;
   Emporte avecque toi son crime et mon souci. (1639-57)
2. . . . . *Letales simul*
   Tecum aufer herbas.
   (Sénèque, *Médée*, vers 269, 270.)
3. *Var.* Tout ce qui me fait craindre et rend Jason coupable. (1639-57)
   Var. Et tout ce que jamais a fait Jason coupable. (1664)
4. *Var.* C'est à son intérêt que ma savante audace. (1639-57)
5. . . . . . . *Illi Pelia, non nobis jacet.*
   Fugam rapinasque adjice, desertum patrem
   Lacerumque fratrem. . . . .
   . . . .
   Toties nocens sum facta, sed nunquam mihi.
   (Sénèque, *Médée*, vers 276-280.)
6. L'édition de 1682 donne, par erreur, *le*, pour *les* : « Mais vous le saviez tous.
7. *Talem sciebas esse, quum genua attigi,*
   Fidemque supplex præsidis dextra petii.
   (Sénèque, *Médée*, vers 247, 248.)
8. *Var.* Ma main saignoit encor du meurtre de Pélie,
   Quand dessous votre foi vous m'avez recueillie,
   Et votre cœur, sensible à la compassion. (1639-57)

ACTE II, SCÈNE II.

Soulevoit contre moi toute la Thessalie,
Quand votre cœur, sensible à la compassion,
Malgré tous mes forfaits, prit ma protection.
Si l'on me peut depuis imputer quelque crime, 485
C'est trop peu que l'exil, ma mort est légitime :
Sinon, à quel propos me traitez-vous ainsi?
Je suis coupable ailleurs, mais innocente ici[1].

CRÉON.

Je ne veux plus ici d'une telle innocence,
Ni souffrir en ma cour ta fatale présence. 490
Va....

MÉDÉE.

Dieux justes, vengeurs....

CRÉON.

Va, dis-je, en d'autres lieux
Par tes cris importuns solliciter les Dieux.
Laisse-nous tes enfants : je serois trop sévère,
Si je les punissois des crimes de leur mère[2];
Et bien que je le pusse avec juste raison, 495
Ma fille les demande en faveur de Jason.

MÉDÉE.

Barbare humanité, qui m'arrache à moi-même,
Et feint de la douceur pour m'ôter ce que j'aime!
Si Jason et Créuse ainsi l'ont ordonné[3],
Qu'ils me rendent le sang que je leur ai donné. 500

CRÉON.

Ne me réplique plus, suis la loi qui t'est faite;
Prépare ton départ, et pense à ta retraite.

---

1. Voyez plus loin, acte III, scène III, p. 383, note 3.
2. MEDEA. *Supplex recedens illud extremum precor,*
Ne culpa natos matris insontes trahat.
CREON. *Vade, hos paterno, ut genitor, excipiam sinu.*
(Sénèque, *Médée*, vers 282-284.)
3. *Var.* Si Créuse et Jason ainsi l'ont ordonné. (1639-57)

Pour en délibérer, et choisir le quartier,
De grâce ma bonté te donne un jour entier[1].

MÉDÉE.

Quelle grâce[2] !

CRÉON.

    Soldats, remettez-la chez elle ;   505
Sa contestation deviendroit éternelle[3].

(Médée rentre et Créon continue[4].)

Quel indomptable esprit ! quel arrogant maintien
Accompagnoit l'orgueil d'un si long entretien !
A-t-elle rien fléchi de son humeur altière ?
A-t-elle pu descendre à la moindre prière ?   510
Et le sacré respect de ma condition
En a-t-il arraché quelque soumission[5] ?

SCÈNE III.

CRÉON, JASON, CRÉUSE, CLÉONE, Soldats.

CRÉON.

Te voilà sans rivale, et mon pays sans guerres[6],
Ma fille : c'est demain qu'elle sort de nos terres.
Nous n'avons désormais que craindre de sa part :   515
Acaste est satisfait d'un si proche départ ;
Et si tu peux calmer le courage d'Ægée,
Qui voit par notre choix son ardeur négligée,

---

1. *Unus parando dabitur exsilio dies.*
   (Sénèque, *Médée*, vers 295.)
— Voyez aussi la *Médée* d'Euripide, vers 359.
2. Voyez plus loin la note du vers 834.
3. *Var.* Sa contestation se rendroit éternelle. (1639-57)
4. Ce jeu de scène manque dans l'édition de 1639.
5. Les éditions de 1639-48 portent *submission*.
6. *Var.* Te voilà sans rivale, et mon pays sans guerre,
 Ma fille : c'est demain qu'elle sort de ma terre. (1639-60)

ACTE II, SCÈNE III.

Fais état que demain nous assure à jamais
Et dedans et dehors une profonde paix.   520
CRÉUSE.
Je ne crois pas, Seigneur, que ce vieux roi d'Athènes[1],
Voyant aux mains d'autrui le fruit de tant de peines,
Mêle tant de foiblesse à son ressentiment,
Que son premier courroux se dissipe aisément[2].
J'espère toutefois qu'avec un peu d'adresse   525
Je pourrai le résoudre à perdre une maîtresse
Dont l'âge peu sortable[3] et l'inclination
Répondoient assez mal à son affection.
JASON.
Il doit vous témoigner par son obéissance
Combien sur son esprit vous avez de puissance;   530
Et s'il s'obstine à suivre un injuste courroux[4],
Nous saurons, ma princesse, en rabattre les coups;
Et nos préparatifs contre la Thessalie
Ont trop de quoi punir sa flamme et sa folie[5].
CRÉON.
Nous n'en viendrons pas là : regarde seulement   535
A le payer d'estime et de remercîment.
Je voudrois pour tout autre un peu de raillerie :
Un vieillard amoureux mérite qu'on en rie;
Mais le trône soutient la majesté des rois[6]

---

1. *Var.* Je ne crois pas, Monsieur, que ce vieux roi d'Athènes. (1639-60)
2. *Var.* Que ses premiers bouillons s'apaisent aisément. (1639-57)
3. Dans l'édition de 1682, on a imprimé par erreur : « dont l'âge un peu sortable. » — Au vers 532, il y a une autre faute : « Nous savons, » pour « Nous saurons. »
4. *Var.* Et si dans sa colère il demeuroit entier,
    Ma princesse, en tout cas, nous sommes du métier. (1639)
5. *Var.* Ne sont que trop bastants à ranger sa folie. (1639)
6. *Var.* Mais on ne traite point les rois avec mépris;
    On leur doit du respect, quoi qu'ils aient entrepris :
    Remets, si tu le veux, sur moi toute l'affaire;
    Quelques raisons d'État le pourront satisfaire,

Au-dessus du mépris, comme au-dessus des lois. 540
On doit toujours respect au sceptre, à la couronne.
Remets tout, si tu veux, aux ordres que je donne;
Je saurai l'apaiser avec facilité,
Si tu ne te défends qu'avec civilité.

SCÈNE IV.

JASON, CRÉUSE, CLÉONE.

JASON.

Que ne vous dois-je point pour cette préférence, 545
Où mes desirs n'osoient porter mon espérance!
C'est bien me témoigner un amour infini,
De mépriser un roi pour un pauvre banni!
A toutes ses grandeurs préférer ma misère,
Tourner en ma faveur les volontés d'un père, 550
Garantir mes enfants d'un exil rigoureux!

CRÉUSE.

Qu'a pu faire de moindre un courage amoureux?
La fortune a montré dedans votre naissance
Un trait de son envie, ou de son impuissance;
Elle devoit un sceptre au sang dont vous naissez, 555
Et sans lui vos vertus le méritoient assez.
L'amour, qui n'a pu voir une telle injustice,
Supplée à son défaut, ou punit sa malice,
Et vous donne, au plus fort de vos adversités,
Le sceptre que j'attends, et que vous méritez. 560
La gloire m'en demeure; et les races futures
Comptant notre hyménée entre vos aventures,
Vanteront à jamais mon amour généreux,

<small>Et pour m'y préparer plus de facilité,
Surtout ne le reçois qu'avec civilité. (1639-57)</small>

Qui d'un si grand héros rompt le sort malheureux.
    Après tout, cependant, riez de ma foiblesse :   565
Prête de posséder le phénix de la Grèce,
La fleur de nos guerriers, le sang de tant de Dieux,
La robe de Médée a donné dans mes yeux.
Mon caprice, à son lustre attachant mon envie,
Sans elle trouve à dire au bonheur de ma vie :   570
C'est ce qu'ont prétendu mes desseins relevés,
Pour le prix des enfants que je vous ai sauvés.

JASON.

Que ce prix est léger pour un si bon office !
Il y faut toutefois employer l'artifice :
Ma jalouse en fureur n'est pas femme à souffrir   575
Que ma main l'en dépouille afin de vous l'offrir[1] ;
Des trésors dont son père épuise la Scythie,
C'est tout ce qu'elle a pris quand elle en est sortie.

CRÉUSE.

Qu'elle a fait un beau choix ! jamais éclat pareil
Ne sema dans la nuit les clartés du soleil ;   580
Les perles avec l'or confusément mêlées,
Mille pierres de prix sur ses bords étalées,
D'un mélange divin éblouissent les yeux ;
Jamais rien d'approchant ne se fit en ces[2] lieux.
Pour moi, tout aussitôt que je l'en vis parée,   585
Je ne fis plus d'état de la toison dorée ;
Et dussiez-vous vous-même en être un peu jaloux,
J'en eus presques envie aussitôt que de vous.
Pour apaiser Médée et réparer sa perte,
L'épargne de mon père entièrement ouverte   590
Lui met à l'abandon tous les trésors du Roi,
Pourvu que cette robe et Jason soient à moi.

---

1. *Var.* Qu'on la prenne en ses mains afin de vous l'offrir. (1639)
2. Les éditions de 1639-52 et de 1657 portent *ses*, pour *ces*.

JASON.

N'en doutez point, ma reine, elle vous est acquise.
Je vais chercher Nérine, et par son entremise
Obtenir de Médée avec dextérité 595
Ce que refuseroit son courage irrité.
Pour elle, vous savez que j'en fuis les approches[1];
J'aurois peine à souffrir l'orgueil de ses reproches ;
Et je me connois mal, ou dans notre entretien
Son courroux s'allumant allumeroit le mien. 600
Je n'ai point un esprit complaisant à sa rage,
Jusques à supporter sans réplique un outrage ;
Et ce seroient pour moi d'éternels déplaisirs[2]
De reculer par là l'effet de vos desirs.
   Mais, sans plus de discours, d'une maison voisine 605
Je vais prendre le temps que sortira Nérine.
Souffrez, pour avancer votre contentement,
Que malgré mon amour je vous quitte un moment[3].

CLÉONE.

Madame, j'aperçois venir le roi d'Athènes.

CRÉUSE.

Allez donc, votre vue augmenteroit[4] ses peines. 610

CLÉONE.

Souvenez-vous de l'air dont il le faut traiter.

CRÉUSE.

Ma bouche accortement saura s'en acquitter.

---

1. *Var.* Pour elle, vous savez que je fuis ses approches :
    Je ne m'expose point à ses vaines reproches. (1639-57)
2. *Var.* Or jugez à quel point iroient mes déplaisirs. (1639-57)
3. *Var.* Que malgré notre amour je vous quitte un moment. (1639)
4. On lit *augmentera*, pour *augmenteroit*, dans l'édition de 1682.

SCÈNE V.

ÆGÉE[1], CRÉUSE, CLÉONE.

ÆGÉE.

Sur un bruit qui m'étonne et que je ne puis croire,
Madame, mon amour, jaloux de votre gloire,
Vient savoir s'il est vrai que vous soyez d'accord, 615
Par un honteux hymen, de l'arrêt de ma mort[2].
Votre peuple en frémit, votre cour en murmure ;
Et tout Corinthe enfin s'impute à grande injure
Qu'un fugitif, un traître, un meurtrier de rois,
Lui donne à l'avenir des princes et des lois ; 620
Il ne peut endurer que l'horreur de la Grèce
Pour prix de ses forfaits épouse sa princesse,
Et qu'il faille ajouter[3] à vos titres d'honneur :
« Femme d'un assassin et d'un empoisonneur. »

CRÉUSE.

Laissez agir, grand roi, la raison sur votre âme, 625
Et ne le chargez point des crimes de sa femme.
J'épouse un malheureux, et mon père y consent,
Mais prince, mais vaillant, et surtout innocent :
Non pas que je ne faille en cette préférence ;
De votre rang au sien je sais la différence. 630
Mais si vous connoissez l'amour et ses ardeurs,
Jamais pour son objet il ne prend les grandeurs :
Avouez que son feu n'en veut qu'à la personne,
Et qu'en moi vous n'aimiez rien moins que ma couronne.

---

1. Ce personnage est emprunté à Euripide, mais c'est Corneille qui a eu la fâcheuse idée d'en faire le futur de Créuse et au besoin de Médée. Voyez plus haut l'*Examen*, p. 335 et 336.
2. *Var.* Par ce honteux hymen, de l'arrêt de ma mort. (1639-57)
3. L'édition de 1682 porte *ajuster*, pour *ajouter*.

MÉDÉE.

    Souvent je ne sais quoi qu'on ne peut exprimer   635
Nous surprend, nous emporte, et nous force d'aimer[1] ;
Et souvent, sans raison, les objets de nos flammes
Frappent nos yeux ensemble et saisissent nos âmes.
Ainsi nous avons vu le souverain des Dieux,
Au mépris de Junon, aimer en ces bas lieux ;   640
Vénus quitter son Mars et négliger sa prise,
Tantôt pour Adonis, et tantôt pour Anchise ;
Et c'est peut-être encore avec moins de raison
Que bien que vous m'aimiez, je me donne à Jason[2].
D'abord dans mon esprit vous eûtes ce partage :   645
Je vous estimai plus, et l'aimai davantage.

ÆGÉE.

Gardez ces compliments pour de moins enflammés,
Et ne m'estimez point qu'autant que vous m'aimez.
Que me sert cet aveu d'une erreur volontaire?
Si vous croyez faillir, qui vous force à le faire ?   650
N'accusez point l'amour ni son aveuglement :
Quand on connoît sa faute, on manque doublement[3].

CRÉUSE.

Puis donc que vous trouvez la mienne inexcusable[4],
Je ne veux plus, Seigneur, me confesser coupable[5].
    L'amour de mon pays et le bien de l'État   655
Me défendoient l'hymen d'un si grand potentat.
Il m'eût fallu soudain vous suivre en vos provinces,
Et priver mes sujets de l'aspect de leurs princes.
Votre sceptre pour moi n'est qu'un pompeux exil :
Que me sert son éclat? et que me donne-t-il ?   660
M'élève-t-il d'un rang plus haut que souveraine?

---

1. Voyez plus haut la *Notice* sur *la Comédie des Tuileries*, p. 308 et 309.
2. *Var.* Que bien que vous m'aimez, je me donne à Jason. (1663-68)
3. *Var.* Quand on connoît sa faute, on pèche doublement. (1639-57)
4. *Var.* Puis donc que vous trouvez ma faute inexcusable.(1639,44 et 52-57)
    Var. Puisque vous trouvez donc ma faute inexcusable. (1648)
5. *Var.* Je ne veux plus, Monsieur, me confesser coupable. (1639-60)

ACTE II, SCÈNE V.

Et sans le posséder ne me vois-je pas reine[1]?
Grâces aux immortels, dans ma condition
J'ai de quoi m'assouvir de cette ambition :
Je ne veux point changer mon sceptre contre un autre;
Je perdrois ma couronne en acceptant la vôtre.
Corinthe est bon sujet, mais il veut voir son roi,
Et d'un prince éloigné rejetteroit la loi.
Joignez à ces raisons qu'un père un peu sur l'âge,
Dont ma seule présence adoucit le veuvage, 670
Ne sauroit se résoudre à séparer de lui
De ses débiles ans l'espérance et l'appui,
Et vous reconnoîtrez que je ne vous préfère
Que le bien de l'État, mon pays et mon père[2].
   Voilà ce qui m'oblige au choix d'un autre époux; 675
Mais comme ces raisons font peu d'effet sur vous,
Afin de redonner le repos à votre âme,
Souffrez que je vous quitte.

ÆGÉE, seul.

                  Allez, allez, Madame,
Étaler vos appas et vanter vos mépris
A l'infâme sorcier qui charme vos esprits. 680

---

1 *Var.* Et sans le posséder suis-je pas déjà reine ? (1639-57)
2 *Var.* [Que le bien de l'État, mon pays et mon père.]
ÆGÉE. Puisque mon mauvais sort à ce point me réduit,
Qu'au lieu de me servir, ma couronne me nuit,
Pour divertir l'effet de ce funeste oracle,
Je dépose à vos pieds ce précieux obstacle :
Madame, à mes sujets donnez un autre roi,
De tout ce que je suis ne retenez que moi.
Allez, sceptre, grandeurs, majesté, diadème :
Votre odieux éclat déplaît à ce que j'aime;
Je hais ce nom de roi qui s'oppose à mes vœux,
Et le titre d'esclave est le seul que je veux.
CRÉUSE. Sans plus vous emporter à cette complaisance,
Perdez mon souvenir avecque ma présence,
Et puisque mes raisons ont si peu de pouvoir,
Que votre émotion se redouble à me voir,
[Afin de redonner le repos à votre âme.] (1639-57)

De cette indignité faites un mauvais conte ;
Riez de mon ardeur, riez de votre honte ;
Favorisez celui de tous vos courtisans
Qui raillera le mieux le déclin de mes ans :
Vous jouirez fort peu d'une telle insolence ; 685
Mon amour outragé court à la violence ;
Mes vaisseaux à la rade, assez proches du port,
N'ont que trop de soldats à faire un coup d'effort.
La jeunesse me manque, et non pas le courage :
Les rois ne perdent point les forces avec l'âge ; 690
Et l'on verra, peut-être avant ce jour fini,
Ma passion vengée, et votre orgueil puni.

FIN DU SECOND ACTE.

ACTE III.

SCÈNE PREMIÈRE.

NÉRINE.

Malheureux instrument du malheur qui nous presse,
Que j'ai pitié de toi, déplorable princesse!
Avant que le soleil ait fait encore un tour, 695
Ta perte inévitable achève ton amour[1].
Ton destin te trahit, et ta beauté fatale
Sous l'appas d'un hymen t'expose à ta rivale;
Ton sceptre est impuissant à vaincre son effort,
Et le jour de sa fuite est celui de ta mort[2]. 700
Sa vengeance à la main, elle n'a qu'à résoudre :
Un mot du haut des cieux fait descendre le foudre;
Les mers, pour noyer tout, n'attendent que sa loi;
La terre offre à s'ouvrir sous le palais du Roi;
L'air tient les vents tous prêts à suivre sa colère, 705
Tant la nature esclave a peur de lui déplaire;
Et si ce n'est assez de tous les éléments,
Les enfers vont sortir à ses commandements.
　　Moi, bien que mon devoir m'attache à son service,
Je lui prête à regret un silence complice : 710

---

1. L'édition de 1682 porte, par erreur : « tout amour, » pour « ton amour. »
2. *Var.* [Et le jour de sa fuite est celui de ta mort.]
　Celle qui de son fils saoula le roi de Thrace
　Eut bien moins que Médée et de rage et d'audace.
　Seule égale à soi-même en sa vaste fureur,
　Ses projets les plus doux me font trembler d'horreur.
　[Sa vengeance à la main, elle n'a qu'à résoudre.] (1639-57)

D'un louable desir mon cœur sollicité
Lui feroit avec joie une infidélité;
Mais loin de s'arrêter, sa rage découverte
A celle de Créuse ajouteroit ma perte;
Et mon funeste avis ne serviroit de rien   715
Qu'à confondre mon sang dans les bouillons du sien.
D'un mouvement contraire à celui de mon âme,
La crainte de la mort m'ôte celle du blâme;
Et ma timidité s'efforce d'avancer[1]
Ce que hors du péril je voudrois traverser.   720

SCÈNE II.

JASON, NÉRINE.

JASON.

Nérine, eh bien! que dit, que fait notre exilée[2]?
Dans ton cher entretien s'est-elle consolée[3]?
Veut-elle bien céder à la nécessité?

NÉRINE.

Je trouve en son chagrin moins d'animosité;
De moment en moment son âme plus humaine   725
Abaisse sa colère, et rabat de sa haine :
Déjà son déplaisir ne vous[4] veut plus de mal.

JASON.

Fais-lui prendre pour tous un sentiment égal.
Toi, qui de mon amour connoissois la tendresse,

---

1. *Var.* Ma peur me fait fidèle et tâche d'avancer
　Les desseins que je veux et n'ose traverser. (1639-57)
2. *Var.* Nérine, eh bien! que fait notre pauvre exilée? (1639-60)
3. *Var.* Tes sages entretiens l'ont-ils point consolée?
　Ne peut-elle céder à la nécessité?
　NÉR. Elle a bien refroidi son animosité. (1639-57)
4. Les éditions de 1663-82, au lieu de *vous*, portent *nous*, qui n'offre point ici un sens satisfaisant. Thomas Corneille a rétabli le *vous* en 1692.

ACTE III, SCÈNE II.

Tu peux connoître aussi quelle douleur me presse. 730
Je me sens déchirer le cœur à son départ :
Créuse en ses malheurs prend même quelque part,
Ses pleurs en ont coulé; Créon même en¹ soupire,
Lui préfère à regret le bien de son empire;
Et si dans son adieu son cœur moins irrité 735
En vouloit mériter la libéralité²,
Si jusque-là Médée apaisoit ses menaces,
Qu'elle eût soin de partir avec ses bonnes grâces³,
Je sais (comme il est bon) que ses trésors ouverts
Lui seroient, sans réserve, entièrement offerts, 740
Et malgré les malheurs où le sort l'a réduite,
Soulageroient sa peine et soutiendroient sa fuite.

NÉRINE.

Puisqu'il faut se résoudre à ce bannissement,
Il faut en adoucir le mécontentement.
Cette offre y peut servir, et par elle j'espère⁴, 745
Avec un peu d'adresse, apaiser sa colère ;
Mais d'ailleurs toutefois n'attendez rien de moi,
S'il faut prendre congé de Créuse et du Roi :
L'objet de votre amour et de sa jalousie
De toutes ses fureurs l'auroit tôt⁵ ressaisie. 750

JASON.

Pour montrer sans les voir son courage apaisé,
Je te dirai, Nérine, un moyen fort aisé⁶ ;

1. *En* est omis dans l'édition de 1682.
2. *Var.* Pouvoit laisser agir sa libéralité. (1639-64)
3. *Var.* Qu'elle voulût partir avec ses bonnes grâces. (1639-64)
4. On lit *cet offre*, pour *cette offre*, dans les éditions de 1663-82; mais la fin du vers : « et par *elle* j'espère, » montre que c'est une faute.
5. On a imprimé *trop*, pour *tôt*, dans l'édition de 1682.
6. *Var.* [Je te dirai, Nérine, un moyen fort aisé;]
   Mais puis-je m'assurer dessus ta confidence?
   Oui, de trop longue main je connois ta prudence.
   On a banni Médée, et Créon tout d'un temps
   Joignoit à son exil celui de ses enfants :
   [La pitié de Créuse a tant fait vers son père.] (1639-57)

Et de si longue main je connois ta prudence,
Que je t'en fais sans peine entière confidence.
  Créon bannit Médée, et ses ordres précis   755
Dans son bannissement enveloppoient ses fils :
La pitié de Créuse a tant fait vers son père,
Qu'ils n'auront point de part au malheur de leur mère[1].
Elle lui doit par eux quelque remercîment ;
Qu'un présent de sa part suive leur compliment :   760
Sa robe, dont l'éclat sied mal à sa fortune,
Et n'est à son exil qu'une charge importune,
Lui gagneroit le cœur d'un prince libéral,
Et de tous ses trésors l'abandon général.
D'une vaine parure, inutile à sa peine[2],   765
Elle peut acquérir de quoi faire la Reine :
Créuse, ou je me trompe, en a quelque desir,
Et je ne pense pas qu'elle pût mieux choisir.
Mais la voici qui sort ; souffre que je l'évite :
Ma rencontre la trouble, et mon aspect l'irrite[3].   770

SCÈNE III.

MÉDÉE, JASON, NÉRINE.

MÉDÉE.

Ne fuyez pas, Jason, de ces funestes lieux.
C'est à moi d'en partir : recevez mes adieux.
Accoutumée à fuir, l'exil m'est peu de chose ;
Sa rigueur n'a pour moi de nouveau que sa cause.
C'est pour vous que j'ai fui, c'est vous qui me chassez.

---

1. *Var.* Qu'ils n'auront point de part aux malheurs de leur mère. (1639)
2. *Var.* Elle peut aisément d'une chose inutile
   Semer pour sa retraite une terre fertile. (1639-57)
3. *Var.* Puisqu'à mon seul aspect je la vois qui s'irrite (*a*). (1639-57)

a)   *Atque ecce, viso memet, exsiluit, furit.*
                              (Sénèque, *Médée*, vers 445.)

ACTE III, SCÈNE III.

Où me renvoyez-vous, si vous me bannissez?
Irai-je sur le Phase, où j'ai trahi mon père,
Apaiser de mon sang les mânes de mon frère?
Irai-je en Thessalie, où le meurtre d'un roi
Pour victime aujourd'hui ne demande que moi? 780
Il n'est point de climat dont mon amour fatale
N'ait acquis à mon nom la haine générale;
Et ce qu'ont fait pour vous mon savoir et ma main
M'a fait un ennemi de tout le genre humain[1].
Ressouviens-t'en, ingrat; remets-toi dans la plaine 785
Que ces taureaux affreux brûloient de leur haleine;
Revois ce champ guerrier dont les sacrés sillons
Élevoient contre toi de soudains bataillons;
Ce dragon qui jamais n'eut les paupières closes[2];
Et lors préfère-moi Créuse, si tu l'oses. 790
Qu'ai-je épargné depuis qui fût en mon pouvoir[3]?
Ai-je auprès de l'amour écouté mon devoir?
Pour jeter un obstacle à l'ardente poursuite
Dont mon père en fureur touchoit déjà ta fuite,

---

1. *Fugimus, Iason, fugimus : hoc non est novum,*
Mutare sedes; causa fugiendi nova est.
Pro te solebam fugere. Discedo, exeo.
Penatibus profugere quam cogis tuis,
Ad quos remittis? Phasin et Colchos petam,
Patriumque regnum, quæque fraternus cruor
Perfudit arva?............
. . . .
Parvamne Iolcon, Thessala an Tempe petam?
Quascumque aperui tibi vias, clusi mihi.
(Sénèque, *Médée*, vers 447-458.)
— Voyez aussi la *Médée* d'Euripide, vers 390-392 et vers 361-365.

2. . . . .*Ingratum caput!*
Revolvat animus igneos tauri halitus,
. . . .
Hostisque subiti tela, quum jussu meo
Terrigena miles mutua cæde occidit,
. . . .
Somnoque jussum lumina ignoto dare
Insomne monstrum.
(*Ibidem*, vers 465-473.)

3. *Var.* Qu'ai-je épargné depuis qui fût à mon pouvoir? (1652-57)

Semai-je avec regret mon frère par morceaux[1] ? 795
A ce funeste objet épandu sur les eaux[2],
Mon père, trop sensible aux droits de la nature,
Quitta tous autres soins que de sa sépulture ;
Et par ce nouveau crime émouvant sa pitié,
J'arrêtai les effets de son inimitié. 800
Prodigue de mon sang, honte de ma famille[3],
Aussi cruelle sœur que déloyale fille,
Ces titres glorieux plaisoient à mes amours ;
Je les pris sans horreur pour conserver tes jours.
Alors, certes, alors mon mérite étoit rare ; 805
Tu n'étois point honteux d'une femme barbare.
Quand à ton père usé je rendis la vigueur,
J'avois encor tes vœux, j'étois encor ton cœur ;
Mais cette affection, mourant avec Pélie,
Dans le même tombeau se vit ensevelie[4] : 810
L'ingratitude en l'âme, et l'impudence au front,
Une Scythe en ton lit te fut lors un affront ;
Et moi, que tes desirs avoient tant souhaitée,
Le dragon assoupi, la toison emportée,
Ton tyran massacré, ton père rajeuni, 815
Je devins un objet digne d'être banni.
Tes desseins achevés, j'ai mérité ta haine :
Il t'a fallu sortir d'une honteuse chaîne,
Et prendre une moitié qui n'a rien plus que moi,
Que le bandeau royal, que j'ai quitté pour toi. 820

JASON.

Ah ! que n'as-tu des yeux à lire dans mon âme,

---

1. . . . . *Comes*
Divisus ense, funus ingestum patri,
Sparsumque ponto corpus....
(Sénèque, *Médée*, vers 131-133.)
2. *Var.* A cet objet piteux épandu sur les eaux. (1639-57)
3. *Var.* Bourrelle de mon sang, honte de ma famille. (1639-57)
4. *Var.* Sous un même tombeau se vit ensevelie. (1639-57)

ACTE III, SCÈNE III.

Et voir les purs motifs de ma nouvelle flamme!
Les tendres sentiments d'un amour paternel
Pour sauver mes enfants me rendent criminel[1],
Si l'on peut nommer crime un malheureux divorce 825
Où le soin que j'ai d'eux me réduit et me force[2].
Toi-même, furieuse, ai-je peu fait pour toi
D'arracher ton trépas aux vengeances d'un roi?
Sans moi ton insolence alloit être punie;
A ma seule prière on ne t'a que bannie[3]. 830
C'est rendre la pareille à tes grands coups d'effort:
Tu m'as sauvé la vie, et j'empêche ta mort.

MÉDÉE.

On ne m'a que bannie! ô bonté souveraine!
C'est donc une faveur, et non pas une peine[4]!
Je reçois une grâce au lieu d'un châtiment, 835
Et mon exil encor doit un remercîment!
  Ainsi l'avare soif du brigand assouvie,
Il s'impute à pitié de nous laisser la vie:
Quand il n'égorge point, il croit nous pardonner,
Et ce qu'il n'ôte pas, il pense le donner. 840

JASON.

Tes discours, dont Créon de plus en plus s'offense,
Le forceroient enfin à quelque violence.
Éloigne-toi d'ici tandis qu'il t'est permis:
Les rois ne sont jamais de foibles ennemis.

---

1. . . . . *Non timor vincit virum,*
   Sed trepida pietas; quippe sequeretur necem
   Proles parentum. . . . .
   Nati patrem vicere.
   (Sénèque, *Médée*, vers 437-441.)
2. *Var.* Où le soin que j'ai d'eux me range à toute force. (1639)
3. *Perimere quum te vellet infestus Creo,*
   Lacrimis meis evictus, exsilium dedit.
   (Sénèque, *Médée*, vers 490, 491.)
4. *Pœnam putabam; munus, ut video, est fuga.*
   (*Ibidem*, vers 492.)

MÉDÉE.
MÉDÉE.
A travers tes conseils je vois assez ta ruse : 845
Ce n'est là m'en donner qu'en faveur de Créuse.
Ton amour, déguisé d'un soin officieux,
D'un objet importun veut délivrer ses yeux.
JASON.
N'appelle point amour un change inévitable,
Où Créuse fait moins que le sort qui m'accable. 850
MÉDÉE.
Peux-tu bien, sans rougir, désavouer tes feux?
JASON.
Eh bien, soit; ses attraits captivent tous mes vœux :
Toi qu'un amour furtif souilla de tant de crimes,
M'oses-tu reprocher des ardeurs légitimes?
MÉDÉE.
Oui, je te les reproche, et de plus....
JASON.
Quels forfaits? 855
MÉDÉE.
La trahison, le meurtre, et tous ceux que j'ai faits.
JASON.
Il manque encor ce point à mon sort déplorable,
Que de tes cruautés on me fasse coupable.
MÉDÉE.
Tu présumes en vain de t'en mettre à couvert :
Celui-là fait le crime à qui le crime sert. 860
Que chacun, indigné contre ceux de ta femme,
La traite en ses discours de méchante et d'infâme :
Toi seul, dont ses forfaits ont fait tout le bonheur,
Tiens-la pour innocente, et défends son honneur.
JASON.
J'ai honte de ma vie, et je hais son usage, 865
Depuis que je la dois aux effets de ta rage.

ACTE III, SCÈNE III.

MÉDÉE.

La honte généreuse, et la haute vertu!
Puisque tu la hais tant, pourquoi la gardes-tu[1]?

JASON.

Au bien de nos enfants, dont l'âge foible et tendre
Contre tant de malheurs ne sauroit se défendre :   870
Deviens en leur faveur d'un naturel plus doux.

MÉDÉE.

Mon âme à leur sujet redouble son courroux.
Faut-il ce déshonneur pour comble à mes misères,
Qu'à mes enfants Créuse enfin donne des frères!
Tu vas mêler, impie, et mettre en rang pareil   875
Des neveux de Sisyphe avec ceux du Soleil[2]!

JASON.

Leur grandeur soutiendra la fortune des autres;
Créuse et ses enfants conserveront les nôtres[3].

---

1. *Var.* Si tu la hais si fort, pourquoi la gardes-tu? (1639-57)
2. *Var.* Les neveux de Sisyphe avec ceux du Soleil. (1639-60)
3. JASON. *Dum licet abire, profuge, teque hinc eripe :*
Gravis ira regum est semper. MEDEA. *Hoc suades mihi,*
Præstas Creusæ : pellicem invisam amoves.
JASON. *Medeæ amores obicit?* MEDEA. *Et cædem, et dolos.*
JASON. *Objicere crimen quod potes tandem mihi?*
MEDEA. *Quodcumque feci.* JASON. *Restat hoc unum insuper,*
Tuis ut etiam sceleribus fiam nocens.
MEDEA. *Tua illa, tua sunt illa : cui prodest scelus*
Is fecit. Omnes conjugem infamem arguant;
Solus tuere, solus insontem voca :
Tibi innocens sit, quisquis est pro te nocens (a).
JASON. *Ingrata vita est cujus acceptæ pudet.*
MEDEA. *Retinenda non est cujus acceptæ pudet.*
JASON. *Quin potius ira concitum pectus doma :*
Placare natis. MEDEA. *Abdico, ejuro, abnuo.*
Meis Creusa liberis fratres dabit?
JASON. *Regina natis exsulum, afflictis potens.*
MEDEA. *Non veniat unquam tam malus miseris dies*
Qui prole fœda misceat prolem inclitam :

a) Médée dit de même à Jason dans Ovide :

Ut culpent alii, tibi me laudare necesse est,
Pro quo sum toties esse coacta nocens.

(*Héroïdes*, XII, vers 131, 132.)

MÉDÉE.

MÉDÉE.
Je l'empêcherai bien, ce mélange odieux,
Qui déshonore ensemble et ma race et les Dieux. 880
JASON.
Lassés de tant de maux, cédons à la fortune.
MÉDÉE.
Ce corps n'enferme pas une âme si commune ;
Je n'ai jamais souffert qu'elle me fît la loi,
Et toujours ma fortune a dépendu de moi[1].
JASON.
La peur que j'ai d'un sceptre....
MÉDÉE.
Ah ! cœur rempli de feinte,
Tu masques tes desirs d'un faux titre de crainte[2] :
Un sceptre est l'objet seul qui fait ton nouveau choix[3].
JASON.
Veux-tu que je m'expose aux haines de deux rois,
Et que mon imprudence attire sur nos têtes,
D'un et d'autre côté, de nouvelles tempêtes ? 890

   Phœbi nepotes Sisyphi nepotibus.
   JASON. Quid, misera, meque teque in exitium trahis?
   Abscede, quæso.
             (Sénèque, Médée, vers 493-514.)
— Voyez aussi la Médée d'Euripide, vers 408-410 et 564, 565.

1. . . . . . JASON. Cedo defessus malis;
   Et ipsa casus sæpe jam expertos time.
   MEDEA. Fortuna semper omnis infra me stetit.
             (Ibidem, vers 518-520.)
2. Var. [Tu masques tes desirs d'un faux titre de crainte :]
   Un sceptre pour ton change a seul de vrais appas.
   JAS. Vois l'état où je suis : j'ai deux rois sur les bras,
   Acaste à la campagne, et Créon dans la ville :
   Que leur puis-je opposer qu'un courage inutile?
   MÉD. Fuis-les tous deux pour moi; suis Médée à ton tour;
   Sauve ton innocence avecque ton amour;
   Fuis-les, je n'arme pas ta dextre sanguinaire
   Ni contre ton parent, ni contre ton beau-père.
   JAS. [Qui leur résistera, s'ils viennent à s'unir?] (1639-57)
3. JASON. Alta extimesco sceptra. MEDEA. Ne cupias vide.
             (Sénèque, Médée, vers 529)

MÉDÉE.

Fuis-les, fuis-les tous deux; suis Médée à ton tour,
Et garde au moins ta foi, si tu n'as plus d'amour.

JASON.

Il est aisé de fuir; mais il n'est pas facile
Contre deux rois aigris de trouver un asile.
Qui leur résistera, s'ils viennent à s'unir ?   895

MÉDÉE.

Qui me résistera, si je te veux punir[1],
Déloyal? Auprès d'eux crains-tu si peu Médée?
Que toute leur puissance, en armes débordée,
Dispute contre moi ton cœur qu'ils m'ont surpris,
Et ne sois du combat que le juge et le prix!   900
Joins-leur, si tu le veux, mon père et la Scythie :
En moi seule ils n'auront que trop forte partie[2].
Bornes-tu mon pouvoir à celui des humains?
Contre eux, quand il me plaît, j'arme leurs propres mains;
Tu le sais, tu l'as vu, quand ces fils de la Terre   905
Par leurs coups mutuels terminèrent leur guerre.
  Misérable! je puis adoucir des taureaux;
La flamme m'obéit, et je commande aux eaux[3];

---

1. Les éditions de 1639, de 1644 et de 1652-64 ponctuent ainsi ce vers et le suivant :

> Qui me résistera si je te veux punir?
> Déloyal, auprès d'eux crains-tu si peu Médée?

2.   JASON. *Acastus instat; propior est hostis Creo.*
   MEDEA. *Utrumque profuge.* . . . .
   . . . . *Innocens mecum fuge.*
   JASON. *Et quis resistet, gemina si bella ingruant,*
   Creo atque Acastus arma si jungant sua?
   MEDEA. *His adice Colchos, adjice Æeten ducem,*
   Scythas Pelasgis junge : demersos dabo.
              (Sénèque, *Médée*, vers 521-528.)

3. *Var.* [La flamme m'obéit, et je commande aux eaux :]
   Et je ne puis chasser le feu qui me consomme,
   Ni toucher tant soit peu les volontés d'un homme! (1639)

L'enfer tremble, et les cieux, sitôt que je les nomme :
Et je ne puis toucher les volontés d'un homme !   910
Je t'aime encor, Jason, malgré ta lâcheté[1] ;
Je ne m'offense plus de ta légèreté :
Je sens à tes regards décroître ma colère ;
De moment en moment ma fureur se modère ;
Et je cours sans regret à mon bannissement,   915
Puisque j'en vois sortir ton établissement.
Je n'ai plus qu'une grâce à demander ensuite :
Souffre que mes enfants accompagnent ma fuite[2] ;
Que je t'admire encore en chacun de leurs traits,
Que je t'aime et te baise en ces petits portraits ;   920
Et que leur cher objet, entretenant ma flamme,
Te présente à mes yeux aussi bien qu'à mon âme.

JASON.

Ah ! reprends ta colère, elle a moins de rigueur.
M'enlever mes enfants, c'est m'arracher le cœur ;
Et Jupiter tout prêt à m'écraser du foudre,   925
Mon trépas à la main, ne pourroit m'y résoudre[3].

---

1.   Je t'aime encor, Jason, malgré ta lâcheté,

n'est point imité de Sénèque ; et Racine en cet endroit s'est rencontré avec Corneille, quand il fait dire à Roxane :

    Écoutez, Bajazet, je sens que je vous aime, etc.
                        (*Bajazet*, acte II, scène 1.)

La situation et la passion amènent souvent des sentiments et des expressions qui se ressemblent sans qu'elles soient imitées. (Voltaire.)

2.   . . . . *Liberos tantum fugæ*
   Habere comites liceat.
          (Sénèque, *Médée*, vers 541, 542.)

— Dans Euripide, au contraire (vers 929, 930), Médée demande pour ses enfants la faveur de rester à Corinthe.

3.   *Parere precibus cupere me fateor tuis :*
   Pietas vetat ; namque istud ut possim pati,
   Non ipse memet cogat et rex et socer.
   . . . .
   . . . . *Spiritu citius queam*
   Carere, membris, luce.
             (*Ibidem*, vers 544-549.)

ACTE III, SCÈNE III.

C'est pour eux que je change; et la Parque, sans eux,
Seule de notre hymen pourroit rompre les nœuds[1].

MÉDÉE.

Cet amour paternel, qui te fournit d'excuses,
Me fait souffrir aussi que tu me les refuses :   930
Je ne t'en presse plus, et, prête à me bannir,
Je ne veux plus de toi qu'un léger souvenir!

JASON.

Ton amour vertueux fait ma plus grande gloire :
Ce seroit me trahir qu'en perdre la mémoire;
Et le mien envers toi, qui demeure éternel,   935
T'en laisse en cet adieu le serment solennel.

   Puissent briser mon chef les traits les plus sévères
Que lancent des grands Dieux les plus âpres colères[2];
Qu'ils s'unissent ensemble afin de me punir,
Si je ne perds la vie avant ton souvenir!   940

SCÈNE IV.

MÉDÉE, NÉRINE.

MÉDÉE.

J'y donnerai bon ordre : il est en ta puissance
D'oublier mon amour, mais non pas ma vengeance;
Je la saurai graver en tes esprits glacés
Par des coups trop profonds pour en être effacés.
   Il aime ses enfants, ce courage inflexible :   945
Son foible est découvert; par eux il est sensible;
Par eux mon bras, armé d'une juste rigueur,
Va trouver des chemins à lui percer le cœur[3].

---

1. *Var.* Seule eût de notre hymen rompu les chastes nœuds. (1639)
2. *Var.* Qu'élancent des grands Dieux les plus âpres colères. (1639)
3.   . . . . *Sic natos amat ?*
   Bene est : tenetur. Vulneri patuit locus.
   (Sénèque, *Médée*, vers 549, 550.)
— Voyez aussi la *Médée* d'Euripide, vers 813.

NÉRINE.

Madame, épargnez-les, épargnez vos entrailles ;
N'avancez point par là vos propres funérailles[1] : 950
Contre un sang innocent pourquoi vous irriter,
Si Créuse en vos lacs se vient précipiter ?
Elle-même s'y jette, et Jason vous la livre.

MÉDÉE.

Tu flattes mes desirs.

NÉRINE.

     Que je cesse de vivre,
Si ce que je vous dis n'est pure vérité[2] ! 955

MÉDÉE.

Ah ! ne me tiens donc plus l'âme en perplexité !

NÉRINE.

Madame, il faut garder que quelqu'un ne nous voie,
Et du palais du Roi découvre notre joie :
Un dessein éventé succède rarement.

MÉDÉE.

Rentrons donc, et mettons nos secrets sûrement. 960

---

1. Voyez la *Médée* d'Euripide, vers 1036, 1037.
2. *Var.* Si je vous ai rien dit contre la vérité ! (1639-60)

FIN DU TROISIÈME ACTE.

ACTE IV.

SCÈNE PREMIÈRE.
MÉDÉE, NÉRINE.

MÉDÉE, seule dans sa grotte magique[1].

C'est trop peu de Jason, que ton œil me dérobe,
C'est trop peu de mon lit : tu veux encor ma robe,
Rivale insatiable, et c'est encor trop peu,
Si, la force à la main, tu l'as sans mon aveu :
Il faut que par moi-même elle te soit offerte, 965
Que perdant mes enfants, j'achète encor leur perte ;
Il en faut un hommage à tes divins attraits,
Et des remercîments au vol que tu me fais.
Tu l'auras : mon refus seroit un nouveau crime :
Mais je t'en veux parer pour être ma victime, 970
Et sous un faux semblant de libéralité,
Soûler et ma vengeance et ton avidité.
 Le charme est achevé, tu peux entrer, Nérine.

(Nérine sort, et Médée continue[2].)

Mes maux dans ces poisons trouvent leur médecine :
Vois combien de serpents à mon commandement 975
D'Afrique jusqu'ici n'ont tardé qu'un moment,
Et contraints d'obéir à mes charmes[3] funestes,

---

1. Les mots : *dans sa grotte magique*, ne se trouvent pas dans l'édition de 1639.
2. Ce jeu de scène manque aussi dans l'édition de 1639.
3. L'édition de 1682 a seule ici *clameurs*, au lieu de *charmes*. C'est sans doute encore une erreur typographique.

Ont sur ce don fatal vomi toutes leurs pestes[1].
L'amour à tous mes sens ne fut jamais si doux
Que ce triste appareil à mon esprit jaloux.   980
Ces herbes ne sont pas d'une vertu commune :
Moi-même en les cueillant je fis pâlir la lune,
Quand, les cheveux flottants, le bras et le pied nu,
J'en dépouillai jadis un climat inconnu.
Vois mille autres[2] venins : cette liqueur épaisse   985
Mêle du sang de l'hydre avec celui de Nesse[3];
Python eut cette langue ; et ce plumage noir
Est celui qu'une harpie[4] en fuyant laissa choir[5];
Par ce tison Althée assouvit sa colère,
Trop pitoyable sœur et trop cruelle mère[6];   990
Ce feu tomba du ciel avecque Phaéthon,
Cet autre vient des flots du pierreux Phlégéthon;
Et celui-ci jadis remplit en nos contrées
Des taureaux de Vulcain les gorges ensoufrées[7].
Enfin, tu ne vois là poudres, racines, eaux,   995
Dont le pouvoir mortel n'ouvrît mille tombeaux :

1. *Var.* Sur ce présent fatal ont déchargé leurs pestes. (1639-57)
2. Par une erreur générale et difficile à expliquer, toutes les éditions, excepté celles de 1639-48 et de 1657, portent : « Vois mille *autre* venins. »
3. *Vectoris istic perfidi sanguis inest*
    Quem Nessus exspirans dedit.
    (Sénèque, *Médée*, vers 775, 776.)
4. Aujourd'hui, la première syllabe de ce mot est aspirée.
5. *Reliquit istas invio plumas specu*
    Harpyia, dum Zeten fugit.
    (Sénèque, *Médée*, vers 781, 782.)
6. *Pix sororis, impiæ matris facem*
    Ultricis Althææ vides.
    (*Ibidem*, vers 779, 780.)
7. *Dedit et tenui sulfure tectos*
    Mulciber ignes; et vivacis
    Fulgura flammæ de cognato
    Phaethonte tuli. . . . . .
    . . . .
    Habeo flammas usto tauri
    Gutture raptas.
    (*Ibidem*, vers 824-830.)

ACTE IV, SCÈNE I.

Ce présent déceptif[1] a bu toute leur force,
Et bien mieux que mon bras vengera mon divorce.
Mes tyrans par leur perte apprendront que jamais[2]....
Mais d'où vient ce grand bruit que j'entends au palais ?

NÉRINE.

Du bonheur de Jason, et du malheur d'Ægée :
Madame, peu s'en faut qu'il ne vous ait vengée.

Ce généreux vieillard, ne pouvant supporter[3]
Qu'on lui vole à ses yeux ce qu'il croit mériter,
Et que sur sa couronne et sa persévérance   1005
L'exil de votre époux ait eu la préférence,
A tâché par la force à repousser l'affront
Que ce nouvel hymen lui porte sur le front.
Comme cette beauté, pour lui toute de glace,
Sur les bords de la mer contemploit la bonace,   1010
Il la voit mal suivie, et prend un si beau temps
A rendre ses desirs et les vôtres contents.
De ses meilleurs soldats une troupe choisie
Enferme la princesse, et sert sa jalousie[4];
L'effroi qui la surprend la jette en pâmoison ;   1015
Et tout ce qu'elle peut, c'est de nommer Jason.
Ses gardes à l'abord font quelque résistance,
Et le peuple leur prête une foible assistance ;
Mais l'obstacle léger de ces débiles cœurs
Laissoit honteusement Créuse à leurs vainqueurs :   1020
Déjà presque en leur bord elle étoit enlevée....

MÉDÉE.

Je devine la fin, mon traître l'a sauvée[5].

---

1. *Déceptif*, trompeur.
2. *Var.* Les traîtres apprendront à se jouer à moi.
   Mais d'où provient ce bruit dans le palais du Roi ? (1639-57)
3. *Var.* Ce généreux vieillard, indigné que ses feux
   Près de votre rivale aient perdu tant de vœux. (1639-57)
4. *Var.* Le suit dans ce dessein ; Créuse en est saisie. (1639-57)
5. *Var.* J'en devine la fin, mon traître l'a sauvée. (1639-60)

MEDEE.

NÉRINE.

Oui, Madame, et de plus Ægée est prisonnier :
Votre époux à son myrte ajoute ce laurier;
Mais apprenez comment.

MÉDÉE.

N'en dis pas davantage : 1025
Je ne veux point savoir ce qu'a fait son courage;
Il suffit que son bras a travaillé pour nous,
Et rend une victime à mon juste courroux.
Nérine, mes douleurs auroient peu d'allégeance,
Si cet enlèvement l'ôtoit à ma vengeance; 1030
Pour quitter son pays en est-on malheureux?
Ce n'est pas son exil, c'est sa mort que je veux.
Elle auroit trop d'honneur de n'avoir que ma peine,
Et de verser des pleurs pour être deux fois reine.
Tant d'invisibles feux enfermés dans ce don, 1035
Que d'un titre plus vrai j'appelle ma rançon,
Produiront des effets bien plus doux à ma haine.

NÉRINE.

Par là vous vous vengez, et sa perte est certaine :
Mais contre la fureur de son père irrité
Où pensez-vous trouver un lieu de sûreté? 1040

MÉDÉE.

Si la prison d'Ægée a suivi sa défaite,
Tu peux voir qu'en l'ouvrant je m'ouvre une retraite[1],
Et que ses fers brisés, malgré leurs attentats[2],
A ma protection engagent ses États.
Dépêche seulement, et cours vers ma rivale 1045
Lui porter de ma part cette robe fatale :
Mène-lui mes enfants, et fais-les, si tu peux,
Présenter par leur père à l'objet de ses vœux.

---

1. *Var.* Vois-tu pas qu'en l'ouvrant je m'ouvre une retraite. (1639-60)
2. *Var.* Et que brisant ses fers, cette obligation
   Engage sa couronne à ma protection. (1639-57)

ACTE IV, SCÈNE I.

NÉRINE.

Mais, Madame, porter cette robe empestée,
Que de tant de poisons vous avez infectée,   1050
C'est pour votre Nérine un trop funeste emploi :
Avant que sur Créuse ils agiroient sur moi.

MÉDÉE.

Ne crains pas leur vertu, mon charme la modère,
Et lui défend d'agir que sur elle et son père.
Pour un si grand effet prends un cœur plus hardi,   1055
Et sans me répliquer, fais ce que je te di.

SCENE II.

CRÉON, POLLUX, Soldats.

CRÉON.

Nous devons bien chérir cette valeur parfaite
Qui de nos ravisseurs nous donne la défaite.
Invincible héros, c'est à votre secours
Que je dois désormais le bonheur de mes jours ;   1060
C'est vous seul aujourd'hui dont la main vengeresse[1]
Rend à Créon sa fille, à Jason sa maîtresse,
Met Ægée en prison et son orgueil à bas,
Et fait mordre la terre à ses meilleurs soldats.

POLLUX.

Grand Roi, l'heureux succès de cette délivrance   1065
Vous est beaucoup mieux dû qu'à mon peu de vaillance.
C'est vous seul et Jason, dont les bras indomptés
Portoient avec effroi la mort de tous côtés ;
Pareils à deux lions dont l'ardente furie
Dépeuple en un moment toute une bergerie.   1070
L'exemple glorieux de vos faits plus qu'humains

---

1. *Var.* C'est vous dont le courage, et la force, et l'adresse. (1639-57)

Échauffoit mon courage et conduisoit mes mains :
J'ai suivi, mais de loin, des actions si belles[1],
Qui laissoient à mon bras tant d'illustres modèles.
Pourroit-on reculer en combattant sous vous,   1075
Et n'avoir point de cœur à seconder vos coups ?

CRÉON.

Votre valeur, qui souffre en cette repartie,
Ote toute croyance à votre modestie :
Mais puisque le refus d'un honneur mérité
N'est pas un petit trait de générosité,   1080
Je vous laisse en jouir. Auteur de la victoire,
Ainsi qu'il vous plaira, départez-en la gloire :
Comme elle est votre bien, vous pouvez la donner.
Que prudemment les Dieux savent tout ordonner !
Voyez, brave guerrier, comme votre arrivée   1085
Au jour de nos malheurs se trouve réservée,
Et qu'au point que le sort osoit nous menacer,
Ils nous ont envoyé de quoi le terrasser.
    Digne sang de leur roi, demi-dieu magnanime,
Dont la vertu ne peut recevoir trop d'estime,   1090
Qu'avons-nous plus à craindre ? et quel destin jaloux,
Tant que nous vous aurons, s'osera prendre à nous ?

POLLUX.

Appréhendez pourtant, grand prince.

CRÉON.

         Et quoi ?

POLLUX.

            Médée,
Qui par vous de son lit se voit dépossédée.
Je crains qu'il ne vous soit malaisé d'empêcher   1095

---

1. *Var.* Et vous voyant faucher ces têtes criminelles,
[J'ai suivi, mais de loin, des actions si belles.]
Qui pourroit reculer en combattant sous vous,
Et qui n'auroit du cœur à seconder vos coups ? (1639-57)

Qu'un gendre valeureux ne vous coûte bien cher.
Après l'assassinat d'un monarque et d'un frère,
Peut-il être de sang qu'elle épargne ou révère?
Accoutumée au meurtre, et savante en poison,
Voyez ce qu'elle a fait pour acquérir Jason; 1100
Et ne présumez pas, quoi que Jason vous die,
Que pour le conserver elle soit moins hardie.

CRÉON.

C'est de quoi mon esprit n'est plus inquiété;
Par son bannissement j'ai fait ma sûreté;
Elle n'a que fureur et que vengeance en l'âme: 1105
Mais en si peu de temps que peut faire une femme?
Je n'ai prescrit qu'un jour de terme à son départ.

POLLUX.

C'est peu pour une femme, et beaucoup pour son art:
Sur le pouvoir humain ne réglez pas les charmes[1].

CRÉON.

Quelques[2] puissants qu'ils soient, je n'en ai point d'alar-
Et quand bien ce délai devroit tout hasarder, [mes;
Ma parole est donnée, et je la veux garder.

SCÈNE III.

CRÉON, POLLUX, CLÉONE.

CRÉON.

Que font nos deux amants, Cléone?

CLÉONE.

La princesse[3],

---

1. MEDEA. *Quæ fraus timeri tempore exiguo potest?*
   CREON. *Nullum ad nocendum tempus angustum est malis.*
   (Sénèque, *Médée*, vers 291, 292.)
— Voyez aussi la *Médée* d'Euripide, vers 359, 360.
2. Voyez tome I, p. 205, note 3.
3. *Var.* Que font nos amoureux, Cléone? CLÉONE. La princesse,
   Sire, auprès de Jason reprend son allégresse. (1639-57)

Seigneur, près de Jason reprend son allégresse;
Et ce qui sert beaucoup à son contentement, 1115
C'est de voir que Médée est sans ressentiment.

CRÉON.

Et quel Dieu si propice a calmé son courage?

CLÉONE.

Jason, et ses enfants, qu'elle vous laisse en gage.
La grâce que pour eux Madame obtient de vous
A calmé les transports de son esprit jaloux. 1120
Le plus riche présent qui fût en sa puissance
A ses[1] remercîments joint sa reconnoissance.
Sa robe sans pareille, et sur qui nous voyons
Du Soleil son aïeul briller mille rayons,
Que la princesse même avoit tant souhaitée, 1125
Par ces petits héros lui vient d'être apportée[2],
Et fait voir clairement les merveilleux effets
Qu'en un cœur irrité produisent les bienfaits.

CRÉON.

Eh bien, qu'en dites-vous? Qu'avons-nous plus à craindre?

POLLUX.

Si vous ne craignez rien, que je vous trouve à plaindre!

CRÉON.

Un si rare présent montre un esprit remis.

POLLUX.

J'eus toujours pour suspects les dons des ennemis[3] :
Ils font assez souvent ce que n'ont pu leurs armes.
Je connois de Médée et l'esprit et les charmes,
Et veux bien m'exposer aux plus cruels trépas, 1135
Si ce rare présent n'est un mortel appas.

---

1. Il y a *ces*, au lieu de *ses*, dans l'édition de 1682.
2. Voyez la *Médée* de Sénèque, vers 570-572 et 843-847.
3. C'est une imitation de ce passage bien connu, de Virgile (*Énéide*, livre I , vers 49) :

.... *Timeo Danaos, et dona ferentes.*

ACTE IV, SCÈNE III.

CRÉON.
Ses enfants si chéris, qui nous servent d'otages,
Nous peuvent-ils laisser quelque sorte d'ombrages¹?
POLLUX.
Peut-être que contre eux s'étend sa trahison,
Qu'elle ne les prend plus que pour ceux de Jason, 1140
Et qu'elle s'imagine, en haine de leur père,
Que n'étant plus sa femme, elle n'est plus leur mère.
Renvoyez-lui, Seigneur, ce don pernicieux²,
Et ne vous chargez point d'un poison précieux.
CLÉONE.
Madame cependant en est toute ravie, 1145
Et de s'en voir parée elle brûle d'envie.
POLLUX.
Où le péril égale et passe le plaisir,
Il faut se faire force, et vaincre son desir.
Jason, dans son amour, a trop de complaisance
De souffrir qu'un tel don s'accepte en sa présence. 1150
CRÉON.
Sans rien mettre au hasard, je saurai dextrement
Accorder vos soupçons et son contentement.
Nous verrons, dès ce soir, sur une criminelle,
Si ce présent nous cache une embûche mortelle.
Nise, pour ses forfaits destinée à mourir, 1155
Ne peut par cette épreuve injustement périr :
Heureuse, si sa mort nous rendoit ce service,
De nous en découvrir le funeste artifice!
Allons-y de ce pas, et ne consumons plus
De temps ni de discours en débats superflus. 1160

1. *Var.* Nous peuvent-ils laisser quelques sortes d'ombrages? (1648)
2. *Var.* Sire, renvoyez-lui ce don pernicieux. (1639-57)

SCÈNE IV.

ÆGÉE, en prison[1].

Demeure affreuse des coupables,
Lieux maudits, funeste séjour,
Dont jamais avant mon amour[2]
Les sceptres n'ont été capables,
Redoublez puissamment votre mortel effroi, 1165
Et joignez à mes maux une si vive atteinte,
Que mon âme chassée, ou s'enfuyant de crainte,
Dérobe à mes vainqueurs le supplice d'un roi.

Le triste bonheur où j'aspire!
Je ne veux que hâter ma mort, 1170
Et n'accuse mon mauvais sort
Que de souffrir que je respire.
Puisqu'il me faut mourir, que je meure à mon choix;
Le coup m'en sera doux, s'il est sans infamie :
Prendre l'ordre à mourir d'une main ennemie, 1175
C'est mourir, pour un roi, beaucoup plus d'une fois[3].

Malheureux prince, on te méprise[4]
Quand tu t'arrêtes à servir :
Si tu t'efforces de ravir,
Ta prison suit ton entreprise. 1180
Ton amour qu'on dédaigne et ton vain attentat
D'un éternel affront vont souiller ta mémoire :

---

1. *Var. Il est en prison.* (1683, en marge.) — Au-dessous du nom du personnage, on lit en titre, dans les éditions de 1639-57 : STANCES.
2. *Var.*   Dont auparavant mon amour
   Les sceptres étoient incapables. (1639-57)
3. *Var.* C'est mourir, à mon gré, beaucoup plus d'une fois. (1639-57)
4. *Var.*   Pauvre prince, l'on te méprise. (1639-57)

ACTE IV, SCÈNE IV.

L'un t'a déjà coûté ton repos et ta gloire;
L'autre va te coûter ta vie et ton État[1].

  Destin, qui punis mon audace, 1185
  Tu n'as que de justes rigueurs;
  Et s'il est d'assez tendres cœurs
  Pour compatir à ma disgrâce,
Mon feu de leur tendresse étouffe la moitié,
Puisqu'à bien comparer mes fers avec ma flamme[1], 1190
Un vieillard amoureux mérite plus de blâme
Qu'un monarque en prison n'est digne de pitié.

  Cruel auteur de ma misère,
  Peste des cœurs, tyran des rois,
  Dont les impérieuses lois 1195
  N'épargnent pas même ta mère,
Amour, contre Jason tourne ton trait fatal;
Au pouvoir de tes dards je remets ma vengeance :
Atterre son orgueil, et montre ta puissance
A perdre également l'un et l'autre rival. 1200

  Qu'une implacable jalousie
  Suive son nuptial flambeau;
  Que sans cesse un objet nouveau
  S'empare de sa fantaisie;
Que Corinthe à sa vue accepte un autre roi; 1205
Qu'il puisse voir sa race à ses yeux égorgée;
Et pour dernier malheur, qu'il ait le sort d'Ægée,
Et devienne à mon âge amoureux comme moi!

---

1. *Var.* L'autre te va coûter ta vie et ton État. (1639-64)
2. *Var.* Vu qu'à bien comparer mes fers avec ma flamme. (1639-57)

SCÈNE V.

ÆGÉE, MÉDÉE[1].

ÆGÉE.

Mais d'où vient ce bruit sourd? quelle pâle lumière
Dissipe ces horreurs et frappe ma paupière ? 1210
Mortel, qui que tu sois, détourne ici tes pas,
Et de grâce m'apprends l'arrêt de mon trépas,
L'heure, le lieu, le genre; et si ton cœur sensible
A la compassion peut se rendre accessible,
Donne-moi les moyens d'un généreux effort 1215
Qui des mains des bourreaux affranchisse ma mort.

MÉDÉE.

Je viens l'en affranchir : ne craignez plus, grand prince ;
Ne pensez qu'à revoir votre chère province.

(Elle donne un coup de baguette sur la porte de la prison, qui s'ouvre aussitôt, et en ayant tiré Ægée, elle en donne encore un sur ses fers, qui tombent[2].)

Ni grilles ni verrous ne tiennent contre moi[3].
Cessez, indignes fers, de captiver un roi : 1220
Est-ce à vous à presser les bras d'un tel monarque?
Et vous, reconnoissez Médée à cette marque,
Et fuyez un tyran dont le forcènement
Joindroit votre supplice à mon bannissement :
Avec la liberté reprenez le courage. 1225

ÆGÉE.

Je les reprends tous deux pour vous en faire hommage.
Princesse, de qui l'art propice aux malheureux
Oppose un tel miracle à mon sort rigoureux,
Disposez de ma vie, et du sceptre d'Athènes :

---

1. *Var.* ÆGÉE, MÉDÉE, NÉRINE. (1639-57)
2. Ce jeu de scène manque dans l'édition de 1639.
3. *Var.* Ces portes ne sont pas pour tenir contre moi. (1639-57)

ACTE IV, SCÈNE V.

Je dois et l'une et l'autre à qui brise mes chaînes[1]. 1230
Si votre heureux secours me tire de danger[2],
Je ne veux en sortir qu'afin de vous venger;
Et si je puis jamais avec votre assistance
Arriver jusqu'aux lieux de mon obéissance,
Vous me verrez, suivi de mille bataillons, 1235
Sur ces murs renversés planter mes pavillons[3],
Punir leur traître roi de vous avoir bannie,
Dedans le sang des siens noyer sa tyrannie,
Et remettre en vos mains et Créuse et Jason,
Pour venger votre exil plutôt que ma prison. 1240

MÉDÉE.

Je veux une vengeance et plus haute et plus prompte;
Ne l'entreprenez pas, votre offre me fait honte :
Emprunter le secours d'aucun pouvoir humain,
D'un reproche éternel diffameroit ma main.
En est-il, après tout, aucun qui ne me cède? 1245
Qui force la nature, a-t-il besoin qu'on l'aide?
Laissez-moi le souci de venger mes ennuis,
Et par ce que j'ai fait jugez ce que je puis;
L'ordre en est tout donné, n'en soyez point en peine :
C'est demain que mon art fait triompher ma haine; 1250
Demain je suis Médée, et je tire raison
De mon bannissement et de votre prison.

ÆGÉE.

Quoi! Madame, faut-il que mon peu de puissance
Empêche les devoirs de ma reconnoissance[4]?

---

1. *Var.* Je dois et l'un et l'autre à qui brise mes chaînes. (1639-48)
2. *Var.* Votre divin secours me tire de danger,
   Mais je n'en veux sortir qu'afin de vous venger :
   Madame, si jamais avec votre assistance
   Je puis toucher les lieux de mon obéissance. (1639-57)
3. *Var.* Jusque dessus ces murs planter mes pavillons. (1639-57)
4. *Var.* Étouffe les devoirs de ma reconnoissance? (1639)

MÉDÉE.

Mon sceptre ne peut-il être employé pour vous ? 1255
Et vous serai-je ingrat autant que votre époux ?

MÉDÉE.

Si je vous ai servi, tout ce que j'en souhaite,
C'est de trouver chez vous une sûre retraite[1],
Où de mes ennemis menaces ni présents
Ne puissent plus troubler le repos de mes ans ; 1260
Non pas que je les craigne : eux et toute la terre
A leur confusion me livreroient la guerre ;
Mais je hais ce désordre, et n'aime pas à voir
Qu'il me faille pour vivre user de mon savoir.

ÆGÉE.

L'honneur de recevoir une si grande hôtesse 1265
De mes malheurs passés efface la tristesse.
Disposez d'un pays qui vivra sous vos lois,
Si vous l'aimez assez pour lui donner des rois :
Si mes ans ne vous font mépriser ma personne,
Vous y partagerez mon lit et ma couronne ; 1270
Sinon, sur mes sujets faites état d'avoir,
Ainsi que sur moi-même, un absolu pouvoir.
Allons, Madame, allons ; et par votre conduite
Faites la sûreté que demande ma fuite.

MÉDÉE.

Ma vengeance n'auroit qu'un succès imparfait : 1275
Je ne me venge pas, si je n'en vois l'effet ;
Je dois à mon courroux l'heur d'un si doux spectacle.
Allez, prince, et sans moi ne craignez point d'obstacle ;
Je vous suivrai demain par un chemin nouveau[2].
Pour votre sûreté conservez cet anneau[3] : 1280
Sa secrète vertu, qui vous fait invisible,
Rendra votre départ de tous côtés paisible.

---

1. Voyez la *Médée* d'Euripide, vers 709.
2. Voyez la remarque de Corneille sur ce passage, tome I, p. 107.
3. *Var.* Nérine devant vous portera ce flambeau. (1639-57)

ACTE IV, SCÈNE V.

Ici, pour empêcher l'alarme que le bruit
De votre délivrance auroit bientôt produit,
Un fantôme pareil et de taille et de face, 1285
Tandis que vous fuirez, remplira votre place.
Partez sans plus tarder, prince chéri des Dieux,
Et quittez pour jamais ces détestables lieux.

ÆGÉE.

J'obéis sans réplique, et je pars sans remise.
Puisse d'un prompt succès votre grande entreprise 1290
Combler nos ennemis d'un mortel désespoir,
Et me donner bientôt le bien de vous revoir[1].

---

1. *Var.* Et me donner bientôt l'honneur de vous revoir (*a*)!
MÉD. Auparavant que vous je serai dans Athènes;
Cependant, pour loyer de ces légères peines (*b*),
Ayez soin de Nérine, et songez seulement
Qu'en elle vous pouvez m'obliger puissamment (*c*). (1639-57)

(*a*) Ce premier vers de la variante se trouve dans les éditions de 1639-64.
(*b*) Cependant, pour le prix de ces légères peines. (1644-57)
(*c*) Ce dernier vers termine l'acte dans les éditions indiquées.

FIN DU QUATRIÈME ACTE.

ACTE V.

SCENE PREMIÈRE.
MÉDÉE, THEUDAS.

THEUDAS.
Ah! déplorable prince! ah! fortune cruelle!
Que je porte à Jason une triste nouvelle!

MÉDÉE, *lui donnant un coup de baguette qui le fait demeurer immobile*[1].

Arrête, misérable, et m'apprends quel effet   1295
A produit chez le Roi le présent que j'ai fait.

THEUDAS.
Dieux! je suis dans les fers d'une invisible chaîne!

MÉDÉE.
Dépêche, ou ces longueurs attireront[2] ma haine[3].

THEUDAS.
Apprenez donc l'effet le plus prodigieux
Que jamais la vengeance ait offert à nos yeux.   1300
Votre robe a fait peur, et sur Nise éprouvée,
En dépit des soupçons, sans péril s'est trouvée;

---

1. Ce jeu de scène ne se trouve pas dans l'édition de 1639.
2. Dans l'édition de 1692, Thomas Corneille a remplacé *attireront* par *t'attireront*.
3. *Var.* [Dépêche, ou ces longueurs attireront ma haine.]
   Ma verge, qui déjà t'empêche de courir,
   N'a que trop de vertu pour te faire mourir.
   Garde-toi seulement d'irriter ma colère,
   Et pense que ta mort dépend de me déplaire.
   THEUD. Apprenez un effet le plus prodigieux. (1639-57)

ACTE V, SCÈNE I.

Et cette épreuve a su si bien les assurer,
Qu'incontinent Créuse a voulu s'en parer ;
Mais cette infortunée à peine l'a vêtue¹,   1305
Qu'elle sent aussitôt une ardeur qui la tue :
Un feu subtil s'allume, et ses brandons épars
Sur votre don fatal courent de toutes parts ;
Et Cléone et le Roi s'y jettent² pour l'éteindre ;
Mais (ô nouveau sujet de pleurer et de plaindre !)   1310
Ce feu saisit le Roi : ce prince en un moment
Se trouve enveloppé du même embrasement.

MÉDÉE.

Courage ! enfin il faut que l'un et l'autre meure.

THEUDAS.

La flamme disparoît, mais l'ardeur leur demeure,
Et leurs habits charmés, malgré nos vains efforts,   1315
Sont des brasiers secrets attachés à leurs corps :
Qui veut les dépouiller, lui-même les déchire³,
Et ce nouveau secours est un nouveau martyre⁴.

MÉDÉE.

Que dit mon déloyal ? que fait-il là dedans ?

THEUDAS.

Jason, sans rien savoir de tous ces accidents,   1320
S'acquitte des devoirs d'une amitié civile
A conduire Pollux hors des murs de la ville⁵,
Qui va se rendre en hâte aux noces de sa sœur,
Dont bientôt Ménélas doit être possesseur ;
Et j'allois lui porter ce funeste message.   1325

---

1. *Var.* Cette pauvre princesse à peine l'a vêtue. (1639-60)
2. Il y a *s'y jette*, au singulier, dans l'édition de 1682.
3. *Var.* Qui veut les dépouiller, eux-mêmes les déchire,
   Et l'aide qu'on leur donne est un nouveau martyre. (1639-57)
4. Voyez la *Médée* d'Euripide, vers 1207, 1208.
5. *Var.* A convoyer Pollux hors des murs de la ville,
   Qui court à grande hâte aux noces de sa sœur. (1639-57)

MÉDÉE lui donne[1] un autre coup de baguette.
Va, tu peux maintenant achever ton voyage.

SCÈNE II[2].

MÉDÉE.

Est-ce assez, ma vengeance, est-ce assez de deux morts?
Consulte avec loisir tes plus ardents transports.
Des bras de mon perfide arracher une femme,
Est-ce pour assouvir les fureurs de mon âme? 1330
Que n'a-t-elle déjà des enfants de Jason[3],
Sur qui plus pleinement venger sa trahison!
Suppléons-y des miens; immolons avec joie
Ceux qu'à me dire adieu Créuse me renvoie.
Nature, je le puis sans violer ta loi : 1335
Ils viennent de sa part, et ne sont plus à moi.
Mais ils sont innocents; aussi l'étoit mon frère[4] :
Ils sont trop criminels d'avoir Jason pour père[5];
Il faut que leur trépas redouble son tourment;
Il faut qu'il souffre en père aussi bien qu'en amant. 1340
Mais quoi! j'ai beau contre eux animer mon audace,
La pitié la combat, et se met en sa place;
Puis, cédant tout à coup la place à ma fureur,

---

1. *Var.* MÉDÉE, *lui donnant*, etc. (1644-60) — Ce jeu de scène ne se trouve pas dans l'édition de 1639.
2. Il n'y a pas ici de distinction de scène dans l'édition de 1639.
3.   *Ex pellice utinam liberos hostis meus*
  Aliquos haberet!
    (Sénèque, *Médée*, vers 920, 921.)
4.   . . . . *Non sunt mei.*
  . . . . . . *Crimine et culpa carent;*
  Sunt innocentes : fateor; et frater fuit.
    (*Ibidem,* vers 934-936.)
5.   *Scelus est Iason genitor.*
    (*Ibidem,* vers 933.)

ACTE V, SCÈNE II.

J'adore les projets qui me faisoient horreur :
De l'amour aussitôt je passe à la colère[1], 1345
Des sentiments de femme aux tendresses de mère[2].
  Cessez dorénavant, pensers irrésolus,
D'épargner des enfants que je ne verrai plus.
Chers fruits de mon amour, si je vous ai fait naître,
Ce n'est pas seulement pour caresser un traître : 1350
Il me prive de vous, et je l'en vais[3] priver[4].
Mais ma pitié renaît, et revient me braver[5] ;
Je n'exécute rien, et mon âme éperdue
Entre deux passions demeure suspendue[6].
N'en délibérons plus, mon bras en résoudra. 1355
Je vous perds, mes enfants ; mais Jason vous perdra ;
Il ne vous verra plus.... *Créon sort tout en rage :*
Allons à son trépas joindre ce triste ouvrage[7].

---

1. *Var.* De l'amour aussitôt je tombe à la colère. (1639)
2. Cor pepulit horror. . . . .
   Pectusque tremuit ; ira discessit loco,
   Materque tota, conjuge expulsa, redit.
   . . . .
   Quid, anime, titubas? . . . .
   Variamque nunc huc ira, nunc illuc amor
   Diducit? . . . .
   . . . . Ira pietatem fugat,
   Iramque pietas.
           (Sénèque, *Médée*, vers 926-928 et 937-944.)
3. Dans l'édition de 1682, on a imprimé *je l'en va*, pour *je l'en vais (vay)*.
4. Jamjam meo rapientur avulsi e sinu.
    . . . . . . Osculis peream patris,
   Periere matri.
           (Sénèque, *Médée*, vers 949-951.)
5. *Var.* Mais ma pitié retourne, et revient me braver. (1639-57)
6. . . . . . Anceps æstus incertam rapit.
           (Sénèque, *Médée*, vers 939.)
7. *Var.* Allons à son trépas ajouter ce carnage. (1639)

SCÈNE III.

CRÉON, Domestiques.

CRÉON.

Loin de me soulager, vous croissez mes tourments[1] :
Le poison à mon corps unit mes vêtements, 1360
Et ma peau, qu'avec eux votre secours m'arrache[2],
Pour suivre votre main de mes os se détache :
Voyez comme mon sang en coule à gros ruisseaux[3].
Ne me déchirez plus, officieux bourreaux :
Votre pitié pour moi s'est assez hasardée ; 1365
Fuyez, ou ma fureur vous prendra pour Médée.
C'est avancer ma mort que de me secourir;
Je ne veux que moi-même à m'aider à mourir.
Quoi ! vous continuez, canailles infidèles !
Plus je vous le défends, plus vous m'êtes rebelles ! 1370
Traîtres, vous sentirez encor ce que je puis :
Je serai votre roi, tout mourant que je suis;
Si mes commandements ont trop peu d'efficace,
Ma rage pour le moins me fera faire place :
Il faut ainsi payer votre cruel secours. 1375

(Il se défait d'eux et les chasse à coups d'épée[4].)

---

1. *Var.* Loin de me secourir, vous croissez mes tourments. (1639-57)
2. *Var.* Et ma peau, qu'avec eux votre pitié m'arrache. (1639-57)
3. *Var.* Voyez comme mon sang en coule en mille lieux :
   Ne me déchirez plus, bourreaux officieux ;
   Fuyez, ou ma fureur une fois débordée
   Dans ces pieux devoirs vous prendra pour Médée. (1639-57)
4. Ce jeu de scène ne se trouve pas dans l'édition de 1639.

SCÈNE IV.

CRÉON, CRÉUSE, CLÉONE.

CRÉUSE.

Où fuyez-vous de moi, cher auteur de mes jours?
Fuyez-vous l'innocente et malheureuse source
D'où prennent tant de maux leur effroyable course?
Ce feu qui me consume et dehors et dedans[1]
Vous venge-t-il trop peu de mes vœux imprudents[2]?
    Je ne puis excuser mon indiscrète envie,
Qui donne le trépas à qui je dois la vie;
Mais soyez satisfait des rigueurs de mon sort,
Et cessez d'ajouter votre haine à ma mort.
L'ardeur qui me dévore, et que j'ai méritée,   1385
Surpasse en cruauté l'aigle de Prométhée,
Et je crois qu'Ixion, au choix des châtiments[3],
Préféreroit sa roue à mes embrasements.

CRÉON.

Si ton jeune desir eut beaucoup d'imprudence,
Ma fille, j'y devois[4] opposer ma défense.   1390
Je n'impute qu'à moi l'excès de mes malheurs,
Et j'ai part en ta faute ainsi qu'en tes douleurs.
Si j'ai quelque regret, ce n'est pas à ma vie,
Que le déclin des ans m'auroit bientôt ravie :
La jeunesse des tiens, si beaux, si florissants,   1395
Me porte au fond du cœur des coups bien plus pressants[5].
    Ma fille, c'est donc là ce royal hyménée
Dont nous pensions toucher la pompeuse journée!

---

1. *Var.* Ce feu qui me consomme et dehors et dedans. (1639)
2. *Var.* Punit-il point assez mes souhaits imprudents? (1639-57)
3. *Var.* Et je crois qu'Ixion, au choix des sentiments. (1639)
4. L'édition de 1682 a, par erreur : *devrois*, pour *devois*.
5. *Var.* Me porte bien des coups plus vifs et plus pressants. (1639-57)

La Parque impitoyable en éteint le flambeau[1],
Et pour lit nuptial il te faut un tombeau ! 1400
Ah ! rage, désespoir, destins, feux, poisons, charmes,
Tournez tous contre moi vos plus cruelles armes :
S'il faut vous assouvir par la mort de deux rois,
Faites en ma faveur que je meure deux fois,
Pourvu que mes deux morts emportent cette grâce 1405
De laisser ma couronne à mon unique race,
Et cet espoir si doux, qui m'a toujours flatté,
De revivre à jamais en sa postérité.

CRÉUSE.

Cléone, soutenez, je chancelle, je tombe[2] ;
Mon reste de vigueur sous mes douleurs succombe : 1410
Je sens que je n'ai plus à souffrir qu'un moment.
Ne me refusez pas ce triste allégement,
Seigneur, et si pour moi quelque amour vous demeure,
Entre vos bras mourants permettez que je meure.
Mes pleurs arrouseront[3] vos mortels déplaisirs ; 1415
Je mêlerai leurs eaux à vos brûlants soupirs.
Ah ! je brûle, je meurs, je ne suis plus que flamme ;
De grâce, hâtez-vous de recevoir mon âme[4].
Quoi ! vous vous éloignez[5] ?

CRÉON.

Oui, je ne verrai pas,

1. *Var.* L'impiteuse Clothon en porte le flambeau. (1639-57)
2. *Var.* Cléone, soutenez, les forces me défaillent,
   Et ma vigueur succombe aux douleurs qui m'assaillent ;
   Le cœur me va manquer, je n'en puis plus, hélas !
   Ne me refusez point ce funeste soulas,
   Monsieur, et si pour moi quelque amour vous demeure. (1639-57)
3. L'édition de 1663 est la seule qui porte *arroseront*.
4. *Var.* [De grâce, hâtez-vous de recevoir mon âme.]
   CRÉON. Ah ! ma fille. CRÉUSE. Ah ! mon père. CLÉONE. A ces embrassements,
   Qui retiendroit ses pleurs et ses gémissements ?
   Dans ces ardents baisers leurs âmes se confondent,
   Et leurs tristes sanglots seulement se répondent.
   CRÉUSE. Hé quoi ! vous me quittez ? [CRÉON. Oui, je ne verrai pas.] (1639)
5. *Var.* Quoi ! vous me refusez ? (1644-57)

ACTE V, SCÈNE IV.

Comme un lâche témoin, ton indigne trépas :   1420
Il faut, ma fille, il faut que ma main me délivre
De l'infâme regret de t'avoir pu survivre.
Invisible ennemi, sors avecque mon sang.
(Il se tue d'un poignard[1].)

CRÉUSE.

Courez à lui, Cléone : il se perce le flanc.

CRÉON.

Retourne : c'en est fait. Ma fille, adieu : j'expire,   1425
Et ce dernier soupir met fin à mon martyre :
Je laisse à ton Jason le soin de nous venger.

CRÉUSE.

Vain et triste confort! soulagement léger!
Mon père....

CLÉONE.

Il ne vit plus, sa grande âme est partie[2].

CRÉUSE.

Donnez donc à la mienne une même sortie :   1430
Apportez-moi ce fer qui, de ses maux vainqueur,
Est déjà si savant à traverser le cœur.
Ah! je sens fers, et feux, et poison, tout ensemble :
Ce que souffroit mon père à mes peines s'assemble.
Hélas! que de douceur[3] auroit un prompt trépas!   1435
Dépêchez-vous, Cléone : aidez mon foible bras.

CLÉONE.

Ne désespérez point : les Dieux, plus pitoyables,
A nos justes clameurs se rendront exorables,
Et vous conserveront, en dépit du poison,
Et pour reine à Corinthe, et pour femme à Jason.   1440
Il arrive, et surpris il change de visage :

---

1. Ces mots ne sont pas dans l'édition de 1639.
2. *Var.*   Il ne vit plus, sa belle âme est partie. (1639)
3. L'édition de 1682 a seule *douceurs*, au pluriel.

MÉDÉE.

Je lis dans sa pâleur une secrète rage,
Et son étonnement va passer en fureur.

SCÈNE V.

JASON, CRÉUSE, CLÉONE, THEUDAS.

JASON.

Que vois-je ici, grands Dieux! quel spectacle d'horreur[1]!
Où que puissent mes yeux porter ma vue errante, 1445
Je vois ou Créon mort, ou Créuse mourante.
Ne t'en va pas, belle âme : attends encore un peu,
Et le sang de Médée éteindra tout ce feu;
Prends le triste plaisir de voir punir son crime,
De te voir immoler cette infâme victime; 1450
Et que ce scorpion, sur la plaie écrasé[2],
Fournisse le remède au mal qu'il a causé.

CRÉUSE.

Il n'en faut point chercher au poison qui me tue :
Laisse-moi le bonheur d'expirer à ta vue,
Souffre que j'en jouisse en ce dernier moment : 1455
Mon trépas fera place à ton ressentiment;
Le mien cède à l'ardeur dont je suis possédée;
J'aime mieux voir Jason que la mort de Médée.
Approche, cher amant, et retiens ces transports :
Mais garde de toucher ce misérable corps; 1460
Ce brasier, que le charme ou répand ou modère,
A négligé Cléone, et dévoré mon père :
Au gré de ma rivale il est contagieux.
Jason, ce m'est assez de mourir à tes yeux :
Empêche les plaisirs qu'elle attend de ta peine; 1465

---

1. *Var.* Que vois-je ici, bons Dieux! quel spectacle d'horreur!
Quelque part que mes yeux portent ma vue errante. (1639-57)
2. *Var.* Et que ce scorpion sur ta plaie écrasé. (1639)

N'attire point ces feux esclaves de sa haine.
Ah! quel âpre tourment! quels douloureux abois!
Et que je sens de morts sans mourir une fois!

JASON.

Quoi! vous m'estimez donc si lâche que de vivre?
Et de si beaux chemins sont ouverts pour vous suivre!
Ma reine, si l'hymen n'a pu joindre nos corps,
Nous joindrons nos esprits, nous joindrons nos deux morts;
Et l'on verra Charon passer chez Rhadamante,
Dans une même barque, et l'amant et l'amante.
Hélas! vous recevez, par ce présent charmé, 1475
Le déplorable prix de m'avoir trop aimé;
Et puisque cette robe a causé votre perte,
Je dois être puni de vous l'avoir offerte[1].
Quoi! ce poison m'épargne, et ces feux impuissants
Refusent de finir les douleurs que je sens! 1480
Il faut donc que je vive, et vous m'êtes ravie!
Justes Dieux! quel forfait me condamne à la vie?
Est-il quelque tourment plus grand pour mon amour
Que de la voir mourir, et de souffrir le jour?
Non, non; si par ces feux mon attente est trompée, 1485
J'ai de quoi m'affranchir au bout de mon épée;
Et l'exemple du Roi, de sa main transpercé,
Qui nage dans les flots du sang qu'il a versé,
Instruit suffisamment un généreux courage
Des moyens de braver le destin qui l'outrage. 1490

CRÉUSE.

Si Créuse eut jamais sur toi quelque pouvoir,
Ne t'abandonne point aux coups du désespoir :

---

1. *Var.* [Je dois être puni de vous l'avoir offerte.]
Trop heureux si sa force agissant en mes mains
Eût de notre ennemie éventé les desseins,
Et détournant sur moi ses trames déloyales,
Mon âme eût satisfait pour deux âmes royales;
Mais ce poison m'épargne, et ces feux impuissants. (1639-57)

Vis pour sauver ton nom de cette ignominie,
Que Créuse soit morte, et Médée impunie;
Vis pour garder le mien en ton cœur affligé, 1495
Et du moins ne meurs point que tu ne sois vengé.

Adieu : donne la main; que malgré ta jalouse,
J'emporte chez Pluton le nom de ton épouse.
Ah! douleurs! C'en est fait, je meurs à cette fois,
Et perds en ce moment la vie avec la voix. 1500
Si tu m'aimes....

JASON.

Ce mot lui coupe la parole;
Et je ne suivrai pas son âme qui s'envole?
Mon esprit, retenu par ses commandements,
Réserve encor ma vie à de pires tourments[1]!
Pardonne, chère épouse, à mon obéissance; 1505
Mon déplaisir mortel défère à ta puissance,
Et de mes jours maudits tout prêt de triompher,
De peur de te déplaire, il n'ose m'étouffer.

Ne perdons point de temps, courons chez la sorcière,
Délivrer par sa mort mon âme prisonnière. 1510
Vous autres, cependant, enlevez ces deux corps :
Contre tous ses démons mes bras sont assez forts,
Et la part que votre aide auroit en ma vengeance
Ne m'en permettroit pas une entière allégeance.
Préparez seulement des gênes, des bourreaux; 1515
Devenez inventifs en supplices nouveaux,
Qui la fassent mourir tant de fois sur leur tombe,
Que son coupable sang leur vaille une hécatombe;
Et si cette victime, en mourant mille fois,

---

1. *Var.* [Réserve encor ma vie à de pires tourments!]
O honte! mes regrets permettent que je vive,
Et ne secourent pas ma main qu'elle captive;
Leur atteinte est trop foible, et dans un tel malheur
Je suis trop peu touché pour mourir de douleur.
[Pardonne, chère épouse, à mon obéissance.] (1639-57)

ACTE V, SCÈNE V.

N'apaise point encor les mânes de deux rois, 1520
Je serai la seconde; et mon esprit fidèle
Ira gêner là-bas son âme criminelle,
Ira faire assembler pour sa punition
Les peines de Titye à celles d'Ixion.

(Cléone et le reste emportent les corps[1] de Créon et de Créuse,
et Jason continue seul.)

Mais leur puis-je imputer ma mort en sacrifice ? 1525
Elle m'est un plaisir, et non pas un supplice.
Mourir, c'est seulement auprès d'eux me ranger;
C'est rejoindre Créuse, et non pas la venger.
Instruments des fureurs d'une mère insensée,
Indignes rejetons de mon amour passée, 1530
Quel malheureux destin vous avoit réservés
A porter le trépas à qui vous a sauvés ?
C'est vous, petits ingrats, que malgré la nature
Il me faut immoler dessus leur sépulture.
Que la sorcière en vous commence de souffrir : 1535
Que son premier tourment soit de vous voir mourir.
Toutefois qu'ont-ils fait, qu'obéir à leur mère ?

SCÈNE VI.

MÉDÉE, JASON.

MÉDÉE, en haut sur un balcon[2].

Lâche, ton désespoir encore en délibère ?
Lève les yeux, perfide, et reconnois ce bras
Qui t'a déjà vengé de ces petits ingrats : 1540

---

1. Il y a *le corps*, pour *les corps*, dans l'édition de 1682. — Ce jeu de scène manque dans l'édition de 1639.
2. *Var. Étant en haut sur un balcon.* (1657) — *Elle est en haut sur un balcon.* (1663, en marge.) — Cette indication manque dans l'édition de 1639.

Ce poignard que tu vois vient de chasser leurs âmes,
Et noyer dans leur sang les restes de nos flammes.
    Heureux père et mari, ma fuite et leur tombeau
Laissent la place vide à ton hymen nouveau[1].
Réjouis-t'en, Jason, va posséder Créuse : 1545
Tu n'auras plus ici personne qui t'accuse;
Ces gages de nos feux ne feront plus pour moi
De reproches secrets à ton manque de foi.

JASON.

Horreur de la nature, exécrable tigresse[2] !

MÉDÉE.

Va, bienheureux amant, cajoler ta maîtresse[3] : 1550
A cet objet si cher tu dois tous tes discours;
Parler encore à moi, c'est trahir tes amours.
Va lui, va lui conter tes rares aventures,
Et contre mes effets ne combats point d'injures.

JASON.

Quoi! tu m'oses braver, et ta brutalité 1555
Pense encore échapper à mon bras irrité?
Tu redoubles ta peine avec cette insolence.

MÉDÉE.

Et que peut contre moi ta débile vaillance?
Mon art faisoit ta force, et tes exploits[4] guerriers
Tiennent de mon secours ce qu'ils ont de lauriers. 1560

JASON.

Ah! c'est trop en souffrir : il faut qu'un prompt supplice

---

1. *Var.* Laisse la place vide à ton hymen nouveau. (1639)
2. Voyez la *Médée* d'Euripide, vers 1314, 1315.
3.   *I nunc, superbe, virginum thalamos pete.*
                (Sénèque, *Médée*, vers 1007.)

— Dans Euripide (vers 621-623), c'est avant la mort de Créuse que Médée dit à Jason : « Va, le désir de voir ta nouvelle épouse te subjugue.... Va l'épouser, etc. »

4. Au lieu de : *exploits*, on lit : *effets*, dans l'édition de 1682, ce qui est évidemment une faute.

De tant de cruautés à la fin te punisse.
Sus, sus, brisons la porte, enfonçons la maison[1] ;
Que des bourreaux soudain m'en fassent la raison :
Ta tête répondra de tant de barbaries. 1565

MÉDÉE, *en l'air dans un char tiré par deux dragons*[2].

Que sert de t'emporter à ces vaines furies ?
Épargne, cher époux, des efforts que tu perds ;
Vois les chemins de l'air qui me sont tous ouverts :
C'est par là que je fuis[3], et que je t'abandonne
Pour courir à l'exil que ton change m'ordonne. 1570
Suis-moi, Jason, et trouve en ces lieux désolés
Des postillons pareils à mes dragons ailés.
 Enfin je n'ai pas mal employé la journée
Que la bonté du Roi, de grâce, m'a donnée[4] ;
Mes desirs sont contents. Mon père et mon pays, 1575
Je ne me repens plus de vous avoir trahis ;
Avec cette douceur j'en accepte le blâme.
Adieu, parjure : apprends à connoître ta femme[5] ;
Souviens-toi de sa fuite, et songe une autre fois
Lequel est plus à craindre ou d'elle ou de deux rois. 1580

1.   . . . . *Huc, huc, fortis, armigeri, cohors,*
   Conferte tela, vertite ex imo domum.
        (Sénèque, *Médée*, vers 980, 981.)

2. Cette indication manque aussi dans l'édition de 1639.

3.   *Sic fugere soleo : patuit in cœlum via.*
        (*Ibidem*, vers 1022.)

4.   *Meus dies est : tempore accepto utimur.*
        (*Ibidem*, vers 1017.)

5.   . . . . *Conjugem agnoscis tuam?*
        (*Ibidem*, vers 1021.)

SCÈNE VII.

JASON.

O Dieux! ce char volant, disparu dans la nue,
La dérobe à sa peine, aussi bien qu'à ma vue;
Et son impunité triomphe arrogamment
Des projets avortés de mon ressentiment.
Créuse, enfants, Médée, amour, haine, vengeance, 1585
Où dois-je désormais chercher quelque allégeance?
Où suivre l'inhumaine, et dessous quels climats
Porter les châtiments de tant d'assassinats?
Va, furie exécrable, en quelque coin de terre
Que t'emporte ton char, j'y porterai la guerre : 1590
J'apprendrai ton séjour de tes sanglants effets,
Et te suivrai partout au bruit de tes forfaits.
Mais que me servira cette vaine poursuite,
Si l'air est un chemin toujours libre à ta fuite,
Si toujours tes dragons sont prêts à t'enlever, 1595
Si toujours tes forfaits ont de quoi me braver?
Malheureux, ne perds point contre une telle audace
De ta juste fureur l'impuissante menace;
Ne cours point à ta honte, et fuis l'occasion
D'accroître sa victoire[1] et ta confusion. 1600
Misérable! perfide! ainsi donc ta foiblesse
Épargne la sorcière, et trahit ta princesse!
Est-ce là le pouvoir qu'ont sur toi ses desirs,
Et ton obéissance à ses derniers soupirs?
Venge-toi, pauvre amant, Créuse le commande : 1605
Ne lui refuse point un sang qu'elle demande;
Écoute les accents de sa mourante voix,
Et vole sans rien craindre à ce que tu lui dois.

1. On a imprimé par erreur *victime*, pour *victoire*, dans l'édition de 1682.

A qui sait bien aimer il n'est rien d'impossible.
Eusses-tu pour retraite un roc inaccessible, 1610
Tigresse, tu mourras, et malgré ton savoir,
Mon amour te verra soumise à son pouvoir;
Mes yeux se repaîtront des horreurs de ta peine :
Ainsi le veut Créuse, ainsi le veut ma haine.
Mais quoi! je vous écoute, impuissantes chaleurs! 1615
Allez, n'ajoutez plus de comble à mes malheurs.
Entreprendre une mort que le ciel s'est gardée,
C'est préparer encore un triomphe à Médée.
Tourne avec plus d'effet sur toi-même ton bras,
Et punis-toi, Jason, de ne la punir pas. 1620
Vains transports, où sans fruit mon désespoir s'amuse,
Cessez de m'empêcher de rejoindre Créuse.
Ma reine, ta belle âme, en partant de ces lieux,
M'a laissé la vengeance; et je la laisse aux Dieux :
Eux seuls, dont le pouvoir égale la justice, 1625
Peuvent de la sorcière achever le supplice.
Trouve-le bon, chère ombre, et pardonne à mes feux
Si je vais te revoir plus tôt que tu ne veux[1].
(Il se tue[2].)

1. *Var.* Si je te vais revoir plus tôt que tu ne veux. (1639-57)
2. Ces mots ne se trouvent pas dans l'édition de 1639.

FIN DU CINQUIÈME ET DERNIER ACTE.

L'ILLUSION

COMÉDIE

1636

NOTICE.

CETTE pièce est fort importante pour l'histoire de notre théâtre et de notre littérature. Représentée en 1636, elle ne se trouve séparée que par quelques mois de ce merveilleux *Cid* dont on la croirait à tous égards si éloignée ; et pour peu qu'on la lise avec attention, l'on s'aperçoit, non sans surprise, qu'elle n'a pas été complétement inutile à Corneille pour la composition de son chef-d'œuvre, et qu'en écrivant *l'Illusion* il s'y préparait déjà.

Ce n'est pas du premier coup qu'il s'avise de produire sur notre théâtre cet héroïsme espagnol qui éclate si noblement dans *le Cid* : il commence par y représenter les rodomontades de Matamore ; mais on dirait qu'il lui est impossible de ne pas prendre par instants au sérieux la grandeur du Capitan, et en plus d'un endroit il s'élève comme involontairement au plus noble langage.

Matamore dit de lui-même, acte II, scène II (vers 233-236) :

> Le seul bruit de mon nom renverse les murailles,
> Défait les escadrons et gagne les batailles.
> Mon courage invaincu contre les empereurs
> N'arme que la moitié de ses moindres fureurs.

Boileau n'a eu que quelques mots à changer aux deux premiers de ces vers pour les transformer en un magnifique éloge d'un des plus grands héros de son temps :

> Condé, dont le seul nom fait tomber les murailles,
> Force les escadrons et gagne les batailles.
> *(Épître IV, au Roi, vers 133 et 134.)*

Le troisième renferme le mot *invaincu*, qui passa inaperçu

alors et n'attira l'attention que dans *le Cid*. Là, heureusement placé, il parut noble, énergique, sublime, et Corneille en fut, bien mal à propos [1], déclaré l'inventeur par plusieurs de ses contemporains.

Le passage qui va suivre trouverait certes aussi sa place très-naturellement dans *le Cid*, et ne déparerait en rien ce chef-d'œuvre :

> Respect de ma maîtresse, incommode vertu,
> Tyran de ma vaillance, à quoi me réduis-tu ?
> Que n'ai-je eu cent rivaux en la place d'un père,
> Sur qui, sans t'offenser, laisser choir ma colère ?
> (Acte III, scène IV, vers 735-738.)

Ces rapprochements suffisent pour faire voir que la parole du Matamore de Corneille n'est pas toujours ridicule en elle-même, et que dans le langage outré qu'il lui prête il y a de ces fières hyperboles qu'il a su plus tard ennoblir en les plaçant dans la bouche de vrais héros.

Ce personnage du Matamore, introduit par notre poëte dans *l'Illusion*, était depuis longtemps déjà un des principaux acteurs de la farce; mais c'était la seconde fois seulement qu'on le faisait parler en vers : c'est du moins ce que nous apprend le sieur Mareschal. Voici comme il s'exprime dans l'avertissement d'une comédie intitulée : *le Railleur ou la Satyre du temps*, représentée en 1636 : « Je dirai pourtant en sa faveur que c'est le premier capitan en vers qui a paru dans la scène française, qu'il n'a point eu d'exemple et de modèle devant lui, et qu'il a précédé, au moins du temps, deux autres qui l'ont surpassé en tout le reste, et qui sont sortis de deux plumes si fameuses et comiques dans *l'Illusion* et *les Visionnaires* [2]. »

En 1637 ou 1638, le même Mareschal fit représenter sur le théâtre du Marais *le Véritable Capitan Matamore ou le Fanfaron*, tiré du *Miles gloriosus* de Plaute; mais son imitation ne se tient pas fort près du texte : « Je n'ai point, dit-il, introduit sur le théâtre un Pyrgopolinice plus badin que fanfaron, mais j'ai tâché de peindre au naturel ce vivant matamore du

---

1. Voyez le *Lexique*. — 2. Par Desmarest.

théâtre du Marais, cet original sans copie, ce personnage admirable qui ravit également les grands et le peuple, les doctes et les ignorants. »

Il nous reste beaucoup d'autres pièces destinées à cet acteur alors célèbre, ainsi vanté par Mareschal : la plus connue est *le Capitan Matamore*, comédie de Scarron, en vers de huit syllabes sur la seule rime *ment*; cet ouvrage est précédé de plusieurs prologues intitulés : *les Boutades du Capitan Matamore*.

Selon les frères Parfait, ce personnage fut rempli à l'hôtel de Bourgogne et sur le théâtre du Marais par un comédien « dont on ignore le nom. » M. Aimé Martin prétend, mais sans en donner aucune preuve, que ce comédien n'était autre que Bellerose; M. Taschereau établit fort bien, au contraire, qu'il s'agit de Bellemore. Il cite à l'appui de son assertion ce passage de l'historiette de Tallemant des Réaux relative à Mondory : « Ce fut lui (Mondory) qui fit venir Bellemore, dit *le Capitan-Matamore*, bon acteur. Il quitta le théâtre parce que Desmarets lui donna, à la chaude, un coup de canne derrière le théâtre de l'Hôtel Richelieu. Il se fit ensuite commissaire de l'artillerie et y fut tué. Il n'osa se venger de Desmarets, à cause du Cardinal qui ne le lui eût pas pardonné. »

Le peu d'exactitude du renseignement donné par M. Aimé Martin ne permet guère d'ajouter foi à la note, d'une apparence fort romanesque, qu'il a placée, sans indiquer ses sources ni ses preuves, au commencement de *l'Illusion*. « Dans cette pièce, dit-il, le célèbre comédien Mondory est représenté sous le nom de Clindor dont il jouait le rôle, et une partie de ses aventures sont racontées à la fin du premier acte. Avant d'être un grand artiste, et bien jeune encore, il avait composé des *parades* et des *ponts-neufs*, puis après diverses fortunes il s'était fait clerc de procureur. Corneille s'est représenté lui-même sous le masque du magicien Alcandre, et le duc d'Épernon paraît avoir été le modèle du Capitan gascon. Pendant son séjour à Bordeaux, Mondory avait fait partie de la maison de ce grand seigneur, et c'est lui probablement qui signala à Corneille les principaux traits de ce caractère. *L'Illusion comique* n'est donc qu'un cadre plus ou moins bizarre, où le poëte se met en scène avec son acteur chéri. Il lui avait autrefois confié le sort de *Mélite*, et Mondory s'était montré digne de cette confiance en coopérant de tous ses talents au succès de cette première pièce. Ici Corneille trace l'apologie du grand artiste; il raconte au public ses bonnes et ses mauvaises fortunes, et veut qu'on applaudisse sa constance et son courage comme on applaudit son génie. C'était lui témoigner dignement sa reconnaissance, car la pièce n'avait pas d'autre but que de relever Mondory aux yeux de son père, qui s'effarouchait d'avoir un fils comédien. »

Que Mondory ait joué Clindor, cela est probable sans être prouvé, mais tout le reste ne repose pas même sur des hypothèses vraisemblables.

On sait très-peu de chose sur la première partie de la vie de cet acteur; toutefois, si l'on en croit Tallemant, qui à coup sûr se serait plu au récit d'une jeunesse si aventureuse, il entra au théâtre le plus simplement du monde. Les frères Parfait ont prétendu qu'il était d'Orléans[1], mais un des adversaires de Corneille dans la querelle du *Cid*, Mairet, l'appelle « notre Roscius auvergnat[2]. » Marguerite Perrier, nièce de Pascal, dit en effet, dans ses *Mémoires de famille*, qu'il était de Clermont, « et avoit pris le nom de Mondory parce que son parrain, qui étoit un homme de condition de cette ville, s'appeloit M. de Mondory[3]. » Tallemant le fait naître dans une autre localité, mais dans la même province : « Il étoit fils d'un juge ou d'un procureur fiscal de Tiers en Auvergne, où l'on faisoit autrefois toutes les cartes à jouer. Pour lui, il se disoit fils de juge. Son père l'envoya à Paris chez un procureur. On dit que ce procureur, qui aimoit assez la comédie, lui conseilla d'y aller les fêtes et les dimanches, et qu'il y dépenseroit et s'y débaucheroit moins que partout ailleurs. Il y prit tant de plaisir qu'il se fit comédien lui-même ; et quoiqu'il n'eût que seize ans, on lui donnoit des principaux personnages, et insensiblement il fut le chef d'une troupe composée de le Noir et de sa femme, qui avoient été au prince d'Orange. »

Que le duc d'Épernon ait eu certains rapports de caractère avec Matamore, cela peut bien être ; mais il n'était pas le seul

---

1. *Histoire du Théâtre françois*, tome V, p. 96.
2. *Épître familière*, p. 17.
3. *Bibliothèque de l'École des chartes*, 1re série, tome V, p. 317.

alors : quant aux ressemblances entre Corneille et le magicien Alcandre, nous avouons qu'elles nous échappent tout à fait.

Vers la fin du cinquième acte, Corneille nous introduit au milieu de la troupe, qui partage la recette : « Tous les comédiens, dit-il, paroissent avec leur portier, qui comptent de l'argent sur une table, et en prennent chacun leur part. » Ce n'est point là un tableau de fantaisie, c'est la peinture fidèle de ce qui se passait à cette époque. Samuel Chapuzeau nous fait ainsi connaître le détail de cette opération : « La comédie achevée et le monde retiré, les comédiens font tous les soirs le compte de la recette du jour, où chacun peut assister, mais où d'office doivent se trouver le trésorier, le secrétaire et le contrôleur, l'argent leur étant apporté par le receveur du bureau.... L'argent compté, on lève d'abord les frais journaliers, et, quelquefois en de certains cas, ou pour acquitter une dette peu à peu, ou pour faire quelque avance nécessaire, on lève ensuite la somme qu'on a réglée. Ces articles mis à part, ce qui reste de liquide est partagé sur-le-champ, et chacun emporte ce qui lui convient[1]. »

C'est après cette scène que vient ce bel éloge du théâtre et de l'art du comédien, qui dut contribuer puissamment à donner une noble idée de cette profession, si discréditée jusqu'alors.

La vie honorable de Floridor[2], et surtout l'arrêt qui déclare qu'on ne déroge pas en jouant la comédie[3], accomplirent la révolution que notre poëte avait si heureusement préparée ; le

---

1. *Le Théâtre françois*, p. 174.
2. Josias de Soulas, écuyer, sieur de Floridor, succéda, au théâtre du Marais, à d'Orgemont, dans l'emploi d'orateur de la troupe; ensuite il remplaça Bellerose à l'hôtel de Bourgogne. Nous aurons à parler avec quelques détails de la façon dont il jouait Massinisse dans la *Sophonisbe* de Corneille. Il mourut vers 1672. Il eut trois enfants : un fils et deux filles. Son fils fut prêtre de la paroisse de Saint-Sauveur; sa fille aînée épousa le fils de Montfleury, et la cadette, un sieur Bigodet, qui devint fermier général après son mariage. Voyez *Histoire du Théâtre françois*, tome VIII, p. 217, et la note suivante.
3. Voici le titre exact de cet arrêt : *Arrêt du conseil d'État du Roi, en faveur du sieur de Floridor, comédien du Roi, contre les commis à la recherche des usurpateurs de noblesse; qui prouve que la qualité de comédien ne déroge point.* (Extrait des registres du conseil d'État du 10 septembre 1668.) On y lit que Floridor entra « dans les gardes

genre dramatique s'empara dans notre littérature de la place la plus importante, et ses interprètes obtinrent dès lors, quand ils surent s'en rendre dignes, un rang des plus distingués dans la société française.

Nous ne saurions fixer sûrement la durée du succès de cette pièce. Corneille nous apprend qu'elle se jouait encore plus de trente ans après l'époque de la première représentation[1]; mais tout porte à croire qu'elle ne survécut pas à son auteur. Le dix-huitième siècle en voulait fort à cet ouvrage étrange. Il n'a trouvé grâce que devant le directeur actuel du Théâtre-Français, M. Édouard Thierry, qui l'a fait représenter l'année dernière (1861) pour le deux cent cinquante-cinquième anniversaire de la naissance de Corneille. Le spirituel critique a pensé que cette hardiesse avait besoin, même de notre temps, d'être excusée et préparée par toutes sortes de précautions. Il a cru utile de rétablir dans cette circonstance l'usage du petit discours que le chef de troupe venait prononcer jadis pour annoncer une représentation importante; seulement c'est dans le feuilleton du *Moniteur* qu'il s'est adressé au public.

« N'y eût-il dans *l'Illusion*, dit M. Édouard Thierry, que ce cri d'orgueil, ou plutôt ce cri de bonheur jeté par Corneille à l'heure où son génie se réveille et prend possession de lui-même[2], il me semble que la pièce valait la peine d'être reprise au moins une fois et pour l'anniversaire de la naissance du grand ancêtre. Je l'ai cru, je le crois encore, puisque la représentation aura lieu jeudi prochain[3]. Seulement, il faut bien le

---

du roi Louis XIII, père de S. M., où il porta le mousquet dans la compagnie du sieur de la Besne, et depuis servit en qualité d'enseigne dans le régiment de Rambierre; et après, la réforme de quelques compagnies de ce régiment lui fit prendre le parti de la comédie, dans laquelle il a servi depuis vingt-cinq ans, comme il fait encore à présent, au divertissement de S. M. »

1. Voyez p. 433.

2. Cessez de vous en plaindre. A présent le théâtre
Est en un point si haut que chacun l'idolâtre,
Et ce que votre temps voyoit avec mépris
Est aujourd'hui l'amour de tous les bons esprits.
(Vers 1645-1648.)

3. Le 6 juin 1861.

NOTICE. 429

dire, la représentation ne sera pas complète. Si le cadre de *l'Illusion* est original et curieux, la suite des tableaux qui s'y adaptent n'est pas toujours intéressante. Le petit roman qui devait plaire au dix-septième siècle a vieilli longtemps avant d'arriver au dix-neuvième ; je me suis permis de l'abréger en plus d'un endroit où Corneille, encore disciple de Théophile, abusait singulièrement du monologue. L'acte de la prison[1] a été retranché. Ce n'est pas tout. La tragédie que jouent Isabelle et Clindor dans la pièce de Corneille est certainement bien arrangée pour entretenir l'illusion du père et faire passer le spectateur, sans qu'il y prenne garde, des aventures réelles de Clindor au poëme dramatique qu'il représente sur le théâtre ; mais la scène n'est ni tragique ni touchante, et elle est dangereuse[2].... Voilà comment Clindor en est venu, ou plutôt en viendra jeudi prochain à jouer un fragment du premier acte de *Don Sanche d'Aragon*. Vous me direz que *l'Illusion* a devancé *Don Sanche* de quatorze ans : que voulez-vous ? Les deux pièces se seront rapprochées depuis. Vous me direz que don Sanche n'est pas assassiné : d'accord ; mais les trois rivaux qu'il provoque en combat singulier mettent à la fois l'épée à la main contre lui, et c'est peut-être assez pour que son père le croie déjà mort. En tout cas, si je ne m'étais pas plus permis que je ne devais, je n'écrirais pas aujourd'hui cette longue lettre où je réclame l'indulgence de tout le monde. »

Pour notre part, nous aurions préféré que la pièce fût jouée sans aucun changement ; mais quel reproche faire à qui s'accuse de si bonne grâce ? M. Édouard Thierry est un amateur délicat, consommé ; mais en directeur habile il a cru devoir suivre plutôt le goût d'autrui que le sien propre, et a sacrifié une partie du texte de Corneille pour faire accepter plus facilement au public la pièce oubliée qu'il lui présentait.

Le succès a d'ailleurs pleinement justifié cette tentative, que moins de prudence aurait pu faire échouer. Ce n'est qu'avec le temps qu'on produira enfin sur le théâtre les œuvres de nos auteurs classiques dans l'intégrité de leur texte, et avec cette minutieuse exactitude qui n'est permise que depuis bien peu d'années, même à leurs éditeurs.

1. Le quatrième.
2. Commencement du cinquième acte.

L'ILLUSION.

Le 6 juin 1862, le deux cent cinquante-sixième anniversaire de la naissance de Corneille a encore fourni l'occasion d'une nouvelle reprise de *l'Illusion*, qui n'a pas été moins bien accueillie que l'année précédente.

La première publication de cette comédie forme un volume in-4°, composé de 4 feuillets liminaires et de 124 pages. Voici son titre exact :

L'Illvsion comiqve, comedie; *à Paris, chez François Targa.... M.DC.XXXIX. Auec priuilege du Roy.*

Ce privilége est du 11 février 1639, et l'achevé d'imprimer porte la date du 16 mars. Corneille, rappelé à Rouen entre ces deux époques, comme il nous l'apprend dans sa dédicace, ne put corriger les épreuves de cet ouvrage. Il y remédia de son mieux par une liste des : « Fautes Notables survenues à l'Impression; » mais ce soin de l'illustre poëte n'a guère profité à ses éditeurs, et M. Lefèvre en a tenu si peu de compte qu'il a imprimé comme variantes la plupart des fautes que Corneille avait signalées.

A partir de 1660, le titre se modifie et devient simplement *l'Illusion.*

A MADEMOISELLE M. F. D. R.[1]

Mademoiselle,

Voici un étrange monstre que je vous dédie. Le premier acte n'est qu'un prologue, les trois suivants font une comédie imparfaite, le dernier est une tragédie : et tout cela, cousu ensemble, fait une comédie. Qu'on en nomme l'invention bizarre et extravagante tant qu'on voudra, elle est nouvelle; et souvent la grâce de la nou-

---

1. Cette épître n'est que dans les éditions antérieures à 1660. — Les initiales cachent-elles un nom réel? Aucun éditeur n'est parvenu jusqu'ici à le découvrir. — Dans l'impression de 1639 on lit partout *Madamoiselle*, au lieu de *Mademoiselle.*

veauté, parmi nos François, n'est pas un petit degré de bonté. Son succès ne m'a point fait de honte sur le théâtre, et j'ose dire que la représentation de cette pièce capricieuse ne vous a point déplu, puisque vous m'avez commandé de vous en adresser l'épître quand elle iroit sous la presse. Je suis au désespoir de vous la présenter en si mauvais état, qu'elle en est méconnoissable : la quantité de fautes que l'imprimeur a ajoutées aux miennes la déguise, ou pour mieux dire, la change entièrement. C'est l'effet de mon absence de Paris, d'où mes affaires m'ont rappelé sur le point qu'il l'imprimoit, et m'ont obligé d'en abandonner les épreuves à sa discrétion. Je vous conjure de ne la lire point que vous n'ayez pris la peine de corriger ce que vous trouverez marqué en suite de cette épître. Ce n'est pas que j'y aye employé toutes les fautes qui s'y sont coulées ; le nombre en est si grand qu'il eût épouvanté le lecteur : j'ai seulement choisi celles qui peuvent apporter quelque corruption notable au sens, et qu'on ne peut pas deviner aisément. Pour les autres, qui ne sont que contre la rime, ou l'orthographe, ou la ponctuation, j'ai cru que le lecteur judicieux y suppléeroit sans beaucoup de difficulté, et qu'ainsi il n'étoit pas besoin d'en charger cette première feuille[1]. Cela m'apprendra à ne hasarder plus de pièces à l'impression durant mon absence. Ayez assez de bonté pour ne dédaigner pas celle-ci, toute déchirée qu'elle est ; et vous m'obligerez d'autant plus à demeurer toute ma vie,

  MADEMOISELLE,

    Le plus fidèle et le plus passionné de vos serviteurs,

            CORNEILLE.

[1]. Voyez la *Notice*, p. 430.

EXAMEN.

Je dirai peu de chose de cette pièce : c'est une galanterie extravagante qui a tant d'irrégularités, qu'elle ne vaut pas la peine de la considérer, bien que la nouveauté de ce caprice en aye rendu le succès assez favorable pour ne me repentir pas d'y avoir perdu quelque temps. Le premier acte ne semble qu'un prologue; les trois suivants forment une pièce, que je ne sais comment nommer : le succès en est tragique; Adraste y est tué, et Clindor en péril de mort; mais le style et les personnages sont entièrement de la comédie. Il y en a même un qui n'a d'être que dans l'imagination, inventé exprès pour faire rire, et dont il ne se trouve point d'original parmi les hommes : c'est un capitan qui soutient assez son caractère de fanfaron, pour me permettre de croire qu'on en trouvera peu, dans quelque langue que ce soit, qui s'en acquittent mieux. L'action n'y est pas complète, puisqu'on ne sait, à la fin du quatrième acte qui la termine, ce que deviennent les principaux acteurs, et qu'ils se dérobent plutôt au péril qu'ils n'en triomphent. Le lieu y est assez régulier, mais l'unité de jour n'y est pas observée. Le cinquième est une tragédie assez courte pour n'avoir pas la juste grandeur que demande Aristote et que j'ai tâché d'expliquer. Clindor et Isabelle, étant devenus comédiens sans qu'on le sache, y représentent une histoire qui a du rapport avec la leur, et semble en être la suite. Quelques-uns ont attribué cette conformité à un manque d'invention, mais c'est un trait d'art pour mieux abuser par une fausse mort le père de Clindor qui les regarde, et rendre son retour de la douleur à la joie plus surprenant et plus agréable.

Tout cela cousu ensemble fait une comédie dont l'action n'a pour durée que celle de sa représentation, mais sur quoi il ne feroit pas sûr[1] de prendre exemple. Les caprices de cette nature ne se hasardent qu'une fois; et quand l'original auroit passé pour merveilleux, la copie n'en peut jamais rien valoir. Le style semble assez proportionné aux matières, si ce n'est que Lyse, en la sixième scène du troisième acte, semble s'élever un peu trop au-dessus du caractère de servante. Ces deux vers d'Horace lui serviront d'excuse, aussi bien qu'au père du Menteur, quand il se met en colère contre son fils au cinquième :

Interdum tamen et vocem comœdia tollit,
Iratusque Chremes tumido delitigat ore[2].

Je ne m'étendrai pas davantage sur ce poëme : tout irrégulier qu'il est, il faut qu'il aye quelque mérite, puisqu'il a surmonté l'injure des temps, et qu'il paroît encore sur nos théâtres, bien qu'il y aye plus de trente années[3] qu'il est au monde; et qu'une si longue révolution en aye enseveli beaucoup sous la poussière, qui sembloient avoir plus de droit que lui de prétendre à une si heureuse durée.

1. Var. (édit. de 1663 et de 1664) : il ne seroit pas sûr.
2. *Art poétique*, vers 93 et 94.
3. On lit ainsi à partir de l'impression de 1668; dans les éditions antérieures : « plus de vingt et cinq années. »

ACTEURS.

ALCANDRE, magicien.
PRIDAMANT, père de Clindor.
DORANTE, ami de Pridamant.
MATAMORE, Capitan gascon, amoureux d'Isabelle.
CLINDOR, suivant du Capitan et amant d'Isabelle.
ADRASTE, gentilhomme, amoureux d'Isabelle.
GÉRONTE, père d'Isabelle.
ISABELLE, fille de Géronte.
LYSE, servante d'Isabelle.
GEÔLIER de Bordeaux.
PAGE du Capitan.
CLINDOR[1], représentant THÉAGÈNE, seigneur anglois.
ISABELLE, représentant HIPPOLYTE, femme de Théagène.
LYSE, représentant CLARINE, suivante d'Hippolyte[2].
ÉRASTE, écuyer de Florilame.
TROUPE DE DOMESTIQUES D'ADRASTE.
TROUPE DE DOMESTIQUES DE FLORILAME.

La scène est en Touraine, en une campagne proche
de la grotte du Magicien[3]

---

1. L'indication de ce rôle et des deux suivants manque dans l'édition de 1639.
2. On lit de plus, à la suite de ce rôle, dans les éditions de 1639-1657 : ROSINE, *princesse d'Angleterre, femme de Florilame*
3. Le lieu de la scène n'est pas marqué dans l'édition de 1639.

L'ILLUSION.

COMÉDIE.

ACTE I.

SCÈNE PREMIÈRE.
PRIDAMANT, DORANTE.

DORANTE.

Ce mage, qui d'un mot renverse la nature[1],
N'a choisi pour palais que cette grotte obscure.
La nuit qu'il entretient sur cet affreux séjour,
N'ouvrant son voile épais qu'aux rayons d'un faux jour,
De leur éclat douteux n'admet en ces lieux sombres   5
Que ce qu'en peut souffrir le commerce des ombres.
N'avancez pas : son art au pied de ce rocher
A mis de quoi punir qui s'en ose approcher;
Et cette large bouche est un mur invisible,
Où l'air en sa faveur devient inaccessible,   10
Et lui fait un rempart, dont les funestes bords
Sur un peu de poussière étalent mille morts.
Jaloux de son repos plus que de sa défense,
Il perd qui l'importune, ainsi que qui l'offense;

---

1. *Var.* Ce grand mage, dont l'art commande à la nature. (1639-57)

436 L'ILLUSION.

Malgré l'empressement d'un curieux desir[1], 15
Il faut, pour lui parler, attendre son loisir :
Chaque jour il se montre, et nous touchons à l'heure
Où pour se divertir il sort de sa demeure[2].

PRIDAMANT.

J'en attends peu de chose, et brûle de le voir.
J'ai de l'impatience, et je manque d'espoir. 20
Ce fils, ce cher objet de mes inquiétudes,
Qu'ont éloigné de moi des traitements trop rudes,
Et que depuis dix ans je cherche en tant de lieux,
A caché pour jamais sa présence à mes yeux.
   Sous ombre qu'il prenoit un peu trop de licence, 25
Contre ses libertés je roidis ma puissance;
Je croyois le dompter à force de punir[3],
Et ma sévérité ne fit que le bannir.
Mon âme vit l'erreur dont elle étoit séduite :
Je l'outrageois présent, et je pleurai sa fuite; 30
Et l'amour paternel me fit bientôt sentir
D'une injuste rigueur un juste repentir.
Il l'a fallu chercher : j'ai vu dans mon voyage
Le Pô, le Rhin, la Meuse, et la Seine, et le Tage :
Toujours le même soin travaille mes esprits; 35
Et ces longues erreurs[4] ne m'en ont rien appris.
Enfin, au désespoir de perdre tant de peine,
Et n'attendant plus rien de la prudence humaine,
Pour trouver quelque borne à tant de maux soufferts[5],
J'ai déjà sur ce point consulté les enfers. 40
J'ai vu les plus fameux en la haute science[6]

1. *Var.* Si bien que ceux qu'amène un curieux desir
Pour consulter Alcandre attendent son loisir. (1639-57)
2. *Var.* Que pour se divertir il sort de sa demeure. (1639-64)
3. *Var.* Je croyois le réduire à force de punir. (1639-57)
4. *Longues erreurs*, longs voyages.
5. *Var.* Pour trouver quelque fin à tant de maux soufferts. (1639)
6. *Var.* J'ai vu les plus fameux en ces noires sciences
Dont vous dites qu'lAcandre a tant d'expériences. (1639-57)

ACTE I, SCÈNE I.   437

Dont vous dites qu'Alcandre a tant d'expérience :
On m'en faisoit l'état que vous faites de lui[1],
Et pas un d'eux n'a pu soulager mon ennui.
L'enfer devient muet quand il me faut répondre,   45
Ou ne me répond rien qu'afin de me confondre.

DORANTE.

Ne traitez pas Alcandre en homme du commun;
Ce qu'il sait en son art n'est connu de pas un.
　Je ne vous dirai point qu'il commande au tonnerre,
Qu'il fait enfler les mers, qu'il fait trembler la terre;   50
Que de l'air, qu'il mutine en mille tourbillons,
Contre ses ennemis il fait des bataillons;
Que de ses mots savants les forces inconnues
Transportent les rochers, font descendre les nues,
Et briller dans la nuit l'éclat de deux soleils;   55
Vous n'avez pas besoin de miracles pareils :
Il suffira pour vous qu'il lit dans les pensées,
Qu'il connoît l'avenir et les choses passées[2];
Rien n'est secret pour lui dans tout cet univers,
Et pour lui nos destins sont des livres ouverts.   60
Moi-même, ainsi que vous, je ne pouvois le croire :
Mais sitôt qu'il me vit, il me dit mon histoire;
Et je fus étonné d'entendre le discours[3]
Des traits les plus cachés de toutes mes amours[4].

PRIDAMANT.

Vous m'en dites beaucoup.

DORANTE.

　　　　　　　J'en ai vu davantage.   65

PRIDAMANT.

Vous essayez en vain de me donner courage;

1. *Var.* On en faisoit l'état que vous faites de lui. (1639-57)
2. *Var.* Et connoît l'avenir et les choses passées. (1639)
3. *Var.* Et je fus étonné d'entendre les discours. (1639)
4. *Var.* Des traits les plus cachés de mes jeunes amours. (1639-60)

438 L'ILLUSION.

Mes soins et mes travaux verront, sans aucun fruit,
Clore mes tristes jours d'une éternelle nuit.

DORANTE.

Depuis que j'ai quitté le séjour de Bretagne
Pour venir faire ici le noble de campagne, 70
Et que deux ans d'amour, par une heureuse fin,
M'ont acquis Sylvérie et ce château voisin,
De pas un, que je sache, il n'a déçu l'attente :
Quiconque le consulte en sort l'âme contente.
Croyez-moi, son secours n'est pas à négliger : 75
D'ailleurs il est ravi quand il peut m'obliger,
Et j'ose me vanter qu'un peu de mes prières
Vous obtiendra de lui des faveurs singulières.

PRIDAMANT.

Le sort m'est trop cruel pour devenir si doux.

DORANTE.

Espérez mieux : il sort, et s'avance vers nous[1]. 80
Regardez-le marcher; ce visage si grave,
Dont le rare savoir tient la nature esclave,
N'a sauvé toutefois des ravages du temps
Qu'un peu d'os et de nerfs qu'ont décharnés cent ans;
Son corps, malgré son âge, a les forces robustes, 85
Le mouvement facile, et les démarches justes :
Des ressorts inconnus agitent le vieillard,
Et font de tous ses pas[2] des miracles de l'art.

SCÈNE II.

ALCANDRE, PRIDAMANT, DORANTE.

DORANTE.

Grand démon du savoir, de qui les doctes veilles

---

1. *Var.* Espérez mieux : il sort, et s'avance vers vous. (1639)
2. L'édition de 1639 donne, par erreur sans doute, *ces pas*, pour *ses pas*. Un peu plus bas, au vers 98, il y a de même *ces bras*, pour *ses bras*.

ACTE I, SCÈNE II.

Produisent chaque jour de nouvelles merveilles, 90
A qui rien n'est secret dans nos intentions,
Et qui vois, sans nous voir, toutes nos actions :
Si de ton art divin le pouvoir admirable
Jamais en ma faveur se rendit secourable,
De ce père affligé soulage les douleurs ; 95
Une vieille amitié prend part en ses malheurs.
Rennes ainsi qu'à moi lui donna la naissance[1],
Et presque entre ses bras j'ai passé mon enfance ;
Là son fils, pareil d'âge et de condition[2],
S'unissant avec moi d'étroite affection.... 100

ALCANDRE.

Dorante, c'est assez, je sais ce qui l'amène :
Ce fils est aujourd'hui le sujet de sa peine.
    Vieillard, n'est-il pas vrai que son éloignement
Par un juste remords te gêne incessamment ?
Qu'une obstination à te montrer sévère 105
L'a banni de ta vue, et cause ta misère ?
Qu'en vain, au repentir de ta sévérité,
Tu cherches en tous lieux ce fils si maltraité ?

PRIDAMANT.

Oracle de nos jours, qui connois toutes choses[3],
En vain de ma douleur je cacherois les causes ; 110
Tu sais trop quelle fut mon injuste rigueur,
Et vois trop clairement les secrets de mon cœur.
Il est vrai, j'ai failli ; mais pour mes injustices
Tant de travaux en vain sont d'assez grands supplices :
Donne enfin quelque borne à mes regrets cuisants, 115
Rends-moi l'unique appui de mes débiles ans.
Je le tiendrai rendu si j'en ai des nouvelles[4] ;

---

1. *Var.* Rennes ainsi qu'à moi lui donne la naissance. (1639)
2. *Var.* Là de son fils et moi naquit l'affection :
   Nous étions pareils d'âge et de condition. (1639-57)
3. *Var.* Oracle de nos jours, qui connoît toutes choses. (1639)
4. *Var.* Je le tiendrai rendu si j'en sais des nouvelles. (1639-68)

440   L'ILLUSION.

L'amour pour le trouver me fournira des ailes.
Où fait-il sa retraite? en quels lieux dois-je aller?
Fût-il au bout du monde, on m'y verra voler.   120

ALCANDRE.

Commencez d'espérer : vous saurez par mes charmes
Ce que le ciel vengeur refusoit à vos larmes.
Vous reverrez ce fils plein de vie et d'honneur :
De son bannissement il tire son bonheur.
C'est peu de vous le dire : en faveur de Dorante   125
Je vous veux faire voir sa fortune éclatante[1].
Les novices de l'art, avec tous leurs encens[2],
Et leurs mots inconnus, qu'ils feignent tout-puissants,
Leurs herbes, leurs parfums et leurs cérémonies[3],
Apportent au métier des longueurs infinies,   130
Qui ne sont, après tout, qu'un mystère pipeur
Pour se faire valoir et pour vous faire peur[4] :
Ma baguette à la main, j'en ferai davantage.

(Il donne un coup de baguette, et on tire un rideau derrière lequel
sont en parade les plus beaux habits des comédiens.)

Jugez de votre fils par un tel équipage :
Eh bien! celui d'un prince a-t-il plus de splendeur?
Et pouvez-vous encor douter de sa grandeur[5]?

---

1. *Var.* Je veux vous faire voir sa fortune éclatante. (1639-64)
2. *Var.* Les novices de l'art, avecque leurs encens. (1639-57)
3. L'édition originale (1639) nous offre ici une variante qui pourrait s'expliquer, mais qui est corrigée comme une faute dans l'errata :

Leurs herbes, fleurs, parfums et leurs cérémonies.

4. *Var.* Pour les faire valoir et pour vous faire peur. (1639)
5. Chapuzeau, dans un chapitre de son *Théâtre françois* qui a pour titre *Grande dépense en habits* (p. 170), nous donne quelques détails qui prouvent que Pridamant parle ici sans aucune exagération : « Cet article de la dépense des comédiens est plus considérable qu'on ne s'imagine. Il y a peu de pièces nouvelles qui ne leur coûtent de nouveaux ajustements, et le faux or ni le faux argent qui rougissent bientôt n'y étant pas employés, un habit à la romaine ira souvent à cinq cents écus. Ils aiment mieux user de ménage en toute autre chose pour donner plus de contentement au public, et il y a tel comédien dont l'équipage vaut plus de dix mille francs. Il est vrai que lors-

ACTE I, SCÈNE II.

PRIDAMANT.
D'un amour paternel vous flattez les tendresses ;
Mon fils n'est point de rang à porter ces richesses[1],
Et sa condition ne sauroit consentir[2]
Que d'une telle pompe il s'ose revêtir.
ALCANDRE.
Sous un meilleur destin sa fortune rangée,
Et sa condition avec le temps changée,
Personne maintenant n'a de quoi murmurer
Qu'en public de la sorte il aime à se parer[3].
PRIDAMANT.
A cet espoir si doux j'abandonne mon âme ;
Mais parmi ces habits je vois ceux d'une femme :
Seroit-il marié ?
ALCANDRE.
Je vais de ses amours
Et de tous ses hasards vous faire le discours.
Toutefois, si votre âme étoit assez hardie,
Sous une illusion vous pourriez voir sa vie,
Et tous ses accidents[4] devant vous exprimés
Par des spectres pareils à des corps animés :
Il ne leur manquera ni geste ni parole.
PRIDAMANT.
Ne me soupçonnez point d'une crainte frivole :
Le portrait de celui que je cherche en tous lieux
Pourroit-il par sa vue épouvanter mes yeux ?

qu'ils représentent une pièce qui n'est uniquement que pour les plaisirs du Roi, les gentilshommes de la chambre ont ordre de donner à chaque acteur, pour les ajustements nécessaires, une somme de cent écus ou quatre cents livres, et s'il arrive qu'un même acteur ait deux ou trois personnages à représenter, il touche de l'argent comme pour deux ou trois. »

1. *Var.* Mon fils n'est point du rang à porter ces richesses. (1639)
2. *Var.* Et sa condition ne sauroit endurer
   Qu'avecque tant de pompe il ose se parer. (1639-57)
3. *Var.* Qu'en public de la sorte il ose se parer.(1639-57)
4. L'édition de 1682 a seule ici : *ces accidents*, pour *ses accidents*.

ALCANDRE[1].

Mon cavalier, de grâce, il faut faire retraite,
Et souffrir qu'entre nous l'histoire en soit secrète.

PRIDAMANT.

Pour un si bon ami je n'ai point de secrets.

DORANTE.

Il nous faut sans réplique accepter ses arrêts[2] ; 160
Je vous attends chez moi.

ALCANDRE.

     Ce soir, si bon lui semble,
Il vous apprendra tout quand vous serez ensemble.

SCÈNE III.

ALCANDRE, PRIDAMANT.

ALCANDRE.

Votre fils tout d'un coup ne fut pas grand seigneur ;
Toutes ses actions ne vous font pas honneur,
Et je serois marri d'exposer sa misère 165
En spectacle à des yeux autres que ceux d'un père.
Il vous prit quelque argent, mais ce petit butin
A peine lui dura du soir jusqu'au matin ;
Et pour gagner Paris, il vendit par la plaine
Des brevets à chasser la fièvre et la migraine, 170
Dit la bonne aventure, et s'y rendit ainsi.
Là, comme on vit d'esprit, il en vécut aussi.
Dedans Saint-Innocent il se fit secrétaire[3] ;

---

1. Après le nom d'ALCANDRE, Thomas Corneille, dans l'édition de 1692, a ajouté ici, et plus bas à la fin de la scène : *à Dorante*, indication qui n'est pas inutile pour la clarté.
2. *Var.* Il vous faut sans réplique accepter ses arrêts. (1639)
3. Un grand nombre d'écrivains publics étaient alors établis dans ce cloître de Saint-Innocent. L'auteur d'un petit écrit publié en 1615 et qui a pour titre *Le Secrétaire de Saint-Innocent*, fait l'apologie de cette profession, « laquelle,

Après, montant d'état, il fut clerc d'un notaire.
Ennuyé de la plume, il la quitta soudain¹,   175
Et fit danser un singe au faubourg² Saint-Germain³.
Il se mit sur la rime, et l'essai de sa veine
Enrichit les chanteurs de la Samaritaine⁴.
Son style prit après de plus beaux ornements ;
Il se hasarda même à faire des romans,   180
Des chansons pour Gautier⁵, des pointes pour Guillaume⁶.
Depuis, il trafiqua de chapelets de baume⁷,
Vendit du mithridate en maître opérateur,

dit-il, ne me fait pas.... si peu d'honneur, qu'il n'y ait encore un des marguilliers et deux bourgeois de la paroisse qui me saluent les premiers quand ils me rencontrent et me disent en passant : « Dieu vous gard', Monsieur ! » Qu'en pourroit attendre davantage un gentilhomme de dix mille francs de rente ? Il s'en sentiroit bien fort honoré. » Quant aux profits, ils n'étaient pas bien considérables, à ce qu'il paraît ; car nous voyons un charbonnier et un crocheteur aborder l'écrivain, lui payer à boire ; après quoi, le charbonnier lui dit : « Vous ne serez pas malcontent de nous, qui avons encore chacun une pièce de cinq sous de reste après avoir bu. » Ce qui fait dire à l'auteur, émerveillé d'une si bonne aubaine : « Qui fut bien aise d'une si belle et si utile occasion, à laquelle chaque bissexte n'en porte pas deux semblables ? ce fut moi. » — Voyez encore, dans *la Ville de Paris en vers burlesques* de Berthod, le long morceau où il décrit la conduite et le style des secrétaires de Saint-Innocent.

1. *Var.* Ennuyé de la plume, il le quitta soudain. (1644-68)
— Les éditions de 1652 et de 1657 donnent, par erreur : *se quitta*, pour *le quitta.*

2. A la foire Saint-Germain, qui se tenait sur l'emplacement actuel du marché Saint-Germain et s'étendait jusqu'à l'extrémité de la rue de Tournon et aux environs du Luxembourg. Elle s'ouvrait le 3 février ; elle a eu lieu pour la dernière fois en 1789.

3. *Var.* Et dans l'Académie il joua de la main. (1639)

4. La fontaine de la Samaritaine, élevée sur le Pont-Neuf, tirait son nom d'un groupe de bronze doré représentant Jésus et la Samaritaine auprès du puits de Jacob. Elle a été entièrement détruite en 1812. — Nous appelons encore *ponts-neufs* les chansons qui courent les rues.

5. On pourrait être tenté de croire qu'il est question de Gautier-Garguille, comédien d'abord au Marais, et ensuite à l'Hôtel de Bourgogne ; mais les noms *Gautier* et *Guillaume* s'employaient autrefois d'une manière générale, comme aujourd'hui *Pierre* et *Paul*. Voyez Godefroy, *Lexique de Corneille*, tome II, p. 433.

6. Il ne s'agit pas ici de Gros-Guillaume. Voyez la note précédente.

7. *Var.* Depuis il trafiqua des chapelets de baume. (1654 et 60)

Revint dans le Palais, et fut solliciteur.
Enfin, jamais Buscon, Lazarille de Tormes, 185
Sayavèdre, et Gusman[1], ne prirent tant de formes :
C'étoit là pour Dorante un honnête entretien!

PRIDAMANT.
Que je vous suis tenu de ce qu'il n'en sait rien!

ALCANDRE.
Sans vous faire rien voir, je vous en fais un conte,
Dont le peu de longueur épargne votre honte. 190
  Las de tant de métiers sans honneur et sans fruit,
Quelque meilleur destin à Bordeaux l'a conduit ;
Et là, comme il pensoit au choix d'un exercice,
Un brave du pays l'a pris à son service.
Ce guerrier amoureux en a fait son agent : 195
Cette commission l'a remeublé d'argent;
Il sait avec adresse, en portant les paroles,
De la vaillante dupe attraper les pistoles ;
Même de son agent il s'est fait son rival,
Et la beauté qu'il sert ne lui veut point de mal. 200
Lorsque de ses amours vous aurez vu l'histoire,
Je vous le veux montrer plein d'éclat et de gloire,
Et la même action qu'il pratique aujourd'hui.

PRIDAMANT.
Que déjà cet espoir soulage mon ennui!

---

1. Buscon, Lazarille, Gusman sont les héros de divers romans espagnols, du genre picaresque, dont il avait paru des traductions françaises, soit à la fin du seizième, soit au commencement du dix-septième siècle. Celui auquel Buscon donne son nom a pour auteur don François Quevedo de Villegas, et a été publié en français en 1633. Les aventures de Lazarille de Tormes ont été attribuées par les uns à Diego Hurtado de Mendoza, par d'autres à Jean de Ortega : une traduction française de la première partie a paru dès 1560 ; une autre, de la première et de la seconde, en 1620. La vie et les gestes de Guzman d'Alfarache, écrits en espagnol par Matthieu Aleman, furent traduits en français, en 1600, puis en 1632. Sayavèdre ou Sayavedra est un chevalier d'industrie, qui, après avoir dépouillé Guzman d'Alfarache de tout ce qu'il possédait, devient son domestique et partage quelque temps sa vie aventureuse. Voyez les livres IV et V du roman.

ALCANDRE.

Il a caché son nom en battant la campagne,   205
Et s'est fait de Clindor le sieur de la Montagne :
C'est ainsi que tantôt vous l'entendrez nommer.
Voyez tout sans rien dire et sans vous alarmer.
 Je tarde un peu beaucoup pour votre impatience;
N'en concevez pourtant aucune défiance :   210
C'est qu'un charme ordinaire a trop peu de pouvoir
Sur les spectres parlants qu'il faut vous faire voir.
Entrons dedans ma grotte, afin que j'y prépare
Quelques charmes nouveaux pour un effet si rare.

FIN DU PREMIER ACTE.

ACTE II.

SCÈNE PREMIÈRE.
ALCANDRE, PRIDAMANT.

ALCANDRE.

Quoi qui s'offre[1] à nos yeux, n'en ayez point d'effroi[2] ;
De ma grotte surtout ne sortez qu'après moi :
Sinon, vous êtes mort. Voyez déjà paroître
Sous deux fantômes vains votre fils et son maître.

PRIDAMANT.

O Dieux ! je sens mon âme après lui s'envoler.

ALCANDRE.

Faites-lui du silence, et l'écoutez parler. 220

SCÈNE II.
MATAMORE, CLINDOR.

CLINDOR.

Quoi ! Monsieur, vous rêvez ! et cette âme hautaine,
Après tant de beaux faits, semble être encore en peine !
N'êtes-vous point lassé d'abattre des guerriers,
Et vous faut-il encor quelques nouveaux lauriers[3] ?

MATAMORE.

Il est vrai que je rêve, et ne saurois résoudre 225

---

1. L'édition de 1682 donne seule : « Quoi qu'il s'offre, » au lieu de : « Quoi qui s'offre. »
2. *Var.* Quoi qui s'offre à vos yeux, n'en ayez point d'effroi. (1639-68)
3. *Var.* Soupirez-vous après quelques nouveaux lauriers ? (1639-57)

ACTE II, SCÈNE II.

Lequel je dois des deux le premier mettre en poudre,
Du grand sophi de Perse, ou bien du grand mogor.
CLINDOR.
Eh! de grâce, Monsieur, laissez-les vivre encor :
Qu'ajouteroit leur perte à votre renommée?
D'ailleurs quand auriez-vous rassemblé votre armée[1]?
MATAMORE.
Mon armée? Ah, poltron! ah, traître! pour leur mort
Tu crois donc que ce bras ne soit pas assez fort?
Le seul bruit de mon nom renverse les murailles[2],
Défait les escadrons, et gagne les batailles.
Mon courage invaincu contre les empereurs   235
N'arme que la moitié de ses moindres fureurs;
D'un seul commandement que je fais aux trois Parques,
Je dépeuple l'État des plus heureux monarques;
Le foudre est mon canon, les Destins mes soldats :
Je couche d'un revers mille ennemis à bas.   240
D'un souffle je réduis leurs projets en fumée;
Et tu m'oses parler cependant d'une armée!
Tu n'auras plus l'honneur de voir un second Mars :
Je vais t'assassiner d'un seul de mes regards,
Veillaque[3]. Toutefois je songe à ma maîtresse :   245
Ce penser m'adoucit : va, ma colère cesse[4],
Et ce petit archer qui dompte tous les Dieux
Vient de chasser la mort qui logeoit dans mes yeux.
Regarde, j'ai quitté cette effroyable mine
Qui massacre, détruit, brise, brûle, extermine;   250
Et, pensant au bel œil qui tient ma liberté,
Je ne suis plus qu'amour, que grâce, que beauté.

1. *Var.* Et puis quand auriez-vous rassemblé votre armée? (1639-57)
2. Voyez la *Notice*, p. 423.
3. De l'espagnol *bellaco, vellaco*, maraud, coquin.
4. *Var.* Le penser m'adoucit : va, ma colère cesse. (1639)

CLINDOR.

O Dieux! en un moment que tout vous est possible!
Je vous vois aussi beau que vous étiez terrible[1],
Et ne crois point d'objet si ferme en sa rigueur,   255
Qu'il puisse constamment vous refuser son cœur[2].

MATAMORE.

Je te le dis encor, ne sois plus en alarme :
Quand je veux, j'épouvante; et quand je veux, je charme;
Et, selon qu'il me plaît, je remplis tour à tour
Les hommes de terreur, et les femmes d'amour.   260
Du temps que ma beauté m'étoit inséparable,
Leurs persécutions me rendoient misérable :
Je ne pouvois sortir sans les faire pâmer.
Mille mouroient par jour à force de m'aimer :
J'avois des rendez-vous de toutes les princesses;   265
Les reines à l'envi mendioient mes caresses;
Celle d'Éthïopie, et celle du Japon,
Dans leurs soupirs d'amour ne mêloient que mon nom.
De passion pour moi deux sultanes troublèrent[3];
Deux autres, pour me voir, du sérail s'échappèrent :   270
J'en fus mal quelque temps avec le Grand Seigneur.

CLINDOR.

Son mécontentement n'alloit qu'à votre honneur.

MATAMORE.

Ces pratiques nuisoient à mes desseins de guerre,
Et pouvoient m'empêcher de conquérir la terre.
D'ailleurs, j'en devins las; et pour les arrêter,   275
J'envoyai le Destin dire à son Jupiter
Qu'il trouvât un moyen qui[4] fît cesser les flammes
Et l'importunité dont m'accabloient les dames :

---

1. *Var.* Je vous vois aussi beau que vous êtes terrible. (1639)
2. *Var.* Qui puisse constamment vous refuser son cœur. (1639)
3. *Troubler*, neutralement, pour se troubler.
4. Les éditions de 1644-57 ont *que*, au lieu de *qui*, ce qui fait une leçon vide de sens.

ACTE II, SCÈNE II.

Qu'autrement ma colère iroit dedans les cieux
Le dégrader soudain de l'empire des Dieux, 280
Et donneroit à Mars à gouverner sa foudre[1].
La frayeur qu'il en eut le fit bientôt résoudre :
Ce que je demandois fut prêt en un moment ;
Et depuis, je suis beau quand je veux seulement.
CLINDOR.
Que j'aurois, sans cela, de poulets à vous rendre! 285
MATAMORE.
De quelle que ce soit, garde-toi bien d'en prendre,
Sinon de.... Tu m'entends? Que dit-elle de moi?
CLINDOR.
Que vous êtes des cœurs et le charme et l'effroi ;
Et que si quelque effet peut suivre vos promesses,
Son sort est plus heureux que celui des Déesses. 290
MATAMORE.
Écoute. En ce temps-là, dont tantôt je parlois,
Les Déesses aussi se rangeoient sous mes lois ;
Et je te veux conter une étrange aventure
Qui jeta du désordre en toute la nature,
Mais désordre aussi grand qu'on en voie arriver. 295
Le Soleil fut un jour sans se pouvoir lever,
Et ce visible Dieu, que tant de monde adore,
Pour marcher devant lui ne trouvoit point d'Aurore :
On la cherchoit partout, au lit du vieux Tithon,
Dans les bois de Céphale, au palais de Memnon ; 300
Et faute de trouver cette belle fourrière[2],
Le jour jusqu'à midi se passa sans lumière[3].
CLINDOR.
Où pouvoit être alors la reine des clartés[4]?

---

1. *Var.* Et donneroit à Mars à gouverner son foudre. (1639-68)
2. Voyez ci-dessus, p. 144, note 2.
3. *Var.* Le jour jusqu'à midi se passoit sans lumière. (1639)
4. *Var.* Où se pouvoit cacher la reine des clartés?

MATAMORE.

Au milieu de ma chambre, à m'offrir ses beautés.
Elle y perdit son temps, elle y perdit ses larmes ; 305
Mon cœur fut insensible à ses plus puissants charmes ;
Et tout ce qu'elle obtint pour son frivole amour[1]
Fut un ordre précis d'aller rendre le jour.

CLINDOR.

Cet étrange accident me revient en mémoire ;
J'étois lors en Mexique, où j'en appris l'histoire, 310
Et j'entendis conter que la Perse en courroux
De l'affront de son Dieu murmuroit contre vous.

MATAMORE.

J'en ouïs quelque chose, et je l'eusse punie ;
Mais j'étois engagé dans la Transylvanie,
Où ses ambassadeurs, qui vinrent l'excuser, 315
A force de présents me surent apaiser.

CLINDOR.

Que la clémence est belle en un si grand courage !

MATAMORE.

Contemple, mon ami, contemple ce visage :
Tu vois un abrégé de toutes les vertus.
D'un monde d'ennemis sous mes pieds abattus, 320
Dont la race est périe, et la terre déserte,
Pas un qu'à son orgueil n'a jamais dû sa perte.
Tous ceux qui font hommage à mes perfections
Conservent leurs États par leurs submissions.
  En Europe, où les rois sont d'une humeur civile, 325
Je ne leur rase point de château ni de ville :
Je les souffre régner, mais chez les Africains,

MAT. Parbleu je la tenois encore à mes côtés.
Aucun n'osa jamais la chercher dans ma chambre,
Et le dernier de juin fut un jour de décembre ;
Car enfin, supplié par le Dieu du sommeil,
Je la rendis au monde, et l'on vit le soleil. (1639-57)

1. *Var.* Et tout ce qu'elle obtint par son frivole amour. (1660-68)

Partout où j'ai trouvé des rois un peu trop vains,
J'ai détruit les pays[1] pour punir leurs monarques[2],
Et leurs vastes déserts en sont de bonnes marques : 330
Ces grands sables qu'à peine on passe sans horreur
Sont d'assez beaux effets de ma juste fureur.

CLINDOR.
Revenons à l'amour : voici votre maîtresse.

MATAMORE.
Ce diable de rival l'accompagne sans cesse.

CLINDOR.
Où vous retirez-vous?

MATAMORE.
                    Ce fat n'est pas vaillant; 335
Mais il a quelque humeur qui le rend insolent.
Peut-être qu'orgueilleux d'être avec cette belle,
Il seroit assez vain pour me faire querelle.

CLINDOR.
Ce seroit bien courir lui-même à son malheur.

MATAMORE.
Lorsque j'ai ma beauté, je n'ai point de valeur[3]. 340

CLINDOR.
Cessez d'être charmant, et faites-vous terrible.

MATAMORE.
Mais tu n'en prévois pas l'accident infaillible;
Je ne saurois me faire effroyable à demi :
Je tuerois ma maîtresse avec mon ennemi.
Attendons en ce coin l'heure qui les sépare. 345

CLINDOR.
Comme votre valeur, votre prudence est rare.

---

1. Dans l'édition de 1682, on lit, mais c'est probablement une faute d'impression : « leurs pays, » pour : « les pays. »
2. *Var.* J'ai détruit les pays avecque les monarques. (1639-57)
3. *Var.* Lorsque j'ai ma beauté, je n'ai point ma valeur. (1639-68)

SCÈNE III.

ADRASTE, ISABELLE.

ADRASTE.

Hélas! s'il est ainsi, quel malheur est le mien!
Je soupire, j'endure, et je n'avance rien;
Et malgré les transports de mon amour extrême,
Vous ne voulez pas croire encor que je vous aime.   350

ISABELLE.

Je ne sais pas, Monsieur, de quoi vous me blâmez.
Je me connois aimable, et crois que vous m'aimez :
Dans vos soupirs ardents j'en vois trop d'apparence;
Et quand bien de leur part j'aurois moins d'assurance,
Pour peu qu'un honnête homme ait vers moi[1] de crédit,
Je lui fais la faveur de croire ce qu'il dit.
Rendez-moi la pareille; et puisqu'à votre flamme
Je ne déguise rien de ce que j'ai dans l'âme,
Faites-moi la faveur de croire sur ce point
Que bien que vous m'aimiez, je ne vous aime point.   360

ADRASTE.

Cruelle, est-ce là donc[2] ce que vos injustices
Ont réservé de prix à de si longs services?
Et mon fidèle amour est-il si criminel
Qu'il doive être puni d'un mépris éternel?

ISABELLE.

Nous donnons bien souvent de divers noms aux choses :
Des épines pour moi, vous les nommez des roses;
Ce que vous appelez service, affection,
Je l'appelle supplice et persécution.
Chacun dans sa croyance également s'obstine.

---

1. L'édition de 1682 porte, par erreur, *vers vous*, pour *vers moi*.
2. Dans l'édition de 1639, le vers commence ainsi : « Cruelle, c'est là donc, etc.; » mais l'errata y substitue : « Cruelle, est-ce là donc, etc. ? »

ACTE II, SCÈNE III.

Vous pensez m'obliger d'un feu qui m'assassine ; 370
Et ce que vous jugez digne du plus haut prix[1]
Ne mérite, à mon gré, que haine et que mépris.

ADRASTE.

N'avoir que du mépris pour des flammes si saintes
Dont j'ai reçu du ciel les premières atteintes!
Oui, le ciel, au moment qu'il me fit respirer, 375
Ne me donna de cœur que pour vous adorer[2].
Mon âme vint au jour pleine de votre idée[3] ;
Avant que de vous voir vous l'avez possédée ;
Et quand je me rendis à des regards si doux[4],
Je ne vous donnai rien qui ne fût tout à vous, 380
Rien que l'ordre du ciel n'eût déjà fait tout vôtre.

ISABELLE.

Le ciel m'eût fait plaisir d'en enrichir une autre[5] ;
Il vous fit pour m'aimer, et moi pour vous haïr :
Gardons-nous bien tous deux de lui désobéir.
Vous avez, après tout, bonne part à sa haine[6], 385
Ou d'un crime secret il vous livre à la peine ;
Car je ne pense pas qu'il soit tourment égal
Au supplice d'aimer qui vous traite si mal.

---

1. *Var.* Et la même action, à votre sentiment,
Mérite récompense, au mien un châtiment.
ADR. Donner un châtiment à des flammes si saintes. (1639-57)
2. *Var.* Ne me donna du cœur que pour vous adorer. (1639)
3. *Var.* Mon âme prit naissance avecque votre idée. (1639-57)
4. *Var.* Et les premiers regards dont m'aient frappé vos yeux
N'ont fait qu'exécuter l'ordonnance des cieux,
Que vous saisir d'un bien qu'ils avoient fait tout vôtre. (1639-57)
5. *Var.* Le ciel m'eût fait plaisir d'en enrichir un autre (a). (1639-60)
6. *Var.* Après tout, vous avez bonne part à sa haine,
Ou de quelque grand crime il vous donne la peine ;
Car je ne pense pas qu'il soit supplice égal
D'être forcé d'aimer qui vous traite si mal.
ADR. Puisque ainsi vous jugez que ma peine est si dure,
Prenez quelque pitié des tourments que j'endure. (1639-57)

(a) Voyez tome I, p. 228, note 3.

ADRASTE.

La grandeur de mes maux vous étant si connue,
Me refuserez-vous la pitié qui m'est due ? 390

ISABELLE.

Certes j'en ai beaucoup, et vous plains d'autant plus
Que je vois ces tourments tout à fait superflus[1],
Et n'avoir pour tout fruit d'une longue souffrance
Que l'incommode honneur d'une triste constance.

ADRASTE.

Un père l'autorise, et mon feu maltraité 395
Enfin aura recours à son autorité.

ISABELLE.

Ce n'est pas le moyen de trouver votre conte[2] ;
Et d'un si beau dessein vous n'aurez que la honte.

ADRASTE.

J'espère voir pourtant, avant la fin du jour,
Ce que peut son vouloir au défaut de l'amour. 400

ISABELLE.

Et moi, j'espère voir, avant que le jour passe,
Un amant accablé de nouvelle disgrâce.

ADRASTE.

Eh quoi ! cette rigueur ne cessera jamais ?

ISABELLE.

Allez trouver mon père, et me laissez en paix.

ADRASTE.

Votre âme, au repentir de sa froideur passée, 405
Ne la veut point quitter sans être un peu forcée :
J'y vais tout de ce pas, mais avec des serments
Que c'est pour obéir à vos commandements.

ISABELLE.

Allez continuer une vaine poursuite.

---

1. *Var.* Que je vois ces tourments passer pour superflus. (1639-57)
2. *Conte*, compte. Voyez tome I, p. 150, note 1.

SCÈNE IV.

MATAMORE, ISABELLE, CLINDOR.

MATAMORE.

Eh bien! dès qu'il m'a vu, comme a-t-il pris la fuite ? 410
M'a-t-il bien su quitter la place au même instant?

ISABELLE.

Ce n'est pas honte à lui, les rois en font autant,
Du moins si ce grand bruit qui court de vos merveilles[1]
N'a trompé mon esprit en frappant mes oreilles.

MATAMORE.

Vous le pouvez bien croire, et pour le témoigner, 415
Choisissez en quels lieux il vous plaît de régner :
Ce bras tout aussitôt vous conquête un empire ;
J'en jure par lui-même, et cela c'est tout dire.

ISABELLE.

Ne prodiguez pas tant ce bras toujours vainqueur;
Je ne veux point régner que dessus votre cœur : 420
Toute l'ambition que me donne ma flamme,
C'est d'avoir pour sujets les desirs de votre âme.

MATAMORE.

Ils vous sont tous acquis, et pour vous faire voir
Que vous avez[2] sur eux un absolu pouvoir,
Je n'écouterai plus cette humeur de conquête; 425
Et laissant tous les rois leurs couronnes en tête,
J'en prendrai seulement deux ou trois pour valets,
Qui viendront à genoux vous rendre mes poulets.

ISABELLE.

L'éclat de tels suivants attireroit l'envie

---

1. *Var.* Au moins si ce grand bruit qui court de vos merveilles. (1639-57)
2. L'impression de 1682 porte, mais à tort : « Que nous avons. » Notre texte : « Que vous avez, » est celui de toutes les autres éditions qui ont paru du vivant de Corneille, et de celle que Thomas a publiée en 1692.

Sur le rare bonheur où je coule ma vie ; 430
Le commerce discret de nos affections
N'a besoin que de lui pour ces commissions[1].

MATAMORE.

Vous avez, Dieu me sauve! un esprit à ma mode;
Vous trouvez, comme moi, la grandeur incommode.
Les sceptres les plus beaux n'ont rien pour moi d'exquis :
Je les rends aussitôt que je les ai conquis,
Et me suis vu charmer quantité de princesses,
Sans que jamais mon cœur les voulût pour maîtresses[2].

ISABELLE.

Certes en ce point seul je manque un peu de foi.
Que vous ayez quitté des princesses pour moi! 440
Que vous leur refusiez un cœur dont je dispose[3]!

MATAMORE[4].

Je crois que la Montagne en saura quelque chose.
Viens çà. Lorsqu'en la Chine, en ce fameux tournoi,
Je donnai dans la vue aux deux filles du Roi,
Que te dit-on en cour de cette jalousie[5] 445
Dont pour moi toutes deux eurent l'âme saisie[6]?

CLINDOR.

Par vos mépris enfin l'une et l'autre[7] mourut.
J'étois lors en Égypte, où le bruit en courut;
Et ce fut en ce temps que la peur de vos armes
Fit nager le grand Caire en un fleuve de larmes. 450
Vous veniez d'assommer dix géants en un jour;
Vous aviez désolé les pays d'alentour,

---

1. En marge, dans l'édition de 1639 : *Elle montre Clindor.*
2. *Var.* Sans que jamais mon cœur acceptât ces maîtresses. (1639)
3. *Var.* Qu'elles n'aient pu blesser un cœur dont je dispose! (1639-57)
4. Ici l'édition de 1692 ajoute : *montrant Clindor.*
5. *Var.* Sus-tu rien de leur flamme et de la jalousie. (1639-57)
6. *Var.* Dont pour moi toutes deux avoient l'âme saisie? (1639)
7. Dans l'impression de 1682 : « l'un et l'autre, » ce qui est une faute évidente.

Rasé quinze châteaux, aplani deux montagnes,
Fait passer par le feu villes, bourgs et campagnes,
Et défait, vers Damas, cent mille combattants.
MATAMORE.
Que tu remarques bien et les lieux et les temps!
Je l'avois oublié.
ISABELLE.
Des faits si pleins de gloire
Vous peuvent-ils ainsi sortir de la mémoire?
MATAMORE.
Trop pleine de lauriers remportés sur les rois[1],
Je ne la charge point de ces menus exploits.

SCÈNE V[2].

MATAMORE, ISABELLE, CLINDOR, Page.

PAGE.
Monsieur.
MATAMORE.
Que veux-tu, page?
PAGE.
Un courrier vous demande.
MATAMORE.
D'où vient-il?
PAGE.
De la part de la reine d'Islande.
MATAMORE.
Ciel! qui sais comme quoi j'en suis persécuté,
Un peu plus de repos avec moins de beauté!
Fais qu'un si long mépris enfin la désabuse.
CLINDOR.
Voyez ce que pour vous ce grand guerrier refuse.

Var. Trop pleine des lauriers remportés sur les rois. (1639-68)
Il n'y a point ici de distinction de scène dans l'édition de 1639.

ISABELLE.
Je n'en puis plus douter.
CLINDOR.
Il vous le disoit bien.
MATAMORE.
Elle m'a beau prier : non, je n'en ferai rien.
Et quoi qu'un fol espoir ose encor lui promettre,
Je lui vais envoyer sa mort dans une lettre. 470
Trouvez-le bon, ma reine, et souffrez cependant
Une heure d'entretien de ce cher confident,
Qui, comme de ma vie il sait toute l'histoire,
Vous fera voir sur qui vous avez la victoire.
ISABELLE.
Tardez encore moins, et par ce prompt retour 475
Je jugerai quelle est envers moi votre amour.

SCÈNE VI.

CLINDOR, ISABELLE.

CLINDOR.
Jugez plutôt par là l'humeur du personnage :
Ce page n'est chez lui que pour ce badinage,
Et venir d'heure en heure avertir Sa Grandeur
D'un courrier, d'un agent, ou d'un ambassadeur. 480
ISABELLE.
Ce message me plaît bien plus qu'il ne lui semble :
Il me défait d'un fou pour nous laisser ensemble.
CLINDOR.
Ce discours favorable enhardira mes feux
A bien user d'un temps[1] si propice à mes vœux.

---

1. L'édition de 1682 donne seule : « du temps, » pour : « d'un temps. »

ISABELLE.

Que m'allez-vous conter?

CLINDOR.

Que j'adore Isabelle, 485
Que je n'ai plus de cœur ni d'âme que pour elle,
Que ma vie....

ISABELLE.

Épargnez ces propos superflus;
Je les sais, je les crois, que voulez-vous de plus?
Je néglige à vos yeux l'offre d'un diadème;
Je dédaigne un rival : en un mot, je vous aime. 490
C'est aux commencements des foibles passions
A s'amuser encore aux protestations :
Il suffit de nous voir au point où sont les nôtres;
Un coup d'œil vaut pour vous tous les discours des autres[1].

CLINDOR.

Dieux! qui l'eût jamais cru, que mon sort rigoureux 495
Se rendît si facile à mon cœur amoureux!
Banni de mon pays par la rigueur d'un père,
Sans support, sans amis, accablé de misère,
Et réduit à flatter le caprice arrogant
Et les vaines humeurs d'un maître extravagant : 500
Ce pitoyable état de ma triste fortune[2]
N'a rien qui vous déplaise ou qui vous importune;
Et d'un rival puissant les biens et la grandeur
Obtiennent moins sur vous que ma sincère ardeur.

ISABELLE.

C'est comme il faut choisir. Un amour véritable[3] 505

---

1. *Var.* Un clin d'œil vaut pour vous tout le discours des autres. (1639)
    Var. Un coup d'œil vaut pour vous tout le discours des autres. (1644-68)
2. *Var.* En ce piteux état, ma fortune si basse
    Trouve encor quelque part en votre bonne grâce. (1639-57)
3. *Var.* C'est comme il faut choisir, et l'amour véritable. (1639-57)

S'attache seulement à ce qu'il voit aimable[1].
Qui regarde les biens ou la condition
N'a qu'un amour avare, ou plein d'ambition,
Et souille lâchement par ce mélange infâme
Les plus nobles desirs qu'enfante une belle âme. 510
Je sais bien que mon père a d'autres sentiments,
Et mettra de l'obstacle à nos contentements;
Mais l'amour sur mon cœur a pris trop de puissance
Pour écouter encor les lois de la naissance.
Mon père peut beaucoup, mais bien moins que ma foi :
Il a choisi pour lui, je veux choisir pour moi.

CLINDOR.

Confus de voir donner à mon peu de mérite....

ISABELLE.

Voici mon importun, souffrez que je l'évite.

SCÈNE VII.

ADRASTE, CLINDOR.

ADRASTE.

Que vous êtes heureux, et quel malheur me suit!
Ma maîtresse vous souffre, et l'ingrate me fuit. 520
Quelque goût qu'elle prenne en votre compagnie,
Sitôt que j'ai paru, mon abord l'a bannie.

CLINDOR.

Sans avoir vu vos pas s'adresser en ce lieu[2],
Lasse de mes discours, elle m'a dit adieu.

ADRASTE.

Lasse de vos discours! votre humeur est trop bonne, 525
Et votre esprit trop beau pour ennuyer personne.
Mais que lui contiez-vous qui pût l'importuner?

---

1. *Var.* S'attache seulement à ce qu'il voit d'aimable. (1639-60)
2. *Var.* Sans qu'elle ait vu vos pas s'adresser en ce lieu. (1639-60)

ACTE II, SCÈNE VII.

CLINDOR.

Des choses qu'aisément vous pouvez deviner :
Les amours de mon maître, ou plutôt ses sottises,
Ses conquêtes en l'air, ses hautes entreprises.   530

ADRASTE.

Voulez-vous m'obliger? votre maître, ni vous,
N'êtes pas gens tous deux à me rendre jaloux;
Mais si vous ne pouvez arrêter ses saillies,
Divertissez[1] ailleurs le cours de ses folies.

CLINDOR.

Que craignez-vous de lui, dont tous les compliments 535
Ne parlent que de morts et de saccagements,
Qu'il bat, terrasse, brise, étrangle, brûle, assomme?

ADRASTE.

Pour être son valet, je vous trouve honnête homme :
Vous n'êtes point de taille à servir sans dessein[2]
Un fanfaron plus fou que son discours n'est vain.   540
Quoi qu'il en soit, depuis que je vous vois chez elle,
Toujours de plus en plus je l'éprouve cruelle :
Ou vous servez quelque autre, ou votre qualité
Laisse dans vos projets trop de témérité.
Je vous tiens fort suspect de quelque haute adresse.   545
Que votre maître enfin fasse une autre maîtresse;
Ou s'il ne peut quitter un entretien si doux,
Qu'il se serve du moins d'un autre que de vous.
Ce n'est pas qu'après tout les volontés d'un père,
Qui sait ce que je suis, ne terminent l'affaire;   550
Mais purgez-moi l'esprit de ce petit souci,
Et si vous vous aimez, bannissez-vous d'ici;
Car si je vous vois plus regarder cette porte,
Je sais comme traiter les gens de votre sorte.

---

1. *Divertissez*, détournez. Voyez tome I, p. 184, note 1.
2. *Var.* Vous n'avez point la mine à servir sans dessein. (1639-57)

462   L'ILLUSION.

CLINDOR.

Me prenez-vous pour homme à nuire à votre feu[1] ?   555

ADRASTE.

Sans réplique, de grâce, ou nous verrons beau jeu.
Allez : c'est assez dit.

CLINDOR.

Pour un léger ombrage,
C'est trop indignement traiter un bon courage.
Si le ciel en naissant ne m'a fait grand seigneur,
Il m'a fait le cœur ferme et sensible à l'honneur;   560
Et je pourrois bien rendre un jour ce qu'on me prête[2].

ADRASTE.

Quoi! vous me menacez!

CLINDOR.

Non, non, je fais retraite.
D'un si cruel affront vous aurez peu de fruit;
Mais ce n'est pas ici qu'il faut faire du bruit.

SCÈNE VIII.

ADRASTE, LYSE.

ADRASTE.

Ce bélître insolent me fait encor bravade.   565

LYSE.

A ce compte, Monsieur, votre esprit est malade?

ADRASTE.

Malade, mon esprit!

LYSE.

Oui, puisqu'il est jaloux
Du malheureux agent de ce prince des foux[3].

---

1. *Var.* Me croyez-vous bastant de nuire à votre feu?
    ADR. Sans réplique, de grâce, ou vous verrez beau jeu. (1639-57)
2. *Var.* Et je suis homme à rendre un jour ce qu'on me prête. (1639-57)
3. Les mots *jaloux* et *foux* sont ainsi imprimés et riment aux yeux dans

ACTE II, SCÈNE VIII.

ADRASTE.

Je sais ce que je suis et ce qu'est Isabelle[1],
Et crains peu qu'un valet me supplante auprès d'elle[2].
Je ne puis toutefois souffrir sans quelque ennui
Le plaisir qu'elle prend à causer avec lui[3].

LYSE.

C'est dénier ensemble et confesser la dette.

ADRASTE.

Nomme, si tu le veux, ma boutade indiscrète,
Et trouve mes soupçons bien ou mal à propos; 575
Je l'ai chassé d'ici pour me mettre en repos.
En effet, qu'en est-il?

LYSE.

Si j'ose vous le dire,
Ce n'est plus que pour lui qu'Isabelle soupire.

ADRASTE.

Lyse, que me dis-tu[4]?

LYSE.

Qu'il possède son cœur,
Que jamais feux naissants n'eurent tant de vigueur, 580
Qu'ils meurent l'un pour l'autre, et n'ont qu'une pensée.

ADRASTE.

Trop ingrate beauté, déloyale, insensée,
Tu m'oses donc ainsi préférer un maraud?

LYSE.

Ce rival orgueilleux le porte bien plus haut,
Et je vous en veux faire entière confidence : 585
Il se dit gentilhomme, et riche.

---

toutes les éditions. Dans *la Comédie des Tuileries*, nous avons vu au contraire *jalous* et *courrous*, par une *s*, rimant avec des mots en *ous*.

1. *Var.* Je suis trop glorieux et crois trop d'Isabelle. (1644-57)
2. *Var.* Pour craindre qu'un valet me supplante auprès d'elle. (1639-57)
3. *Var.* Le plaisir qu'elle prend à rire avecque lui. (1639-57)
4. *Var.* Oh Dieu! que me dis-tu? (1639)

ADRASTE.
    Ah! l'impudence
        LYSE.
D'un père rigoureux fuyant l'autorité,
Il a couru longtemps d'un et d'autre côté;
Enfin, manque d'argent peut-être, ou par caprice,
De notre Fiérabras il s'est mis au service[1],   590
Et sous ombre d'agir pour ses folles amours[2],
Il a su pratiquer de si rusés détours,
Et charmer tellement cette pauvre abusée,
Que vous en avez vu votre ardeur méprisée;
Mais parlez à son père, et bientôt son pouvoir   595
Remettra son esprit aux termes du devoir.

        ADRASTE.
Je viens tout maintenant d'en tirer assurance
De recevoir les fruits de ma persévérance,
Et devant qu'il soit peu nous en verrons l'effet;
Mais, écoute, il me faut obliger tout à fait.   600

        LYSE.
Où je vous puis servir j'ose tout entreprendre.

        ADRASTE.
Peux-tu dans leurs amours me les faire surprendre?

        LYSE.
Il n'est rien plus aisé : peut-être dès ce soir.

        ADRASTE.
Adieu donc. Souviens-toi de me les faire voir[3].
Cependant prends ceci seulement par avance.   605

1. *Var.* De notre Rodomont il s'est mis au service. (1639-60)
2. *Var.* Où choisi pour agent de ses (*a*) folles amours,
    Isabelle a prêté l'oreille à ses discours.
    Il a si bien charmé cette pauvre abusée. (1639-57)
3. Dans l'édition de 1692, on lit après ce vers : *Il lui donne un dimant.*

(*a*) L'édition de 1639 donne, par erreur, *ces*, pour *ses*.

LYSE.
Que le galant alors soit frotté d'importance !
ADRASTE.
Crois-moi qu'il se verra, pour te mieux contenter,
Chargé d'autant de bois qu'il en pourra porter.

SCÈNE IX.
LYSE.

L'arrogant croit déjà tenir ville gagnée[1] ;
Mais il sera puni de m'avoir dédaignée.   610
Parce qu'il est aimable, il fait le petit dieu,
Et ne veut s'adresser qu'aux filles de bon lieu.
Je ne mérite pas l'honneur de ses caresses :
Vraiment c'est pour son nez, il lui faut des maîtresses ;
Je ne suis que servante : et qu'est-il que valet ?   615
Si son visage est beau, le mien n'est pas trop laid :
Il se dit riche et noble, et cela me fait rire ;
Si loin de son pays, qui n'en peut autant dire ?
Qu'il le soit : nous verrons ce soir, si je le tiens,
Danser sous le cotret sa noblesse et ses biens.   620

SCÈNE X.
ALCANDRE, PRIDAMANT.
ALCANDRE.
Le cœur vous bat un peu.
PRIDAMANT.
Je crains cette menace.

---

1. Ici l'orthographe de ce mot est *gaignée* dans toutes les éditions, excepté dans celle de 1657.

ALCANDRE.
Lyse aime trop Clindor pour causer sa disgrâce.
PRIDAMANT.
Elle en est méprisée, et cherche à se venger.
ALCANDRE.
Ne craignez point : l'amour la[1] fera bien changer.

1. Dans l'édition de 1682, il y a *le*, pour *la*, ce qui est évidemment une faute.

FIN DU SECOND ACTE.

ACTE III.

SCÈNE PREMIÈRE.
GÉRONTE, ISABELLE.

GÉRONTE.

Apaisez vos soupirs et tarissez vos larmes; 625
Contre ma volonté ce sont de foibles armes :
Mon cœur, quoique sensible à toutes vos douleurs,
Écoute la raison, et néglige vos pleurs.
Je sais ce qu'il vous faut beaucoup mieux que vous-même[1].
Vous dédaignez Adraste à cause que je l'aime; 630
Et parce qu'il me plaît d'en faire votre époux,
Votre orgueil n'y voit rien qui soit digne de vous.
Quoi! manque-t-il de bien, de cœur ou de noblesse?
En est-ce le visage ou l'esprit qui vous blesse?
Il vous fait trop d'honneur.

ISABELLE.

Je sais qu'il est parfait, 635
Et que je réponds mal à l'honneur qu'il me fait[2];
Mais si votre bonté me permet en ma cause,
Pour me justifier, de dire quelque chose,
Par un secret instinct, que je ne puis nommer,

---

1. *Var.* Je connois votre bien beaucoup mieux que vous-même.
   Orgueilleuse, il vous faut, je pense, un diadème,
   Et ce jeune baron, avecque tout son bien,
   Passe encore chez vous pour un homme de rien!
   Que lui manque après tout? bien fait de corps et d'âme,
   Noble, courageux, riche, adroit et plein de flamme,
   [Il vous fait trop d'honneur.] (1639-57)
2. *Var.* Et reconnois fort mal les honneurs qu'il me fait. (1639-63)

468 L'ILLUSION.

J'en fais beaucoup d'état, et ne le puis aimer. 640
Souvent je ne sais quoi que le ciel nous inspire[1]
Soulève tout le cœur contre ce qu'on desire,
Et ne nous laisse pas en état d'obéïr,
Quand on choisit pour nous ce qu'il nous fait haïr.
Il attache ici-bas avec des sympathies 645
Les âmes que son ordre a là-haut assorties[2] :
On n'en sauroit unir sans ses avis secrets;
Et cette chaîne manque où manquent ses décrets.
Aller contre les lois de cette providence,
C'est le prendre à partie, et blâmer sa prudence, 650
L'attaquer en rebelle, et s'exposer aux coups
Des plus âpres malheurs qui suivent son courroux.

GÉRONTE.

Insolente, est-ce ainsi que l'on se justifie[3]?
Quel maître vous apprend cette philosophie?
Vous en savez beaucoup; mais tout votre savoir 655
Ne m'empêchera pas d'user de mon pouvoir.
Si le ciel pour mon choix vous donne tant de haine,
Vous a-t-il mise en feu pour ce grand capitaine?
Ce guerrier valeureux vous tient-il dans ses fers[4]?
Et vous a-t-il domptée avec tout l'univers? 660
Ce fanfaron doit-il relever ma famille?

ISABELLE.

Eh! de grâce, Monsieur, traitez mieux votre fille!

GÉRONTE.

Quel sujet donc vous porte à me désobéïr?

1. *Var.* De certains mouvements que le ciel nous inspire
   Nous font aux yeux d'autrui souvent choisir le pire.
   C'est lui qui d'un regard fait naître en notre cœur
   L'estime ou le mépris, l'amour ou la rigueur.
   [Il attache ici-bas avec des sympathies.] (1639-57)
— Voyez ci-dessus, p. 309.
2. *Var.* Les âmes que son choix a là-haut assorties. (1639-57)
3. *Var.* Impudente, est-ce ainsi que l'on se justifie? (1639-60)
4. *Var.* Ce guerrier valeureux nous tient-il dans ses fers? (1652-57)

ISABELLE.

Mon heur et mon repos, que je ne puis trahir.
Ce que vous appelez un heureux hyménée 665
N'est pour moi qu'un enfer si j'y suis condamnée.

GÉRONTE.

Ah! qu'il en est encor de mieux faites que vous
Qui se voudroient bien voir dans un enfer si doux!
Après tout, je le veux; cédez à ma puissance.

ISABELLE.

Faites un autre essai de mon obéissance. 670

GÉRONTE.

Ne me répliquez plus quand j'ai dit : « Je le veux. »
Rentrez : c'est désormais trop contesté[1] nous deux.

SCÈNE II.

GÉRONTE.

Qu'à présent la jeunesse a d'étranges manies!
Les règles du devoir lui sont des tyrannies,
Et les droits les plus saints deviennent impuissants 675
Contre cette fierté qui l'attache à son sens[2].
Telle est l'humeur du sexe : il aime à contredire,
Rejette obstinément le joug de notre empire,
Ne suit que son caprice en ses affections,
Et n'est jamais d'accord de nos élections. 680
N'espère pas pourtant, aveugle et sans cervelle,
Que ma prudence cède à ton esprit rebelle.
Mais ce fou viendra-t-il toujours m'embarrasser?
Par force ou par adresse il me le faut chasser.

---

1. L'édition de 1648 porte, par erreur sans doute, *contester*, à l'infinitif.
2. *Var.* A l'empêcher de courre après son propre sens;
   Mais c'est l'humeur du sexe : il aime à contredire,
   Pour secouer, s'il peut, le joug de notre empire. (1639-57)

SCÈNE III.

GÉRONTE, MATAMORE, CLINDOR.

MATAMORE, à Clindor.

Ne doit-on pas avoir pitié de ma fortune[1] ? 685
Le grand vizir encor de nouveau m'importune ;
Le Tartare, d'ailleurs, m'appelle à son secours ;
Narsingue et Calicut[2] m'en pressent tous les jours :
Si je ne les refuse, il me faut mettre en quatre.

CLINDOR.

Pour moi, je suis d'avis que vous les laissiez battre : 690
Vous emploieriez trop mal vos invincibles coups,
Si pour en servir un vous faisiez trois jaloux.

MATAMORE.

Tu dis bien : c'est assez de telles courtoisies ;
Je ne veux qu'en amour donner des jalousies.
Ah ! Monsieur, excusez, si, faute de vous voir, 695
Bien que si près de vous, je manquois au devoir.
Mais quelle émotion paroît sur ce visage ?
Où sont vos ennemis, que j'en fasse carnage[3] ?

GÉRONTE.

Monsieur, grâces aux Dieux, je n'ai point d'ennemis.

MATAMORE.

Mais grâces à ce bras qui vous les a soumis. 700

GÉRONTE.

C'est une grâce encor que j'avois ignorée.

MATAMORE.

Depuis que ma faveur[4] pour vous s'est déclarée,
Ils sont tous morts de peur, ou n'ont osé branler.

---

1. *Var.* N'auras-tu point enfin pitié de ma fortune? (1639-57)
2. Ce sont les noms de deux anciens royaumes de la presqu'île occidentale de l'Hindoustan.
3. *Var.* Où sont vos ennemis, que j'en fasse un carnage? (1639-60)
4. On lit *fureur*, pour *faveur*, dans l'édition de 1657.

ACTE III, SCÈNE III.

GÉRONTE.
C'est ailleurs maintenant qu'il vous faut signaler :
Il fait beau voir ce bras, plus craint que le tonnerre, 705
Demeurer si paisible en un temps plein de guerre ;
Et c'est pour acquérir un nom bien relevé,
D'être dans une ville à battre le pavé.
Chacun croit votre gloire à faux titre usurpée,
Et vous ne passez plus que pour traîneur d'épée. 710

MATAMORE.
Ah, ventre! il est tout vrai que vous avez raison.
Mais le moyen d'aller, si je suis en prison?
Isabelle m'arrête, et ses yeux pleins de charmes
Ont captivé mon cœur et suspendu mes armes.

GÉRONTE.
Si rien que son sujet ne vous tient arrêté, 715
Faites votre équipage en toute liberté :
Elle n'est pas pour vous ; n'en soyez point en peine.

MATAMORE.
Ventre! que dites-vous? Je la veux faire reine.

GÉRONTE.
Je ne suis pas d'humeur à rire tant de fois
Du crotesque[1] récit de vos rares exploits. 720
La sottise ne plaît qu'alors qu'elle est nouvelle :
En un mot, faites reine une autre qu'Isabelle.
Si pour l'entretenir vous venez plus ici....

MATAMORE.
Il a perdu le sens, de me parler ainsi.
Pauvre homme, sais-tu bien que mon nom effroyable 725
Met le Grand Turc en fuite, et fait trembler le diable ;
Que pour t'anéantir je ne veux qu'un moment?

GÉRONTE.
J'ai chez moi des valets à mon commandement,

---

1. C'est ainsi que le mot est imprimé dans toutes les éditions. Cette orthographe était générale au commencement du dix-septième siècle. Voyez le *Lexique*.

Qui n'ayant pas l'esprit de faire des bravades¹,
Répondroient de la main à vos rodomontades.　730
####### MATAMORE, à Clindor.
Dis-lui ce que j'ai fait en mille et mille lieux.
####### GÉRONTE.
Adieu : modérez-vous; il vous en prendra mieux;
Bien que je ne sois pas de ceux qui vous haïssent,
J'ai le sang un peu chaud, et mes gens m'obéissent.

SCÈNE IV.
MATAMORE, CLINDOR.
####### MATAMORE.
Respect de ma maîtresse, incommode vertu,　735
Tyran de ma vaillance, à quoi me réduis-tu?
Que n'ai-je eu cent rivaux en la place d'un père²,
Sur qui, sans t'offenser, laisser choir ma colère!
Ah! visible démon, vieux spectre décharné,
Vrai suppôt de Satan, médaille de damné³,　740
Tu m'oses donc bannir, et même avec menaces,
Moi de qui tous les rois briguent les bonnes grâces?
####### CLINDOR.
Tandis qu'il est dehors, allez, dès aujourd'hui,
Causer de vos amours, et vous moquer de lui.
####### MATAMORE.
Cadédiou! ses valets feroient quelque insolence.　745
####### CLINDOR.
Ce fer a trop de quoi dompter leur violence.
####### MATAMORE.
Oui, mais les feux qu'il jette en sortant de prison

---

1. *Var.* Qui se connoissant mal à faire des bravades. (1639-57)
2. *Var.* Que n'ai-je eu cent rivaux à la place d'un père. (1639)
3. *Médaille de damné*, portrait, vraie image de damné.

ACTE III, SCÈNE IV.

Auroient en un moment embrasé la maison,
Dévoré tout à l'heure ardoises et gouttières,
Faîtes, lattes, chevrons, montants, courbes, filières, 750
Entretoises, sommiers, colonnes, soliveaux,
Parnes, soles, appuis, jambages, traveteaux[1],
Portes, grilles, verrous, serrures, tuiles, pierre,
Plomb, fer, plâtre, ciment, peinture[2], marbre, verre,
Caves, puits, cours, perrons, salles, chambres, greniers,
Offices, cabinets, terrasses, escaliers.
Juge un peu quel désordre aux yeux de ma charmeuse!
Ces feux étoufferoient son ardeur amoureuse.
Va lui parler pour moi, toi qui n'es pas vaillant :
Tu puniras à moins un valet insolent. 760
CLINDOR.
C'est m'exposer....
MATAMORE.
Adieu : je vois ouvrir la porte,
Et crains que sans respect cette canaille sorte.

SCÈNE V.

CLINDOR, LYSE.

CLINDOR, seul[3].

Le souverain poltron, à qui pour faire peur
Il ne faut qu'une feuille, une ombre, une vapeur!
Un vieillard le maltraite, il fuit pour une fille, 765
Et tremble à tous moments de crainte qu'on l'étrille.
Lyse, que ton abord doit être dangereux!

---

1. *Parnes*, pièces de bois posées sur la charpente d'un comble pour recevoir les chevrons; on dit plus ordinairement *pannes*. — *Soles* signifie proprement les pièces de bois placées à plat qui portent la cage d'un moulin à vent; il se dit aussi de celles qui se couchent à terre dans les autres constructions et machines. — *Traveteaux*, petites poutres, petites solives.
2. Les éditions de 1652-64 portent *peintures*, au pluriel.
3. Le mot *seul* manque dans l'édition de 1639 et dans celles de 1648-57.

Il donne l'épouvante à ce cœur généreux,
Cet unique vaillant, la fleur des capitaines,
Qui dompte autant de rois qu'il captive de reines!   770
   LYSE.
Mon visage est ainsi malheureux en attraits :
D'autres charment de loin, le mien fait peur de près.
   CLINDOR.
S'il fait peur à des fous, il charme les plus sages :
Il n'est pas quantité de semblables visages.
Si l'on brûle pour toi, ce n'est pas sans sujet;   775
Je ne connus jamais un si gentil objet;
L'esprit beau, prompt, accort, l'humeur un peu railleuse,
L'embonpoint ravissant, la taille avantageuse,
Les yeux doux, le teint vif, et les traits délicats :
Qui seroit le brutal qui ne t'aimeroit pas?   780
   LYSE.
De grâce, et depuis quand me trouvez-vous si belle?
Voyez bien, je suis Lyse, et non pas Isabelle.
   CLINDOR.
Vous partagez vous deux mes inclinations :
J'adore sa fortune, et tes perfections.
   LYSE.
Vous en embrassez trop, c'est assez pour vous d'une,   785
Et mes perfections cèdent à sa fortune.
   CLINDOR.
Quelque effort que je fasse à lui donner ma foi[1],
Penses-tu qu'en effet je l'aime plus que toi?
L'amour et l'hyménée ont diverse méthode :
L'un court au plus aimable, et l'autre au plus commode.
Je suis dans la misère, et tu n'as point de bien :
Un rien s'ajuste mal avec un autre rien[2];

1. *Var.* Bien que pour l'épouser je lui donne ma foi. (1639-57)
2. *Var.* Un rien s'assemble mal avec un autre rien;

Et malgré les douceurs que l'amour y déploie[1],
Deux malheureux ensemble ont toujours courte joie.
Ainsi j'aspire ailleurs, pour vaincre mon malheur ;   795
Mais je ne puis te voir sans un peu de douleur,
Sans qu'un soupir échappe à ce cœur, qui murmure
De ce qu'à mes desirs ma raison fait d'injure[2].
A tes moindres coups d'œil je me laisse charmer.
Ah! que je t'aimerois, s'il ne falloit qu'aimer,   800
Et que tu me plairois, s'il ne falloit que plaire!

LYSE.

Que vous auriez d'esprit si vous saviez vous taire,
Ou remettre du moins en quelque autre saison
A montrer tant d'amour avec tant de raison!
Le grand trésor pour moi qu'un amoureux si sage,   805
Qui par compassion n'ose me rendre hommage,
Et porte ses desirs à des partis meilleurs,
De peur de m'accabler sous nos communs malheurs!

> Mais si tu ménageois ma flamme avec adresse,
> Une femme est sujette, une amante est maîtresse ;
> Les plaisirs sont plus grands à se voir moins souvent :
> La femme les achète, et l'amante les vend ;
> Un amour par devoir bien aisément s'altère ;
> Les nœuds en sont plus forts quand il est volontaire ;
> Il hait toute contrainte, et son plus doux appas (a)
> Se goûte quand on aime et qu'on peut n'aimer pas ;
> Seconde avec douceur celui que je te porte.
> LYSE. Vous me connoissez trop pour m'aimer de la sorte,
> Et vous en parlez moins de votre sentiment
> Qu'à dessein de railler par divertissement.
> Je prends tout en riant comme vous me le dites :
> [Allez continuer cependant vos visites.]
> CLIND. Un peu de tes faveurs me rendroit plus content. (1639-57)

1. Une double erreur typographique a défiguré ce vers et le suivant dans l'édition de 1682 :

> Et malgré les douceurs que l'amour déploie,
> Deux malheurs ensemble ont toujours courte joie.

2. *Var.* De ce qu'à ses desirs ma raison fait d'injure. (1660 et 63)
Var. De ce qu'à ces desirs ma raison fait d'injure. (1664 et 68)

(a) Voyez tome I, p. 148, note 3.

476   L'ILLUSION.

Je n'oublierai jamais de si rares mérites :
Allez continuer cependant vos visites.   810
             CLINDOR.
Que j'aurois avec toi l'esprit bien plus content !
              LYSE.
Ma maîtresse là-haut est seule, et vous attend.
             CLINDOR.
Tu me chasses ainsi !
              LYSE.
              Non, mais je vous envoie
Aux lieux où vous aurez une plus longue joie[1].
             CLINDOR.
Que même tes dédains me semblent gracieux !   815
              LYSE.
Ah ! que vous prodiguez un temps si précieux !
Allez.
             CLINDOR.
       Souviens-toi donc que si j'en aime une[2] autre[3]....
              LYSE.
C'est de peur d'ajouter ma misère à la vôtre :
Je vous l'ai déjà dit, je ne l'oublierai pas.
             CLINDOR.
Adieu : ta raillerie a pour moi tant d'appas,   820
Que mon cœur à tes yeux de plus en plus s'engage,
Et je t'aimerois trop à tarder davantage.

SCÈNE VI.

LYSE.

L'ingrat ! il trouve enfin mon visage charmant,

1. *Var.* Aux lieux où vous trouvez votre heur et votre joie. (1639-57)
2. On lit *un autre* dans les éditions de 1664-82. Voyez tome I, p. 228, note 3.
3. *Var.*   Souviens-toi donc.... LYSE. De rien que m'ait pu dire....
    CLIND. Un amant.... LYSE. Un causeur qui prend plaisir à rire (*a*). (1639-57)
(*a*) La scène v finit là dans les éditions indiquées.

ACTE III, SCÈNE VI.

Et pour se divertir il contrefait l'amant[1] !
Qui néglige mes feux m'aime par raillerie,   825
Me prend pour le jouet de sa galanterie,
Et par un libre aveu de me voler sa foi,
Me jure qu'il m'adore, et ne veut point de moi.
Aime en tous lieux, perfide, et partage ton âme;
Choisis qui tu voudras pour maîtresse ou pour femme;
Donne à tes intérêts à ménager tes vœux;
Mais ne crois plus tromper aucune de nous deux.
Isabelle vaut mieux qu'un amour politique,
Et je vaux mieux qu'un cœur où cet amour s'applique.
J'ai raillé comme toi, mais c'étoit seulement   835
Pour ne t'avertir pas de mon ressentiment.
Qu'eût produit son éclat, que de la défiance?
Qui cache sa colère assure sa vengeance;
Et ma feinte douceur prépare beaucoup mieux[2]
Ce piége où tu vas choir, et bientôt, à mes yeux.   840
  Toutefois, qu'as-tu fait qui te rende coupable?
Pour chercher sa fortune est-on si punissable?

---

1. *Var.* Et pour me suborner il contrefait l'amant!
   Qui hait ma sainte ardeur m'aime dans l'infamie,
   Me dédaigne pour femme, et me veut pour amie.
   Perfide, qu'as-tu vu dedans mes actions,
   Qui te dût enhardir à ces prétentions?
   Qui t'a fait m'estimer digne d'être abusée,
   Et juger mon honneur une conquête aisée?
   J'ai tout pris en riant, mais c'étoit seulement. (1639-57)
2. *Var.* Et ma feinte douceur te laissant espérer,
   Te jette dans les rets que j'ai su préparer.
   Va, traître, aime en tous lieux, et partage ton âme :
   Choisis qui tu voudras pour maîtresse et pour femme;
   Donne à l'une ton cœur, donne à l'autre ta foi;
   Mais ne crois plus tromper Isabelle ni moi.
   Ce long calme bientôt va tourner en tempête,
   Et l'orage est tout prêt à fondre sur ta tête :
   Surpris par un rival dans ce cher entretien,
   Il vengera d'un coup son malheur et le mien.
   Toutefois qu'as-tu fait qui t'en rende coupable (*a*)? (1639-57)

(*a*) [Toutefois qu'as-tu fait qui te rende coupable?] (1644-57)

Tu m'aimes, mais le bien te fait être inconstant :
Au siècle où nous vivons, qui n'en feroit autant ?
Oublions des mépris où par force il s'excite[1],   845
Et laissons-le jouir du bonheur qu'il mérite.
S'il m'aime, il se punit en m'osant dédaigner,
Et si je l'aime encor, je le dois épargner.
Dieux ! à quoi me réduit ma folle inquiétude,
De vouloir faire grâce à tant d'ingratitude ?   850
Digne soif de vengeance, à quoi m'exposez-vous,
De laisser affoiblir un si juste courroux ?
Il m'aime, et de mes yeux je m'en vois méprisée !
Je l'aime, et ne lui sers que d'objet de risée !
Silence, amour, silence : il est temps de punir ;   855
J'en ai donné ma foi : laisse-moi la tenir.
Puisque ton faux espoir ne fait qu'aigrir ma peine[2],
Fais céder tes douceurs à celles de la haine :
Il est temps qu'en mon cœur elle règne à son tour,
Et l'amour outragé ne doit plus être amour.   860

1. *Var.* Oublions les projets de sa flamme maudite,
[Et laissons-le jouir du bonheur qu'il mérite.]
Que de pensers divers en mon cœur amoureux,
Et que je sens dans l'âme un combat rigoureux !
Perdre qui me chérit ! épargner qui m'affronte !
Ruiner ce que j'aime ! aimer qui veut ma honte !
L'amour produira-t-il un si cruel effet ?
L'impudent rira-t-il de l'affront qu'il m'a fait (*a*) ?
Mon amour me séduit, et ma haine m'emporte,
L'une peut tout sur moi, l'autre n'est pas moins forte :
N'écoutons plus l'amour pour un tel suborneur,
Et laissons à la haine assurer mon honneur. (1639-57)
2. *Var.* Puisque ton faux espoir n'a fait qu'aigrir ma peine. (1660)

(*a*) L'insolent rira-t-il de l'affront qu'il m'a fait ? (1644-57)

SCÈNE VII.
MATAMORE.

Les voilà, sauvons-nous. Non, je ne vois personne.
Avançons hardiment. Tout le corps me frissonne.
Je les entends, fuyons. Le vent faisoit ce bruit.
Marchons sous la faveur des ombres de la nuit¹.
Vieux rêveur, malgré toi j'attends ici ma reine.   865
  Ces diables de valets me mettent bien en peine.
De deux mille ans et plus, je ne tremblai si fort.
C'est trop me hasarder : s'ils sortent, je suis mort;
Car j'aime mieux mourir que leur donner bataille,
Et profaner mon bras contre cette canaille.   870
Que le courage expose à d'étranges dangers!
Toutefois, en tout cas, je suis des plus légers;
S'il ne faut que courir, leur attente est dupée :
J'ai le pied pour le moins aussi bon que l'épée.
Tout de bon, je les vois : c'est fait, il faut mourir;   875
J'ai le corps si glacé, que je ne puis courir².
Destin, qu'à ma valeur tu te montres contraire!...
C'est ma reine elle-même, avec mon secrétaire!
Tout mon corps se déglace : écoutons leurs discours,
Et voyons son adresse à traiter mes amours.   880

SCÈNE VIII.
CLINDOR, ISABELLE, MATAMORE.

ISABELLE.
(Matamore écoute caché³.)
Tout se prépare mal du côté de mon père;

---

1. *Var.* Coulons-nous en faveur des ombres de la nuit. (1639-60)
2. *Var.* J'ai le corps tout glacé, je ne saurois courir. (1639-60)
3. Cette indication manque dans l'édition de 1639 et dans celles de 1648-60.

Je ne le vis jamais d'une humeur si sévère :
Il ne souffrira plus votre maître ni vous.
Votre rival d'ailleurs est devenu jaloux[1] :
C'est par cette raison que je vous fais descendre ;   885
Dedans mon cabinet ils pourroient nous surprendre ;
Ici nous parlerons en plus de sûreté :
Vous pourrez vous couler d'un et d'autre côté ;
Et si quelqu'un survient, ma retraite est ouverte.

CLINDOR.

C'est trop prendre de soin pour empêcher ma perte.   890

ISABELLE.

Je n'en puis prendre trop pour assurer un bien[2]
Sans qui tous autres biens à mes yeux ne sont rien :
Un bien qui vaut pour moi la terre toute entière,
Et pour qui seul enfin j'aime à voir la lumière.
Un rival par mon père attaque en vain ma foi ;   895
Votre amour seul a droit de triompher de moi :
Des discours de tous deux je suis persécutée ;
Mais pour vous je me plais à me voir maltraitée[3],
Et des plus grands malheurs je bénirois les coups[4],
Si ma fidélité les enduroit pour vous.   900

CLINDOR.

Vous me rendez confus, et mon âme ravie

1. *Var.* Notre baron d'ailleurs est devenu jaloux,
   Et c'est aussi pourquoi je vous ai fait descendre ;
   Dedans mon cabinet ils nous pourroient surprendre ;
   Ici nous causerons en plus de sûreté. (1639-57)
2. *Var.* Je n'en puis prendre trop pour conserver un bien
   Sans qui tout l'univers ensemble ne m'est rien :
   Oui, je fais plus d'état d'avoir gagné votre âme,
   Que si tout l'univers me connoissoit pour dame.
   [Un rival par mon père attaque en vain ma foi.] (1639-57)
   Var. Je n'en puis prendre trop pour m'assurer un bien. (1660-68)
3. *Var.* Mais pour vous je me plais à être mal traitée (*a*). (1639)
4. *Var.* Il n'est point de tourments qui ne me semblent doux,
   Si ma fidélité les endure pour vous. (1639-57)

(*a*) Nous avons vu déjà des exemples d'hiatus au tome I, p. 173, note 3, et à la page 188, note 2, de ce volume.

ACTE III, SCÈNE VIII.

Ne vous peut, en revanche, offrir rien que ma vie :
Mon sang est le seul bien qui me reste en ces lieux,
Trop heureux de le perdre en servant vos beaux yeux !
Mais si mon astre un jour, changeant son influence, 905
Me donne un accès libre aux lieux de ma naissance,
Vous verrez que ce choix n'est pas fort inégal[1],
Et que, tout balancé, je vaux bien mon rival[2].
Mais, avec ces douceurs, permettez-moi de craindre[3]
Qu'un père et ce rival ne veuillent vous contraindre. 910

ISABELLE.

N'en ayez point d'alarme, et croyez qu'en ce cas[4]
L'un aura moins d'effet que l'autre n'a d'appas.
Je ne vous dirai point où je suis résolue :
Il suffit que sur moi je me rends absolue[5].
Ainsi tous les projets sont des projets en l'air[6]. 915
Ainsi....

MATAMORE.

Je n'en puis plus : il est temps de parler.

ISABELLE.

Dieux ! on nous écoutoit.

CLINDOR.

C'est notre capitaine :
Je vais bien l'apaiser ; n'en soyez pas en peine[7].

---

1. *Var.* Vous verrez que ce choix n'est pas tant inégal. (1639-57)
2. *Var.* Et que, tout balancé, je vaux bien un rival. (1639)
3. *Var.* Cependant, mon souci, permettez-moi de craindre. (1639-57)
4. *Var.* J'en sais bien le remède, et croyez qu'en ce cas. (1639-57)
5. *Var.* Il suffit que sur moi je me rende absolue. (1639)
6. *Var.* Que leurs plus grands efforts sont des efforts en l'air,
   Et que.... MAT. C'est trop souffrir : il est temps de parler. (1639-57)
   Var. Ainsi tous leurs projets sont des projets en l'air. (1660-63)
7. Dans l'édition de 1692, on lit à la suite de ce vers : *Isabelle rentre.*

SCÈNE IX.

MATAMORE, CLINDOR.

MATAMORE.

Ah! traître!

CLINDOR.

Parlez bas; ces valets....

MATAMORE.

Eh bien! quoi?

CLINDOR.

Ils fondront tout à l'heure et sur vous et sur moi. 920

MATAMORE le tire à un coin du théâtre[1].

Viens çà. Tu sais ton crime, et qu'à l'objet que j'aime,
Loin de parler pour moi, tu parlois pour toi-même?

CLINDOR.

Oui, pour me rendre heureux j'ai fait quelques efforts[2].

MATAMORE.

Je te donne le choix de trois ou quatre morts :
Je vais, d'un coup de poing, te briser comme verre, 925
Ou t'enfoncer tout vif au centre de la terre,
Ou te fendre en dix parts d'un seul coup de revers,
Ou te jeter si haut au-dessus des éclairs,
Que tu sois dévoré des feux élémentaires.
Choisis donc promptement, et pense à tes affaires[3]. 930

CLINDOR.

Vous-même choisissez.

MATAMORE.

Quel choix proposes-tu?

---

1. *Var.* Le tirant à un coin du théâtre. (1644-60) — Cette indication ne se trouve pas dans l'édition de 1639.
2. *Var.* Oui, j'ai pris votre place, et vous ai mis dehors. (1639-57)
3. *Var.* Choisis donc promptement, et songe à tes affaires. (1639-57)

ACTE III, SCÈNE IX.

CLINDOR.
De fuir en diligence, ou d'être bien battu.
MATAMORE.
Me menacer encore! ah, ventre! quelle audace!
Au lieu d'être à genoux, et d'implorer ma grâce!...
Il a donné le mot, ces valets[1] vont sortir.... 935
Je m'en vais commander aux mers de t'engloutir.
CLINDOR.
Sans vous chercher si loin un si grand cimetière,
Je vous vais, de ce pas, jeter dans la rivière.
MATAMORE.
Ils sont d'intelligence. Ah, tête!
CLINDOR.
　　　　　　　　　　Point de bruit :
J'ai déjà massacré dix hommes cette nuit[2] ; 940
Et si vous me fâchez, vous en croîtrez le nombre.
MATAMORE.
Cadédiou! ce coquin a marché dans mon ombre;
Il s'est fait tout vaillant d'avoir suivi mes pas :
S'il avoit du respect, j'en voudrois faire cas.
　Écoute : je suis bon, et ce seroit dommage 945
De priver l'univers d'un homme de courage.
Demande-moi pardon, et cesse par tes feux[3]
De profaner l'objet digne seul de mes vœux ;
Tu connois ma valeur, éprouve ma clémence.
CLINDOR.
Plutôt, si votre amour a tant de véhémence, 950
Faisons deux coups d'épée au nom de sa beauté.

---

1. On lit *ses valets* dans les éditions de 1644, de 1652 et de 1654.
2. Par une erreur singulière, on a imprimé dans les éditions de 1652-57 :
　J'ai déjà massacré dix hommes *en* cette nuit.
3. *Var.* Demande-moi pardon, et quitte cet objet,
　Dont les perfections m'ont rendu son sujet. (1639-57)

MATAMORE.

Parbieu, tu me ravis de générosité.
Va, pour la conquérir n'use plus d'artifices;
Je te la veux donner pour prix de tes services :
Plains-toi dorénavant d'avoir un maître ingrat !   955

CLINDOR.

A ce rare présent, d'aise le cœur me bat.
 Protecteur des grands rois, guerrier trop magnanime,
Puisse tout l'univers bruire de votre estime !

SCÈNE X.

ISABELLE, MATAMORE, CLINDOR.

ISABELLE.

Je rends grâces au ciel de ce qu'il a permis
Qu'à la fin, sans combat, je vous vois bons amis.   960

MATAMORE.

Ne pensez plus, ma reine, à l'honneur que ma flamme
Vous devoit faire un jour de vous prendre pour femme;
Pour quelque occasion j'ai changé de dessein :
Mais je vous veux donner un homme de ma main;
Faites-en de l'état ; il est vaillant lui-même ;   965
Il commandoit sous moi.

ISABELLE.
    Pour vous plaire, je l'aime.

CLINDOR.

Mais il faut du silence à notre affection.

MATAMORE.

Je vous promets silence, et ma protection.
Avouez-vous de moi par tous les coins du monde :
Je suis craint à l'égal sur la terre et sur l'onde.   970
Allez, vivez contents sous une même loi.

ACTE III, SCÈNE X.

ISABELLE.
Pour vous mieux obéir, je lui donne ma foi.
CLINDOR.
Commandez que sa foi de quelque effet suivie[1]....

SCÈNE XI.

GÉRONTE, ADRASTE, MATAMORE, CLINDOR, ISABELLE, LYSE, TROUPE DE DOMESTIQUES[2].

ADRASTE.
Cet insolent discours te coûtera la vie,
Suborneur.
MATAMORE.
     Ils ont pris mon courage en défaut : 975
Cette porte est ouverte ; allons gagner le haut.
(Il entre chez Isabelle, après qu'elle et Lyse y sont entrées[3].)
CLINDOR.
Traître ! qui te fais fort d'une troupe brigande,
Je te choisirai bien au milieu de la bande.
GÉRONTE[4].
Dieux ! Adraste est blessé, courez au médecin.
Vous autres, cependant, arrêtez l'assassin. 980
CLINDOR.
Ah, ciel ! je cède au nombre. Adieu, chère Isabelle[5] :
Je tombe au précipice où mon destin m'appelle.

---

1. *Var.* Commandez que sa foi soit d'un baiser suivie.
MAT. Je le veux.
SCÈNE XI.
GÉRONTE, ADRASTE, ETC.
ADR. Ce baiser te va coûter la vie. (1639-57)
2. *Var.* TROUPES DE DOMESTIQUES. (1639)
3. Ce jeu de scène manque dans l'édition de 1639.
4. *Var.* GÉRONTE, *survenant.* (1660)
5. *Var.* Hélas ! je cède au nombre. Adieu, chère Isabelle. (1639-64)

GÉRONTE.

C'en est fait, emportez ce corps à la maison;
Et vous, conduisez tôt ce traître à la prison.

SCÈNE XII.

ALCANDRE, PRIDAMANT.

PRIDAMANT.

Hélas! mon fils est mort.

ALCANDRE.

Que vous avez d'alarmes! 985

PRIDAMANT.

Ne lui refusez point le secours de vos charmes.

ALCANDRE.

Un peu de patience, et sans un tel secours
Vous le verrez bientôt heureux en ses amours.

FIN DU TROISIÈME ACTE.

ACTE IV.

SCÈNE PREMIÈRE.

ISABELLE.

Enfin le terme approche : un jugement inique
Doit abuser demain d'un pouvoir tyrannique[1],   990
A son propre assassin immoler mon amant,
Et faire une vengeance au lieu d'un châtiment.
Par un décret injuste autant comme sévère,
Demain doit triompher la haine de mon père,
La faveur du pays, la qualité du mort[2],   995
Le malheur d'Isabelle, et la rigueur du sort.
Hélas! que d'ennemis, et de quelle puissance,
Contre le foible appui que donne l'innocence,
Contre un pauvre inconnu, de qui tout le forfait
Est de m'avoir aimée, et d'être trop parfait[3]!   1000
Oui, Clindor, tes vertus et ton feu légitime,
T'ayant acquis mon cœur, ont fait aussi ton crime[4].

---

1. *Var.* Doit faire agir demain un pouvoir tyrannique (*a*). (1639-57)
2. *Var.* La faveur du pays, l'autorité du mort. (1639-57)
3. *Var.* C'est de m'avoir aimée et d'être trop parfait! (1639)
4. *Var.* [T'ayant acquis mon cœur, ont fait aussi ton crime.]
    Contre elles un jaloux fit son traître dessein (*b*),
    Et reçut le trépas qu'il portoit dans ton sein.
    Qu'il eût valu bien mieux à ta valeur trompée
    Offrir ton estomac ouvert à son épée,

(*a*) On lit dans l'édition de 1654 :
    Doit faire agir *pour moi* un pouvoir tyrannique,
ce qui fait un non-sens et un hiatus.
(*b*) Contre elles un jaloux forma son noir dessein. (1660)

Mais en vain après toi l'on me laisse le jour;
Je veux perdre la vie en perdant mon amour :
Prononçant ton arrêt, c'est de moi qu'on dispose ; 1005
Je veux suivre ta mort, puisque j'en suis la cause,
Et le même moment verra par deux trépas
Nos esprits amoureux se rejoindre là-bas.
  Ainsi, père inhumain, ta cruauté déçue
De nos saintes ardeurs verra l'heureuse issue; 1010
Et si ma perte alors fait naître tes douleurs,
Auprès de mon amant je rirai de tes pleurs.
Ce qu'un remords cuisant te coûtera de larmes
D'un si doux entretien augmentera les charmes;
Ou s'il n'a pas assez de quoi te tourmenter, 1015
Mon ombre chaque jour viendra t'épouvanter,
S'attacher à tes pas dans l'horreur des ténèbres,
Présenter à tes yeux mille images funèbres,
Jeter dans ton esprit un éternel effroi,
Te reprocher ma mort, t'appeler après moi, 1020
Accabler de malheurs ta languissante vie,
Et te réduire au point de me porter envie.
Enfin....

    Puisque, loin de punir ceux qui t'ont attaqué,
    Les lois vont achever le coup qu'ils ont manqué!
    Tu fusses mort alors, mais sans ignominie :
    Ta mort n'eût point laissé ta mémoire ternie ;
    On n'eût point vu le foible opprimé du puissant,
    Ni mon pays souillé du sang d'un innocent,
    Ni Thémis endurer l'indigne violence
    Qui pour l'assassiner emprunte sa balance (*a*).
    Hélas ! et de quoi sert à mon cœur enflammé (*b*)
    D'avoir fait un beau choix et d'avoir bien aimé,
    Si mon amour fatal te conduit au supplice
    Et m'apprête à moi-même un mortel précipice?
    Car en vain après toi l'on me laisse le jour. (1639-60)

(*a*) Qui pour t'assassiner emprunte sa balance. (1648 et 60)
(*b*) De quoi sert à mon cœur si vivement charmé. (1660)

SCÈNE II.

ISABELLE, LYSE.

LYSE.

Quoi! chacun dort, et vous êtes ici?
Je vous jure, Monsieur en est en grand souci.

ISABELLE.

Quand on n'a plus d'espoir, Lyse, on n'a plus de crainte.
Je trouve des douceurs à faire ici ma plainte :
Ici je vis Clindor pour la dernière fois;
Ce lieu me redit mieux les accents de sa voix,
Et remet plus avant en mon âme éperdue[1]
L'aimable souvenir d'une si chère vue.   1030

LYSE.

Que vous prenez de peine à grossir vos ennuis!

ISABELLE.

Que veux-tu que je fasse en l'état où je suis?

LYSE.

De deux amants parfaits dont vous étiez servie,
L'un doit mourir demain, l'autre est déjà sans vie[2] :
Sans perdre plus de temps à soupirer pour eux,   1035
Il en faut trouver un qui les vaille tous deux.

ISABELLE.

De quel front oses-tu me tenir ces paroles[3]?

LYSE.

Quel fruit espérez-vous de vos douleurs frivoles?
Pensez-vous, pour pleurer et ternir vos appas,
Rappeler votre amant des portes du trépas?   1040
Songez plutôt à faire une illustre conquête;

---

1. *Var.* Et remet plus avant dans ma triste pensée
   L'aimable souvenir de mon amour passée. (1639-57)
2. *Var.* L'un est mort, et demain l'autre perdra la vie. (1639-57)
3. *Var.* Impudente, oses-tu me tenir ces paroles? (1639-57)

Je sais pour vos liens une âme toute prête,
Un homme incomparable.
                    ISABELLE.
                        Ote-toi de mes yeux.
                    LYSE.
Le meilleur jugement ne choisiroit pas mieux.
                    ISABELLE.
Pour croître mes douleurs faut-il que je te voie? 1045
                    LYSE.
Et faut-il qu'à vos yeux je déguise ma joie?
                    ISABELLE.
D'où te vient cette joie ainsi hors de saison?
                    LYSE.
Quand je vous l'aurai dit, jugez si j'ai raison.
                    ISABELLE.
Ah! ne me conte rien.
                    LYSE.
                        Mais l'affaire vous touche.
                    ISABELLE.
Parle-moi de Clindor, ou n'ouvre point la bouche. 1050
                    LYSE.
Ma belle humeur, qui rit au milieu des malheurs,
Fait plus en un moment qu'un siècle de vos pleurs :
Elle a sauvé Clindor.
                    ISABELLE.
                        Sauvé Clindor?
                    LYSE.
                            Lui-même :
Jugez après cela comme quoi je vous aime[1].
                    ISABELLE.
Eh! de grâce, où faut-il que je l'aille trouver? 1055
                    LYSE.
Je n'ai que commencé : c'est à vous d'achever.

---

1. *Var.* Et puis après cela jugez si je vous aime. (1639-57)

ACTE IV, SCÈNE II.

ISABELLE.

Ah! Lyse!

LYSE.

Tout de bon, seriez-vous pour le suivre?

ISABELLE.

Si je suivrois celui sans qui je ne puis vivre?
Lyse, si ton esprit ne le tire des fers,
Je l'accompagnerai jusque dans les enfers.   1060
Va, ne demande plus si je suivrois sa fuite[1].

LYSE.

Puisqu'à ce beau dessein l'amour vous a réduite,
Écoutez où j'en suis, et secondez mes coups :
Si votre amant n'échappe, il ne tiendra qu'à vous.
  La prison est tout proche[2].

ISABELLE.

Eh bien?

LYSE.

Ce voisinage
Au frère du concierge a fait voir mon visage;
Et comme c'est tout un que me voir et m'aimer,
Le pauvre malheureux s'en est laissé charmer.

ISABELLE.

Je n'en avois rien su!

LYSE.

J'en avois tant de honte
Que je mourois[3] de peur qu'on vous en fît le conte;   1070
Mais depuis quatre jours votre amant arrêté
A fait que l'allant voir je l'ai mieux écouté.
Des yeux et du discours flattant son espérance,

---

1. *Var.* Va, ne m'informe (*a*) plus si je suivrois sa fuite. (1639-57)
2. *Var.* La prison est fort proche. (1639-64)
3. Les éditions de 1664-82 donnent *mourrois*, pour *mourois*, ce qui ne nous paraît pas offrir de sens.

(*a*) Voyez tome I, p. 472, note 2.

D'un mutuel amour j'ai formé l'apparence.
Quand on aime une fois, et qu'on se croit aimé, 1075
On fait tout pour l'objet dont on est enflammé.
Par là j'ai sur mon âme assuré mon empire,
Et l'ai mis en état de ne m'oser dédire.
Quand il n'a plus douté de mon affection,
J'ai fondé mes refus sur sa condition; 1080
Et lui, pour m'obliger, juroit de s'y déplaire,
Mais que malaisément il s'en pouvoit défaire;
Que les clefs des prisons qu'il gardoit aujourd'hui
Étoient le plus grand bien de son frère et de lui.
Moi de dire soudain que sa bonne fortune[1] 1085
Ne lui pouvoit offrir d'heure plus opportune;
Que, pour se faire riche et pour me posséder,
Il n'avoit seulement qu'à s'en accommoder;
Qu'il tenoit dans les fers un seigneur de Bretagne
Déguisé sous le nom du sieur de la Montagne; 1090
Qu'il falloit le sauver et le suivre chez lui;
Qu'il nous feroit du bien et seroit notre appui.
Il demeure étonné; je le presse, il s'excuse;
Il me parle d'amour, et moi je le refuse;
Je le quitte en colère, il me suit tout confus, 1095
Me fait nouvelle excuse, et moi nouveau refus.

ISABELLE.

Mais enfin?

LYSE.

J'y retourne, et le trouve fort triste;
Je le juge ébranlé; je l'attaque : il résiste.
Ce matin : « En un mot, le péril est pressant,
Ai-je dit; tu peux tout, et ton frère est absent[2]. 1100
— Mais il faut de l'argent pour un si long voyage,

1. *Var.* Moi de prendre mon temps, que sa bonne fortune. (1639-57)
2. *Var.* Ç'ai-je, dit; tu peux tout, et ton frère est absent. (1639-57)

ACTE IV, SCÈNE II.

M'a-t-il dit; il en faut pour faire l'équipage :
Ce cavalier en manque. »

ISABELLE.

Ah! Lyse, tu devois
Lui faire offre aussitôt de tout ce que j'avois[1] :
Perles, bagues, habits.

LYSE.

J'ai bien fait davantage[2] :   1105
J'ai dit qu'à vos beautés ce captif rend hommage,
Que vous l'aimez de même et fuirez avec nous.
Ce mot me l'a rendu si traitable et si doux,
Que j'ai bien reconnu qu'un peu de jalousie
Touchant votre Clindor brouilloit sa fantaisie[3],   1110
Et que tous ces détours provenoient seulement[4]
D'une vaine frayeur qu'il ne fût mon amant.
Il est parti soudain après votre amour sue,
A trouvé tout aisé, m'en a promis l'issue,
Et vous mande pour moi[5] qu'environ à minuit[6]   1115
Vous soyez toute prête à déloger sans bruit.

ISABELLE.

Que tu me rends heureuse!

LYSE.

Ajoutez-y, de grâce,
Qu'accepter un mari pour qui je suis de glace,
C'est me sacrifier à vos contentements.

---

1. *Var.* Lui faire offre en ce cas de tout ce que j'avois. (1639-60)
2. *Var.*   J'ai bien fait encor pire :
   J'ai dit que c'est pour vous que ce captif soupire,
   Que vous l'aimiez de même et fuiriez avec nous. (1639-57)
3. L'édition de 1639 porte *fantasie*.
4. *Var.* Et que tous ces délais provenoient seulement. (1639, 44 et 52-57)
   Var. Et que tous ses délais provenoient seulement. (1648)
5. L'édition de 1682 donne à tort : *pour moi*, au lieu de : *par moi*.
6. *Var.* Qu'il alloit y pourvoir, et que vers la mi-nuit
   Vous fussiez toute prête à déloger sans bruit. (1639-57)

ISABELLE.

Aussi....

LYSE.

Je ne veux point de vos remercîments.
Allez ployer bagage, et pour grossir la somme¹,
Joignez à vos bijoux les écus du bonhomme.
Je vous vends ses trésors, mais à fort bon marché ;
J'ai dérobé ses clefs depuis qu'il est couché :
Je vous les livre.

ISABELLE.

Allons y travailler ensemble².

LYSE.

Passez-vous de mon aide.

ISABELLE.

Eh quoi ! le cœur te tremble ?

LYSE.

Non, mais c'est un secret tout propre à l'éveiller ;
Nous ne nous garderions jamais de babiller.

ISABELLE.

Folle, tu ris toujours.

LYSE.

De peur d'une surprise,
Je dois attendre ici le chef de l'entreprise ;
S'il tardoit à la rue, il seroit reconnu ;
Nous vous irons trouver dès qu'il sera venu.
C'est là sans raillerie.

ISABELLE.

Adieu donc ; je te laisse,
Et consens que tu sois aujourd'hui la maîtresse.

LYSE.

C'est du moins.

---

1. *Var.* Allez, ployez bagage, et n'épargnez en somme
Ni votre cabinet, ni celui du bonhomme. (1639-57)
2. *Var.* Allons faire le coup ensemble. (1639-57)

ISABELLE.
Fais bon guet.
LYSE.
Vous, faites bon butin.

SCÈNE III.

LYSE.

Ainsi, Clindor, je fais moi seule ton destin;
Des fers où je t'ai mis c'est moi qui te délivre,
Et te puis, à mon choix, faire mourir ou vivre.
On me vengeoit de toi par delà mes desirs :
Je n'avois de dessein que contre tes plaisirs. 1140
Ton sort trop rigoureux m'a fait changer d'envie;
Je te veux assurer tes plaisirs et ta vie;
Et mon amour éteint, te voyant en danger,
Renaît pour m'avertir que c'est trop me venger.
J'espère aussi, Clindor, que pour reconnoissance[1], 1145
De ton ingrat amour étouffant la licence....

SCÈNE IV.

MATAMORE, ISABELLE, LYSE.

ISABELLE.
Quoi! chez nous, et de nuit!

---

1. *Var.* [J'espère aussi, Clindor, que pour reconnoissance,]
Tu réduiras pour moi tes vœux dans l'innocence;
Qu'un mari me tenant en sa possession,
Sa présence vaincra ta folle passion,
Ou que, si cette ardeur encore te possède,
Ma maîtresse avertie y mettra bon remède (*a*). (1639-57)

(*a*) La scène III finit là dans les éditions indiquées.

MATAMORE.
L'autre jour....
ISABELLE.
Qu'est-ce-ci :
« L'autre jour? » est-il temps que je vous trouve ici?
LYSE.
C'est ce grand capitaine. Où s'est-il laissé prendre?
ISABELLE.
En montant l'escalier je l'en ai vu descendre. 1150
MATAMORE.
L'autre jour, au défaut de mon affection,
J'assurai vos appas de ma protection.
ISABELLE.
Après?
MATAMORE.
On vint ici faire une brouillerie;
Vous rentrâtes voyant cette forfanterie;
Et pour vous protéger, je vous suivis soudain. 1155
ISABELLE.
Votre valeur prit lors un généreux dessein.
Depuis?
MATAMORE.
Pour conserver une dame si belle,
Au plus haut du logis j'ai fait la sentinelle.
ISABELLE.
Sans sortir?
MATAMORE.
Sans sortir.
LYSE.
C'est-à-dire, en deux mots,
Que la peur l'enfermoit dans la chambre aux fagots[1].

---

1. *Var.* Qu'il s'est caché de peur dans la chambre aux fagots.
MAT. De peur? (1639-57)

MATAMORE.

La peur?

LYSE.

Oui, vous tremblez : la vôtre est sans égale.

MATAMORE.

Parce qu'elle a bon pas, j'en fais mon Bucéphale;
Lorsque je la domptai, je lui fis cette loi;
Et depuis, quand je marche, elle tremble sous moi.

LYSE.

Votre caprice est rare à choisir des montures. 1165

MATAMORE.

C'est pour aller plus vite aux grandes aventures.

ISABELLE.

Vous en exploitez bien. Mais changeons de discours :
Vous avez demeuré là dedans quatre jours?

MATAMORE.

Quatre jours.

ISABELLE.

Et vécu?

MATAMORE.

De nectar, d'ambrosie[1].

LYSE.

Je crois que cette viande aisément rassasie? 1170

MATAMORE.

Aucunement.

ISABELLE.

Enfin vous étiez descendu....

MATAMORE.

Pour faire qu'un amant en vos bras fût rendu,
Pour rompre sa prison, en fracasser les portes,
Et briser en morceaux ses chaînes les plus fortes.

---

1. A ce vers, et un peu plus bas au vers 1177, toutes les éditions portent *ambrosie*, excepté celle de 1639, où on lit *ambroisie*.

LYSE.

Avouez franchement que, pressé de la faim, 1175
Vous veniez bien plutôt faire la guerre au pain.
MATAMORE.
L'un et l'autre, parbieu! Cette ambrosie est fade :
J'en eus au bout d'un jour l'estomac tout malade.
C'est un mets délicat, et de peu de soutien :
A moins que d'être un Dieu l'on n'en vivroit pas bien;
Il cause mille maux, et dès l'heure qu'il entre,
Il allonge les dents, et rétrécit le ventre.
LYSE.
Enfin c'est un ragoût qui ne vous plaisoit pas?
MATAMORE.
Quitte pour chaque nuit faire deux tours en bas,
Et là, m'accommodant des reliefs de cuisine, 1185
Mêler la viande humaine avecque la divine.
ISABELLE.
Vous aviez, après tout, dessein de nous voler.
MATAMORE.
Vous-mêmes, après tout, m'osez-vous quereller?
Si je laisse une fois échapper ma colère....
ISABELLE.
Lyse, fais-moi sortir les valets de mon père. 1190
MATAMORE.
Un sot les attendroit.

SCÈNE V.

ISABELLE, LYSE.

LYSE.
Vous ne le tenez pas.
ISABELLE.
Il nous avoit bien dit que la peur a bon pas.

LYSE.

Vous n'avez cependant rien fait, ou peu de chose.

ISABELLE.

Rien du tout. Que veux-tu? sa rencontre en est cause.

LYSE.

Mais vous n'aviez alors qu'à le laisser aller.

ISABELLE.

Mais il m'a reconnue, et m'est venu parler.
Moi qui, seule et de nuit, craignois son insolence,
Et beaucoup plus encor de troubler le silence,
J'ai cru, pour m'en défaire et m'ôter de souci,
Que le meilleur étoit de l'amener ici.
Vois, quand j'ai ton secours, que je me tiens vaillante,
Puisque j'ose affronter cette humeur violente.

LYSE.

J'en ai ri comme vous, mais non sans murmurer :
C'est bien du temps perdu.

ISABELLE.

    Je vais le réparer[1].

LYSE.

Voici le conducteur de notre intelligence;
Sachez auparavant toute sa diligence.

SCÈNE VI.

ISABELLE, LYSE, LE GEÔLIER.

ISABELLE.

Eh bien! mon grand ami, braverons-nous le sort?
Et viens-tu m'apporter ou la vie ou la mort?
Ce n'est plus qu'en toi seul que mon espoir se fonde.

---

1. *Var.*   Je le vais réparer. (1639-57)

LE GEÔLIER.

Bannissez vos frayeurs : tout va le mieux du monde[1] ;
Il ne faut que partir, j'ai des chevaux tous prêts,
Et vous pourrez bientôt vous moquer des arrêts.

ISABELLE.

Je te dois regarder comme un dieu tutélaire[2],
Et ne sais point pour toi d'assez digne salaire.

LE GEÔLIER[3].

Voici le prix unique où tout mon cœur prétend.   1215

ISABELLE.

Lyse, il faut te résoudre à le rendre content.

LYSE.

Oui, mais tout son apprêt nous est fort inutile :
Comment ouvrirons-nous les portes de la ville ?

LE GEÔLIER.

On nous tient des chevaux en main sûre aux faubourgs ;
Et je sais un vieux mur qui tombe tous les jours :   1220
Nous pourrons aisément sortir par ses ruines[4].

ISABELLE.

Ah ! que je me trouvois sur d'étranges épines !

LE GEÔLIER.

Mais il faut se hâter.

ISABELLE.

                  Nous partirons soudain.
Viens nous aider là-haut à faire notre main.

---

1. *Var.* Madame, grâce aux Dieux, tout va le mieux du monde. (1639-57)
2. *Var.* Ah ! que tu me ravis ! et quel digne salaire
   Pourrai-je présenter à mon dieu tutélaire ?
   LE GEÔL. Voici la récompense où mon desir prétend.
   ISAB. Lyse, il faut se résoudre à le rendre content. (1639-57)
3. *Var.* LE GEÔLIER, *montrant Lyse*. (1660)
4. L'édition de 1639 porte : « par ces ruines ; » celle de 1657 : « de ses ruines. » Ce sont vraisemblablement deux fautes.

SCÈNE VII.

CLINDOR, en prison[1].

Aimables souvenirs de mes chères délices, 1225
Qu'on va bientôt changer en d'infâmes supplices,
Que malgré les horreurs de ce mortel effroi,
Vos charmants entretiens ont de douceurs pour moi[2] !
Ne m'abandonnez point, soyez-moi plus fidèles
Que les rigueurs du sort ne se montrent cruelles; 1230
Et lorsque du trépas les plus noires couleurs
Viendront à mon esprit figurer mes malheurs[3],
Figurez aussitôt à mon âme interdite
Combien je fus heureux par delà mon mérite.
Lorsque je me plaindrai de leur sévérité, 1235
Redites-moi l'excès de ma témérité :
Que d'un si haut dessein ma fortune incapable
Rendoit ma flamme injuste, et mon espoir coupable;
Que je fus criminel quand je devins amant,
Et que ma mort en est le juste châtiment. 1240
    Quel bonheur m'accompagne à la fin de ma vie!
Isabelle, je meurs pour vous avoir servie;
Et de quelque tranchant que je souffre les coups,
Je meurs trop glorieux, puisque je meurs pour vous.
Hélas! que je me flatte, et que j'ai d'artifice 1245
A me dissimuler la honte d'un supplice[4] !
En est-il de plus grand que de quitter ces yeux
Dont le fatal amour me rend si glorieux?
L'ombre d'un meurtrier creuse ici ma ruine[5] :

---

1. *Var.* Il est en prison. (1663, en marge.)
2. *Var.* Vous avez de douceurs et de charmes pour moi! (1639-57)
3. *Var.* Viendront en mon esprit figurer mes malheurs. (1648)
4. *Var.* Pour déguiser la honte et l'horreur d'un supplice!
   Il faut mourir enfin, et quitter ces beaux yeux. (1639-57)
5. *Var.* L'ombre d'un meurtrier cause encor ma ruine. (1639-57)

502   L'ILLUSION.

Il succomba vivant, et mort il m'assassine ; 1250
Son nom fait contre moi ce que n'a pu son bras ;
Mille assassins nouveaux naissent de son trépas ;
Et je vois de son sang, fécond en perfidies,
S'élever contre moi des âmes plus hardies,
De qui les passions, s'armant d'autorité[1], 1255
Font un meurtre public avec impunité.
Demain de mon courage on doit faire un grand crime[2],
Donner au déloyal ma tête pour victime ;
Et tous pour le pays prennent tant d'intérêt,
Qu'il ne m'est pas permis de douter de l'arrêt. 1260
Ainsi de tous côtés ma perte étoit certaine :
J'ai repoussé la mort, je la reçois pour peine.
D'un péril évité je tombe en un nouveau,
Et des mains d'un rival en celles d'un bourreau.
Je frémis à penser à ma triste aventure[3] ; 1265
Dans le sein du repos je suis à la torture :
Au milieu de la nuit, et du temps du sommeil,
Je vois de mon trépas le honteux appareil ;
J'en ai devant les yeux les funestes ministres ;
On me lit du sénat les mandements sinistres ; 1270
Je sors les fers aux pieds ; j'entends déjà le bruit
De l'amas insolent d'un peuple qui me suit[4] ;
Je vois le lieu fatal où ma mort se prépare :
Là mon esprit se trouble, et ma raison s'égare ;

---

1. Dans l'édition de 1682, on lit ainsi ce vers :

De qui les passions s'arment d'autorité.

C'est sans doute encore une faute. Au vers 1259 il y a, autre erreur, *prenant*, pour *prennent*.

2. *Var.* Demain de mon courage ils doivent faire un crime. (1639-57)
3. *Var.* Je frémis au penser de ma triste aventure (*a*). (1639-57)
4. *Var.* De l'amas insolent du peuple qui me suit. (1648)

(*a*) L'édition de 1657 porte, évidemment par erreur : « d'une triste aventure. »

ACTE IV, SCÈNE VII.

Je ne découvre rien qui m'ose secourir[1], 1275
Et la peur de la mort me fait déjà mourir.
  Isabelle, toi seule, en réveillant ma flamme,
Dissipes ces terreurs et rassures mon âme;
Et sitôt que je pense à tes divins attraits[2],
Je vois évanouir ces infâmes portraits. 1280
Quelques[3] rudes assauts que le malheur me livre,
Garde mon souvenir, et je croirai revivre.
Mais d'où vient que de nuit on ouvre ma prison?
Ami, que viens-tu faire ici hors de saison?

SCÈNE VIII.

CLINDOR, LE GEÔLIER.

LE GEÔLIER, *cependant qu'Isabelle et Lyse paroissent à quartier*[4].

Les juges assemblés pour punir votre audace, 1285
Mus de compassion, enfin vous ont fait grâce.

CLINDOR.

M'ont fait grâce, bons Dieux!

LE GEÔLIER.

                    Oui, vous mourrez de nuit.

CLINDOR.

De leur compassion est-ce là tout le fruit?

LE GEÔLIER.

Que de cette faveur vous tenez peu de conte!
D'un supplice public c'est vous sauver la honte. 1290

---

1. *Var.* Je ne découvre rien propre à me secourir. (1639-57)
2. *Var.* Aussitôt que je pense à tes divins attraits. (1639-57)
3. Voyez tome I, p. 205, note 3.
4. *Var. Isabelle et Lyse paroissent à quartier.* (1663, en marge.) — Cette indication manque dans les éditions de 1639-57. — *A quartier*, à l'écart. Voyez tome I, p. 93, note 2.

CLINDOR.

Quels encens puis-je offrir aux maîtres de mon sort,
Dont l'arrêt me fait grâce, et m'envoie à la mort?

LE GEÔLIER.

Il la faut recevoir avec meilleur visage.

CLINDOR.

Fais ton office, ami, sans causer davantage.

LE GEÔLIER.

Une troupe d'archers là dehors vous attend ;
Peut-être en les voyant serez-vous plus content.

SCÈNE IX.

CLINDOR, ISABELLE, LYSE, LE GEÔLIER.

ISABELLE dit ces mots à Lyse, cependant que le Geôlier ouvre
la prison à Clindor[1].

Lyse, nous l'allons voir.

LYSE.

Que vous êtes ravie!

ISABELLE.

Ne le serois-je point de recevoir la vie?
Son destin et le mien prennent un même cours,
Et je mourrois du coup qui trancheroit ses jours.

LE GEÔLIER.

Monsieur, connoissez-vous beaucoup d'archers sembla-
[bles?
CLINDOR.
Ah! Madame, est-ce vous? surprises adorables[2]!
Trompeur trop obligeant, tu disois bien vraiment
Que je mourrois de nuit, mais de contentement.

---

1. *Var.* ISABELLE, *cependant que le Geôlier, etc.* (1660) — Ce jeu de scène manque dans les éditions de 1639-57.
2. *Var.* Ma chère âme, est-ce vous? surprises adorables! (1639-57)

ISABELLE.

Clindor!

LE GEÔLIER.

Ne perdons point le temps à ces caresses[1] : 1305
Nous aurons tout loisir de flatter nos maîtresses[2].

CLINDOR.

Quoi! Lyse est donc la sienne?

ISABELLE.

Écoutez le discours
De votre liberté qu'ont produit leurs amours.

LE GEÔLIER.

En lieu de sûreté le babil est de mise;
Mais ici ne songeons qu'à nous ôter de prise. 1310

ISABELLE.

Sauvons-nous : mais avant, promettez-nous tous deux
Jusqu'au jour d'un hymen de modérer vos feux :
Autrement, nous rentrons.

CLINDOR.

Que cela ne vous tienne :
Je vous donne ma foi.

LE GEÔLIER.

Lyse, reçois la mienne.

ISABELLE.

Sur un gage si beau j'ose tout hasarder[3]. 1315

LE GEÔLIER.

Nous nous amusons trop, il est temps d'évader.

---

1. *Var.* Mon heur! [LE GEÔL. Ne perdons point le temps à ces caresses.](1639-54)
Var. Mon heur! LE GEÔL. Ne perdons point de temps à ces caresses. (1657)
2. *Var.* Nous aurons tout loisir de baiser nos maîtresses. (1639-57)
3. *Var.* Sur un gage si bon j'ose tout hasarder.
LE GEÔL. Nous nous amusons trop, hâtons-nous d'évader. (1639-57)

SCÈNE X.

ALCANDRE, PRIDAMANT.

ALCANDRE.

Ne craignez plus pour eux ni périls ni disgrâces.
Beaucoup les poursuivront, mais sans trouver leurs traces.

PRIDAMANT.

A la fin je respire.

ALCANDRE.

      Après un tel bonheur,
Deux ans les ont montés en haut degré d'honneur. 1320
Je ne vous dirai point le cours de leurs voyages,
S'ils ont trouvé le calme, ou vaincu les orages,
Ni par quel art non plus ils se sont élevés :
Ils suffit d'avoir vu comme ils se sont sauvés,
Et que, sans vous en faire une histoire importune, 1325
Je vous les vais montrer en leur haute fortune.
 Mais puisqu'il faut passer à des effets plus beaux,
Rentrons pour évoquer des fantômes nouveaux.
Ceux que vous avez vus représenter de suite
A vos yeux étonnés leur amour et leur fuite[1], 1330
N'étant pas destinés aux hautes fonctions,
N'ont point assez d'éclat pour leurs conditions.

---

1. Ce vers a été omis par erreur dans l'édition de 1682. — L'édition de 1639, également par erreur, porte *leurs amours et leurs fuites :* la rime s'oppose à ce pluriel.

FIN DU QUATRIÈME ACTE.

ACTE V.

SCÈNE PREMIÈRE.
ALCANDRE, PRIDAMANT.

PRIDAMANT.
Qu'Isabelle est changée et qu'elle est éclatante !
ALCANDRE.
Lyse marche après elle, et lui sert de suivante ;
Mais derechef surtout n'ayez aucun effroi, 1335
Et de ce lieu fatal ne sortez qu'après moi :
Je vous le dis encore, il y va de la vie.
PRIDAMANT.
Cette condition m'en ôte assez l'envie[1].

SCÈNE II.
ISABELLE, représentant Hippolyte ;
LYSE, représentant Clarine[2].

LYSE.
Ce divertissement n'aura-t-il point de fin?
Et voulez-vous passer la nuit dans ce jardin? 1340
ISABELLE.
Je ne puis plus cacher le sujet qui m'amène :
C'est grossir mes douleurs que de taire ma peine.
Le prince Florilame....

---

1. *Var.* Cette condition m'en ôtera l'envie. (1639-60)
2. En tête de cette scène et des suivantes, les indications placées après les noms des personnages ont été omises dans l'édition de 1639.

LYSE.
Eh bien! il est absent.
ISABELLE.
C'est la source des maux que mon âme ressent[1];
Nous sommes ses voisins, et l'amour qu'il nous porte   1345
Dedans son grand jardin nous permet cette porte.
La princesse Rosine, et mon perfide époux,
Durant qu'il est absent en font leur rendez-vous :
Je l'attends au passage, et lui ferai connoître
Que je ne suis pas femme à rien souffrir d'un traître.
LYSE.
Madame, croyez-moi, loin de le quereller,
Vous ferez beaucoup mieux de tout dissimuler[2] :
Il nous vient peu de fruit de telles jalousies[3];
Un homme en court plus tôt après ses fantaisies[4];
Il est toujours le maître, et tout notre discours[5],   1355
Par un contraire effet, l'obstine en ses amours.
ISABELLE.
Je dissimulerai son adultère flamme!
Une autre aura son cœur, et moi le nom de femme[6]!
Sans crime, d'un hymen peut-il rompre la loi?
Et ne rougit-il point d'avoir si peu de foi?   1360
LYSE.
Cela fut bon jadis; mais au temps où nous sommes,
Ni l'hymen ni la foi n'obligent plus les hommes :
Leur gloire a son brillant et ses règles à part[7];
Où la nôtre se perd, la leur est sans hasard;
Elle croît aux dépens de nos lâches foiblesses;   1365

1. L'édition de 1682 porte seule : « que mon âme *en* ressent. »
2. *Var.* Vous feriez beaucoup mieux de tout dissimuler. (1639-60)
3. *Var.* Ce n'est pas bien à nous d'avoir des jalousies. (1639-57)
4. Ici, comme plus haut, l'édition de 1639 porte *fantasies*. Voyez le vers 1110.
5. *Var.* Il est toujours le maître, et tout votre discours. (1639)
6. *Var.* Un autre aura son cœur, et moi le nom de femme. (1639 et 57)
7. *Var.* Madame, leur honneur a des règles à part,

ACTE V, SCÈNE II.

L'honneur d'un galant homme est d'avoir des maîtresses.
####### ISABELLE.
Ote-moi cet honneur et cette vanité,
De se mettre en crédit par l'infidélité.
Si pour haïr le change et vivre sans amie
Un homme tel que lui tombe dans l'infamie[1], 1370
Je le tiens glorieux d'être infâme à ce prix;
S'il en est méprisé, j'estime ce mépris.
Le blâme qu'on reçoit d'aimer trop une femme
Aux maris vertueux est un illustre blâme.
####### LYSE.
Madame, il vient d'entrer; la porte a fait du bruit. 1375
####### ISABELLE.
Retirons-nous, qu'il passe.
####### LYSE.
Il vous voit et vous suit.

SCÈNE III.

CLINDOR, représentant Théagène; ISABELLE, représentant Hippolyte; LYSE, représentant Clarine.

####### CLINDOR.
Vous fuyez, ma princesse, et cherchez des remises :
Sont-ce là les douceurs que vous m'aviez promises[2]?

Où le vôtre se perd, le leur est sans hasard (*a*),
Et la même action entre eux et nous commune
Est pour nous déshonneur, pour eux bonne fortune.
La chasteté n'est plus la vertu d'un mari;
La princesse du vôtre a fait son favori :
Sa réputation croîtra par ses caresses;
[L'honneur d'un galant homme est d'avoir des maîtresses.] (1639-57)
1. *Var.* Un homme comme lui tombe dans l'infamie. (1639-60)
2. *Var.* Sont-ce là les faveurs que vous m'aviez promises?
Où sont tant de baisers dont votre affection

(*a*) Où le nôtre se perd, le leur est sans hasard. (1644-57)

510   L'ILLUSION.

Est-ce ainsi que l'amour ménage un entretien?
Ne fuyez plus, Madame, et n'appréhendez rien :
Florilame est absent, ma jalouse[1] endormie.

ISABELLE.

En êtes-vous bien sûr?

CLINDOR.

Ah! fortune ennemie!

ISABELLE.

Je veille, déloyal : ne crois plus m'aveugler;
Au milieu de la nuit je ne vois que trop clair :
Je vois tous mes soupçons passer en certitudes,
Et ne puis plus douter de tes ingratitudes :
Toi-même, par ta bouche, as trahi ton secret.
O l'esprit avisé pour un amant discret!
Et que c'est en amour une haute prudence
D'en faire avec sa femme entière confidence!
Où sont tant de serments de n'aimer rien que moi?
Qu'as-tu fait de ton cœur? qu'as-tu fait de ta foi?
Lorsque je te reçus, ingrat, qu'il te souvienne
De combien différoient ta fortune et la mienne,
De combien de rivaux je dédaignai les vœux;
Ce qu'un simple soldat pouvoit être auprès d'eux :
Quelle tendre amitié je recevois d'un père!
Je le quittai pourtant pour suivre ta misère[2];

Devoit être prodigue à ma réception?
Voici l'heure et le lieu, l'occasion est belle :
Je suis seul, vous n'avez que cette damoiselle,
Dont la dextérité ménagea nos amours;
Le temps est précieux, et vous fuyez toujours.
Vous voulez, je m'assure, avec ces artifices,
Que les difficultés augmentent nos délices.
A la fin je vous tiens. Quoi! vous me repoussez!
Que craignez-vous encor? Mauvaise, c'est assez :
[Florilame est absent, ma jalouse endormie.] (1639-57)
1. L'édition de 1682 porte, par erreur, *jalousie*, pour *jalouse*.
2. *Var.* Je l'ai quitté pourtant pour suivre ta misère. (1639)

Et je tendis les bras à mon enlèvement,
Pour soustraire ma main à son commandement[1].   1400
En quelle extrémité depuis ne m'ont réduite
Les hasards dont le sort a traversé ta fuite !
Et que n'ai-je souffert avant que le bonheur
Élevât ta bassesse à ce haut rang d'honneur !
Si pour te voir heureux ta foi s'est relâchée,   1405
Remets-moi dans le sein dont tu m'as arrachée[2].
L'amour que j'ai pour toi m'a fait tout hasarder,
Non pas pour des grandeurs, mais pour te posséder[3].

CLINDOR.

Ne me reproche plus ta fuite ni ta flamme :
Que ne fait point l'amour quand il possède une âme ? 1410
Son pouvoir à ma vue attachoit tes plaisirs,
Et tu me suivois moins que tes propres desirs.
J'étois lors peu de chose : oui, mais qu'il te souvienne
Que ta fuite égala ta fortune à la mienne,
Et que pour t'enlever c'étoit un foible appas[4]   1415
Que l'éclat de tes biens qui ne te suivoient pas.
Je n'eus, de mon côté, que l'épée en partage,
Et ta flamme, du tien, fut mon seul avantage :
Celle-là m'a fait grand en ces bords étrangers ;
L'autre exposa ma tête à cent et cent dangers[5].   1420
   Regrette maintenant ton père et ses richesses ;
Fâche-toi de marcher à côté des princesses ;
Retourne en ton pays chercher avec tes biens[6]
L'honneur d'un rang pareil à celui que tu tiens.
De quel manque, après tout, as-tu lieu de te plaindre ?

---

1. *Var.* Ne pouvant être à toi de son consentement. (1639-57)
2. *Var.* Rends-moi dedans le sein dont tu m'as arrachée.
   Je t'aime, et mon amour m'a fait tout hasarder. (1639-57)
3. *Var.* Non pas pour tes grandeurs, mais pour te posséder. (1639-60)
4. Voyez tome I, p. 148, note 3.
5. *Var.* L'autre exposa ma tête en cent et cent dangers. (1639-57)
6. *Var.* Retourne en ton pays avecque tous tes biens

En quelle occasion m'as-tu vu te contraindre?
As-tu reçu de moi ni froideurs, ni mépris?
Les femmes, à vrai dire, ont d'étranges esprits!
Qu'un mari les adore, et qu'un amour extrême[1]
A leur bizarre humeur le soumette lui-même[2], 1430
Qu'il les comble d'honneurs et de bons traitements,
Qu'il ne refuse rien à leurs contentements :
S'il fait la moindre brèche à la foi conjugale[3],
Il n'est point à leur gré de crime qui l'égale;
C'est vol, c'est perfidie, assassinat, poison, 1435
C'est massacrer son père et brûler sa maison :
Et jadis des Titans l'effroyable supplice
Tomba sur Encelade avec moins de justice.

ISABELLE.

Je te l'ai déjà dit, que toute ta grandeur
Ne fut jamais l'objet de ma sincère ardeur. 1440
Je ne suivois que toi, quand je quittai mon père;
Mais puisque ces grandeurs t'ont fait l'âme légère,
Laisse mon intérêt : songe à qui tu les dois[4].

Florilame lui seul t'a mis où tu te vois :
A peine il te connut qu'il te tira de peine; 1445
De soldat vagabond il te fit capitaine;

<small>Chercher un rang pareil à celui que tu tiens.
Qui te mauque après tout? de quoi peux-tu te plaindre? (1639-57)
1. *Var.* Qu'un mari les adore, et qu'une amour extrême. (1639-54)
2. Voici les différentes manières dont ce vers a été imprimé dans les différentes éditions :

A leur bigearre humeur ce soumette lui-même. (1639)
A leur bigearre humeur le soumettre lui-même. (1644)
A leur bigearre humeur se soumette lui-même. (1648-54)
A leur bizarre humeur se soumettre lui-même. (1657)
A leur bigearre humeur le soumette lui-même. (1660)
A leur bizarre humeur le soumettre lui-même. (1663-82)

Nous avons cru devoir adopter la leçon de 1660, en substituant *bizarre* à *bigearre*, comme l'ont fait les éditions suivantes.
3. *Var.* Fait-il la moindre brèche à la foi conjugale. (1639-57)
4. *Var.* Laisse mon intérêt : songe à qui tu le dois. (1639)</small>

ACTE V, SCÈNE III.

Et le rare bonheur qui suivit cet emploi
Joignit à ses faveurs les faveurs de son roi.
Quelle forte amitié n'a-t-il point fait paroître
A cultiver depuis ce qu'il avoit fait naître ? 1450
Par ses soins redoublés n'es-tu pas aujourd'hui[1]
Un peu moindre de rang, mais plus puissant que lui ?
Il eût gagné par là l'esprit le plus farouche,
Et pour remercîment tu veux souiller sa couche[2] !
Dans ta brutalité trouve quelques raisons, 1455
Et contre ses faveurs défends tes trahisons.
Il t'a comblé de biens, tu lui voles son âme !
Il t'a fait grand seigneur, et tu le rends infâme !
Ingrat, c'est donc ainsi que tu rends les bienfaits[3] ?
Et ta reconnoissance a produit ces effets ? 1460

CLINDOR.

Mon âme (car encor ce beau nom te demeure,
Et te demeurera jusqu'à tant que je meure),
Crois-tu qu'aucun respect ou crainte du trépas
Puisse obtenir sur moi ce que tu n'obtiens pas ?
Dis que je suis ingrat, appelle-moi parjure ; 1465
Mais à nos feux sacrés ne fais plus tant d'injure :
Ils conservent encor leur première vigueur ;
Et si le fol amour qui m'a surpris le cœur[4]
Avoit pu s'étouffer au point de sa naissance,
Celui que je te porte eût eu cette puissance ; 1470
Mais en vain mon devoir tâche à lui résister[5] :
Toi-même as éprouvé qu'on ne le peut dompter.
Ce dieu qui te força d'abandonner ton père,

---

1. *Var.* Par ces soins redoublés n'es-tu pas aujourd'hui. (1648)
2. *Var.* Et pour remercîment tu vas souiller sa couche !
   Dans ta brutalité trouve quelque raison,
   Et contre ses faveurs défends ta trahison. (1639-57)
3. Les éditions de 1639 et de 1663 écrivent : *les biens faits.*
4. *Var.* Je t'aime, et si l'amour qui m'a surpris le cœur. (1639-57)
5. *Var.* Mais en vain contre lui l'on tâche à résister. (1639-57)

Ton pays et tes biens, pour suivre ma misère,
Ce dieu même aujourd'hui force tous mes desirs[1]
A te faire un larcin de deux ou trois soupirs.
A mon égarement souffre cette échappée,
Sans craindre que ta place en demeure usurpée.
L'amour dont la vertu n'est point le fondement
Se détruit de soi-même, et passe en un moment;
Mais celui qui nous joint est un amour solide[2],
Où l'honneur a son lustre, où la vertu préside :
Sa durée a toujours quelques nouveaux appas[3],
Et ses fermes liens durent jusqu'au trépas.
Mon âme, derechef pardonne à la surprise
Que ce tyran des cœurs a faite[4] à ma franchise;
Souffre une folle ardeur qui ne vivra qu'un jour,
Et qui n'affoiblit point le conjugal amour[5].

ISABELLE.

Hélas! que j'aide bien à m'abuser moi-même!
Je vois qu'on me trahit, et veux croire qu'on m'aime[6];
Je me laisse charmer à ce discours flatteur,
Et j'excuse un forfait dont j'adore l'auteur.
Pardonne, cher époux, au peu de retenue
Où d'un premier transport la chaleur est venue :
C'est en ces incidents manquer d'affection

---

1. *Var.* Ce dieu même à présent malgré moi m'a réduit (a)
A te faire un larcin des plaisirs d'une nuit.
A mes sens déréglés souffre cette licence :
Une pareille amour meurt dans la jouissance.
Celle dont la vertu n'est point le fondement. (1639-57)
2. *Var.* Mais celle qui nous joint est une amour solide. (1639-57)
3. *Var.* Dont les fermes liens durent jusqu'au trépas,
Et dont la jouissance a de nouveaux appas. (1639-57)
4. Le participe est au féminin dans toutes les éditions antérieures à 1663; dans les impressions de 1664, 1668, 1682, et même encore dans celle de 1692, il y a *fait*, sans accord.
5. *Var.* Et n'affoiblit en rien un conjugal amour. (1639-57)
6. *Var.* Je vois qu'on me trahit, et je crois que l'on m'aime. (1639-57)

(a) Ce dieu même à présent malgré moi me réduit. (1644-57)

ACTE V, SCÈNE III.

Que de les voir sans trouble et sans émotion.
Puisque mon teint se fane et ma beauté se passe,
Il est bien juste aussi que ton amour se lasse;
Et même je croirai que ce feu passager
En l'amour conjugal ne pourra rien changer : 1500
Songe un peu toutefois à qui ce feu s'adresse,
En quel péril te jette une telle maîtresse.
 Dissimule, déguise, et sois amant discret.
Les grands en leur amour n'ont jamais de secret;
Ce grand train qu'à leurs pas leur grandeur propre attache
N'est qu'un grand corps tout d'yeux à qui rien ne se cache,
Et dont il n'est pas un qui ne fît son effort
A se mettre en faveur par un mauvais rapport.
Tôt ou tard Florilame apprendra tes pratiques,
Ou de sa défiance, ou de ses domestiques; 1510
Et lors (à ce penser je frissonne d'horreur)
A quelle extrémité n'ira point sa fureur!
Puisqu'à ces passe-temps ton humeur te convie,
Cours après tes plaisirs, mais assure ta vie.
Sans aucun sentiment je te verrai changer, 1515
Lorsque tu changeras sans te mettre en danger[1].

CLINDOR.

Encore une fois donc tu veux que je te die
Qu'auprès de mon amour je méprise ma vie?
Mon âme est trop atteinte, et mon cœur trop blessé,
Pour craindre les périls dont je suis menacé. 1520
Ma passion m'aveugle, et pour cette conquête
Croit hasarder trop peu de hasarder ma tête :
C'est un feu que le temps pourra seul modérer;
C'est un torrent qui passe et ne sauroit durer.

ISABELLE.

Eh bien! cours au trépas, puisqu'il a tant de charmes,

---

1. *Var.* Pourvu qu'à tout le moins tu changes sans danger. (1639-57)

Et néglige ta vie aussi bien que mes larmes.
Penses-tu que ce prince, après un tel forfait,
Par ta punition se tienne satisfait?
Qui sera mon appui lorsque ta mort infâme
A sa juste vengeance exposera ta femme, 1530
Et que sur la moitié d'un perfide étranger
Une seconde fois il croira se venger?
Non, je n'attendrai pas que ta perte certaine
Puisse attirer sur moi les restes de ta peine[1],
Et que de mon honneur, gardé si chèrement, 1535
Il fasse un sacrifice à son ressentiment.
Je préviendrai la honte où ton malheur me livre,
Et saurai bien mourir, si tu ne veux pas vivre.
Ce corps, dont mon amour t'a fait le possesseur,
Ne craindra plus bientôt l'effort d'un ravisseur. 1540
J'ai vécu pour t'aimer, mais non pour l'infamie
De servir au mari de ton illustre amie.
Adieu : je vais du moins, en mourant avant toi[2],
Diminuer ton crime, et dégager ta foi.

CLINDOR.

Ne meurs pas, chère épouse, et dans un second change
Vois l'effet merveilleux où ta vertu me range.

M'aimer malgré mon crime, et vouloir par ta mort
Éviter le hasard de quelque indigne effort!
Je ne sais qui je dois admirer davantage,
Ou de ce grand amour, ou de ce grand courage; 1550
Tous les deux m'ont vaincu : je reviens sous tes lois,
Et ma brutale ardeur va rendre les abois;
C'en est fait, elle expire, et mon âme plus saine
Vient de rompre les nœuds de sa honteuse chaîne.
Mon cœur, quand il fut pris, s'étoit mal défendu : 1555
Perds-en le souvenir.

1. *Var.* Attire encor sur moi les restes de ta peine. (1639-57)
2. *Var.* Adieu : je vais du moins, en mourant devant toi. (1639-57)

ISABELLE.
Je l'ai déjà perdu.
CLINDOR.
Que les plus beaux objets qui soient dessus la terre
Conspirent désormais à me faire la guerre[1];
Ce cœur, inexpugnable aux assauts de leurs yeux,
N'aura plus que les tiens pour maîtres et pour Dieux[2].
LYSE.
Madame, quelqu'un vient.

SCÈNE IV.

CLINDOR, représentant Théagène; ISABELLE, représentant Hippolyte; LYSE, représentant Clarine; ÉRASTE, TROUPE DE DOMESTIQUES DE FLORILAME.

ÉRASTE, poignardant Clindor.
Reçois, traître, avec joie
Les faveurs que par nous ta maîtresse t'envoie.
PRIDAMANT, à Alcandre.
On l'assassine, ô Dieux! daignez le secourir.
ÉRASTE.
Puissent les suborneurs ainsi toujours périr!
ISABELLE.
Qu'avez-vous fait, bourreaux?
ÉRASTE.
Un juste et grand exemple,
Qu'il faut qu'avec effroi tout l'avenir contemple,
Pour apprendre aux ingrats, aux dépens de son sang,
A n'attaquer jamais l'honneur d'un si haut rang.
Notre main a vengé le prince Florilame,
La princesse outragée, et vous-même, Madame,   1570
Immolant à tous trois un déloyal époux,

1. *Var.* Conspirent désormais à lui faire la guerre. (1639)
2. Voyez au *Complément des variantes*, p. 524.

Qui ne méritoit pas la gloire d'être à vous.
D'un si lâche attentat souffrez le prompt supplice,
Et ne vous plaignez point quand on vous rend justice.
Adieu.
ISABELLE.
Vous ne l'avez massacré qu'à demi : 1575
Il vit encore en moi; soûlez son ennemi;
Achevez, assassins, de m'arracher la vie.

Cher époux, en mes bras on te l'a donc ravie!
Et de mon cœur jaloux les secrets mouvements
N'ont pu rompre ce coup par leurs pressentiments! 1580
O clarté trop fidèle, hélas! et trop tardive,
Qui ne fait voir le mal qu'au moment qu'il arrive!
Falloit-il.... Mais j'étouffe, et, dans un tel malheur,
Mes forces et ma voix cèdent à ma douleur;
Son vif excès me tue ensemble et me console, 1585
Et puisqu'il nous rejoint....
LYSE.
Elle perd la parole.
Madame.... Elle se meurt; épargnons les discours,
Et courons au logis appeler du secours.

(Ici on rabaisse une toile qui couvre le jardin et les corps de Clindor
et d'Isabelle, et le Magicien et le père sortent de la grotte.)

SCÈNE V.
ALCANDRE, PRIDAMANT.
ALCANDRE.
Ainsi de notre espoir la fortune se joue :
Tout s'élève ou s'abaisse au branle de sa roue; 1590
Et son ordre inégal, qui régit l'univers,
Au milieu du bonheur a ses plus grands revers.
PRIDAMANT.
Cette réflexion, mal propre pour un père,

ACTE V, SCÈNE V.

Consoleroit peut-être une douleur légère ;
Mais après avoir vu mon fils assassiné,   1595
Mes plaisirs foudroyés, mon espoir ruiné,
J'aurois d'un si grand coup l'âme bien peu blessée,
Si de pareils discours m'entroient dans la pensée.
Hélas! dans sa misère il ne pouvoit périr ;
Et son bonheur fatal lui seul l'a fait mourir.   1600
N'attendez pas de moi des plaintes davantage :
La douleur qui se plaint cherche qu'on la soulage ;
La mienne court après son déplorable sort.
Adieu ; je vais mourir, puisque mon fils est mort.

ALCANDRE.

D'un juste désespoir l'effort est légitime,   1605
Et de le détourner je croirois faire un crime.
Oui, suivez ce cher fils sans attendre à demain ;
Mais épargnez du moins ce coup à votre main ;
Laissez faire aux douleurs qui rongent vos entrailles,
Et pour les redoubler voyez ses funérailles.   1610

(Ici on relève la toile, et tous les comédiens paroissent avec leur portier[1], qui comptent de l'argent sur une table, et en prennent chacun leur part[2].)

---

1. Le *concierge* et le *portier* avaient des attributions fort différentes, que Chapuzeau nous fait connaître en ces termes, en 1674, dans son *Théâtre françois* : « Le *concierge* a soin d'ouvrir l'hôtel et de le fermer, de le tenir propre et en bon ordre, et après la comédie de visiter exactement partout, de peur d'accident du feu. » (P. 237.) — « Les *portiers*, en pareil nombre que les contrôleurs et aux mêmes portes, sont commis pour empêcher les désordres qui pourroient survenir ; et pour cette fonction, avant les défenses étroites du Roi d'entrer sans payer, on faisoit choix d'un brave, mais qui d'ailleurs sût discerner les honnêtes gens d'avec ceux qui n'en portent pas la mine. Ils arrêtent ceux qui voudroient passer outre sans billet, et les avertissent d'en aller prendre au bureau, ce qu'ils font avec civilité, ayant ordre d'en user envers tout le monde, pourvu qu'on n'en vienne à aucune violence. L'Hôtel de Bourgogne ne s'en sert plus, à la réserve de la porte du théâtre ; et en vertu de la déclaration du Roi, elle prend des soldats du régiment de ses gardes autant qu'il est nécessaire : ce que l'autre troupe qui a des portiers peut faire aussi au besoin. C'est ainsi que tous les désordres ont été bannis, et que le bourgeois peut venir avec plus de plaisir à la comédie. » (P. 242.) — Quant à la manière dont on partageait la recette, voyez la *Notice*, p. 427.

2. *Var. On tire un rideau, et on voit tous les comédiens qui partagent leur argent.* (1639)

PRIDAMANT.
Que vois-je? chez les morts compte-t-on de l'argent?
ALCANDRE.
Voyez si pas un d'eux s'y montre négligent.
PRIDAMANT.
Je vois Clindor! ah Dieux! quelle étrange surprise[1]!
Je vois ses assassins, je vois sa femme et Lyse!
Quel charme en un moment étouffe leurs discords, 1615
Pour assembler ainsi les vivants et les morts?
ALCANDRE.
Ainsi tous les acteurs d'une troupe comique,
Leur poëme récité, partagent leur pratique :
L'un tue, et l'autre meurt, l'autre vous fait pitié;
Mais la scène préside à leur inimitié. 1620
Leurs vers font leurs combats, leur mort suit leurs paroles[2],
Et, sans prendre intérêt en pas un de leurs rôles,
Le traître et le trahi, le mort et le vivant,
Se trouvent à la fin amis comme devant.
  Votre fils et son train ont bien su, par leur fuite, 1625
D'un père et d'un prévôt éviter la poursuite;
Mais tombant dans les mains de la nécessité,
Ils ont pris le théâtre en cette extrémité.
PRIDAMANT.
Mon fils comédien!
ALCANDRE.
    D'un art si difficile
Tous les quatre, au besoin, ont fait un doux asile[3]; 1630

1. *Var.* Je vois Clindor, Rosine! ah, Dieux! quelle surprise!
 Je vois leur assassin, je vois sa femme et Lyse! (1639-57)
2. *Var.* Leurs vers font leur combat(a), leur mort suit leurs paroles. (1654-57)
3. *Var.* Tous les quatre, au besoin, en ont fait leur asile. (1639-59)

(a) L'édition de 1639 porte *leur combats*. Faut-il lire *leur combat*, ou *leurs combats?*

ACTE V, SCÈNE V.

Et depuis sa prison, ce que vous avez vu,
Son adultère amour, son trépas imprévu[1],
N'est que la triste fin d'une pièce tragique
Qu'il expose aujourd'hui sur la scène publique,
Par où ses compagnons en ce noble métier[2]
Ravissent à Paris un peuple tout entier[3].
Le gain leur en demeure, et ce grand équipage,
Dont je vous ai fait voir le superbe étalage,
Est bien à votre fils, mais non pour s'en parer
Qu'alors que sur la scène il se fait admirer.

PRIDAMANT.

J'ai pris sa mort pour vraie, et ce n'étoit que feinte :
Mais je trouve partout mêmes sujets de plainte.
Est-ce là cette gloire, et ce haut rang d'honneur
Où le devoit monter l'excès de son bonheur ?

ALCANDRE.

Cessez de vous en plaindre. A présent le théâtre
Est en un point si haut que chacun l'idolâtre[4],
Et ce que votre temps voyoit avec mépris
Est aujourd'hui l'amour de tous les bons esprits,
L'entretien de Paris, le souhait des provinces,
Le divertissement le plus doux de nos princes,
Les délices du peuple, et le plaisir des grands :
Il tient le premier rang parmi leurs passe-temps[5] ;
Et ceux dont nous voyons la sagesse profonde
Par ses illustres soins conserver tout le monde,
Trouvent dans les douceurs d'un spectacle si beau
De quoi se délasser d'un si pesant fardeau.

---

1. *Var.* Son adultère amour, son trépas impourvu (*a*). (1639)
2. *Var.* Par où ses compagnons et lui dans leur métier. (1639-57)
3. *Var.* Ravissant dans Paris un peuple tout entier. (1639)
4. *Var.* Est en un point si haut qu'un chacun l'idolâtre. (1639-57)
5. *Var.* Parmi leurs passe-temps il tient les premiers rangs. (1639-64)

(*a*) Voyez tome I, p. 183, note 3.

Même notre grand Roi, ce foudre de la guerre,
Dont le nom se fait craindre aux deux bouts de la terre,
Le front ceint de lauriers, daigne bien quelquefois
Prêter l'œil et l'oreille au Théâtre françois :   1660
C'est là que le Parnasse étale ses merveilles;
Les plus rares esprits lui consacrent leurs veilles;
Et tous ceux qu'Apollon voit d'un meilleur regard
De leurs doctes travaux lui donnent quelque part.
   D'ailleurs, si par les biens on prise les personnes[1], 1665
Le théâtre est un fief dont les rentes sont bonnes;
Et votre fils rencontre en un métier si doux
Plus d'accommodement qu'il n'eût trouvé chez vous[2].
Défaites-vous enfin de cette erreur commune,
Et ne vous plaignez plus de sa bonne fortune.   1670

           PRIDAMANT.

Je n'ose plus m'en plaindre, et vois trop de combien
Le métier qu'il a pris est meilleur que le mien.
Il est vrai que d'abord mon âme s'est émue :
J'ai cru la comédie au point où je l'ai vue;
J'en ignorois l'éclat, l'utilité, l'appas,   1675
Et la blâmois ainsi, ne la connoissant pas,
Mais depuis vos discours mon cœur plein d'allégresse
A banni cette erreur avecque sa tristesse[3].
Clindor a trop bien fait.

           ALCANDRE.
                    N'en croyez que vos yeux.
           PRIDAMANT.
Demain, pour ce sujet, j'abandonne ces lieux;   1680
Je vole vers Paris. Cependant, grand Alcandre,
Quelles grâces ici ne vous dois-je point rendre[4]?

---

1. *Var.* S'il faut par la richesse estimer les personnes. (1639-57)
2. *Var.* Plus de biens et d'honneur qu'il n'eût trouvé chez vous. (1639-57)
3. *Var.* A banni cette erreur avecque la tristesse. (1639)
4. *Var.* Quelles grâces ici ne vous dois-je pas rendre? (1652-57)

ALCANDRE.

Servir les gens d'honneur est mon plus grand desir :
J'ai pris ma récompense en vous faisant plaisir.
Adieu : je suis content, puisque je vous vois l'être. 1685

PRIDAMANT.

Un si rare bienfait ne se peut reconnoître :
Mais, grand Mage, du moins croyez qu'à l'avenir
Mon âme en gardera l'éternel souvenir.

FIN DU CINQUIÈME ET DERNIER ACTE.

COMPLÉMENT
DES VARIANTES.

1560 *Var.* [N'aura plus que les tiens pour maîtres et pour Dieux :]
Que leurs attraits unis.... LYSE. La princesse s'avance,
Madame. CLIND. Cachez-vous, et nous faites silence.
Écoute-nous, mon âme, et par notre entretien
Juge si son objet m'est plus cher que le tien.

SCÈNE IV.

CLINDOR (*a*), ROSINE.

ROS. Débarrassée enfin d'une importune suite,
Je remets à l'amour le soin de ma conduite,
Et pour trouver l'auteur de ma félicité,
Je prends un guide aveugle en cette obscurité.
Mais que son épaisseur me dérobe la vue!
Le moyen de le voir ou d'en être aperçue!
Voici la grande allée, il devroit être ici,
Et j'entrevois quelqu'un. Est-ce toi, mon souci?
CLIND. Madame, ôtez ce mot dont la feinte se joue,
Et que votre vertu dans l'âme désavoue :
C'est assez déguisé, ne dissimulez plus
L'horreur que vous avez de mes feux dissolus.
Vous avez voulu voir jusqu'à quelle insolence
D'une amour déréglée iroit la violence,
Vous l'avez vu, Madame, et c'est pour la punir
Que vos ressentiments vous font ici venir.
Faites sortir vos gens destinés à ma perte,
N'épargnez point ma tête; elle vous est offerte :
Je veux bien par ma mort apaiser vos beaux yeux,
Et ce n'est pas l'espoir qui m'amène en ces lieux.
ROS. Donc au lieu d'un amour rempli d'impatience,
Je ne rencontre en toi que de la défiance?
As-tu l'esprit troublé de quelque illusion?
Est-ce ainsi qu'un guerrier tremble à l'occasion?
Je suis seule, et toi seul, d'où te vient cet ombrage?

(*a*) CLINDOR, *représentant Théagène.* (1644-57)

COMPLÉMENT DES VARIANTES. 525

Te faut-il de ma flamme un plus grand témoignage ?
Crois que je suis sans feinte à toi jusqu'à la mort.
CLIND. Je me garderai bien de vous faire ce tort :
Une grande princesse a la vertu plus chère.
ROS. Si tu m'aimes, mon cœur, quitte cette chimère.
CLIND. Ce n'en est point, Madame, et je crois voir en vous
Plus de fidélité pour un si digne époux.
ROS. Je la quitte pour toi; mais, Dieux! que je m'abuse,
De ne voir pas encor qu'un ingrat me refuse !
Son cœur n'est plus que glace, et mon aveugle ardeur
Impute à défiance un excès de froideur.
Va, traître, va, parjure, après m'avoir séduite,
Ce sont là des discours d'une mauvaise suite :
Alors que je me rends, de quoi me parles-tu ?
Et qui t'amène ici me prêcher la vertu ?
CLIND. Mon respect, mon devoir et ma reconnoissance
Dessus mes passions ont eu cette puissance.
Je vous aime, Madame, et mon fidèle amour
Depuis qu'on l'a vu naître a crû de jour en jour ;
Mais que ne dois-je point au prince Florilame ?
C'est lui dont le respect triomphe de ma flamme :
Après que sa faveur m'a fait ce que je suis....
ROS. Tu t'en veux souvenir pour me combler d'ennuis.
Quoi ! son respect peut plus que l'ardeur qui te brûle ?
L'incomparable ami, mais l'amant ridicule,
D'adorer une femme et s'en voir si chéri,
Et craindre au rendez-vous d'offenser un mari !
Traître, il n'en est plus temps : quand tu me fis paroître
Cette excessive amour qui commençoit à naître,
Et que le doux appas d'un discours suborneur
Avec un faux mérite attaqua mon honneur,
C'est lors qu'il te falloit à ta flamme infidèle
Opposer le respect d'une amitié si belle,
Et tu ne devois pas attendre à l'écouter
Quand mon esprit charmé ne le pourroit goûter.
Tes raisons vers tous deux sont de foibles défenses :
Tu l'offensas alors, aujourd'hui tu m'offenses (*a*) ;
Tu m'aimois plus que lui, tu l'aimes plus que moi.
Crois-tu donc à mon cœur donner ainsi la loi (*b*),
Que ma flamme à ton gré s'éteigne ou s'entretienne,
Et que ma passion suive toujours la tienne ?
Non, non, usant si mal de ce qui t'est permis,
Loin d'en éviter un, tu fais deux ennemis.
Je sais trop les moyens d'une vengeance aisée :
Phèdre contre Hippolyte aveugla bien Thésée,
Et ma plainte armera plus de sévérité

(*a*) Tu l'offensois alors, aujourd'hui tu m'offenses. (1644-57)
(*b*) Crois-tu donc à mon cœur donner toujours la loi. (1644-57)

Avec moins d'injustice et plus de vérité.
CLIND. Je sais bien que j'ai tort, et qu'après mon audace
Je vous fais un discours de fort mauvaise grâce ;
Qu'il sied mal à ma bouche, et que ce grand respect
Agit un peu bien tard pour n'être point suspect ;
Mais pour souffrir plus tôt la raison dans mon âme,
Vous aviez trop d'appas, et mon cœur trop de flamme :
Elle n'a triomphé qu'après un long combat.
ROS. Tu crois donc triompher lorsque ton cœur s'abat?
Si tu nommes victoire un manque de courage,
Appelle encor service un si cruel outrage,
Et puisque me trahir, c'est suivre la raison,
Dis-moi que tu me sers par cette trahison.
CLIND. Madame, est-ce vous rendre un si mauvais service,
De sauver votre honneur d'un mortel précipice?
Cet honneur qu'une dame a plus cher que les yeux....
ROS. Cesse de m'étourdir de ces noms odieux.
N'as-tu jamais appris que ces vaines chimères
Qui naissent aux cerveaux des maris et des mères,
Ces vieux contes d'honneur n'ont point d'impressions
Qui puissent arrêter les fortes passions?
Perfide, est-ce de moi que tu le dois apprendre?
Dieux! jusques où l'amour ne me fait point descendre?
Je lui tiens des discours qu'il me devroit tenir,
Et toute mon ardeur ne peut rien obtenir.
CLIND. Par l'effort que je fais à mon amour extrême,
Madame, il faut apprendre à vous vaincre vous-même,
A faire violence à vos plus chers desirs,
Et préférer l'honneur à d'injustes plaisirs,
Dont au moindre soupçon, au moindre vent contraire
La honte et les malheurs sont la suite ordinaire.
ROS. De tous ces accidents rien ne peut m'alarmer :
Je consens de périr à force de t'aimer.
Bien que notre commerce aux yeux de tous se cache,
Qu'il vienne en évidence, et qu'un mari le sache,
Que je demeure en butte à ses ressentiments,
Que sa fureur me livre à de nouveaux tourments :
J'en souffrirai plutôt l'infamie éternelle
Que de me repentir d'une flamme si belle.

SCÈNE V.

CLINDOR(a), ROSINE, ISABELLE(b), LYSE(c), ÉRASTE,
TROUPE DE DOMESTIQUES (d).

ÉR. Donnons, ils sont ensemble. ISAB. Oh Dieux! qu'ai-je entendu?

(a) CLINDOR, représentant Théagène. (1644-57)
(b) ISABELLE, représentant Hippolyte. (1644-57)
(c) LYSE, représentant Clarine. (1644-57)
(d) TROUPE DE DOMESTIQUES DE FLORILAME. (1644-57)

COMPLÉMENT DES VARIANTES.

LYSE. Madame, sauvons-nous. PRID. Hélas! il est perdu.
CLIND. Madame, je suis mort, et votre amour fatale
Par un indigne coup aux enfers me dévale.
ROS. Je meurs, mais je me trouve heureuse en mon trépas,
Que du moins en mourant je vais suivre tes pas.
ÉR. Florilame est absent; mais durant son absence,
C'est là comme les siens punissent qui l'offense :
C'est lui qui par nos mains vous envoie à tous deux
Le juste châtiment de vos lubriques feux (*a*).
ISAB. Réponds-moi, cher époux, au moins une parole :
C'en est fait, il expire, et son âme s'envole.
Bourreaux, vous ne l'avez massacré qu'à demi :
[Il vit encore en moi; soûlez son ennemi;
Achevez, assassins, de m'arracher la vie;]
Sa haine sans ma mort n'est pas bien assouvie.
ÉR. Madame, c'est donc vous! ISAB. Oui, qui cours au trépas.
ÉR. Votre heureuse rencontre épargne bien nos pas :
Après avoir défait le prince Florilame
D'un ami déloyal et d'une ingrate femme,
Nous avions ordre exprès de vous aller chercher.
ISAB. Que voulez-vous de moi, traîtres? ÉR. Il faut marcher :
Le prince, dès longtemps amoureux de vos charmes,
Dans un de ses châteaux veut essuyer vos larmes.
ISAB. Sacrifiez plutôt ma vie à son courroux.
ÉR. C'est perdre temps, Madame, il veut parler à vous.
(*Ici on rabaisse une toile qui couvre le jardin et le reste des acteurs,
et le Magicien et le père sortent de la grotte* (*b*).)

SCÈNE VI.
ALCANDRE, PRIDAMANT.

[ALC. Ainsi de notre espoir la fortune se joue.] (1639-57)

(*a*) Ce juste châtiment de vos lubriques feux. (1644-57)
(*b*) Ce jeu de scène manque dans l'édition de 1639.

FIN DU COMPLÉMENT DES VARIANTES.

TABLE DES MATIÈRES

CONTENUES DANS LE DEUXIÈME VOLUME.

LA GALERIE DU PALAIS, comédie.....................	1
Notice..	3
A Madame de Liancour.........................	10
Examen..	11
La Galerie du Palais...........................	17
LA SUIVANTE, comédie.............................	113
Notice..	115
A Monsieur ***................................	116
Examen..	120
La Suivante....................................	127
LA PLACE ROYALE, comédie........................	215
Notice..	217
A Monsieur ***................................	219
Examen..	221
La Place Royale...............................	225
LA COMÉDIE DES TUILERIES, par les cinq auteurs (IIIe acte)...	303
Notice..	305
Argument......................................	309
La Comédie des Tuileries (IIIe acte)..................	311
MÉDÉE, tragédie...................................	327

Corneille. 11   34

TABLE DES MATIÈRES.

Notice	329
A Monsieur P. T. N. G	332
Examen	333
MÉDÉE	341
L'ILLUSION, comédie	421
Notice	423
A Mademoiselle M. F. D. R	430
Examen	432
L'Illusion	435
Complément des variantes	524

FIN DE LA TABLE DES MATIÈRES.

PARIS. — IMPRIMERIE DE CH. LAHURE ET Cⁱᵉ
Rue de Fleurus, 9

www.ingramcontent.com/pod-product-compliance
Lightning Source LLC
Chambersburg PA
CBHW051355230426
43669CB00011B/1645